DALCKE

# Strafrecht und Strafverfahren

5. Nachtrag zur 35. Auflage / Februar 1954


Herausgegeben von

**Dr. E. Fuhrmann**
Oberstaatsanwalt in Berlin

und

**Dr. K. Schäfer**
Senatspräsident am Oberlandesgericht Frankfurt a. M.



J. SCHWEITZER VERLAG, BERLIN

# 5. Nachtrag

## zu Dalcke, Strafrecht und Strafverfahren, 35. Auflage

Herausgegeben von

**Dr. E. Fuhrmann** und **Dr. K. Schäfer**

Oberstaatsanwalt i. R. in Berlin — Senatspräsident am Oberlandesgericht Frankfurt a. M.

**Inhaltsverzeichnis:**



---

### Vorbemerkung

Zur Herausgabe des vorliegenden 5. Nachtrages haben sich Verlag und Verfasser nicht leichten Herzens entschlossen. Eine Neuauflage des Hauptwerkes ist seit geraumer Zeit fällig; sie mußte aber zurückgestellt werden, bis die in Vorbereitung befindlichen größeren Gesetzeswerke auf dem Gebiet des Straf- und Strafverfahrensrechts vorlägen. Dieser Zeitpunkt ist jetzt gekommen; die „Bereinigung" der genannten Rechtsgebiete, in deren Zeichen die gesetzgeberische Tätigkeit des 1. Bundestages stand, ist jetzt in einem Maße durchgeführt, daß einschneidende Veränderungen für einen längeren Zeitraum wohl nicht mehr zu erwarten sein dürften. Die Herstellung der 36. Auflage ist jetzt im Gange; bis zum Erscheinen des Werkes wird aber angesichts seines Umfanges noch eine gewisse Zeit vergehen. Für diese Übergangszeit glaubten Verlag und Verfasser es den Benutzern des Werkes schuldig zu sein, durch Herausgabe eines Nachtrages, der die für die Praxis wichtigsten der nach dem Erscheinen des 4. Nachtrags — November 1952 — erschienenen Gesetze enthält, die 35. Auflage wenigstens einigermaßen benutzbar zu erhalten. Dieser Zweck, aber auch der beschränkte, für einen Nachtrag zur Verfügung stehende Raum, ließen die Aufnahme weiterer als der 9 in dem Nachtrag enthaltenen Gesetze nicht zu, so daß also z. B. das Geschlechtskrankheitengesetz v. 23. 7. 1953 (BGBl. I S. 700) und die StVO. und die StVZO. in ihren neuen Fassungen v. 24. 8. 1953 (BGBl. I S. 1201 und 1166) herausbleiben mußten.

Es haben bearbeitet:

Dr. *Fuhrmann:* Die Gesetze unter Nr. 4, 6, 7, 9 des Inhaltsverzeichnisses sowie die Änderungen des GVG. und der StPO. in den Gesetzen unter Nr. 1 und 3;

Dr. *Schäfer:* Die Gesetze unter Nr. 2, 5, 8 und die Änderungen des StGB. in den Gesetzen unter Nr. 1 und 3.

Berlin und Frankfurt a. M., im Dezember 1953.

# 1. Gesetz zur Sicherung des Straßenverkehrs

Vom 19. 12. 1952 (BGBl. I S. 832)*)

Artikel 1

betrifft StVG. (siehe in diesem Nachtrag unter Nr. 6)

Artikel 2

Das Strafgesetzbuch wird wie folgt geändert und ergänzt:

1. § 42a erhält folgende Nummer 7:

„7. die Entziehung der Erlaubnis zum Führen von Kraftfahrzeugen."

2. Als § 42 m wird folgende Vorschrift eingefügt:

## § 42 m. (Entziehung der Erlaubnis zum Führen von Kraftfahrzeugen[1]))

(1) Wird jemand wegen einer mit Strafe bedrohten Handlung[2]), die er bei[3]) oder in Zusammenhang[4]) mit der Führung eines Kraftfahrzeugs oder unter Verletzung der dem Führer eines Kraftfahrzeugs obliegenden Pflichten[5]) begangen hat, zu einer Strafe verurteilt[6]) oder lediglich wegen Zurechnungsunfähigkeit freigesprochen, so entzieht ihm das Gericht[7]) die Fahrerlaubnis, wenn er sich durch die Tat als ungeeignet zum Führen von Kraftfahrzeugen erwiesen hat. Gegenüber dem Inhaber eines ausländischen Fahrausweises ist die Entziehung nur zulässig, wenn die mit Strafe bedrohte Handlung einen Verstoß gegen die Verkehrsvorschriften enthält[8]).

(2) Wird die Fahrerlaubnis entzogen, so ist ein von einer deutschen Behörde ausgestellter Führerschein im Urteil einzuziehen[9]). In ausländischen Fahrausweisen ist die Entziehung zu vermerken.

---

**Zu Nr. 1:** *) In Berlin übernommen durch Gesetz v. 23. 1. 1953 (GVBl. S. 69).

**Zu § 42 m:** 1) Der ursprüngliche § 42 m wurde durch das Ges. über Reichsverweisungen v. 23. 3. 1934 gestrichen.

2) Der Täter muß entweder den vollen äußeren und inneren Tatbestand eines Verbrechens, Vergehens oder einer Übertretung begangen haben und deswegen zu einer Strafe verurteilt worden sein, oder er muß den äußeren Tatbestand mit „natürlichem" Verschulden (vgl. Hauptwerk Anm. 1 zu § 42 b) erfüllt haben und von der Anklage lediglich wegen Zurechnungsunfähigkeit freigesprochen sein.

3) es kommen in erster Linie (vorsätzl. oder fahrl.) Zuwiderhandlungen gegen Verkehrsvorschriften (StVG., StVO., StVZO.), ferner z. B. Straftaten nach §§ 142, 330a, 330c, 315 bis 316, 222 u. 230 StGB. in Betracht.

4) z. B. Schmuggel oder Diebstahl mit Hilfe eines Kraftfahrzeugs, sei es, daß der Täter sich mit dem Fahrzeug zum Tatort begeben oder dieses zum Abtransport der Beute oder zur Flucht benutzt hat, ferner z. B. Zuwiderhandlungen gegen § 248b StGB.

5) z. B. durch Verstoß gegen die Vorschriften, die sich auf die verkehrssichere Beschaffenheit des Fahrzeugs oder die nach Beendigung der Fahrt zu treffenden Sicherungsmaßnahmen — Beleuchtung bei Dunkelheit, Sicherung gegen unbefugte Benutzung usw. — (§§ 7, 20, 23 StVO.) beziehen.

6) wegen der vorläufigen Entziehung der Fahrerlaubnis vor Abschluß des Strafverfahrens vgl. § 111a StPO.

7) wegen des Verhältnisses der gerichtlichen Entziehung zur Entziehung durch die Verwaltungsbehörde vgl. § 4 Straßenverkehrsges. — in diesem Nachtrag unter Nr. 6 —.

8) Entsprechend dem Art. 24 Abs. 5 des 1949 beschlossenen internat. Abkommens über den Straßenverkehr (vgl. die amtl. Begr. z. Entw. des Ges. z. Sicherung des Straßenverkehrs v. 19. 12. 1952, BT-Drucks. Nr. 2674, abgedr. z. B. bei *Floegel-Hartung*, Straßenverkehrsrecht, 8. Aufl. S. 757). Verkehrsvorschriften sind die die Sicherheit des Verkehrs auf öffentlichen Straßen usw. bezweckenden Vorschriften einschl. der §§ 142, 315a, 316 Abs. 2 StGB. (*Floegel-Hartung* S. 758).

9) Die Einziehung des Führerscheins hat keine selbständige Bedeutung, sondern ist lediglich die Folge der Entziehung der Fahrerlaubnis. Demgemäß ist auch eine Beschlagnahme

(3) Die Fahrerlaubnis erlischt mit der Rechtskraft des Urteils. Das Gericht bestimmt im Urteil eine Frist, vor deren Ablauf die Verwaltungsbehörde keine neue Fahrerlaubnis erteilen darf. Die Frist beträgt mindestens 6 Monate und höchstens 5 Jahre. Sie wird von dem Tage ab berechnet, an dem das Urteil rechtskräftig geworden ist. Das Gericht kann die Erteilung einer neuen Fahrerlaubnis auch für immer untersagen.

(4) Erscheint die Maßregel nicht mehr erforderlich, um die Allgemeinheit vor Gefährdung zu schützen, kann das Gericht die Erteilung einer neuen Fahrerlaubnis durch Beschluß gestatten[10]).

3. § 315 erhält folgende Fassung:

## § 315 (Transportgefährdung)[1])

(1) Wer die Sicherheit des Betriebs einer Schienenbahn auf besonderem Bahnkörper[2]) oder Schwebebahn, der Schiffahrt oder der Luftfahrt durch Beschädigen, Zerstören oder Beseitigen von Anlagen oder Beförderungsmitteln, durch Bereiten von Hindernissen, durch falsche Zeichen oder Signale oder durch ähnliche Eingriffe oder durch eine an Gefährlichkeit einem solchen Eingriff gleichkommende pflichtwidrige Unterlassung beeinträchtigt und dadurch eine Gemeingefahr herbeiführt, wird mit Zuchthaus bis zu zehn Jahren bestraft. In besonders schweren Fällen ist auf Zuchthaus nicht unter fünf Jahren oder auf lebenslanges Zuchthaus zu erkennen.

(2) In minder schweren Fällen[3]) kann auf Gefängnis nicht unter drei Monaten erkannt werden.

---

des Führerscheins als Einziehungsgegenstand nur in Verbindung mit einer einstw. Entziehung der Fahrerlaubnis (§ 111a StPO.) zulässig. *Deinhardt* NJW. 53, 891.

10) Vgl. § 463a Abs. 3 StPO. Die nachträgl. Gestattung bezieht sich sowohl auf zeitige Sperrfristen wie auf die dauernde Untersagung der Erteilung einer neuen Fahrerlaubnis (Abs. 3).

**Zu § 315:** 1) § 315 ist nach folgenden Richtungen geändert worden:

a) an die Stelle des bisher in Abs. 1 verwendeten Begriffs der „Eisenbahn" ist jetzt der der „Schienenbahn auf besonderem Bahnkörper" getreten.

b) der Schutz der Straßenbahn (bisher Abs. 2) ist in den neu geschaffenen § 315a verwiesen, soweit § 315 Abs. 1 keine Anwendung findet. Der neue Abs. 2 sieht für minder schwere Fälle einen gemilderten Strafrahmen vor.

Im übrigen ist § 315 unverändert geblieben.

2) § 315 a. F. unterschied zwischen der Gefährdung der Eisenbahn (Abs. 1) und der der Straßenbahn (Abs. 2). Im Anschluß an die bisher schon übliche Abgrenzung der beiden Begriffe unterscheidet das Gesetz jetzt zwischen der Schienenbahn auf besonderem Bahnkörper (§ 315) und den nicht mehr besonders erwähnten Schienenbahnen, die dem allgemeinen Verkehr dienende Straßen befahren (§ 315a). Eine Hoch- oder Untergrundbahn fällt demnach, da sie einen besonderen, d. h. dem allgemeinen Verkehr entzogenen Bahnkörper hat, unter § 315; eine Straßenbahn, die meist die Wege des allgemeinen Straßenverkehrs benutzt, fällt unter § 315, sobald und solange sie auf besonderem Bahnkörper fährt. Ein besonderer Bahnkörper liegt aber nicht schon dann vor, wenn der Schienenstrang in der allgemeinen Straße verlegt, jedoch durch besondere Hindernisse — Geländer, Hecken usw. — gegen das Betreten oder Befahren durch andere Verkehrsteilnehmer gesichert ist; hier greift der Strafgrund des § 315, daß die Schienenbahn auf besonderem Bahnkörper meist schneller fährt und die Bereitung von Hindernissen größere Gefahren hervorruft, nicht durch, da auch die Schienenbahn, die auf einem eingefriedigten Schienenstrang auf der allgemeinen Straße fährt, schon mit Rücksicht auf Straßenkreuzungen ihre Geschwindigkeit dem allgemeinen Verkehr anpassen muß.

3) Minder schwer deckt sich nicht mit „mildernden Umständen", sondern ist ein engerer Begriff. Bei den mildernden Umständen sind alle Umstände, die für die Wertung der Tat und des Täters in Betracht kommen, heranzuziehen, gleichviel, ob sie der Tat selbst innewohnen, sie begleiten oder nachfolgen. E. 48, 308; 59, 237. Ein minder schwerer Fall dagegen liegt vor, wenn die äußeren oder inneren Tatumstände selbst die Tat mildern und deshalb einen außerordentlichen Strafrahmen angezeigt erscheinen lassen. Umstände, die vor der Tat liegen, sind dabei nur zu berücksichtigen, wenn sie den Willen des Täters beeinflußt haben und Schlüsse

(3) Gemeingefahr bedeutet eine Gefahr für Leib oder Leben, sei es auch nur eines einzelnen Menschen, oder für bedeutende Sachwerte, die in fremdem Eigentum stehen oder deren Vernichtung gegen das Gemeinwohl verstößt.

4. Als § 315 a wird folgende Vorschrift eingefügt:

### § 315 a[1]) (Straßenverkehrsgefährdung)

(1) Wer die Sicherheit des Straßenverkehrs[2]) dadurch beeinträchtigt[3]), daß er

1. Anlagen[4]) oder Beförderungsmittel[5]) beschädigt, zerstört oder beseitigt, Hindernisse bereitet oder einen ähnlichen Eingriff vornimmt[6]),
2. ein Fahrzeug führt[7]), obwohl er infolge des Genusses geistiger Getränke oder anderer berauschender Mittel[8]) nicht in der Lage ist, das Fahrzeug sicher zu führen[9]),
3. ein Fahrzeug führt, obwohl er infolge geistiger oder körperlicher Mängel sich nicht sicher im Verkehr bewegen kann und keine Vorsorge getroffen ist, daß er andere nicht gefährdet[10]) oder
4. in grob verkehrswidriger und rücksichtloser Weise die Vorfahrt nicht be-

---

auf das Maß seiner Schuld zulassen, Umstände nach der Tat (z. B. Reue) kommen nur als Beweisanzeichen für das Maß seiner Schuld in Betracht. BGH. NJW. 53, 635.

**Zu § 315 a:** 1) § 315a enthält den bisher in § 315 Abs. 2 a. F. geregelten Strafschutz der Straßenbahn gegen Betriebsgefährdung (vgl. Anm. 2 zu § 315). Darüber hinaus schützt § 315a allgemein die Sicherheit des Straßenverkehrs. Schrifttum: *Maassen* NJW. 53, 202; *Hartung-Floegel*, Straßenverkehrsrecht, 8. Aufl. S. 772; *Hartung* NJW. 53, 884.

2) d. h. des gesamten Verkehrs auf öffentlichen Straßen i. S. des § 1 StVZO.

3) Beeinträchtigt ist die Sicherheit des Straßenverkehrs, wenn die Teilnahme daran für andere Personen als den Täter nicht mehr gefahrlos ist.

4) z. B. Verkehrszeichen, Beleuchtungseinrichtungen, Warnschilder, Geländer usw.

5) Nicht nur Straßenbahnen, sondern Beförderungsmittel jeder Art, soweit ihre Beschädigung usw. zu einer Gemeingefahr führt.

6) vgl. Hauptwerk Anm. 5 zu § 315. Ein „ähnlicher Eingriff" sind auch die in § 315 genannten falschen Zeichen oder Signale. Dem Eingriff steht, wie in § 315, die pflichtwidrige Unterlassung, die an Gefährlichkeit einem Eingriff gleichkommt, gleich. *Hartung* NJW. 53, 884.

7) nicht nur maschinell bewegte Fahrzeuge, sondern Fahrzeuge jeder Art, auch Fahrräder und Pferdefuhrwerke.

8) vgl. Hauptwerk Anm. 2 zu § 42 c.

9) Ein solches Verhalten ist nach §§ 1, 49 StVO. und § 2 (vgl. § 3 Abs. 2), § 71 StVZO. bereits als Übertretung strafbar. Es wird zum Vergehen, wenn der Täter dadurch eine Gemeingefahr herbeiführt. Bei einem Blutalkoholgehalt von über 1,5‰ liegt regelmäßig Fahruntüchtigkeit vor, die auch durch Alkoholgewöhnung nicht ausgleichbar ist, im Einzelfall auch schon bei geringeren Blutalkoholgehalten. S. *Mueller* NJW. 52, 768; BGH.VRS. 53, 42 u. OLG. Frankfurt NJW. 53, 597; Einzelheiten bei *Floegel-Hartung* Anm. 5 zu § 1 StVO. Der Vorsatz muß sich auf die Fahrunsicherheit erstrecken. Dabei ist aber zu beachten, daß jeder Kraftfahrer weiß, daß er sich vor dem Fahren dem Alkohol gegenüber äußerst zurückzuhalten hat, weil selbst mäßiger Alkoholgenuß je nach den Umständen schon schwere Verkehrsunfälle hervorrufen kann. BGH. NJW. 52, 1305. Die Behauptung, der Täter habe geglaubt, hiervon körperlich ausgenommen zu sein (z. B. infolge Alkoholgewöhnung), zwingt zu sorgfältiger Prüfung, ob nicht bedingter Vorsatz vorliegt. Verneinendenfalls ist § 316 Abs. 2 zu prüfen, wobei Fahrlässigkeit bezüglich der Fahruntüchtigkeit regelmäßig schon anzunehmen ist, wenn der Täter sich bewußt war, Alkohol in nicht nur unerheblichen Mengen genossen zu haben, OLG. Frankfurt a.a.O. Bei Volltrunkenheit findet § 330a Anwendung. Strafbare Teilnahme — z. B. des Gastwirts, der dem Täter Alkohol verabreicht hat, des Zechgenossen, der ihn zum Trinken animiert hat — wird, wie bei § 330a (vgl. dort Anm. 5 Abs. 1 a. E.), zu verneinen sein (a. M. *Hartung-Floegel* S. 777).

10) vgl. § 2 StVZO. Bei den geistigen oder körperlichen Mängeln muß es sich um andere als die in Nr. 2 bezeichneten handeln, z. B. Übermüdung.

achtet, falsch überholt oder an unübersichtlichen Stellen, an Straßenkreuzungen oder -einmündungen zu schnell fährt[11])
und dadurch eine Gemeingefahr (§ 315 Abs. 3) herbeiführt, wird mit Gefängnis bestraft[12]).

(2) In den Fällen des Absatzes 1 Nummern 1 bis 3 ist der Versuch strafbar.

(3) In besonders schweren Fällen des Absatzes 1 Nummer 1 kann auf Zuchthaus bis zu zehn Jahren erkannt werden.

5. § 316 erhält folgende Fassung:

### § 316 (Fahrlässige Verkehrsgefährdung)

(1) Wer fahrlässig eine der in § 315 bezeichneten Taten begeht, wird mit Gefängnis bestraft.

(2) Wer fahrlässig eine der in § 315a bezeichneten Taten begeht, wird mit Gefängnis bis zu zwei Jahren oder mit Geldstrafe bestraft.

6. Als § 316a wird folgende Vorschrift eingefügt:

### § 316a[1]) (Autofalle)

(1) Wer zur Begehung[2]) von Raub oder räuberischer Erpressung (§ 255) einen Angriff auf Leib, Leben[3]) oder Entschlußfreiheit[4]) des Führers eines Kraftfahrzeugs[5]) oder eines Mitfahrers[6]) unter Ausnutzung der besonderen Verhältnisse des

---

11) Die nach § 49 StVO. und nach § 79 der Eisenbahn-, Bau- und BetriebsO. (Vorfahrtrecht der Schienenbahnen an schienengleichen Kreuzungen von Straße und Bahnkörper) strafbaren Übertretungen des Nichtbeachtens der Vorfahrt (§ 13 StVO.), falschen Überholens (§ 10 StVO.) und zu schnellen Fahrens an gefährlichen Stellen (§ 9 Abs. 1 und 2 StVO. i. d. F. v. 24. 8. 1953, BGBl. I S. 1201) werden zu Vergehen, wenn der Täter a) objektiv grob verkehrswidrig und b) subjektiv in rücksichtsloser Weise handelt und dadurch c) eine Gemeingefahr herbeiführt. Rücksichtslos handelt, wer das Gefühl für die jedem Verkehrsteilnehmer erwachsende Verantwortlichkeit aus gemeinschaftswidriger Gesinnung heraus unterdrückt oder gar nicht aufkommen läßt. *Maassen* NJW. 53, 202. Wegen Einzelheiten vgl. die Anm. zu den in Betracht kommenden Vorschriften der StVO. und Anm. 2 zu § 222 StGB.

12) Daneben kommt insbes. Entziehung der Fahrerlaubnis (§ 42 m) und Einziehung des benutzten Fahrzeugs (§ 40) in Betracht. Zur Strafzumessung vgl. noch OLG. Köln NJW. 53, 356: ein Konflikt zwischen dem wirtschaftl. Interesse und den Verkehrspflichten (z. B. bei einem Reisenden, der aus beruflichen Gründen Gastwirte als Abnehmer aufsucht und dabei geistige Getränke genießt) darf nicht dazu führen, die Erfordernisse der Generalprävention zu vernachlässigen. — Soweit § 315a Anwendung findet, werden die dem Vergehen zugrunde liegenden Verkehrsübertretungen aufgezehrt. Tateinheit zwischen § 315a Abs. 1 Nr. 1 und § 321 ist möglich. Tateinheit bei Nr. 2—4 ist namentlich mit §§ 222, 230 möglich.

**Zu § 316 a:** 1) § 316a ist als Ersatz für das durch Kontrollratsges. Nr. 55 aufgehobene Autofallenges. v. 22. 6. 1938 (RGBl. I S. 651) eingefügt.

2) Der Täter muß also den Angriff in der Absicht unternehmen, einen vollendeten Raub (räuberische Erpressung) zu begehen. Das Unternehmen des Angriffs kann bereits den Versuch eines Raubes, kann aber auch eine bloße Vorbereitungshandlung zum beabsichtigten Raub darstellen.

3) vgl. Anm. 2 zu § 83.

4) Angriff auf die Entschlußfreiheit sind alle Maßnahmen außer Angriff auf Leib oder Leben, durch die der Kraftfahrzeugführer (Mitfahrer) gezwungen werden soll, seinen Willen demjenigen des Täters unterzuordnen, gleichviel ob psychischer Zwang (Drohungen mit Gewalt, Befehl zum Halten unter Vortäuschung einer polizeilichen Kontrolle) oder körperlicher Zwang (Bereiten von Hindernissen auf der Fahrbahn — Legen von Baumstämmen, Spannen eines Drahtseils usw. —, Ergreifen des Steuerrads, das den Kraftfahrer zwingt, es einem anderen zu überlassen, wenn er einen sonst drohenden Unfall vermeiden will) angewandt wird.

5) Es wird also vorausgesetzt, daß es sich um ein in Betrieb befindliches Kraftfahrzeug handelt, denn nur dann kann von einem „Führer" gesprochen werden (vgl. *Floegel-Hartung* Anm. 3 zu § 316a S. 784). Täter kann sowohl ein Mitfahrer wie ein Dritter sein.

6) Mitfahrer ist jeder in das Fahrzeug zur Mitfahrt Aufgenommene. Täter kann auch der Kraftfahrzeugführer sein.

Straßenverkehrs unternimmt[7]), wird mit Zuchthaus nicht unter fünf Jahren, in besonders schweren Fällen mit lebenslangem Zuchthaus bestraft[8]).

(2)[9]) Das Gericht kann die in Absatz 1 angedrohte Mindeststrafe unterschreiten, auf Gefängnis erkennen oder von einer Bestrafung nach dieser Vorschrift absehen, wenn der Täter aus freien Stücken seine Tätigkeit aufgibt und den Erfolg abwendet. Unterbleibt der Erfolg ohne Zutun des Täters, so genügt sein ernstliches Bemühen, den Erfolg abzuwenden.

7. Der bisherige § 316a wird § 316b.

8. In § 90 wird die Zahl „316a" durch die Zahl „316b" ersetzt.

9. In § 94 wird die Zahl „316a" ersetzt durch „315a Abs. 1 Nr. 1, 316b".

## Artikel 3

## Änderungen der Strafprozeßordnung

Die Strafprozeßordnung wird wie folgt geändert und ergänzt:

1*). Als § 111a wird folgende Vorschrift eingefügt:

### „§ 111a (Vorläufige Entziehung der Fahrerlaubnis)

(1) Sind dringende Gründe[1]) für die Annahme vorhanden, daß die Erlaubnis zum Führen von Kraftfahrzeugen entzogen werden wird (§ 42 m des Straf-

---

7) unternimmt: S. § 87. Der Versuch ist also der Vollendung gleichgestellt. Einen Versuch des Unternehmens gibt es nicht (Vorbereitungshandl.). Der Angriff ist „unter Ausnutzung der besonderen Verhältnisse des Straßenverkehrs" unternommen, wenn der Täter sich die für den Kraftfahrzeugverkehr typischen Möglichkeiten und Gefahren zunutze macht, um den Führer oder Mitfahrer in eine Lage zu bringen, in der er dem räuberischen oder erpresserischen (§ 255) Zugriff preisgegeben ist. Hierher gehört z. B. die Ausnutzung des Umstandes, daß der Kraftfahrzeugführer, weil er die Fahrstrecke im Auge behalten muß, das Verhalten des Mitfahrers nicht überwachen kann, oder daß er oder der Mitfahrer aus dem in Fahrt befindlichen Fahrzeug nicht fliehen, sich auch nicht zur Wehr setzen, auf einsamer Straße auch nicht fremde Hilfe herbeirufen kann, oder daß erkannte Hindernisse auf der Straße ihn zum Halten zwingen, weil das Fahrzeug sonst zu verunglücken droht und die unbemerkten Hindernisse wegen der Schnelligkeit der Fahrt besonders große Gefahrenquellen bedeuten. Dagegen ist, weil es an einer Ausnutzung der besonderen Verhältnisse des Straßenverkehrs fehlt, § 316a z. B. unanwendbar, wenn der Täter den auf belebter öffentlicher Straße parkenden oder in einer Gaststätte oder Garage befindlichen Kraftfahrzeugführer überfällt.

8) Im Verhältnis zu dem den Absichten des Täters entsprechend durchgeführten Raub (der räuberischen Erpressung) ist § 316a zwar materiell eine Vorbereitungshandlung, aber eine solche, die Tatbestandsmerkmale aufweist, die („Angriff auf Leib und Leben") über die des Raubes hinausgehen oder hinausgehen können. Darüber hinaus bezweckt § 316a, wie die Einstellung der Vorschrift in den 27. Abschnitt, statt in den 20. Abschnitt zeigt, weniger eine Erhöhung des Strafschutzes des Einzelnen gegen Raub und räuberische Erpressung, als vielmehr einen Schutz des Straßenverkehrs als solchen, auch unter dem Gesichtspunkt, daß z. B. die Vorbereitung eines Raubes durch Bereiten von Hindernissen auf der Straße eine unbestimmte Zahl von Personen bedroht. Richtigerweise ist daher das Verhältnis des § 316a zu dem vollendeten oder versuchten Raub nicht unter dem Gesichtspunkt des Gefährdungs- zum Verletzungsdelikts zu würdigen (wobei freilich die erhöhte Strafdrohung des § 316a anwendbar bliebe), sondern § 316a ist selbständiges Delikt, so daß Tatmehrheit anzunehmen ist, Tateinheit dagegen, soweit bereits die Verwirklichung des § 316a zugleich einen Raubversuch enthält (so auch *Floegel-Hartung* Anm. 8 zu § 316a S. 786).

9) Vgl. die Anm. zu § 82 StGB. Ist es zu einem Versuch des Raubes oder der räuberischen Erpressung gekommen, so ist ein Rücktritt insoweit nur unter den Voraussetzungen des § 46 möglich. Unberührt bliebt die Möglichkeit einer Bestrafung aus anderen Vorschriften, z. B. gemäß § 315a Abs. 1 Nr. 1.

**Zu Nr. 1:** *) Diese vorläufige Maßregel beruht auf dem mit dem gleichen Gesetz eingefügten § 42m StGB.

1) Die Gründe müssen dringend, also mehr als hinreichend sein. Wenn ein Kraftfahrer mit einem Blutalkoholgehalt von 1,2‰ am öffentlichen Straßenverkehr teilnimmt, ist nicht ohne weiteres die vorläufige Entziehung der Fahrerlaubnis nach zwingendem Bedürfnis zum Schutze der Allgemeinheit vor weiterer Gefährdung erforderlich. LG. Duisburg RdK. 1953, 71. LG. Itzehoe RdK. 1953, 102 a.M. LG. Konstanz RdK. 1953, 102, s. Anm. 6.

gesetzbuchs)[2]), so kann der Richter[3]) dem Beschuldigten durch Beschluß[4]) die Fahrerlaubnis vorläufig entziehen[5]), wenn dies erforderlich ist, um die Allgemeinheit vor weiterer Gefährdung zu schützen[6]).

(2) Die Befugnis zur Beschlagnahme eines von einer deutschen Behörde ausgestellten Führerscheins[7]) bleibt unberührt[8]).

(3) In ausländischen Fahrausweisen ist die vorläufige Entziehung der Fahrerlaubnis zu vermerken. Ausländische Fahrausweise können zu diesem Zweck oder zur Eintragung des Vermerks über die Entziehung der Fahrerlaubnis nach § 42 m Abs. 2 Satz 2 des Strafgesetzbuchs beschlagnahmt werden[9]).

(4) Die vorläufige Entziehung der Fahrerlaubnis ist aufzuheben, wenn ihr Grund weggefallen ist[10]) oder wenn das Gericht im Urteil die Fahrerlaubnis nicht entzieht[11])."

2*). Dem § 212b Abs. 1 wird folgender Satz hinzugefügt:

„Die Entziehung der Fahrerlaubnis ist zulässig."

3*). Dem § 232 Abs. 1 wird folgender Satz hinzugefügt:

„Die Entziehung der Fahrerlaubnis ist zulässig, wenn der Angeklagte in der Ladung auf diese Möglichkeit hingewiesen worden ist."

4*). Dem § 233 Abs. 1 wird folgender Satz hinzugefügt:

„Die Entziehung der Fahrerlaubnis ist zulässig."

5*). § 233 Abs. 2 erhält folgende Fassung:

„(2) Wird der Angeklagte von der Verpflichtung zum Erscheinen in der Hauptverhandlung entbunden, so muß er durch einen beauftragten oder er-

---

2) Zulässig im beschl. Verfahren nach § 212, u. in den Fällen der §§ 232 Abs. 1 u. 233 Abs. 1.

3) Im vorber. Verfahren der AR., in VU. der Untersuchungsrichter, nach Anklageerhebung das Gericht, bei dem die Sache anhängig ist, in der Revisionsinstanz der letzte Tatrichter.

4) Der Beschluß, der mit Gründen zu versehen ist, kann mit der Beschwerde angefochten werden (§ 305). Die Durchführung des Beschl. erfolgt bei inländischen Fahrausweisen durch Beschlagnahme (§ 94), bei ausländischen nach Abs. 3.

5) Vorläufige Maßregel (s. Abs. 4), die keinen Strafcharakter hat.

6) Die vorl. Entziehung der Fahrerlaubnis dient der Sicherung der Allgemeinheit. Wenn der Täter in Untersuchungshaft einsitzt, wird die v. E. nicht erforderlich sein. Dringende Gründe für die Annahme einer Entziehung der Fahrerlaubnis in der späteren Hauptverhandlung rechtfertigen nach LG. Mannheim NJW. 1953, 838 u. *Walde* NJW. 1953, 1197 nicht ohne weiteres eine vorläufige Entziehung. A.M. *Zwicker* NJW. 1953, 838.

7) S. § 2 Abs. 2 StVG. unter B...

8) Da der Führerschein der Einziehung unterliegt, kann er beschlagnahmt werden, § 94. Ebenso *Lackner* NJW. 1953, 1172. *Hartung* DRiZ. 1953, 122. LG. Braunschweig NJW. 1953, 1238, anders *Deinhardt* NJW. 1953, 891, der unter analogerAnwendung des § 98 auch der StA. und ihren Hilfsbeamten das Recht der vorl. Einziehung durch Wegnahme des Führerscheins gibt.

Einziehung des Führerscheins nach § 42m Abs. 2 StGB. Es bedarf keines selbst. Einziehungsverfahrens, wenn in einem freisprechendem Urteil auf Entziehung der Fahrerlaubnis erkannt ist. *Hartung* DRiZ. 1953, 122.

9) S. Anm. 4.

10) Z. B. bei Einstellung des Verfahrens der StA., auch schon beim Wegfall der Gefährdung der Allgemeinheit.

11) Mit Erlaß des Urteils, nicht erst mit dessen Rechtskraft.

Da die Entziehung der Fahrerlaubnis nicht zu den in §§ 331 Abs. 2, 358 Abs. 2 S. 2, 379 Abs. 2 S. 2 StPO. angeführten Maßregeln der Sicherung und Besserung gehört, trifft auf sie das Verbot der Schlechterstellung zu.

**Zu Nr. 2:** S. Anm. *) zu Nr. 1.

**Zu Nr. 3:** *) S. Anm. *) zu Nr. 1.

**Zu Nr. 4:** *) S. Anm. *) zu Nr. 1.

**Zu Nr. 5:** *) Lediglich redaktionelle Neufassung.

suchten Richter über die Anklage vernommen werden. Dabei wird er über die bei Verhandlung in seiner Abwesenheit zulässigen Strafen und Maßnahmen belehrt sowie befragt, ob er seinen Antrag auf Befreiung vom Erscheinen in der Hauptverhandlung aufrechterhalte."

6*). In § 305 Satz 2 werden hinter dem Wort „Beschlagnahmen" nach Setzung eines Beistrichs die Worte „die vorläufige Entziehung der Fahrerlaubnis" eingefügt.

7*). In § 463a erhält der Absatz 3 folgende Fassung:

„(3) § 462 gilt auch für die nach den §§ 42 f bis 42 h, 42 l Abs. 4 und 42 m Abs. 4 des Strafgesetzbuchs zu treffenden Entscheidungen."

---

**Zu Nr. 6:** *) S. Anm. *) zu Nr. 1.
**Zu Nr. 7:** *) S. Anm. *) zu Nr. 1.

## 2. Zweites Strafrechtsänderungsgesetz

Vom 6. 3. 1953 (BGBl. I S. 42)

Artikel 1

Hinter § 139b wird folgende Vorschrift als § 141 in das Strafgesetzbuch eingefügt:

**§ 141[1]) (Anwerben Deutscher zum ausländischen Wehrdienst)**

(1) Wer im Inland[2]) oder als Deutscher[2]) im Ausland[2]) zugunsten einer ausländischen Macht einen Deutschen zum Wehrdienst in einer militärischen oder militärähnlichen Einrichtung anwirbt[3]) oder ihren Werbern oder dem Wehrdienst einer solchen Einrichtung zuführt, wird mit Gefängnis nicht unter drei Monaten bestraft.

(2) Der Versuch ist strafbar.

---

**Zu § 141:** 1) Eingefügt an Stelle des durch KontrRGes. Nr. 11 v. 30. 1. 1946 aufgehobenen § 141 a. F., in Kraft seit 8. 3. 1953. In Berlin übernommen durch Ges. v. 10. 3. 1953 (GVBl. S. 168).

2) Vgl. Anm. 1—3 zu § 3.

3) Vgl. Anm. 3 zu § 92.

# 3. Drittes Strafrechtsänderungsgesetz

Vom 4. 8 1953 (BGBl. I S. 735).

## Artikel 1

## Änderungen des Strafgesetzbuchs

Das Strafgesetzbuch wird wie folgt geändert und ergänzt:

1.[1]) a) In den §§ 1 Abs. 1, 32 Abs. 1, 44 Abs. 2, 67 Abs. 1 und 70 Abs. 1 wird der Hinweis auf die Todesstrafe gestrichen.

b) § 13 und § 218 Abs. 3 Satz 2 werden gestrichen.

c) § 211 Abs. 1 erhält folgende Fassung: „Der Mörder wird mit lebenslangem Zuchthaus bestraft."

§ 211 Absatz 3 wird gestrichen.

2.[1]) In § 3 Abs. 2 werden die Worte „nach dem gesunden Empfinden des deutschen Volkes" gestrichen.

3. § 4 Abs. 3 Nr. 1 erhält folgende Fassung:

„1.[1]) Straftaten, die er als Träger eines deutschen staatlichen Amtes oder gegen Träger eines solchen Amtes während der Ausübung ihres Dienstes oder in Beziehung auf ihren Dienst begeht;"

4.[1]) In § 7 werden die Worte „im Gebiete des Deutschen Reichs" durch die Worte „im Inland" ersetzt.

5.[1]) § 11 erhält folgende Fassung:

„Mitglieder eines Gesetzgebungsorgans eines zur Bundesrepublik Deutschland gehörigen Landes dürfen zu keiner Zeit wegen ihrer Abstimmung oder wegen einer Äußerung, die sie in der Körperschaft oder einem ihrer Aus-

---

**Zu Art. I Nr. 1:** 1) Nr. 1 zieht lediglich die redaktionelle Folgerung aus der Abschaffung der Todesstrafe durch Art. 102 GG.

**Zu Nr. 2:** 1) Die Änderung bezweckt lediglich die Beseitigung eines unerwünschten Ausdrucks. Eine sachliche Änderung des § 3 Abs. 2 ist damit nicht verbunden; ob die Auslandstat wegen der besonderen Verhältnisse am Tatort vom Standpunkt der deutschen Rechtsordnung als strafwürdiges Unrecht Sühne verdient, muß auch jetzt danach beurteilt werden, ob nach den Grundgedanken des Deutschen Strafrechts schutzbedürftige Belange verletzt sind.

**Zu Nr. 3:** 1) Die Neufassung zieht, ohne sachliche Änderung, lediglich die Folgerungen aus der Änderung der politischen Verhältnisse und aus dem Wegfall des Reichsarbeitsdienstes und einer deutschen Wehrmacht

**Zu Nr. 4:** 1) Die Änderung der Fassung bezweckt, ohne sachlich am bisherigen Recht etwas zu ändern, lediglich eine Anpassung an die derzeitige staatsrechtliche Lage. Das „Inland" (über diesen Begriff vgl. Hauptwerk Anm. 3 zu § 3) umfaßt auch die Ostzone; für die Westzone gebraucht die Bundesgesetzgebung den Ausdruck „Geltungsbereich dieses Gesetzes". Eine Stellungnahme des Gesetzgebers zu der Frage, ob das Deutsche Reich als (handlungsunfähiges) Rechtsgebilde weiter besteht, enthält die Nr. 4 nicht. Vgl. ergänzend § 11 des Ges. über die innerdeutsche Rechts- und Amtshilfe in Strafsachen v. 2. 5. 1953 (BGBl. I S. 161) — in diesem Nachtrag Nr. 7.

**Zu Nr. 5:** 1) Art. 46 Abs. 1 GG. bestimmt für die Bundestagsabgeordneten: „Ein Abgeordneter darf zu keiner Zeit wegen seiner Abstimmung oder wegen einer Äußerung, die er im Bundestag oder in einem seiner Ausschüsse getan hat, gerichtlich oder dienstlich verfolgt oder sonst außerhalb des Bundestages zur Verantwortung gezogen werden. Dies gilt nicht für verleumderische Beleidigungen". § 11 trifft eine entsprechende Regelung für die Mitglieder der Landesgesetzgebungsorgane. Ob in den Ländern außer den Landtagen (Bürgerschaften der Hansestädte) weitere Gesetzgebungsorgane bestehen, bestimmt sich — wie in §§ 97, 106a u. b — nach Landesrecht. Gegenstand der Indemnität sind Straftaten, die durch mündliche oder schriftliche Äußerungen begangen werden, in erster Linie Beleidigungen, aber auch alle sonstigen durch Äußerungen begangenen Straftaten. Entsprechend dem Grundgedanken des § 11 (Schutz der parlamentarischen Redefreiheit) muß es sich um Äußerungen aus Anlaß oder im

schüsse[2]) getan haben, außerhalb der Körperschaft zur Verantwortung gezogen werden. Dies gilt nicht für verleumderische Beleidigungen[3])".

6.[1]) § 12 erhält folgende Fassung:
„Wahrheitsgetreue Berichte über die öffentlichen Sitzungen der in § 11 bezeichneten Gesetzgebungsorgane oder ihrer Ausschüsse bleiben von jeder Verantwortlichkeit frei."

7.[1]) § 27b Abs. 2 wird gestrichen.

8.[1]) In § 28 Abs. 3 und § 29 Abs. 6 wird die Zahl „494" durch die Zahl „462" ersetzt.

9. In § 28b Abs. 2 werden die Worte „Reichsregierung mit Zustimmung des Reichsrats" ersetzt durch die Worte „Bundesregierung mit Zustimmung des Bundesrates".

10.[1]) In § 31 Abs. 1 werden die Worte „die dauernde Unfähigkeit zum Dienste in dem Deutschen Heere und der Kaiserlichen Marine sowie" gestrichen.

11.[1]) a) In § 31 Abs.2 werden die Worte „die Advokatur" und in §§ 352 und 356 das Wort „Advokat" gestrichen.
b) In § 359 werden die Worte „ingleichen Notare, nicht aber Advokaten und Anwälte" ersetzt durch die Worte „ferner Notare, nicht aber Anwälte".

---

Rahmen der parlamentarischen Verhandlungen handeln; § 11 ist daher z. B. unanwendbar, wenn ein Abgeordneter einen anderen im Sitzungssaal ohne Zusammenhang mit den in diesem Zeitpunkt stattfindenden Verhandlungen beleidigt. Die Indemnität ist ein persönlicher Strafausschließungsgrund. Der besondere Rechtfertigungsgrund des § 100 Abs. 3 gilt nur für Bundestagsabgeordnete (vgl. 3. Nachtrag Anm. 4 zu § 100). Nicht zu verwechseln mit der Indemnität ist die Immunität der Abgeordneten (vgl. Art. 46 Abs. 2 GG, für die Bundestagsabgeordneten, § 152a n.F. StPO. für die Landtagsabgeordneten); sie stellt lediglich ein Verfolgungshindernis dar.

2) d. h in einer Sitzung der Körperschaft oder eines Ausschusses der Körperschaft, gleichviel ob es sich um eine öffentl. oder nicht öffentl. Sitzung handelt. Fraktionssitzungen gehören nicht hierher (zweifelnd *Dreher* JZ. 53, 423).

3) Verleumderische Beleidigungen sind außer den Vergehen nach §§ 187, 187a Abs. 2, 103 auch Verunglimpfungen durch Verleumdung (§ 95 Abs. 3, § 97); dagegen fällt (verleumderische) Verunglimpfung des Andenkens eines Verstorbenen nach Sinn und Zweck der Vorschrift nicht unter § 11.

**Zu Nr. 6:** 1) Nach Art. 42 Abs. 3 GG. bleiben wahrheitsgetreue Berichte über die öffentlichen Sitzungen des Bundestages und seiner Ausschüsse von jeder Verantwortlichkeit frei. § 12 enthält die entsprechende Vorschrift für Berichte über Sitzungen der Landesparlamente. Wegen des Rechtszustandes vor Inkrafttreten des § 12 n. F. vgl. OLG. Braunschweig NJW .53, 516. Das Privileg des Art. 42 Abs. 3 GG. und des § 12 stellt einen Rechtfertigungsgrund, nicht nur einen Strafausschließungsgrund dar; h.M.; vgl. OLG. Braunschweig aaO. mit Nachweisen. „Bericht" = schriftliche oder mündliche Mitteilungen über den Verlauf der gesamten Sitzung oder einzelner in sich geschlossener Teile, z.B. die Beratung eines bestimmten Gesetzes, wenn in der Sitzung mehrere Gesetze beraten wurden. Die Wiedergabe lediglich einzelner Reden oder gar einzelner Äußerungen ist dagegen kein Bericht über die Sitzung. E. 18, 207. Wörtliche Wiedergabe von Reden usw. ist zum Begriff des Berichtes nicht erforderlich; auch eine inhaltliche abgekürzte Wiedergabe genügt, falls dadurch nicht ein falscher Eindruck über den wirklichen Vorgang hervorgerufen wird.

**Zu Nr. 7:** 1) § 27b Abs. 2 bestimmte: „Die Vorschriften des Militärstrafgesetzbuches bleiben unberührt". Nr. 7 zieht die redaktionelle Folgerung aus der bereits durch Art. 3 KontrRGes. Nr. 34 erfolgten Aufhebung des MilStGB.

**Zu Nr. 8:** 1) Nr. 8 zieht die Folgerung aus der Tatsache, daß die Paragraphenzahl der StPO schon durch die Neufassung v. 22. 3. 1924 (RGBl. I S. 322) geändert worden war. Textausgaben des StGB. haben im allgemeinen die Anpassung ohne weitere Hervorhebung durchgeführt.

**Zu Nr. 10:** 1) Nr. 10 will nicht etwa die Rechtswirkungen der Verurteilung zu Zuchthausstrafe abmildern, sondern trägt lediglich der Tatsache Rechnung, daß es z. Zt. keine Wehrmacht gibt.

**Zu Nr. 11:** 1) Die Berufsbezeichnung „Advokat" gibt es bereits seit Inkrafttreten der Rechtsanwaltsordnung v. 1. 7. 1878 nicht mehr.

12. § 34 wird wie folgt geändert:

a) Nr. 1 und 2 werden gestrichen.[1])

b) In Nr. 6 werden die Worte „Beistand der Mutter, Mitglied eines Familienrats oder Kurator“[2]) durch die Worte „Beistand der Mutter oder Mitglied eines Familienrats“ und die Worte „die obervormundschaftliche Behörde“ durch die Worte „das Vormundschaftsgericht“ ersetzt.

c) Die bisherigen Nr. 3 bis 6 werden Nr. 1 bis 4.

13.[1]) In § 52 Abs. 2 werden die Worte „Ehegatten, Geschwister und deren Ehegatten“ ersetzt durch die Worte „Ehegatten und deren Geschwister, Geschwister und deren Ehegatten“.

14.[1]) In § 70 Abs. 2 werden die Worte „oder die Entmannung“ gestrichen.

15.[1]) In § 105 werden die Worte „den Senat oder die Bürgerschaft einer der freien Hansestädte, eine gesetzgebende Versammlung des Reichs oder eines Bundesstaats“ ersetzt durch die Worte „ein Gesetzgebungsorgan des Bundes oder eines Landes“.

16.[1]) a) In § 117 wird das Wort „Schießgewehr“ durch das Wort „Schußwaffen“ ersetzt.

b) In § 368 Nr. 7 wird das Wort „Feuergewehr“ durch das Wort „Feuerwaffen“ ersetzt.

17.[1])[2])[3]) § 138 wird aufgehoben.

18.[1]) In § 147 wird das Wort „auch“ gestrichen.

---

**Zu Nr. 12:** 1) Die als Wirkung des Ehrverlustes bestimmte Unfähigkeit, die Landeskokarde zu tragen (Nr. 1), ist seit langem obsolet, die Wehrunfähigkeit (Nr. 2) z. Zt. gegenstandslos.

2) Der Kurator des früheren Rechts entsprach dem Pfleger des BGB. E. 41, 388; für seine Erwähnung neben dem Pfleger ist seit langem kein Raum mehr.

**Zu Nr. 13:** 1) Daß auch im strafrechtlichen Sinn ein Angehörigenverhältnis zu den Geschwistern des Ehegatten besteht, ist in erweiternder Auslegung des bisher zu engen Wortlauts allgemein anerkannt (vgl. Hauptwerk Anm. 8 zu § 52); Nr. 13 legalisiert lediglich diese Auslegung.

**Zu Nr. 14:** 1) Die Sicherungsmaßregel der Entmannung ist durch das KontrRGes. Nr. 11 beseitigt. Nr. 14 paßt den Wortlaut des § 70 Abs. 2 diesem Rechtszustand an.

**Zu Nr. 15:** 1) Anpassung an die neue Terminologie anderer Vorschriften (vgl. §§ 97, 106a u. 106b, 197).

**Zu Nr. 16:** 1) Ersetzung veralteter Ausdrücke durch solche des heutigen Sprachgebrauchs ohne sachliche Änderung. Wegen des § 367 Nr. 8 vgl. Art. 1 Nr. 34a.

**Zu Nr. 17:** 1) Die Strafvorschrift ist im Anschluß an die bisherigen StGB-Entwürfe gestrichen, weil sie in der Praxis nicht angewendet wird, diese sich vielmehr mit den Ordnungsstrafen (§ 56 GVG, §§ 51, 57 StPO, §§ 380, 409 ZPO.) begnügt. Die so entstandene Lücke in der Paragraphenreihe ist durch Art. 2 Nr. 21 ausgefüllt.

2) Die im RegEntw. folgende Nr. 19 sah folgende Vorschrift vor: „In § 145 werden hinter den Worten „vom Kaiser“ ein Komma und die Worte „vom Reichspräsidenten oder von der Bundesregierung“ eingefügt.“

Sie sollte klarstellen, daß die Ermächtigung zum Erlaß der in § 145 bezeichneten Vorschriften vom Kaiser auf den Reichspräsidenten und von diesem auf die Bundesreg. übergegangen sei. Der Bundesrat war dagegen der Auffassung, daß die auf den Reichspräsidenten übergegangene Ermächtigung nach Art. 129 Abs. 3 GG. erloschen sei und darüber hinaus auch den Anforderungen des Art. 80 Abs. 1 GG. nicht genügt hätte. Der BT. hat auf die Aufnahme einer entsprechenden Vorschrift verzichtet, um in dem Meinungsstreit nicht vorzugreifen (vgl. Abg. Dr. *Schneider*, 265. Sitzung v. 12. 5. 1953, Prot. S. 12993).

3) § 145a, dessen Änderung in Nr. 20 des RegEntw. vorgeschlagen war, ist inzwischen durch das Kapitalverkehrsges. v. 15. 12. 1952 (BGBl. I S. 801) aufgehoben und ersetzt.

**Zu Nr. 18:** 1) Berichtigung eines allgemein als Redaktionsversehen anerkannten Fassungsfehlers (vgl. RG DStZ. 1914, 619).

19.[1]) In § 149 werden die Worte „dem Reich, dem Norddeutschen Bunde, einem Bundesstaate oder fremden Staate oder von einer zur Ausgabe solcher Papiere berechtigten Gemeinde, Korporation, Gesellschaft oder Privatperson" ersetzt durch die Worte „einem Staate oder von einer zur Ausgabe solcher Papiere berechtigten Stelle".

20.[1]) § 162 wird aufgehoben.

21.[1]) In § 166 werden die Worte „eine andere mit Korporationsrechten innerhalb des Bundesgebietes bestehende Religionsgesellschaft" ersetzt durch die Worte „eine andere im Staate bestehende Religionsgesellschaft des öffentlichen Rechts".

22.[1]) § 173 wird wie folgt geändert:

a) Absatz 2 erhält folgende Fassung:

„Der Beischlaf zwischen Geschwistern wird mit Gefängnis bis zu zwei Jahren bestraft. Ebenso wird der Beischlaf zwischen Verschwägerten auf- und absteigender Linie bestraft, wenn die Ehe, auf der die Schwägerschaft beruht, zur Zeit der Tat besteht."

b) Folgender Absatz 5 wird eingefügt:

„Im Falle des Beischlafes zwischen Verschwägerten kann das Gericht von Strafe absehen[2]), wenn die häusliche Gemeinschaft der Ehegatten zur Zeit der Tat aufgehoben war. Die Tat wird nicht mehr verfolgt, wenn Befreiung vom Eheverbot der Schwägerschaft erteilt worden ist."[3])

23.[1]) In den §§ 176, 177, 179, 181a, 236 und 237 wird das Wort „Frauensperson" durch das Wort „Frau" ersetzt.

24.[1]) In § 197 werden die Worte „eine gesetzgebende Versammlung des Reichs oder eines Bundesstaats" ersetzt durch die Worte „ein Gesetzgebungsorgan des Bundes oder eines Landes".

25.[1]) Nach § 248a werden folgende Vorschriften eingefügt:

„§ 248b

(1) Wer ein Kraftfahrzeug oder ein Fahrrad gegen den Willen des Berechtigten in Gebrauch nimmt, wird, sofern die Tat nicht nach anderen Vor-

---

**Zu Nr. 19:** 1) Die neue Fassung bringt ohne sachliche Änderung, soweit es sich um Staatspapiere handelt, eine Anpassung an die jetzige staatsrechtliche Lage und soweit es sich um Papiere einer zur Ausgabe kraft Gesetzes (z. B. gem. § 17 Aktienges.) oder kraft Einzelgenehmigung (z. B. nach § 795 BGB) befugten Stelle handelt, eine Vereinfachung des Wortlauts.

**Zu Nr. 20:** 1) Gestrichen im Anschluß an die StGB.-Entwürfe, da die Vorschrift keine praktische Bedeutung hat.

**Zu Nr. 21:** 1) Anpassung des Gesetzeswortlauts — ohne sachliche Änderung — an die sonst im StGB. verwendete Fassung (vgl. §§ 132a Abs. 3, 167).

**Zu Nr. 22:** 1) Nr. 22 bringt keine Änderung des bisherigen Rechts, vielmehr ist lediglich der Inhalt des § 4 der VO. v. 23. 4. 1938 (RGBl. I S. 417) — abgedr. Hauptwerk Anm. 3 zu § 173 — in den § 173 eingearbeitet worden; der Text des § 4 ist dabei nur redaktionell geändert worden und deutlich gemacht, daß in Abs. 2 Satz 2 n. F. das Bestehen der die Schwägerschaft begründenden Ehe Tatbestandsmerkmal ist.

2) Vgl. § 260 Abs. 4 Satz 2 StPO i. d. F. von Art. 4 Nr. 28 des 3. Strafrechtsänderungsges. u. § 153a StPO.

3) Vgl. § 4 Eheges. 1946.

**Zu Nr. 23:** 1) Ersetzung eines veralteten Ausdrucks ohne sachliche Änderung. Die im Reg.Entw. (unter Art. 1 Nr. 26b) vorgeschlagene Ersetzung von „männliche Person" in § 181a durch „Mann" hielt der BT. für entbehrlich (vgl. Abg. Dr. *Schneider*, 265. Sitzung v. 12. 5. 53, Prot. S. 12993).

**Zu Nr. 24:** 1) Vgl. Anm. 1 zu Nr. 15.

**Zu Nr. 25:** 1) Nr. 25 bringt — ohne sachliche Änderung — die Einarbeitung der bisher in der VO. gegen unbefugten Gebrauch von Kraftfahrzeugen und Fahrrädern v. 20. 10. 1932.

schriften mit schwererer Strafe bedroht ist, mit Gefängnis bis zu drei Jahren bestraft.

(2) Der Versuch ist strafbar.

(3) Die Verfolgung tritt nur auf Antrag ein. Die Zurücknahme des Antrages ist zulässig.

(4) Wer die Tat gegen einen Verwandten absteigender Linie oder gegen seinen Ehegatten begeht, bleibt straflos.

(5) Kraftfahrzeuge im Sinne dieser Vorschrift sind die Fahrzeuge, die durch Maschinenkraft bewegt werden, Landkraftfahrzeuge nur insoweit, als sie nicht an Bahngleise gebunden sind.

§ 248c

(1) Wer einer elektrischen Anlage oder Einrichtung fremde elektrische Energie mittels eines Leiters entzieht, der zur ordnungsmäßigen Entnahme von Energie aus der Anlage oder Einrichtung nicht bestimmt ist, wird, wenn er die Handlung in der Absicht begeht, die elektrische Energie sich rechtswidrig zuzueignen, mit Gefängnis und mit Geldstrafe oder mit einer dieser Strafen bestraft. Neben der Gefängnisstrafe kann auf Verlust der bürgerlichen Ehrenrechte erkannt werden.

(2) Der Versuch ist strafbar.

(3) Wird die in Absatz 1 bezeichnete Handlung in der Absicht begangen, einem anderen rechtswidrig Schaden zuzufügen, so ist auf Geldstrafe oder auf Gefängnis bis zu zwei Jahren zu erkennen. Die Verfolgung tritt nur auf Antrag ein."

26.[1]) Die §§ 265a und 266 erhalten folgenden Absatz 3:

„Wer die Tat gegen Angehörige, Vormünder oder Erzieher begeht, ist nur auf Antrag zu verfolgen. Die Zurücknahme des Antrages ist zulässig."

---

(RGBl. I S. 496) — abgedr. Hauptwerk B VIII 7 — und in dem Ges. betr. die Bestrafung der Entziehung elektrischer Arbeit v. 9.4. 1900 (RGBl. S. 228) — Hauptwerk B VIII 8 — enthaltenen Vorschriften in das StGB. Auf die Erläuterungen zu diesen Vorschriften im Hauptwerk wird verwiesen.

**Zu Nr. 26:** 1) a) In Rechtspr. (vgl. Hauptwerk Anm. 12 zu § 266) und Schrifttum war für § 266 einhellig anerkannt, daß §§ 247 Abs. 1, 263 Abs. 5 einen für Vermögensdelikte allgemein geltenden Grundsatz zum Ausdruck bringen; diese Auslegung legalisiert Nr. 29 durch Schaffung des Abs. 3 des § 266.

b) Bzgl. des § 265a besteht Übereinstimmung, daß infolge der Subsidiaritätsklausel die Erschleichung der Leitung eines Warenautomaten als Diebstahl und eine Erschleichung, die die Merkmale des § 263 aufweist, als Betrug strafbar ist. Für die übrigen Anwendungsfälle des § 265a ging die Auslegung dahin, daß auch hier § 263 Abs. 5, darüber hinaus aber auch § 264a entsprechend anwendbar seien. Hinsichtlich der als Diebstahl oder Betrug strafbaren Erschleichung wurde angenommen, daß auch die Privilegierungen nach §§ 247, 248a, 264a und 370 Nr. 5 anzuwenden seien. Wenn nunmehr § 265a Abs. 3 das Antragserfordernis für Taten gegenüber Angehörigen, Vormündern oder Erziehern vorsieht, so gilt diese Vorschrift nur für Taten, die aus § 265a strafbar sind; insoweit legalisiert Nr. 29 die bisherige Auslegung. Soweit dagegen die Tat als Betrug strafbar ist, gilt nach wie vor § 265 Abs. 5 und bei Diebstahl gilt § 247 in vollem Umfang, so daß unter den Voraussetzungen des § 247 Abs. 2 die Tat straflos bleibt. Daraus, daß Nr. 29 bei den aus § 265a strafbaren Handlungen die den Täter begünstigende Auslegung nur z. T. gesetzlich anerkennt, kann nicht entnommen werden, daß die entsprechende Anwendung des § 264a nicht gebilligt werde. Die Entstehungsgeschichte der Nr. 29 gibt keinen Anhaltspunkt, daß eine solche Einengung beabsichtigt sei, denn nach der amtl. Begr. zu Nr. 29 des RegEntw. bezweckt die Einfügung des Abs. 3 in § 265a nur die „Bestätigung der von ... dem Schrifttum bereits vorgenommenen Schließung einer Gesetzeslücke". Diese Auffassung ist um so mehr geboten, als bei den als Betrug strafbaren Erschleichungshandlungen § 264a unmittelbar und bei Diebstahlshandlungen §§ 248a, 370 Nr. 5 weiter anwendbar sind.

27.[1]) a) In § 275 Nr. 1 bis 3 werden die Worte „Post- oder Telegraphenfreimarken oder gestempelte Briefkuverts" durch das Wort „Postwertzeichen" ersetzt. In Nr. 1 und 3 wird das Komma hinter dem Worte „Stempelabdrücke" durch das Wort „oder" ersetzt.

b) In §§ 276 Abs. 2, 360 Abs. 1 Nr. 4 und 364 Abs. 2 werden die Worte „Post- oder Telegraphenwertzeichen" durch das Wort „Postwertzeichen" ersetzt.

c) In § 276 Abs. 2 werden das Wort „Frankierung" durch das Wort „Freimachung" und die Worte „Entziehung der Post- oder Telegraphengebühren" durch das Wort „Gebührenhinterziehung" ersetzt.

d) In § 355 Abs. 1 werden die Worte „Telegraphenbeamte oder andere" durch die Worte „Postbeamte oder", in Absatz 1 wird das Wort „Depeschen" durch das Wort „Telegramme" und in Absatz 2 das Wort „Depeschen" durch das Wort „Telegrammen" ersetzt.

28.[1]) In § 301 wird das Wort „Bürgschaftsinstrumente" durch das Wort „Bürgschaftserklärungen" ersetzt.

29.[1]) In den §§ 325 und 326 heißt es statt „321 bis 324": „321 und 324".

30.[1]) § 338 wird aufgehoben.

31.[1]) In § 358 heißt es statt „331, 339 bis 341": „331, 340, 341".

32.[1]) In § 359 werden die Worte „im Dienste des Reichs oder in unmittelbarem oder mittelbarem Dienste eines Bundesstaates" ersetzt durch die Worte „im unmittelbaren oder mittelbaren inländischen Staatsdienst".

33.[1]) In § 360 Abs. 1 Nr. 7 werden die Worte „des Reichs" durch die Worte „des Bundes" und das Wort „Reichsadler" durch das Wort „Bundesadler" ersetzt.

34. § 367 wird wie folgt geändert:

a)[1]) Absatz 1 Nr. 8 erhält folgende Fassung:

„8. wer ohne polizeiliche Erlaubnis an bewohnten oder von Menschen

---

**Zu Nr. 27:** 1) Ersetzung überholter Wendungen durch die heute gebräuchlichen ohne sachliche Änderung.

**Zu Nr. 28:** 1) Ersetzung eines veralteten Ausdrucks durch den heute gebräuchlichen ohne sachliche Änderung.

**Zu Nr. 29:** 1) Die neue Fassung trägt der Aufhebung der §§ 322 u. 323 durch das Ges. v. 28. 6. 1935 (RGBl. I S. 843) Rechnung.

**Zu Nr. 30:** 1) § 338 bedrohte den „Religionsdiener oder Personenstandsbeamten", der eine Doppelehe „schließt". Da schon seit dem 1. 1. 1900 die Eheschließung nicht mehr durch einen Standesbeamten, sondern durch Erklärung der Verlobten vor dem Standesbeamten erfolgt (vgl. jetzt § 13 Eheges. 1946), konnte die Vorschrift für Standesbeamte nur dann einen Sinn haben, wenn man „schließt" in „bei der Schließung mitwirkt" umdeutet; insoweit bedarf es aber keiner besonderen Strafdrohung, da die Beihilfe zur Doppelehe schon nach § 171 als Verbrechen strafbar ist. Ein „Religionsdiener" kann (im Inland) nur ganz ausnahmsweise (vgl. § 15a Eheges. 1946) bei einer Eheschließung mitwirken. Da die Vorschrift ohne praktische Bedeutung ist, ist sie im Anschluß an StGB.-Entw., 1927, der eine entsprechende Vorschrift nicht mehr vorsah, weggelassen worden. Unberührt geblieben ist selbstverständlich § 67 Personenstandsges. — Hauptwerk B I 1 —.

**Zu Nr. 31:** 1) Nr. 31 trägt der Streichung des § 339 (Nötigung im Amt) durch die VO. v. 29. 5. 1943 (RGBl. I S. 339) Rechnung.

**Zu Nr. 32:** 1) Anpassung des Gesetzeswortlauts an die jetzige staatsrechtliche Lage ohne sachliche Änderung.

**Zu Nr. 33:** 1) Anpassung an die jetzige staatsrechtl. Lage ohne sachliche Änderung. Über Bundeswappen vgl. BGBl. 1950 S. 26. Frühere Staatswappen und Wappenteile sind nur insoweit geschützt, als eine Verwechslungsgefahr mit den jetzt bestehenden gegeben ist (vgl. Hauptwerk Anm. 11 zu § 367). Über Wappenverunglimpfung vgl. § 96.

**Zu Nr. 34:** 1) Nr. 34a bringt zunächst — wie in Nr. 16 — die Ersetzung der veralteten Ausdrücke „mit Feuergewehr oder anderem Schießwerkzeuge" durch „Schußwaffen"; insoweit liegt eine sachliche Änderung nicht vor. Darüber hinaus schränkt Nr. 34a in dem 2. Halbsatz („es sei dem ....") den Anwendungsbereich der Vorschrift ein.

besuchten Orten Selbstgeschosse, Schlageisen oder Fußangeln legt oder an solchen Orten mit einer Schußwaffe schießt oder Feuerwerkskörper abbrennt, es sei denn, daß er mit zulässigem Jagdgerät rechtmäßig die Jagd ausübt;"

b)[2]) Absatz 1 Nr. 16 wird gestrichen.

c)[3]) In Absatz 2 heißt es statt „der Nr. 7 bis 9": „der Nr. 8 und 9". Die Worte „der verfälschten oder verdorbenen Getränke oder Eßwaren, ingleichen" werden gestrichen.

## Artikel 2
## Weitere Änderungen des Strafgesetzbuchs

Das Strafgesetzbuch wird wie folgt geändert oder ergänzt:

1.[1]) a) Nach § 1 wird folgende Vorschrift eingefügt:

„§ 2

(1) Eine Tat kann nur bestraft werden, wenn die Strafbarkeit gesetzlich bestimmt war, bevor die Tat begangen wurde.

(2) Die Strafe bestimmt sich nach dem Gesetz, das zur Zeit der Tat gilt. Bei Verschiedenheit der Gesetze von der Zeit der begangenen Handlung bis zu deren Aburteilung ist das mildeste Gesetz anzuwenden.[2])

(3) Ein Gesetz, das nur für eine bestimmte Zeit erlassen ist, ist auf die während seiner Geltung begangenen Straftaten auch dann anzuwenden, wenn es außer Kraft getreten ist.

(4) Über Maßregeln der Sicherung und Besserung ist nach dem Gesetz zu entscheiden, das zur Zeit der Entscheidung gilt."

b) § 2a wird aufgehoben.

---

Eine entsprechende Ausnahme enthielt bereits der (aufgehobene) § 36 Abs. 1 AusfVO. z. RJagdges. (Hauptwerk S. 630). Sie erklärt sich daraus, daß § 20 BJagdges. v. 29. 11. 52 allgemein die (rechtmäßige) Jagdausübung an Orten verbietet, an denen sie nach den Umständen des einzelnen Falles die öffentl. Sicherheit stören oder das Leben von Menschen gefährden würde; Strafvorschrift: § 39 Abs. 1 Nr. 6 BJagdges. Rechtmäßig ist die Jagdausübung, wenn dem Jagenden ein materielles Jagdausübungsrecht (als Eigenjagdbesitzer, Pächter, Jagdgast usw.) zusteht; ist dies der Fall, so wird sie nicht dadurch unrechtmäßig, daß der Jagende gegen jagdpolizeiliche Vorschriften (§§ 19ff. BJagdges.) verstößt (vgl. *Mitzschke-Schäfer* Anm. 1 zu § 20 BJagdges.). Vorausgesetzt ist die Jagdausübung mit zulässigem (d. h. bei der Jagdausübung allgemein zulässigem) Jagdgerät; die Verwendung etwa von Maschinenpistolen, Militärgewehren usw., die mit erhöhter Gefahr für Dritte verbunden ist, begründet auch bei rechtmäßiger Jagdausübung die Anwendbarkeit des § 367 Nr. 8. Unberührt bleibt § 368 Nr. 7.

2) weil gegenstandslos geworden durch §§ 11, 12 des Ges. über das Versteigerergewerbe v. 12. 2. 1938 (RGBl. I S. 202) u. §§ 83, 84 der Versteigerervorschriften v. 30. 10. 1934 (RGBl. I S. 1091).

3) Anpassung an die Aufhebung des § 367 Nr. 7 durch § 24 des Lebensmittelges. v. 5. 7. 1927 (RGBl. I S. 134).

**Zu Art. 2 Nr. 1:** 1) Nach Aufhebung des § 2 durch das KontrRGes. Nr. 11 hat der bisherige § 2a in geänderter Gestalt wieder den früheren Platz erhalten. Die sachliche Abweichung des § 2 n.F. gegenüber dem bisherigen § 2a besteht darin, daß bei einer Milderung des Gesetzes gegenüber dem Recht zur Tatzeit die Anwendung des milderen Rechts nicht mehr in das Ermessen des Richters gestellt, sondern zwingend vorgesehen ist, und daß nicht mehr nur das zur Tatzeit geltende mit dem zur Zeit der Aburteilung geltenden Recht verglichen wird, sondern daß auch ein milderes Zwischengesetz — das erst nach der Tat erging und bei Aburteilung nicht mehr bestand — zu berücksichtigen ist.

Abs. 1 wiederholt wörtlich den Art. 103 Abs. 2 GG. Diese Fassung unterscheidet sich von der ursprünglichen Fassung des § 2 StGB dadurch, daß nach letzterer „die Strafe" gesetzlich bestimmt sein mußte, während § 2 n. F. darauf abstellt, daß „die Strafbarkeit" gesetzlich bestimmt gewesen sein muß. Das Verfassungsverbot steht also nicht entgegen, daß einem Strafgesetz rückwirkende Kraft beigelegt wird, falls nur die Tat im Zeitpunkt ihrer

2.[1]) § 16 erhält folgenden Absatz 3:

„Eine Beschäftigung außerhalb der Anstalt (§ 15) ist nur mit ihrer Zustimmung zulässig.“

3.[1]) a) In § 1 Abs. 1 und 2, § 21, § 70 Abs. 1 Nr. 2 bis 5, § 74 Abs. 3, § 75 Abs. 1 und 2, § 105 Abs. 1 und 2, § 106 Abs. 1 und 2, § 201, § 202, § 203, § 205, § 206 und § 345 Abs. 2 wird das Wort „Festungshaft“ durch das Wort „Einschließung“ ersetzt.

b) § 17 erhält folgende Fassung:

„Der Höchstbetrag der Einschließung ist fünfzehn Jahre, ihr Mindestbetrag ein Tag.

Die Strafe der Einschließung besteht in Freiheitsentziehung mit Beaufsichtigung der Beschäftigung und Lebensweise der Gefangenen. Sie wird in besonderen Anstalten oder in besonderen Abteilungen von Anstalten vollzogen.“

c) § 20 erhält folgende Fassung:

„Wo das Gesetz die Wahl zwischen Zuchthaus und Einschließung gestattet[2]), darf auf Zuchthaus nur dann erkannt werden, wenn festgestellt wird, daß die strafbare Handlung einer ehrlosen Gesinnung entsprungen ist.“[3])

d)[1]) In § 70 Abs. 1 Nr. 1 werden die Worte „oder auf lebenslängliche Festungshaft“ gestrichen.

---

Begehung für strafbar erklärt war. Für die Anwendung des § 2 ergibt sich aber aus Abs. 2 Satz 1, daß im Zeitpunkt der Tatbegehung eine bestimmte gegen diese Tat gerichtete Strafdrohung mit einem bestimmten Strafrahmen bestanden haben muß, wobei auch Geldstrafe in unbegrenzter Höhe (vgl. z. B. §§ 85, 98, 101) einen in diesem Sinne bestimmten Strafrahmen darstellt. Abs. 3, 4 entsprechen wörtlich dem Abs. 3, 4 des bisherigen § 2a.

2) Ist die Tat zur Zeit der Aburteilung nicht mehr mit Strafe bedroht oder war sie in der Zeit zwischen Tat und Aburteilung nicht mehr strafbar, so ist das die Straflosigkeit begründende Gesetz das „mildeste“. „Aburteilung (bisher: Entscheidung) = letzte in der Sache ergehende Entscheidung, auch in der Revisionsinstanz (§ 354a StPO.) „Gesetz“ i.S. des Abs. 2 ist (wie in § 2a) gleichbedeutend mit Recht = Rechtszustand; es ist also eine Tat nicht nur dann straflos, wenn der Rechtssatz als solcher aufgehoben ist, sondern auch dann, wenn seine Anwendbarkeit durch Änderung der tatsächlichen oder sonstigen außerstrafrechtl. Verhältnisse entfällt; die abw. Auffassung RG DJ. 43, 223 ist mit Recht allseits abgelehnt worden (vgl. OLGe. Hessen. [Kassel] SJZ. 49, 647; Schleswig HESt. 2, 183; KG JR. 50, 404; *Schönke* II zu § 2a).

**Zu Nr. 2:** 1) Nr. 2 stellt den Abs. 3 des § 16 in seiner ursprünglichen Fassung wieder her. Der auf dem Ges. v. 24. 4. 1934 (RGBl. I S. 341) berufende Abs. 3 n. F., wonach Gefängnisgefangene auch ohne ihre Zustimmung zu Außenarbeiten verwendet werden konnten, ist durch KontrRGes. Nr. 11 aufgehoben worden.

**Zu Nr. 3:** 1) Die Strafe der Festungshaft war gekennzeichnet durch ihren Vollzug in Festungen (vgl. § 17 Abs. 4 a.F.). Da die Bundesrepublik nicht über Festungen verfügt, hat das 3. Strafrechtsänderungsges. zwar eine Freiheitsstrafe ohne entehrende Folgen (custodia honesta) beibehalten, ihr aber im Anschluß an frühere Entw. die Bezeichnung „Einschließung“ gegeben, die in besonderen Anstalten oder in Ermangelung solcher in besonderen Abteilungen der allgemeinen Vollzugsanstalten vollzogen wird. Im Gegensatz zu § 17 a.F. kennt § 17 n. F. die Einschließung nur noch als zeitige Freiheitsstrafe, so daß in § 70 Abs. 1 Nr. 1 (vgl. d) die Erwähnung der lebenslänglichen Festungshaft zu streichen war.

2) Vgl. §§ 105, 106. Die Wahl zwischen Gefängnis und Einschließung (vgl. § 345 Abs. 2, § 21 Preßges.) richtet sich nach den allgemeinen Strafzumessungsgrundsätzen.

3) Mit dieser Regelung kehrt § 20 n. F. zu der ursprünglichen Fassung des § 20 zurück. Die Tat muß sich als Ausfluß einer bestimmten, mehr oder weniger dauernden inneren Einstellung des Täters kennzeichnen, die nach der allgemeinen Auffassung der Rechtsgenossen sittlich auf tiefster Stufe steht (vgl. die bei *Frank* I wiedergegebenen Begriffsbestimmungen). Die ehrlose Gesinnung kann aus der Art der Tatausführung oder aus den Beweggründen entnommen werden.

4.[1]) An die Stelle der §§ 23 bis 26 treten folgende Vorschriften:

„§ 23

(1) Das Gericht kann die Vollstreckung einer Gefängnis-[2]) oder Einschließungsstrafe von nicht mehr als neun Monaten oder einer Haftstrafe

---

**Zu Nr. 4:** 1) Das RStGB. regelte in den §§ 23 bis 26 a. F. lediglich die vorläufige Entlassung von Strafgefangenen nach Verbüßung von drei Vierteln der Strafe, kannte aber nicht die kriminalpolitisch erwünschte Möglichkeit, in geeigneten Fällen von der Verbüßung einer Strafe von vornherein abzusehen, um dem Verurteilten Gelegenheit zu geben, sich durch gute Führung während einer Probezeit Straferlaß zu verdienen. Diese Lücke wurde im Kampf gegen die kurzfristige Freiheitsstrafe in der Weise ausgefüllt, daß die Träger des Gnadenrechts in den Ländern die Justizverwaltungen durch Übertragung der Ausübung des Gnadenrechts ermächtigten, unter bestimmten Voraussetzungen die Vollstreckung rechtskräftig erkannter Strafen auszusetzen und nach Ablauf einer Bewährungsfrist die Strafe zu erlassen. Im Laufe der Zeit wurden die Justizverwaltungen ermächtigt, die Ausübung des Gnadenrechts weiter zu übertragen, und sie machten — so namentlich in Preußen — von dieser Befugnis durch Übertragung der Ausübung der entsprechenden Gnadenbefugnisse (auch der zur Aussetzung von Strafresten nach Teilverbüßung) auf die Gerichte Gebrauch, die damit als Organe der Justizverwaltung, nicht als Organe der Rechtsprechung, tätig wurden. Durch diese Handhabung hatten die §§ 23ff. StGB. ihre praktische Bedeutung verloren (vgl. die im Hauptwerk Anm. 1 zu § 23 abgedr. RV. d. RJM. v. 30. 4. 1935). Seit langem wurde aber in der Öffentlichkeit die Forderung erhoben, das Institut der Strafaussetzung zur Bewährung seines Charakters als einer auf dem Gnadenrecht beruhenden Verwaltungseinrichtung zu entkleiden und zu einem richterlichen Akt, zu einem echten Bestandteil der richterlichen Strafbemessung umzugestalten. Nachdem diese Forderungen auf dem Gebiet des Jugendstrafrechts durch das Jugendgerichtsgesetz v. 1923 (§§ 10—15) verwirklicht worden waren, sah der StGB.-Entwurf 1927 die Verallgemeinerung der Einrichtung in der Form des bedingten Straferlasses vor (§§ 40 ff.). An diese Reformbestrebungen knüpfen die §§ 23 ff. an. Zulässig ist danach a) die gleichzeitig mit dem Strafausspruch in der Urteilsformel (§ 260 Abs. 4 Satz 2 StPO.) oder im Strafbefehl (vgl. § 408 Abs. 2 Satz 2 StPO.) oder in der amtsrichterlichen Strafverfügung erfolgende Aussetzung der ganzen Strafe (Aussetzung eines Teils der Strafe ist nicht zulässig), die ausgesprochen werden kann ohne Rücksicht darauf, ob der Verurteilte mit ihr einverstanden ist (§ 23), b) die durch Beschluß (§ 454 StPO.) erfolgende Aussetzung des Restes einer Strafe nach Teilverbüßung (bedingte Entlassung) unter den Voraussetzungen des § 26, die aber nur mit Zustimmung des Verurteilten zulässig ist. Die Aussetzung (bedingte Entlassung) ist grundsätzlich mit Auflagen zu verbinden, die die Erreichung des Zweckes der Bewährungszeit sichern sollen (§ 24, § 26 Abs. 3). Im Anschluß an den durch Beschluß (§ 25 StGB, § 453 StPO.) nach erfolgreichem Ablauf der Bewährungsfrist auszusprechenden Straferlaß kann bei Aussetzung der ganzen Strafe (nicht auch bei Straferlaß nach bedingter Entlassung) das Gericht anordnen daß aus dem Strafregister über die Verurteilung nur beschränkt Auskunft erteilt wird (§ 25 Abs. 1).

Durch die Einführung der gerichtlichen Strafaussetzung zur Bewährung ist für die auf dem Gnadenrecht fußende, bisher in §§ 20 ff. der Reichsgnadenordnung v. 6. 2. 1935 bzw. den an ihre Stelle getretenen landesrechtlichen Gnadenordnungen (vgl. die Zusammenstellung in der Textsammlung „Strafvollstreckung, Strafregister, Gnadenwesen", *Beck* 1953 S. 206ff.) geregelte bedingte Strafaussetzung als ständige Verwaltungseinrichtung kein Raum mehr. Die entsprechenden Vorschriften sind demgemäß z. B in Hessen durch RdErl. v. 15. 9. 53 (Hess. JMBl. S. 72) aufgehoben. Die bedingte Aussetzung im Gnadenwege bleibt deshalb nur als echter Gnadenerweis für besondere Fälle.

Die Gewährung von Strafaussetzung zur Bewährung ist ein Akt der Strafbemessung. Über den materiellen Gehalt der Strafaussetzung läßt sich streiten. Man kann in der Auferlegung einer Strafe unter gleichzeitiger Aussetzung zur Bewährung eine eigenartige Strafe sehen, wobei das zum Begriff der Strafe erforderliche Übel für den Verurteilten darin zu sehen wäre, daß er während der Bewährungsfrist unter den Druck der drohenden Vollstreckung gestellt ist, und daß ihm Pflichten auferlegt werden können, die er als Übel empfindet. Näher liegt es aber, die Gewährung der Aussetzung als bessernde Maßnahme anzusehen, die mit der Auferlegung der Strafe verbunden wird (vgl. dazu *Grau-Schäfer*, Preuß. Gnadenrecht 1931, S. 254f.).

Wegen der Aussetzung der Jugendstrafe zur Bewährung und wegen der Entlassung zur Bewährung nach Verbüßung eines Teils einer Jugendstrafe vgl. §§ 20ff., 88f. des Jugendgerichtsgesetzes v. 4. 8. 53 (BGBl. I S. 751) und wegen der Beseitigung des Strafmakels durch Richterspruch §§ 97ff. aaO.

Schrifttum: *Lackner* JZ. 53, 428.

2) Geldstrafe kann nicht ausgesetzt werden, auch nicht im Falle des § 27b, wohl aber die Ersatzfreiheitsstrafe. Bei Gefängnis und Einschließung ist entscheidend, ob die erkannte, also

aussetzen, damit der Verurteilte durch gute Führung während einer Bewährungszeit Straferlaß erlangen kann (Strafaussetzung zur Bewährung).

(2) Strafaussetzung zur Bewährung wird nur angeordnet, wenn die Persönlichkeit des Verurteilten und sein Vorleben in Verbindung mit seinem Verhalten nach der Tat[3]) oder einer günstigen Veränderung seiner Lebensumstände[4]) erwarten lassen, daß er unter der Einwirkung der Aussetzung in Zukunft ein gesetzmäßiges und geordnetes Leben führen wird.

(3) Strafaussetzung zur Bewährung darf nicht angeordnet werden, wenn

1. das öffentliche Interesse die Vollstreckung der Strafe erfordert[5]) oder
2.[6]) während der letzten fünf Jahre vor Begehung der Straftat die Vollstreckung einer gegen den Verurteilten im Inland erkannten Freiheitsstrafe zur Bewährung oder im Gnadenwege ausgesetzt oder
3.[7]) der Verurteilte innerhalb dieses Zeitraumes im Inland zu Freiheitsstrafen von insgesamt mehr als sechs Monaten verurteilt worden ist.

(4)[8]) In den Fällen des Absatzes 3 Nr. 2 und 3 wird in die Frist die Zeit nicht eingerechnet, in der der Täter eine Freiheitsstrafe verbüßt oder auf behördliche Anordnung in einer Anstalt verwahrt wird.

---

die in der Urteilsformel festgesetzte Strafe neun Monate nicht übersteigt. Ein nach Anrechnung von Untersuchungshaft verbleibender Rest von neun Monaten oder weniger einer höheren Strafe ist nicht aussetzungsfähig. Bei Gesamtstrafen entscheidet die Höhe der Gesamtstrafe. Ist neben einer Gefängnisstrafe auf Haftstrafe oder Einschließung erkannt (§§ 75, 77), so kann für jede Strafe Aussetzung gewährt werden, auch wenn ihre Summe 9 Monate übersteigt. Das gleiche gilt beim Zusammentreffen von primärer Freiheitsstrafe und Ersatzfreiheitsstrafe, gleichviel, ob die Geldstrafe wegen einer anderen oder wegen der gleichen Tat neben der Freiheitsstrafe verhängt wird. Wird eine bedingt ausgesetzte Strafe nachträglich mit einer anderen zu einer Gesamtstrafe vereinigt (§ 79 StGB., § 460 StPO.), so entfällt, da die Einzelstrafe ihre rechtliche Bedeutung verliert, die bedingte Aussetzung ohne Rücksicht auf die Höhe der Gesamtstrafe; der Richter ist, wenn die Gesamtstrafe neun Monate nicht übersteigt, frei in seiner Entschließung, für die Gesamtstrafe Strafaussetzung zur Bewährung zu erteilen. Da bedingte Aussetzung nur im Urteil usw. gewährt werden kann (§ 260 Abs. 4 Satz 2 StPO.), ist eine Nachholung der Aussetzung ausgeschlossen; es bleibt hier vielmehr nur der Weg der Gnade. Nebenstrafen, sichernde oder bessernde Maßnahmen, die zugleich mit der Freiheitsstrafe verhängt sind, sowie Bußen können nicht mit der Freiheitsstrafe ausgesetzt werden und werden durch deren Aussetzung nicht berührt.

3) insbes. Bemühungen, den angerichteten Schaden wieder gutzumachen.

4) z. B. Verheiratung, Beschaffung einer festen Arbeitsstelle, Aufgabe schlechter Gesellschaft usw.

5) aus Gründen der Generalprävention oder mit Rücksicht auf den Verletzten.

6) entscheidend ist nicht, ob das Urteil oder der Gnadenakt, durch die Aussetzung gewährt wurde, innerhalb des Zeitraumes von 5 Jahren vor Tatbegehung erging, vielmehr genügt, daß in dieser Zeit eine Bewährungsfrist lief (mag ihr Beginn auch vor der Fünfjahresfrist liegen). Ob die Aussetzung mit Straferlaß oder Widerruf endete oder zur Zeit der Entscheidung noch läuft, ist ohne Bedeutung. „Aussetzung der Vollstreckung im Gnadenwege" ist die bedingte Strafaussetzung (§§ 20ff. GnadenO.) einschl. des bedingten Straferlasses nach §§ 26ff. der Bayer. Bekanntm. über das Verfahren in Begnadigungssachen v. 24. 7. 1947 (Hauptwerk E II 5); Aussetzung wegen eines Teils der erkannten Strafe oder einer Ersatzfreiheitsstrafe genügt. Bloßer Strafaufschub im Gnadenwege (§§ 34ff. GnadenO.) ist keine „Aussetzung". Der Begriff der „im Inland" erkannten Strafe ist der gleiche wie in §§ 244 (s. dort Hauptwerk. Anm. 1). Freiheitsstrafen sind kriminelle Strafen (§ 1 StGB), nicht Ungebühr- oder Beugestrafen.

7) bei einer Gesamtstrafe entscheidet deren Höhe; im übrigen wird bei mehreren Strafen deren Dauer — ohne Rücksicht auf die Strafart — zusammengezählt. Ersatzfreiheitsstrafen zählen nicht, auch wenn sie vollstreckt worden sind. Entscheidend ist hier, ob der Eintritt der Rechtskraft der Entscheidung (oder Entscheidungen) in die Fünfjahresfrist fällt; ob die Strafe(n) vollstreckt wurde(n), ist ohne Bedeutung. Getilgte Strafen werden nicht gezählt (§ 5 Abs. 2 Straftilgungsges. — Hauptwerk D 5).

8) in diesen Fällen verlängert sich also die Fünfjahresfrist um die Dauer der Strafverbüßung oder Anstaltsverwahrung. Die Vorschrift entspricht dem § 20a Abs. 3 Satz 3.

§ 24

(1) Das Gericht macht dem Verurteilten für die Dauer der Bewährungszeit Auflagen[1]). Insbesondere kann es ihm auferlegen

1. den durch die Tat verursachten Schaden wiedergutzumachen,
2. Weisungen zu befolgen, die sich auf Aufenthaltsort, Ausbildung, Arbeit oder Freizeit beziehen,
3. sich einer ärztlichen Behandlung oder einer Entziehungskur zu unterziehen,
4. Unterhaltspflichten nachzukommen,
5. einen Geldbetrag zugunsten einer gemeinnützigen Einrichtung zu zahlen oder
6. sich der Aufsicht und Leitung eines Bewährungshelfers zu unterstellen[2]).

(2) Von der Anordnung von Auflagen kann abgesehen werden, wenn zu erwarten ist, daß der Verurteilte auch ohne sie ein gesetzmäßiges und geordnetes Leben führen, vor allem den durch die Tat verursachten Schaden nach Kräften wieder gutmachen wird. Der Verurteilte darf durch

---

**Zu § 24:** 1) Es sind grundsätzlich Auflagen zu machen, um die Lebensführung des Verurteilten so zu beeinflussen, daß er künftig ein gesetzmäßiges und geordnetes Leben führen wird (§ 23 Abs. 2). Auflagen dürfen nur unterbleiben, wenn sie zur Erreichung des Zweckes der Aussetzung entbehrlich erscheinen (§ 24 Abs. 2). Die dem Verurteilten gemachten Auflagen sind nicht erzwingbar. Kommt der Verurteilte ihnen nicht nach, so können die Bewährungsfrist verlängert, die Pflichten verschärft oder neue auferlegt und bei gröblicher Zuwiderhandlung gegen die Bewährungsauflagen die Aussetzung widerrufen werden (§ 24 Abs. 3, § 25 Abs. 2 Nr. 3). Die zulässigen Auflagen sind in Abs. 1 nicht erschöpfend aufgezählt („insbesondere"). Die Grenzen der Zulässigkeit ergeben sich einmal aus ihrem Zweck, die Lebensführung günstig zu beeinflussen. Die weiteren Grenzen ergeben sich aus § 305a StPO. Danach sind unzulässig Anordnungen, die gesetzwidrig sind oder die einen einschneidenden unzumutbaren Eingriff in die Lebensführung des Verurteilten enthalten. Gesetzwidrig sind nach Abs. 2 Satz 2 (vgl. Art. 12 GG.) Auflagen, die es dem Verurteilten unmöglich machen, günstigere Ausbildungs- oder Arbeitsmöglichkeiten wahrzunehmen. Es ist also zwar zulässig, dem Verurteilten aufzugeben, in einer bestimmten Arbeits- oder Lehrstelle zu verbleiben. Weist er aber nach, daß er eine günstigere Arbeitsstelle erlangen kann, ohne daß die Erreichung des Ziels der Bewährungszeit durch den Wechsel beeinträchtigt wird, so muß die Auflage entsprechend geändert werden (Abs. 3). Die Gesetzwidrigkeit einer Auflage kann sich aber noch aus anderen Gesichtspunkten ergeben. Wenn nämlich auch die Erfüllung der Auflage rechtlich nicht erzwingbar ist, so bleibt doch dem Verurteilten, um den Straferlaß zu erlangen, nichts übrig, als sich ihr zu unterwerfen, was einen gegenüber einem rechtlichen Zwang kaum wesentlich schwächeren tatsächlichen Zwang bedeutet, der Auflage nachzukommen. Die Auflage hat daher für ihn regelmäßig eine Beeinträchtigung seiner persönlichen Freiheit in irgendeiner Richtung und insoweit eine Annäherung an den Zustand der Freiheitsentziehung bei Durchführung der Strafvollstreckung zur Folge. Keinesfalls aber darf eine Auflage eine über den Vollzug der Freiheitsstrafe hinausgehende Freiheitsbeschränkung zur Folge haben. Rechte, die durch den Strafvollzug nicht beeinträchtigt werden, können auch im Auflagewege nicht beschränkt werden, wie z. B. die Glaubens- und Gewissensfreiheit, die ungestörte Religionsausübung (Art. 4 GG.). Nicht zulässig also sind Auflagen, die einen Konfessionswechsel, regelmäßigen Kirchenbesuch oder den Beitritt zu einer Vereinigung zum Gegenstand haben, die neben einem bestimmten Zweck (Sport, Bekämpfung des Alkoholmißbrauchs usw.) eine bestimmte weltanschauliche Gesinnung pflegen. Gesetzwidrig sind auch Auflagen, die einen mittelbaren Zwang in solchen Angelegenheiten bedeuten, in denen nach dem Willen der Rechtsordnung im Interesse völliger Freiheit der Entschließung jeglicher rechtlicher Zwang ausgeschlossen ist, z. B. daß der Verurteilte sich verheirate oder gar, daß er eine bestimmte Person heirate oder nicht heirate (näheres *Grau-Schäfer*, Preuß. Gnadenrecht S. 289f.).

Die Anordnungen erfolgen nach § 268a StPO. durch Beschluß, der zusammen mit dem Urteil, in dem die Strafvollstreckung zur Bewährung ausgesetzt wird, zu verkünden ist. Anfechtbarkeit: § 305a StPO.

2) Nr. 6 tritt erst am 1. 1. 1954 in Kraft (Art. 11).

eine Auflage nicht daran gehindert werden, für ihn günstigere Möglichkeiten der Ausbildung oder Arbeit wahrzunehmen.

(3) Entscheidungen nach den Absätzen 1 und 2 kann das Gericht auch nachträglich treffen, ändern oder aufheben[3]).

(4) Die Bewährungszeit beträgt mindestens zwei und höchstens fünf Jahre. Sie beginnt mit der Rechtskraft der Entscheidung über die Strafaussetzung. Sie kann nachträglich bis auf das Mindestmaß verkürzt oder vor ihrem Ablauf bis auf das Höchstmaß verlängert werden. Während der Bewährungszeit ruht die Verjährung der Strafvollstreckung.

§ 24a

Der Bewährungshelfer (§ 24 Abs. 1 Nr. 6) wird von dem Gericht bestellt. Er überwacht nach dessen Anweisungen während der Bewährungszeit die Lebensführung des Verurteilten und die Erfüllung der Auflagen.

§ 25

(1) Hat der Verurteilte sich bewährt, so wird die Strafe nach Ablauf der Bewährungszeit erlassen[1]). Das Gericht kann anordnen, daß über die Verurteilung nur noch beschränkt Auskunft erteilt wird[2]).

(2) Das Gericht widerruft die Strafaussetzung[3]), wenn

1. Umstände bekannt werden, die bei Würdigung des Wesens der Aussetzung zu ihrer Versagung geführt hätten[4]),
2. der Verurteilte wegen eines innerhalb der Bewährungszeit begangenen Verbrechens oder vorsätzlichen Vergehens im Inland zu einer Freiheitsstrafe verurteilt wird[5]),

---

3) vgl. § 453 StPO.

**Zu § 24a:** 1) vgl. dazu Art. 5 und 11 Abs. 2 des Ges. Bewährungshelfer werden auch bei Aussetzung einer Jugendstrafe zur Bewährung tätig (vgl. §§ 24f des Jugendgerichtsges. v. 4. 8. 1953 — BGBl. I S. 751 —).

**Zu § 25:** 1) Nach Ablauf der — gegebenenfalls bis zur Höchstdauer verlängerten — Bewährungsfrist muß das Gericht je nach dem Ergebnis der über die Bewährung angestellten Ermittlungen entweder die Strafe erlassen oder die Aussetzung widerrufen. Der Erlaß erstreckt sich nur auf die ausgesetzte Freiheitsstrafe, nicht auf Nebenstrafen usw., bei Erlaß einer Ersatzfreiheitsstrafe nicht auf die Geldstrafe. Soweit Nebenstrafen, Sicherungsmaßregeln und Sperrfristen erst mit dem Erlaß der Strafe zu laufen beginnen, ergibt sich aus § 36 Abs. 2, § 42 1 Abs. 3 StGB., §§ 57 Abs. 3, 44a Abs. 3 GewO, § 15 Abs. 2 Nr. 6 des Waffenges. v. 18. 3. 1938 (RGBl. I S. 265), § 6 Abs. 3 Straftilgungsges. — Hauptwerk D 5 —, § 95 Abs. 1 des Jugendgerichtsges. v. 4. 8. 1953 der allgemeine Rechtsgedanke, daß die Bewährungsfrist auf den Lauf der Nebenstrafe usw. angerechnet wird, damit sich der Verurteilte, der Strafaussetzung zur Bewährung erhalten hat, nicht schlechter steht als ein Verurteilter, dessen Strafe alsbald vollstreckt worden ist. Dies gilt z. B. auch für die Sperrfrist nach § 17 Abs. 3 Nr. 1 BJagdGes. v. 29. 11. 1952 (vgl. dazu *Mitzschke-Schäfer*, BJG Anm. 3 zu § 17).

Der Straferlaß tritt mit dem Ergehen des Erlaßbeschlusses (§ 453 StPO) ein, der nicht anfechtbar ist (§ 453 Abs. 3 letzter Satz StPO.). Einen Widerruf des Erlasses (z. B. weil nachträglich bekannt wird, daß der Verurteilte in der Bewährungszeit erneut straffällig geworden ist) kennt das Gesetz nicht.

2) Die nach Erlaß der Strafe laufende Auskunftbeschränkungsfrist verkürzt sich gem. § 6 Abs. 3 Straftilgungsges. — Hauptwerk D 5 — kraft Gesetzes um die Dauer der Bewährungszeit. Soweit noch eine weitere Frist läuft, kann, in Erweiterung des § 8 Straftilgungsges., das Gericht beschränkte Auskunft anordnen. Die Einschränkung in § 8 Abs. 1 Halbsatz 2 („wenn dadurch staatliche Interessen nicht gefährdet werden") gilt der Natur der Sache entsprechend auch für das Gericht. § 8 Abs. 4 ist entsprechend anwendbar.

3) s. § 453 Abs. 1 bis 3 StPO.

4) z. B. wenn nachträglich vor der Strafaussetzung begangene Straftaten bekannt werden.

5) gemeint ist eine rechtskräftige Verurteilung. Ist sie bei Ablauf der Bewährungsfrist noch nicht rechtskräftig, so muß das Gericht die Entscheidung über Erlaß oder Widerruf bis zur Rechtskraft aussetzen. „Im Inland": s. Anm. 6 zu § 23. Ist ein Strafverfahren, z. B. wegen Abwesenheit, nicht durchführbar, so kann Widerruf nach Nr. 4 in Betracht kommen.

3. er den Bewährungsauflagen gröblich zuwiderhandelt oder
4. sich auf andere Weise zeigt, daß das in ihn gesetzte Vertrauen nicht gerechtfertigt war.

(3) Leistungen, die der Verurteilte auf Grund von Auflagen erbracht hat, werden nicht zurückerstattet.

§ 26

(1) Das Gericht kann den zu zeitiger Freiheitsstrafe[1]) Verurteilten mit seiner Zustimmung bedingt entlassen, wenn dieser zwei Drittel der Strafe, mindestens jedoch drei Monate, verbüßt hat und erwartet werden kann, daß er in Zukunft ein gesetzmäßiges und geordnetes Leben führen wird.

(2) Die Bewährungszeit darf die Dauer des Strafrestes auch im Falle einer nachträglichen Verkürzung nicht unterschreiten[2]).

(3) Im übrigen gelten die Vorschriften der §§ 24, 24a und des § 25 Abs. 1 Satz 1 und Abs. 2 sinngemäß[3])."

5.[1]) In § 27 Abs. 2 Nr. 1 treten an die Stelle der Worte „drei Deutsche Mark" die Worte „fünf Deutsche Mark", in Nr. 2 an die Stelle der Worte „eine Deutsche Mark" die Worte „drei Deutsche Mark".

6.[1]) § 42f erhält folgende Fassung:

---

**Zu § 26:** 1) Bedingte Entlassung kann auch bei zeitiger (nicht bei lebenslanger, im Gnadenwege in zeitige Strafe umgewandelter) Zuchthausstrafe gewährt werden, ebenso bei Strafen, deren Aussetzung zur Bewährung gem. § 25 widerrufen worden ist. Die Mindestdauer der zu verbüßenden Strafe richtet sich nach der im Urteil festgesetzten Strafhöhe. Ist eine Zuchthausstrafe im Gnadenweg in Gefängnis von gleicher Dauer umgewandelt, so genügt die Verbüßung von $^2/_3$ dieser Gefängnisstrafe. § 26 fordert nicht, daß die erkannte Strafe mindestens $4\frac{1}{2}$ Monate betrage, vielmehr kommt auch z. B. bei einer Strafe von 4 Monaten Gefängnis nach Verbüßung von $^2/_3$ bedingte Entlassung in Betracht, aber erst, wenn mindestens 3 Monate verbüßt sind. Angerechnete Untersuchungshaft wird als verbüßte Strafe gerechnet, denn der gesetzgeberische Gedanke, daß das Strafübel durch Vollzug eine gewisse Zeit auf den Verurteilten eingewirkt haben müsse, trifft auch auf die angerechnete Untersuchungshaft zu (dies war für § 23 a. F. streitig, vgl. *Frank* II 2).

§ 26 findet auch Anwendung, wenn mehrere zeitige Freiheitsstrafen, ohne daß eine Gesamtstrafe in Betracht kommt, in unmittelbarem Anschluß nacheinander zu verbüßen sind. Die $^2/_3$ berechnen sich nach der Gesamtdauer der zu verbüßenden Strafen ohne Rücksicht auf die Strafart.

2) Die Höchstdauer beträgt gem. § 26 Abs. 3, § 24 Abs. 4 5 Jahre, die Mindestdauer 2 Jahre, sofern nicht der noch nicht verbüßte Strafrest höher ist.

3) Unanwendbar ist also — beabsichtigtermaßen — § 25 Abs. 1 Satz 2, dagegen ist § 25 Abs. 3, obwohl nicht angeführt, ebenfalls entsprechend anwendbar, da kein innerer Grund erkennbar ist, Auflageleistungen im Falle des Widerrufs der bedingten Entlassung anders zu behandeln als bei der Aussetzung zur Bewährung.

**Zu Nr. 5:** 1) Anpassung der Mindestgeldstrafe an die veränderten wirtschaftlichen Verhältnisse. Eine Erhöhung derHöchstbeträge ist nicht erfolgt, so daß jetzt zwar das Mindestmaß der Geldbuße bei Ordnungswidrigkeiten unter dem der Übertretungs(geld)strafe liegt, das Höchstmaß aber fast siebenmal höher ist (vgl. § 5 OWiG). Vgl. noch Art. 7 Nr. 2 des Ges.

**Zu Nr. 6:** 1) Die sachlichen Änderungen des § 42f. n.F. gegenüber dem § 42f. a.F. betreffen lediglich die Dauer und Fristen bei der Unterbringung in einem Arbeitshaus oder Asyl. Die erste Unterbringung darf, wie bisher, nicht länger als 2 Jahre dauern. Die wiederholte Unterbringung ist dagegen nicht, wie bisher, zeitlich unbeschränkt, sondern auf eineDauer von 4 Jahren begrenzt. Ferner ist, während bisher bei der 1. Unterbringung keine Nachprüfungsfrist lief und bei der wiederholten Unterbringung jeweils binnen 2 Jahren die Nachprüfung der Unterbringungsbedürftigkeit vorzunehmen war, eine für die erste wie die wiederholte Unterbringung geltende Nachprüfungsfrist von 6 Monaten bestimmt.

Gleichzeitig ist durch Art. 6 in den Ländern der amerik. Besatzungszone die Unterbringung in einem Arbeitshaus oder Asyl, die dort durch MilRegGes. Nr. 14 mit Wirkung vom 1. 4. 1949 ab beseitigt war, wieder eingeführt. Vgl. dazu § 2 Abs. 4 StGB.

„§ 42 f

(1) Die Unterbringung dauert so lange, als ihr Zweck es erfordert.

(2) Die Unterbringung in einer Trinkerheilanstalt oder einer Entziehungsanstalt darf nicht länger als zwei Jahre dauern.

(3) Die Dauer der Unterbringung in einer Heil- oder Pflegeanstalt und der Sicherungsverwahrung ist an keine Frist gebunden. Die erste Unterbringung in einem Arbeitshaus oder einem Asyl darf nicht länger als zwei Jahre, die wiederholte nicht länger als vier Jahre dauern. Bei diesen Maßregeln hat das Gericht jeweils vor dem Ablauf bestimmter Fristen zu entscheiden, ob der Zweck der Unterbringung erreicht ist. Die Frist beträgt bei der Unterbringung in einer Heil- oder Pflegeanstalt und der Sicherungsverwahrung drei Jahre und bei der Unterbringung in einem Arbeitshaus oder einem Asyl sechs Monate. Ergibt sich bei der Prüfung, daß der Zweck der Unterbringung erreicht ist, so hat das Gericht die Entlassung des Untergebrachten anzuordnen.

(4) Das Gericht kann auch während des Laufs der in den Absätzen 2 und 3 genannten Fristen jederzeit prüfen, ob der Zweck der Unterbringung erreicht ist. Wenn das Gericht dies bejaht, so hat es die Entlassung des Untergebrachten anzuordnen.

(5) Die Fristen laufen vom Beginn des Vollzugs an. Lehnt das Gericht die Entlassung des Untergebrachten ab, so beginnt mit dieser Entscheidung der Lauf der im Absatz 3 genannten Fristen von neuem."

7.[1]) In § 42h Abs. 1 werden die Worte „die höhere Vollzugsbehörde" ersetzt durch die Worte „das Gericht".

8.[1]) § 49a erhält folgende Fassung:

„§ 49a[2])

(1) Wer einen anderen zu bestimmen versucht[3]), eine als Verbre-

---

Im übrigen ist in § 42f. förmlich die bisher schon allgemein anerkannte Auffassung (vgl. Hauptwerk Anm. 2 zu § 42f.) legalisiert, daß die Nachprüfung nicht der höheren Vollzugsbehörde, der sie durch § 8 des Ges. v. 4. 9. 1941 (RGBl. I S. 549) übertragen war, sondern dem Gericht obliegt.

**Zu Nr. 7:** 1) vgl. Anm. 1 Abs. 3 zu Nr. 6.

**Zu Nr. 8:** 1) Die wesentlichen Abweichungen des § 49a n. F. gegenüber dem bisherigen Recht bestehen darin, daß

a) die erfolglose Beihilfe zum Verbrechen (d. h. die Beihilfe zu einem nicht oder unabhängig von der Beihilfe ausgeführten Verbrechen) nicht mehr mit Strafe bedroht ist,

b) die erfolglose Anstiftung zum Verbrechen nur noch nach den für den Versuch geltenden Vorschriften bestraft wird,

c) das „Eintreten in ernsthafte Verhandlung" über die Begehung eines Verbrechens keine strafbare Vorbereitungshandlung mehr ist,

d) die Rücktrittsvoraussetzungen exakter umschrieben sind.

2) § 49a enthält keinen selbständigen Deliktsbestand, sondern erhebt nur besondere unter Strafe gestellte Vorbereitungshandlungen zu Verbrechen mit dem Charakter einer Beteiligung an der Straftat. OLG Nürnberg HESt. 2, 226. Versuch, Anstiftung und Beihilfe zu § 49a sind demgemäß nicht strafbar. *Schönke* VI.

3) § 49a Abs. 1 setzt voraus, daß die Handlung nicht dazu geführt hat, den anderen zur Begehung i. S. des § 48 zu bestimmen, gleichviel, ob diesen der Einwirkungsversuch (z. B. eine schriftliche Aufforderung) nicht erreicht hat, ob er das Ansinnen ablehnte oder zwar annahm, aber aus irgendwelchen Gründen mit der Ausführung nicht begann oder die angesonnene Tat zwar ausführte oder versuchte, aber nicht infolge der Einwirkung, sondern weil er schon vor dem Versuch, ihn zu bestimmen, zur Tat entschlossen war.

Wird das Verbrechen infolge der Einwirkung versucht oder vollendet, so wird der Auffordernde wegen der Subsidiarität des Gefährdungs- gegenüber dem Verletzungsdelikt nur wegen Anstiftung (§ 48) bestraft, also bei nur versuchtem Verbrechen nur wegen Anstiftung zum Versuch, und wenn hinsichtlich eines erschwerenden Merkmals die Ausführung hinter der Aufforderung zurückbleibt (z. B. die Aufforderung zum schweren Raub führt nur zu einem einfachen

chen[4]) mit Strafe bedrohte Handlung zu begehen, wird nach den für den Versuch des Verbrechens geltenden Vorschriften (§§ 44, 45) bestraft[5]).

(2) Ebenso wird bestraft, wer eine als Verbrechen mit Strafe bedrohte Handlung verabredet[6]), das Anerbieten eines anderen annimmt[7]), eine

---

Raub), nur wegen Anstiftung zu der tatsächlich begangenen Tat und nicht etwa wegen Anstiftung zur begangenen Tat in Tateinheit mit einem Verbr. nach § 49a. Die Inkongruenz, daß bei Nichtausführung der Tat die Aufforderung (aber nur ausnahmsweise, s. Anm. 5) mit der Strafe der Anstiftung zur vollendeten Tat belegt werden kann, muß bei der Strafzumessung ausgeglichen werden. BGHSt. 1, 131. Bei Aufforderung eines Zeugen zu falscher Aussage, erforderlichenfalls zum Meineid, liegt, wenn der Zeuge falsch aussagt, aber unbeeidigt bleibt, Tateinheit zwischen Anstiftung zu falscher Aussage (§ 153) und versuchter Anstiftung zum Meineid (§§ 154, 49a) vor. Der vorerwähnte Grundsatz der Subsidiarität des § 49a ist hier unanwendbar, da Meineid keine qualifizierte uneidliche Falschaussage, sondern eine Straftat eigener Art gegenüber der uneidlichen Aussage ist. BGHSt. 1, 241. Ebenso liegt wegen der Verschiedenartigkeit der bedrohten oder verletzten Rechtsgüter Tateinheit zwischen § 49a und versuchter Nötigung vor, wenn der Täter einen anderen zu einem Verbrechen auffordert und ihn zugleich mit den Mitteln des § 240 zur Begehung des Verbrechens zu nötigen versucht. BGHSt. 1, 305.

4) Die angesonnene Handlung muß — wie bei der Anstiftung — genügend individualisiert sein. Ob das Angriffsobjekt wirklich vorhanden ist (z. B. der Mensch, der getötet werden soll, existiert nicht, oder ist im Zeitpunkt der Aufforderung bereits verstorben), ist bedeutungslos (*Kuhn* MDR. 48, 369, a.M.OLG. Hamburg MDR. 48, 368), wie es auch im übrigen auf die Ausführbarkeit des Verbrechens nicht ankommt. Doch ist die Aufforderung zu einem sog. abergläubischen Versuch (z. B. Totbeten) nicht strafbar. E 33, 321. Es genügt, wenn die Tat bei einer dem Inhalt der Aufforderungserklärung entsprechenden Ausführung die rechtswidrige Verwirklichung des äußeren Tatbestandes eines Verbrechens (i. S. des § 1) darstellen würde. Daher fällt auch die Aufforderung eines Geisteskranken unter § 49a. Erforderlich ist aber, daß auch noch der inneren Tatseite — abgesehen von der Schuld — die das Verbrechen begründenden Merkmale vorliegen, daß also der Aufgeforderte wenigstens mit „natürlichem" Vorsatz handeln soll (vgl. Hauptwerk Anm. 1 zu § 42b, Anm. 5 zu § 330a). Hängt die Einreihung der Tat als Verbrechen von bestimmten persönlichen Eigenschaften oder Verhältnissen des Täters ab (z. B. Rückfall, Gewerbsmäßigkeit oder Beamteneigenschaft), so kommt es darauf an, ob sie nach der Vorstellung des Auffordernden in der Person des Aufgeforderten gegeben sind. E. 32, 267 u. RG. DR. 43, 138. Daher ist die Aufforderung zur gemeinschaftlichen Ausführung eines nur auf seiten des Auffordernden als Verbrechen sich darstellenden einfachen Diebstahls nicht strafbar, wohl aber, wenn der Aufgeforderte — falls der Auffordernde es weiß oder auch nur billigend damit rechnet — Rückfalldieb ist. Auch die Schwangere, die erfolglos einen Dritten zur Abtreibung (§ 218 Abs. 3) anstiftet, würde sich nach § 49a strafbar machen, wenn nicht ihre mit § 218 Abs. 1 bezweckte Privilegierung (vgl. BGHSt. 1, 139, 249) einer Bestrafung aus § 49a entgegenstünde. BGH. NJW. 53, 634.

Ein Verbrechen ist auch die Teilnahme an einem Verbrechen.

5) Die Verhängung der Höchststrafe der ausgeführten Tat oder einer sich ihr nähernden Strafe ist nur ausnahmsweise bei einer ganz ungewöhnlichen Häufung erschwerender Umstände zulässig. BGHSt. 1, 136, 308.

6) Zur Verabredung gehört, daß zwischen den Beteiligten Einverständnis über die Ausführung des Verbrechens besteht. Bestraft wird nur, wer ernstlich die Tat will; wer nur zum Schein verabredet, fällt nicht unter § 49a Abs. 2. Jedoch ist, wer ernstlich die Tat verabredet, nach § 50 auch dann strafbar, wenn der andere sich nur zum Schein auf die Verabredung eingelassen hat (anders E. 58, 393). Die Art der Ausführung braucht noch nicht in ihren Einzelheiten festgelegt zu sein, bedingter Tatvorsatz genügt. E. 68, 360; 69, 165. Das in Anm. 4 Gesagte gilt auch hier. Ob die Verabredenden persönlich an der Tat teilnehmen oder ihre Ausführung einem Dritten überlassen wollen, ist ohne Bedeutung. E. 58, 393; 59, 378. Wesentlich ist nur, daß jeder der Verabredenden die Tat fördern will. Abs. 2 findet keine Anwendung, sobald und soweit bei einem Teilnehmer an der Verabredung die Strafbarkeit des Verabredens mit seiner Strafbarkeit als Täter oder Teilnehmer der infolge der Verabredung ausgeführten Tat zusammentrifft. RG. JW. 33, 2337.

7) Die Annahme muß ernstlich gemeint sein. Nach früherer Auslegung (vgl. E. 57, 245) war die ernstliche Annahme eines nicht ernstlich gemeinten Erbietens nicht strafbar, weil nicht gefährlich. Da sich aber § 49a gegen den konkretisierten bösen Willen richtet (vgl. § 50), kann diese Auslegung nicht aufrecht erhalten werden; a.M. *Schönke* IV 3. Strafbar ist auch die Annahme des Erbietens eines Zurechnungsunfähigen.

solche Handlung zu begehen, oder sich zu einem Verbrechen bereit erklärt[8]).

(3) Nach diesen Vorschriften wird nicht bestraft, wer aus freien Stücken[9])

1. eine als Verbrechen mit Strafe bedrohte Handlung verhindert[10]), nachdem er einen anderen zu dieser Handlung zu bestimmen versucht oder das Anerbieten eines anderen hierzu angenommen hat,
2. nach der Verabredung einer als Verbrechen mit Strafe bedrohten Handlung seine Tätigkeit aufgibt und die Handlung verhindert,
3. seine Erklärung widerruft, durch die er sich zu einem Verbrechen bereit erklärt hat.

(4) Unterbleibt die Tat ohne sein Zutun[11]) oder wird sie unabhängig von seinem vorausgegangenen Verhalten begangen[12]), so genügt sein freiwilliges und ernsthaftes Bemühen, die Begehung zu verhindern[13]).

9. a) Der bisherige § 58 wird § 55. In § 42b Abs. 1 heißt es in den Klammern statt „§ 58": „§ 55".
 b) Nach § 55 wird folgende Vorschrift eingefügt:

„§ 56[1])

Knüpft das Gesetz an eine besondere Folge der Tat eine höhere Strafe, so trifft diese den Täter nur, wenn er die Folge wenigstens fahrlässig herbeigeführt hat."

---

8) Ohne Rücksicht darauf, ob aus eigenem Antrieb (Sicherbieten) oder durch Eingehen auf die Einwirkung eines anderen (Abs. 1), ohne daß es zum Versuch der Ausführung kommt. Die Bereiterklärung muß ernst gemeint sein. E 63, 199 und zur Kenntnis des Adressaten kommen. Ob das Sicherbieten angenommen wird, ist ohne Bedeutung. Es genügt aber hier nicht die Bereiterklärung zu einer „als Verbrechen bedrohten Handlung", sondern nur zu einem „Verbrechen", also zu einer Handlung, die eine schuldhafte Verwirklichung eines Verbrechenstatbestandes darstellt, da hier nur schuldhaftes Handeln zu einer Bestrafung führen kann (amtl. Begr.).

9) Mit „aus freien Stücken" sind die gleichen Vorasusetzungen umschrieben wie in § 46 Nr. 1 (ebenso zu dem Begriff „freiwillig" des bisherigen Rechts. OLG Tübingen DRZ 49, 44).

10) Da schon der Versuch des angesonnenen Verbrechens ein Verbrechen ist, genügt es nicht, daß der Täter den Erfolg oder die Ausführung abwendet, sondern er muß verhüten, daß es überhaupt zum Versuch kommt. Liegt schon Versuch vor, so kann der Täter von diesem nur unter den Voraussetzungen des § 46 strafbefreiend zurücktreten, unbeschadet der Bestrafung aus § 49a.

11) Z. B. weil der andere die Begehung der Tat aufgibt oder das Bemühen eines Dritten die Tatbegehung verhindert.

12) Z. B. weil der andere von vornherein zur Tat entschlossen war, oder weil er den auf die versuchte Anstiftung gefaßten Entschluß aufgegeben und sich unabhängig von der früheren Beeinflussung erneut selbständig zur Tat entschlossen hatte.

13) Vorausgesetzt ist, daß der Täter bei seinen Bemühungen nicht weiß, daß die Tat unterblieben oder unabhängig von ihm begangen ist.

**Zu Nr. 9:** 1) Bei den sog. durch den Erfolg qualifizierten Delikten (vgl. z. B. §§ 224, 226) genügte nach bisheriger h.M., daß der Täter den Erfolg objektiv verursacht hatte, während Verschulden insoweit nicht erforderlich war (vgl. Hauptwerk Anm. 1 zu § 226). Im Anschluß an § 21 Entw. 1927 fordert § 56 zum mindesten Fahrlässigkeit. Selbstverständlich ist auch der vorsätzlich herbeigeführte Erfolg, soweit dadurch nicht schon der Tatbestand eines schwereren Delikts erfüllt wird, ebenso zu vertreten wie ein als möglich vorhersehbarer („wenigstens Fahrlässigkeit"). Beispiel: bedingt vorsätzlich begangene schwere Körperverletzung (§ 224), die nicht unter § 225 fällt, da dort bedingter Vorsatz nicht genügt.

§ 56 ist unanwendbar, wenn die Tat überhaupt nur beim Eintritt eines besonderen Erfolges strafbar ist (z. B. in § 227 Abs. 1 und in § 326, soweit es sich um die Verursachung eines Schadens — nicht des Todes — handelt), denn in diesen Fällen kommt nicht die Verhängung einer höheren Strafe, sondern die Möglichkeit einer Bestrafung überhaupt in Betracht. Der besondere Erfolg ist dort — nicht anders als etwa in §§ 143, 330a — objektive Bedingung der Strafbarkeit.

c)[2]) In § 314 und § 326 werden die Worte „von einem Monat bis zu drei Jahren" durch die Worte „ nicht unter einem Monat" ersetzt.

10.[1]) § 66 Abs. 2 wird aufgehoben.

11.[1]) § 93 erhält folgende Fassung:

„§ 93

(1) Wer Schriften[2]), Schallaufnahmen[3]), Abbildungen[4]) oder Darstellungen[5]), durch deren Inhalt Bestrebungen herbeigeführt oder gefördert werden sollen[6]), die darauf gerichtet sind, den Bestand der Bundesrepublik Deutschland zu beeinträchtigen oder zur Unterdrückung der demokratischen Freiheit[7]) einen der in § 88 bezeichneten Verfassungsgrundsätze zu beseitigen, außer Geltung zu setzen oder zu untergraben,

1. herstellt[8]), vervielfältigt[9]) oder verbreitet[10]) oder
2. zur Verbreitung oder Vervielfältigung vorrätig hält[11]), bezieht[12]), oder in den räumlichen Geltungsbereich dieses Gesetzes einführt,

wird mit Gefängnis bestraft.

(2) Der Versuch ist strafbar."

---

2) Die §§ 314 u. 326 erfordern zur Bestrafung der Fahrlässigkeit den Eintritt eines Schadens als objektive Bedingung der Strafbarkeit (s. Anm. 1); insoweit ist die Strafdrohung unverändert geblieben. Soweit sie aber erhöhte Strafe für die Verursachung des Todes androhen, greift § 56 ein; im Hinblick auf die nunmehr geforderte schwerere Schuld rechtfertigt sich die Erhöhung der Höchststrafe auf das Höchstmaß des § 222.

**Zu Nr. 10:** 1) Den Eintritt der Verjährung im Falle des § 66 Abs. 2 in das Ermessen des Staatsanwalts zu stellen wurde als unvereinbar mit rechtsstrafrechtlichen Grundsätzen erachtet.

**Zu Nr. 11:** 1) Die zunächst auf die Einfuhr staatsgefährdender Schriften usw. und die Verbreitung derartiger eingeführter Schriften beschränkte Vorschrift (vgl. dazu 3. Nachtrag Anm. 6 zu § 93) ist nunmehr auf die Herstellung von Schriften im Bundesgebiet und deren Verbreitung ausgedehnt worden.

2) Vgl. Anm. 2 zu § 84.

3) Vgl. Anm. 3 zu § 84.

4) Vgl. Hauptwerk Anm. 3 zu § 41.

5) Vgl. Hauptwerk Anm. 4 zu § 41.

6) Es kommt nicht darauf an, ob die Schriften usw. nach ihrem Inhalt objektiv geeignet sind, umstürzlerische Bestrebungen herbeizuführen oder zu fördern. Maßgebend ist vielmehr, daß der Inhalt auf solche Zwecke gerichtet ist. Der Vorsatz des Täters muß sich auf die Kenntnis des Inhalts und Zweckes und die Verbreitungsabsicht erstrecken. Es ist aber nicht erforderlich, daß er selbst bei der Herstellung usw. in Verbreitungsabsicht staatsgefährdende Zwecke verfolgt. Auch wer z. B. nur aus Gewinnsucht im Auftrag Dritter, die importiertes umstürzlerisches Propagandamaterial verbreiten wollen, einführt, fällt unter die Vorschrift. Der eigenen staatsgefährdenden Absicht steht hier das Handeln in Kenntnis der staatsgefährdenden Absicht anderer gleich. Fahrlässige Unkenntnis dieses Zweckes genügt nicht. — Die Herstellung usw. von Schriften hochverräterischen Inhalts fällt unter §§ 81, 84.

7) Durch die Worte „zur Unterdrückung der demokratischen Freiheit" soll klargestellt werden, daß legale, auf Verfassungsänderung gerichtete Bestrebungen, die mit der demokratischen Grundstruktur der Bundesrepublik vereinbar sind, nicht getroffen werden (vgl. Abg. Dr. *Arndt* u. Dr. *Kopf*, 269. Sitzung v. 10. 6. 53, Prot. S. 13265 f.).

8) Vgl. Hauptwerk Anm. 11 zu § 184. Die Herstellung muß zum Zweck der Verbreitung erfolgen.

9) Ebenso wie die handschriftliche Herstellung eines Exemplars einer Schrift genügt, genügt auch zur Vervielfältigung die einmalige Abschrift einer Schrift mit der Hand oder Schreibmaschine (in Verbreitungsabsicht).

10) Vgl. Hauptwerk Anm. 4 zu § 110.

11) Vgl. Hauptwerk Anm. 12 zu § 184.

12) „Bezieht" ist nicht das gleiche wie „sich verschafft" oder „erlangt". Der Begriff des Beziehens ist vielmehr hier der gleiche wie etwa in § 1 der (aufgehobenen) VerbrauchsregelungsstrafVO. i. d. F. v. 26. 11. 41 (RGBl. I S. 734). Zum Beziehen gehört das vertragsmäßige Erlangen der tatsächlichen Verfügungsgewalt, d. h. die Möglichkeit, unmittelbar, wenn auch nicht allein auf die Sache einzuwirken. E. 74, 300 (302); RG.HRR. 1942 Nr. 125, 451; OGHSt. 1, 83, z. B. auch Tauschen. Diebstahl oder sonstige ohne Abgabe erfolgende Aneignung ist daher kein Beziehen, E. 77, 118, 398.

12. Der Vierte Abschnitt des Zweiten Teils erhält folgende Fassung:

„Vierter Abschnitt.

Handlungen gegen ausländische Staaten

§ 102

Wer einen Angriff auf Leib oder Leben[1]) eines ausländischen Staatsoberhauptes, eines Mitgliedes einer ausländischen Regierung oder eines im Bundesgebiet beglaubigten Leiters einer ausländischen diplomatischen Vertretung begeht, während sich der Angegriffene in amtlicher Eigenschaft im Inland aufhält, wird mit Gefängnis, in besonders schweren Fällen mit Zuchthaus bestraft, soweit nicht in anderen Vorschriften eine schwerere Strafe angedroht ist.

§ 103[1])

Wer ein ausländisches Staatsoberhaupt oder wer mit Beziehung auf ihre Stellung ein Mitglied einer ausländischen Regierung, das sich in amtlicher Eigenschaft im Inland aufhält, oder einen im Bundesgebiet beglaubigten Leiter einer ausländischen diplomatischen Vertretung beleidigt, wird mit Gefängnis bis zu drei Jahren, im Falle der verleumderischen Beleidigung mit Gefängnis nicht unter drei Monaten bestraft.

§ 104

(1) Wer eine auf Grund von Rechtsvorschriften oder nach anerkanntem Brauch öffentlich gezeigte Flagge[1]) eines ausländischen Staates oder wer ein Hoheitszeichen[2]) eines solchen Staates, das von einer anerkannten Vertretung dieses Staates öffentlich angebracht worden ist, entfernt[3]), zerstört, beschädigt oder unkenntlich macht oder wer beschimpfenden Unfug daran verübt, wird mit Gefängnis bis zu zwei Jahren oder mit Geldstrafe bestraft.

(2) Der Versuch ist strafbar.

§ 104a

Die Vergehen dieses Abschnittes werden nur verfolgt, wenn die Bundesrepublik zu dem anderen Staat diplomatische Beziehungen unterhält, die Gegenseitigkeit verbürgt ist und auch zur Zeit der Tat verbürgt war, ein Strafverlangen[1]) der ausländischen Regierung vorliegt und die Bundesregierung die Ermäch-

---

**Zu Nr. 12: Zu § 102:** 1) Vgl. Anm. 2 zu § 83.

**Zu § 103:** 1) Nur bei den Mitgliedern ausländischer Regierungen ist Voraussetzung, daß sie sich zur Tatzeit im Inland aufhalten, nicht bei ausl. Staatsoberhäuptern und den beglaubigten Gesandten. Beleidigung: §§ 185—187, nicht aber §§ 187a, 189. Die sonstigen Vorschriften des 14. Abschnittes finden keine Anwendung; vgl. vielmehr § 104a, § 104b Abs. 2. Soweit § 103 keine Anwendung findet, bleiben die Vorschriften des 14. Abschnitts unberührt, z. B. wenn ein ausländischer Gesandter als Privatperson Strafantrag stellt. Tateinheit mit §§ 185 ff. ist möglich, z. B. wenn ein ausländisches RegMitglied mit Bezug auf seine Stellung und zugleich als Privatperson beleidigt wird.

**Zu § 104:** 1) Bei den Flaggen kommt es, im Gegensatz zu den Hoheitszeichen, nicht darauf an, wer sie öffentlich zeigt, sondern daß sie nach Rechtsvorschriften (z. B. nach zwischenstaatl. Abkommen über das Flaggenführungsrecht von Schiffen) oder nach einem auch im Inland anerkannten Brauch öffentlich gezeigt werden. Nach anerkanntem Brauch werden z. B. bei internationalen Sportveranstaltungen, Ausstellungen usw. die Landesflaggen der Teilnehmer oder Gäste öffentlich gezeigt. Vgl. im übrigen Anm. 9 zu § 96.

2) = Zeichen, das die Regierungsgewalt des betreffenden Staates zum Ausdruck bringen soll. E. 31, 14 (vgl. Anm. 10 zu § 96).

3) Vgl. Anm. 11—15 zu § 96. Unterbleibt eine Verfolgung aus § 104, weil die Voraussetzungen des § 104a fehlen, so bleibt Verfolgung wegen Sachbeschädigung möglich. Auch Tateinheit mit Sachbeschädigung ist möglich, z. B. wenn die Flagge einer Privatperson gehört.

**Zu § 104a:** 1) Das Strafverlangen hat mit dem Strafantrag (§§ 61 ff.) nichts zu tun. Es ist an keine Frist gebunden, frei zurücknehmbar und sachlich wie persönlich teilbar.

tigung[2]) zur Strafverfolgung erteilt. Die Ermächtigung kann zurückgenommen werden.

§ 104 b

(1) Im Falle des § 102 gelten die Vorschriften der §§ 85 und 86 entsprechend mit der Maßgabe, daß neben den Strafen auf Geldstrafe erkannt werden kann.

(2) In den Fällen der §§ 103 und 104 ist die Vorschrift des § 200 über die öffentliche Bekanntmachung der Verurteilung entsprechend anzuwenden, wenn die Tat öffentlich oder in einer Versammlung[1]) begangen worden ist. An die Stelle des Beleidigten tritt der Staatsanwalt."

13.[1]) § 106a Abs. 1 erhält folgende Fassung:

„Wer innerhalb des befriedeten Bannkreises[2]) um das Gebäude eines Gesetzgebungsorgans[3]) des Bundes oder eines Landes sowie des Bundesverfassungsgerichts an öffentlichen Versammlungen unter freiem Himmel[4]) oder Aufzügen[5]) teilnimmt[6]) und dadurch vorsätzlich Vorschriften verletzt, die über den Bannkreis erlassen worden sind[7]), wird mit Gefängnis bis zu sechs Monaten oder mit Geldstrafe bestraft."

14.[1]) An die Stelle der §§ 107 bis 109 treten folgende Vorschriften:

„§ 107

(1) Wer mit Gewalt oder durch Drohung mit Gewalt eine Wahl[1]) oder die Feststellung ihres Ergebnisses[2]) verhindert oder stört, wird mit Gefängnis, in besonders schweren Fällen mit Zuchthaus bestraft.

(2) Der Versuch ist strafbar.

---

2) Vgl. Anm. 9 zu § 95. §§ 127 Abs. 3, 130 StPO. sind sinngemäß anwendbar.

**Zu § 104b:** 1) Vgl. Anm. 2, 3 zu § 95.

**Zu Nr. 13:** 1) Der Bannkreisschutz ist nunmehr auf das Bundesverfassungsgericht ausgedehnt, die bisher angedrohte Gefängnishöchststrafe von 1 Jahr auf 6 Monate herabgesetzt.

2) Vorausgesetzt wird, daß durch Vorschriften außerhalb des StGB. ein befriedeter Bannkreis bestimmt ist (vgl. 16 Abs. 3 des Versamml.Ges. v. 24. 7. 53 und dazu z. B. BayVO v. 17. 7. 52, GVBl S. 240, Berliner Ges. i. d. F. v. 30. 10. 52, GVBl. S. 993, 1064). Bundesgesetzlich sind Bannkreise bisher nicht bestimmt.

3) Vgl. Anm. 2 zu § 97.

4) Über den Begriff „Versammlung" s. Anm. 3 zu § 95. Öffentlich ist eine Versammlung, wenn sie einem größeren, durch persönliche Beziehungen nicht verbundenen Personenkreis zugänglich ist. Sie findet unter freiem Himmel statt, wenn der Versammlungsort unbedacht ist. PrOVG. GA. 52, 410; OLG. Köln JMBl. NRW. 52, 15. Ihr Zweck braucht kein politischer zu sein.

5) Aufzug ist eine zu einem bestimmten Zweck vereinigte Versammlung von Menschen, die sich in der Öffentlichkeit bewegt, um die öffentliche Aufmerksamkeit auf den verfolgten Zweck zu lenken. E. 44, 370.

6) Vgl. Hauptwerk Anm. 5 zu § 125.

7) Nach § 16 des Versamml.Ges. v. 24. 7. 53 sind öffentliche Versammlungen unter freiem Himmel und Aufzüge innerhalb des befriedeten Bannkreises verboten (Ausnahme § 17 aaO.).

**Zu Nr. 14:** 1) Zu den Wahldelikten des bisherigen Rechts (Wahlhinderung, Wahlfälschung und Stimmkauf) sind eine Reihe neuer Tatbestände (Wahlnötigung, Wahltäuschung, Verletzung des Wahlgeheimnisses) getreten, ferner sind in § 107b bestimmte Vorbereitungshandlungen unter Strafe gestellt. Dagegen ist der Anwendungsbereich den Vorschriften (§ 109a) gegenüber dem bisherigen Recht eingeengt.

§ 107a a. F. war bereits durch § 30 des Versammlungsges. v. 24. 7. 1953 (BGBl. I S. 684) — in diesem Nachtrag Nr. 9 — aufgehoben und durch § 21 aaO ersetzt.

**Zu § 107:** 1) § 107, der an § 109 StGB.-Entw. 1927 anknüpft, will den reibungslosen Ablauf einer Wahl als Gesamtvorgang schützen. Die Einwirkung auf den einzelnen Wähler fällt unter § 108. „Mit Gewalt oder durch Drohung mit Gewalt": s. Anm. 3, 4 zu § 84.

2) D. h. die an den eigentlichen Wahlvorgang sich anschließende amtl. Feststellung ihres Ergebnisses.

§ 107a

(1) Wer unbefugt wählt[1]) oder sonst ein unrichtiges Ergebnis einer Wahl herbeiführt[2]) oder das Ergebnis verfälscht[3]), wird mit Gefängnis bestraft.

(2) Ebenso wird bestraft, wer das Ergebnis einer Wahl unrichtig verkündet oder verkünden läßt[4]).

(3) Der Versuch ist strafbar.

§ 107b[1])

Wer

1.[2]) seine Eintragung in die Wählerliste (Wahlkartei) durch falsche Angaben erwirkt,

2.[3]) einen anderen als Wähler einträgt, von dem er weiß, daß er keinen Anspruch auf Eintragung hat,

3. die Eintragung eines Wahlberechtigten als Wähler verhindert[4]), obwohl er dessen Wahlberechtigung kennt,

4. sich als Bewerber für eine Wahl aufstellen läßt, obwohl er nicht wählbar[5]) ist,

---

**Zu § 107a:** 1) Unbefugt: ohne das angemaßte Wahlrecht zu besitzen, z. B. weil er nicht im Besitz der bürgerl. Ehrenrechte ist (§ 34), weil ihm das Wahl- und Stimmrecht aberkannt ist (§§ 85, 98, 101), weil er sein Wahlrecht bereits ausgeübt hat oder weil er unter falschem Namen für einen anderen wählt, auch wenn dieser, falls er selbst gewählt hätte, in gleicher Weise wie der Unberechtigte gewählt hätte. RG JW 29, 1145. Wählen ist der Vorgang, durch den der Wähler nach Maßgabe der jeweils geltenden Wahlvorschriften (Kennzeichnung eines Wahlvorschlages usw.) sein Wahlrecht ausübt. E. 20, 420, 63, 382. Verstöße gegen die jeweilige Wahlordnung nehmen der Wahlhandl. nicht ihren Charakter. E. 64, 302.

2) Ein unrichtiges Ergebnis ist herbeigeführt, wenn in der äußerlichen Form einer gesetzmäßigen Wahl die Wahl ungesetzlich erfolgte und dadurch ein anderes Ergebnis als bei ordnungsmäßiger Wahl herausgekommen ist. E. 63, 386. Und zwar genügt es, daß ein unrichtiges Stimmenverhältnis herbeigeführt ist; die Person des Gewählten braucht z.B. dadurch nicht verändert zu sein. E. 5, 49. Beispiele: ein Mitglied des Wahlvorstandes wirft abgegebene Wahlzettel nicht in die Wahlurne oder kreuzt Namen von Wählern, die noch nicht gewählt haben, an, zum Zeichen, daß sie gewählt hätten und hindert sie so an der Wahlteilnahme. RG. JR.26 Nr. 874. Das Ergebnis der Wahl liegt vor, sobald die Ausübung der Wahl durch die Wähler beendet ist, nicht erst, wenn der Ausgang der Wahl durch Zählung der Stimmen ermittelt und beurkundet ist. E. 62, 7.

3) Das Ergebnis verfälscht, wer ein ordnungsmäßig zustande gekommenes Ergebnis nach Abschluß der eigentlichen Wahlhandlung unbefugt ändert, z. B. durch falsches Zählen der Stimmen. E. 20, 420, durch falsche amtl. Protokollierung E. 56, 387, durch heimliches Unterschieben gültiger an Stelle ungültiger Stimmzettel. RG. Recht 26 Nr. 1320, durch heimliches Hinzufügen von Stimmzetteln RG. JW. 05, 747.

4) Verkündung ist nur die amtl. Verlautbarung über Wahlergebnisse (Abg. Dr. *Schneider* 265. Sitzung des BT, Prot. S. 12995). Täter ist hier also derjenige, zu dessen amtl. Aufgaben es gehört, das Ergebnis zu verkünden oder verkünden zu lassen. Dagegen erstreckt sich Abs. 2 nicht auf die Verbreitung eines unrichtig verkündeten Ergebnisses (etwa durch die Presse), noch auf die unrichtige Wiedergabe eines richtig verkündeten Ergebnisses.

**Zu § 107b:** 1) § 107b trifft Vorbereitungshandlungen zur Wahlfälschung (§ 107a), die bisher nur in § 21 des Wahlges. zum 1. Bundestag der Bundesrepublik v. 15. 6. 49 (BGBl. S. 21) unter Strafe gestellt waren.

2) Täter ist hier, wer seine Eintragung in die Wählerliste herbeiführt, obwohl er nicht wahlberechtigt ist; wer lediglich durch falsche Angaben bewirkt, daß er zu Recht eingetragen wird, fällt nicht unter Ziff. 1.

3) Täter kann nicht nur der Listenführer, sondern jeder sein, der tatsächlich in der Lage ist, die Eintragung zu bewirken. Es trägt auch ein, wer — abgesehen von Nr. 1 — die Eintragung durch den gutgläubigen Listenführer bewirkt (mittelbare Täterschaft). Keinen Anspruch auf Eintragung hat, wer im Zeitpunkt der Wahl, für die die Liste aufgestellt wird, nicht wahlberechtigt ist. Zum Vorsatz gehört positives Wissen um die im Zeitpunkt der Wahl fehlende Wahlberechtigung; bedingter Vorsatz genügt nicht.

4) Hierunter fällt nicht nur, wer verhindert, daß die Eintragung erfolgt, sondern auch, wer durch Streichung einer erfolgten Eintragung verhindert, daß sie noch im Zeitpunkt der Wahl vorhanden ist.

5) Weil ihm das passive Wahlrecht fehlt, sei es, daß es nach den die Wählbarkeit regelnden

wird mit Gefängnis bis zu sechs Monaten oder mit Geldstrafe bestraft, soweit nicht in anderen Vorschriften eine schwerere Strafe angedroht ist.

§ 107c[1])

Wer einer dem Schutze des Wahlgeheimnisses dienenden Vorschrift[2]) in der Absicht[3]) zuwider handelt, sich oder einem anderen Kenntnis davon zu verschaffen, wie jemand gewählt hat, wird mit Gefängnis bis zu zwei Jahren bestraft.

§ 108[1])

(1) Wer mit Gewalt, durch rechtswidrige Drohung mit einem empfindlichen Übel[2]), durch Mißbrauch[3]) eines beruflichen oder wirtschaftlichen Abhängigkeitsverhältnisses oder durch sonstigen wirtschaftlichen Druck einen anderen nötigt oder hindert, zu wählen oder sein Wahlrecht in einem bestimmten Sinne auszuüben, wird mit Gefängnis, in besonders schweren Fällen mit Zuchthaus bestraft. Daneben kann auf Geldstrafe erkannt werden.

(2) Der Versuch ist strafbar.

§ 108a[1])

(1) Wer durch Täuschung bewirkt, daß jemand bei der Stimmabgabe über den Inhalt seiner Erklärung irrt[2]) oder gegen seinen Willen nicht[3]) oder ungültig wählt, wird mit Gefängnis bis zu zwei Jahren bestraft.

(2) Der Versuch ist strafbar.

§ 108b[1])

(1) Wer einem anderen dafür, daß er nicht oder in einem bestimmten

---

Vorschriften nicht oder noch nicht besteht (z. B. mangelndes Alter) oder die Wählbarkeit durch strafgerichtliche Verurteilung verloren gegangen ist (vgl. z.B. § 34 Nr. 4, §§ 85, 98, 101).

**Zu § 107c:** 1) § 107c übernimmt den § 110 StGB.-Entw. 1927.

2) Der Wahlgesetze oder Wahlordnungen.

3) Absicht i. techn. Sinn ist erforderlich, d. h. es muß dem Täter darauf ankommen, sich oder einem anderen die bezeichnete Kenntnis zu verschaffen. Das ist auch der Fall, wenn der Täter einen weiteren Zweck verfolgt, z. B. sich eine Belohnung für die Weitergabe der erlangten Kenntnis zu schaffen, oder dem Wähler ob seiner Wahl Vorwürfe zu machen oder ein Parteimitglied zu kontrollieren, ob es auch den von der Partei aufgestellten Kandidaten gewählt hat usw.

**Zu § 108:** 1) § 108 ist lex specialis gegenüber § 240.

2) Vgl. Hauptwerk Anm. 2—5 zu § 240. Die Rechtswidrigkeit der Drohung ist hier (wie in §§ 240, 253; vgl. BGHSt. 2, 194) nicht besonderes Tatbestandsmerkmal, sondern allgemeines Verbrechensmerkmal; ein Irrtum über die Rechtswidrigkeit des Verhaltens ist also nicht Tatbestands-, sondern Verbotsirrtum. Die Anwendung wahladäquater, im politischen Leben als üblich und angemessen angesehener Drohungen (z. B. daß als interesseloses Parteimitglied angesehen werde, wer seiner Wahlpflicht nicht nachkomme) ist überhaupt nicht rechtswidrig.

3) Vgl. Hauptwerk Anm. 5 zu § 175a.

**Zu § 108a:** 1) Die Vorschrift knüpft an § 105 StGB.-Entw. 1927 an.

2) d. h. seine Stimme unter der Einwirkung der Täuschung in einem anderen Sinne abgibt, als er tatsächlich wollte, z. B. indem der Täter dem Wähler vortäuscht, wenn er den Kandidaten einer bestimmten Partei wählen wolle, müsse er den Stimmzettel an einer anderen als der richtigen Stelle ankreuzen, oder indem er ihm einen schon gekennzeichneten, seinen Wahlabsichten widersprechenden Stimmzettel in die Hand spielt (vgl. E. 63, 382). Nicht getroffen wird der Fall des Motivirrtums: der Wähler wird durch Täuschung dazu veranlaßt, sich für einen bestimmten Kandidaten zu entscheiden, den er dann auch wählt, aber bei Kenntnis des Sachverhalts nicht gewählt hätte.

3) z. B. durch Täuschung über den Tag der Wahl.

**Zu § 108b:** 1) Bisher § 109 StGB.

Sinne wähle[2]), Geschenke oder andere Vorteile[3]) anbietet[4]), verspricht oder gewährt, wird mit Gefängnis und mit Geldstrafe bestraft.

(2) Ebenso wird bestraft, wer dafür, daß er nicht oder in einem bestimmten Sinne wähle[2]), Geschenke oder andere Vorteile fordert, sich versprechen läßt oder annimmt[5]).

(3) Das Entgelt oder dessen Wert kann im Urteil eingezogen werden[6]).

§ 109

In den Fällen der §§ 107, 107a, 108 und 108b kann neben einer Gefängnisstrafe auf den Verlust der bürgerlichen Ehrenrechte erkannt werden.

§ 109a

Die Vorschriften der §§ 107 bis 109 gelten für Wahlen zu den Volksvertretungen und für sonstige Wahlen und Abstimmungen des Volkes[1]) im Bund, in den Ländern, Gemeinden und Gemeindeverbänden. Einer Wahl oder Abstimmung steht das Unterschreiben eines Wahlvorschlages[2]) oder das Unterschreiben für ein Volksbegehren[3]) gleich."

15.[1]) § 111 Abs. 2 erhält folgende Fassung:

„Dasselbe gilt, wenn die Aufforderung ohne Erfolg geblieben ist. Die

---

2) § 108b trifft nicht den Fall, daß dem Wähler ein Vorteil dafür gewährt wird, daß er überhaupt stimmt (seiner Wahlpflicht genügt), oder daß er dafür ein Entgelt fordert (so schon nach bisherigemRecht RGGA 51, 415). „Nicht wähle" = an derWahl nicht teilnehme. „In einem bestimmten Sinne wähle": § 108b findet auch Anwendung, wenn der Wähler auch ohne das Versprechen in gleichem Sinne stimmen würde, insbes. verlangt § 108b nicht, daß der Wähler bestimmt werden soll, gegen seine Überzeugung zu wählen. E. 9, 197. Eine Wahl „in einem bestimmten Sinne" ist auch eine bewußt ungültige Wahl.

3) Vgl. Hauptwerk Anm. 6, 7 zu § 331.

4) Vgl. Hauptwerk Anm. 3 zu § 333.

5) Vgl. Hauptwerk Anm. 8, 9 zu § 331.

6) Vgl. Hauptwerk Anm. 1 zu § 335.

**Zu § 109a:** 1) § 107 a. F. bezog sich auf Wahlen „in Ausübung staatsbürgerlicher Rechte", die §§ 108, 109 a. F. dagegen auf Wahlen „in einer öffentlichen Angelegenheit" (vgl. über diesen Begriff Hauptwerk Anm. 1 zu § 108). § 103 StGB.-Entw. 1927 sah die Anwendbarkeit der Vorschriften über Wahldelikte einheitlich für alle Wahlen auf Grund reichs- oder landesrechtlicher Vorschriften „in öffentlichen Angelegenheiten "vor, und § 109 Reg.Entw. 1950 des Strafrechtsänderungsges. wollte ihm darin folgen. Der BT war demgegenüber der Auffassung, daß der Geltungsbereich der §§ 107ff. „eng abzugrenzen ist, und daß die Strafvorschriften nur bei den im Vordergrund des öffentlichen Interesses stehenden allgemeinen Wahlen und Abstimmungen angewendet werden sollen" (Abg. Dr. *Schneider*, 265. Sitzung v. 12 5. 53, Prot. S. 12995). Die Worte „des Volkes" bringen demnach zum Ausdruck, daß es sich — wie bei den Wahlen zu den Volksvertretungen, an denen die wahlberechtigte Bevölkerung des ganzen Bundesgebietes oder des ganzen Landes teilnimmt — um allgemeine Wahlen handeln muß, an denen die ganze Bevölkerung innerhalb der Gebietskörperschaft, soweit wahlberechtigt, teilzunehmen berechtigt ist, also um Wahlen zu den Kreistagen, Gemeindevertretungen (Stadtverordnetenversammlungen) usw. Dagegen gehören nicht hierher die Wahlen zu Ortskrankenkassen, Betriebsräten, öffentlichrechtlichen Berufs- und Standesorganisationen und kirchliche Wahlen. Abstimmungen „des Volkes" sind nicht Abstimmungen der Volks- und Gemeindevertreter innerhalb der Volks- und Gemeindevertretungen, sondern Abstimmungen, an denen nach gesetzlicher Vorschrift — ebenso wie bei den Wahlen — das „Volk", d. h. die Gesamtheit der Abstimmungsberechtigten der ganzen Bevölkerung innerhalb der Gebietskörperschaft teilzunehmen berechtigt ist.

2) Nach Maßgabe der Wahlgesetze und Wahlordnungen.

3) Das GG. kennt kein Volksbegehren (Einbringung einer Gesetzesvorlage durch das Volk), wohl aber die Landesverfassungen (vgl. z. B. Art. 71 Hess. Verf.). Gedacht ist an den Fall, daß nach den einschlägigen gesetzlichen Vorschriften zum Volksbegehren die Unterschrift einer bestimmten Zahl von Stimmberechtigten in ausgelegten Listen usw. erforderlich ist. Ein etwa durch das Volksbegehren ausgelöster Volksentscheid ist eine Abstimmung.

**Zu Nr. 15:** 1) Die Strafdrohung der erfolglosen Aufforderung zu einer strafbaren Hand-

Strafe kann nach den Vorschriften über die Bestrafung des Versuchs gemildert werden."

16.[1]) § 113 Abs. 4 und § 117 Abs. 4 werden aufgehoben.

17.[1]) § 114 erhält folgenden Absatz 3:

„In besonders schweren Fällen ist die Strafe Zuchthaus bis zu zehn Jahren."

18.[1]) § 130a wird aufgehoben.

19.[1]) In § 132 werden die Worte „bis zu einem Jahre" ersetzt durch die Worte „bis zu zwei Jahren".

20.[1]) § 132a erhält folgende Fassung:

„§ 132a

(1) Wer unbefugt[2])

1. inländische oder ausländische Amts- oder Dienstbezeichnungen[3]), Titel[4]) oder Würden[5]) führt[6]),

---

lung ist nunmehr der der erfolglosen Anstiftung zu einem Verbrechen (§ 49a n. F.) angeglichen. Der Täter kann also mit der Strafe der der Aufforderung entsprechend ausgeführten Tat belegt werden und es steht im richterlichen Ermessen, sie nach Maßgabe des § 44 zu mildern. Daß § 44 nur die Milderung bei Versuch von Verbrechen und Vergehen regelt, bedeutet nicht, daß die erfolglose Aufforderung zu einer Übertretung nicht mehr strafbar sein solle (*Dreher* JZ 53, 425), aber auch nicht, daß hier § 111 Abs.2 Satz 2 unanwendbar sei; vielmehr ist § 44 Abs.1 sinngemäß dahin anzuwenden, daß innerhalb des Übertretungsstrafrahmens die erfolglose Aufforderung milder beurteilt werden kann als bei einer ausgeführten Übertretung.

**Zu Nr. 16:** 1) Die Bedrohung des Versuchs in §§ 113, 117 ist wegen mangelnden Strafbedürfnisses aufgehoben.

**Zu Nr. 17:** 1) Angleichung an den Strafrahmen der Nötigung (§ 240).

**Zu Nr. 18:** 1) „Auf eine Anregung sowohl der katholischen wie der evangelischen Kirche hin ist der (Rechts-)Ausschuß (des BT) zu der Auffassung gekommen, daß der während des Kulturkampfes in das StGB. eingefügte § 130a, ..., der in der nat.-soz. Zeit im Kampf gegen die Kirchen mißbraucht wurde, als Fremdkörper innerhalb des StGB. aufgehoben werden sollte" (Berichterstatter Abg. Dr. *Schneider*, 265. Sitzung 12. 5. 53, Prot. S. 12995).

**Zu Nr. 19:** 1) Nr. 19 beseitigt die Zweifel über die in § 132 angedrohte Höchststrafe, nachdem die VO v. 9. 4. 1942 (RGBl. I S. 174), die die ursprüngliche Höchststrafe von einem Jahr Gefängnis auf 5 Jahre Gefängnis erhöht hatte, durch KontrRGes. Nr. 55, Art. I Nr. 14, ersatzlos aufgehoben war. Die für die brit. Zone ergangene VO. v. 13. 5. 1948 (VOBl. BJ. S. 117), die die alte Strafdrohung wieder eingeführt hatte, ist durch Art. 8 Nr. 13 des vorliegenden Gesetzes aufgehoben worden.

**Zu Nr. 20:** 1) § 132 a n. F. ist gegenüber § 132a a. F. durch Einbeziehung des Schutzes der Amts- u. Dienstbezeichnungen, Titel und Würden (bisher § 6 Abs. 1a des Ges. über Titel, Orden und Ehrenzeichen v. 1. 7. 1937 — Hauptwerk B II 3 —) erweitert. Eine sachliche Änderung gegenüber dem bisherigen Recht liegt darin, daß auch die Amtsbezeichnungen, Titel und Würden der Religionsgesellschaften des öffentlichen Rechts geschützt werden, und nicht nur, wie bisher, deren Amtskleidungen und Amtsabzeichen.

2) Die Tat kann nur vorsätzlich begangen werden. RG.GA. 39, 173; OLG. Dresden LZ 33, 1041; bedingter Vorsatz genügt E. 61, 9. „Unbefugt" = ohne dazu berechtigt zu sein. Unbefugt ist hier kein besonderes Tatbestandsmerkmal, vielmehr liegt ein aus stilistischen Gründen (die Vorschrift klänge seltsam, wenn sie lautete: „wer eine inländische Uniform trägt, wird ... bestraft") gebotener Hinweis vor, daß die Tat nicht rechtswidrig ist, wenn sie durch eine Befugnis zum Tragen oder Führen gerechtfertigt ist. Die Befugnis ist also negatives Tatbestandsmerkmal und ein Irrtum darüber, je nachdem er die tatsächlichen Voraussetzungen oder den rechtlichen Bestand und die Tragweite der Befugnis betrifft, Tatbestandsirrtum oder Verbotsirrtum.

3) In Betracht kommen nur die auf öffentlichrechtlichen Vorschriften beruhenden Amts- und Dienstbezeichnungen. Amtsbezeichnungen sind Bezeichnungen, die zur Kennzeichnung eines dem Träger übertragenen öffentl. Amtes dienen, Dienstbezeichnungen die durch gesetzl. Vorschrift bestimmten (nichtstaatl.) Berufen vorbehaltenen Berufsbezeichnungen wie Rechtsanwalt, Anwaltsassessor, Bauassessor (§ 26 Anl. I zur VO. v. 4. 8. 1936, RGBl. I S. 585), vereidigter und öffentl. bestellter Versteigerer (§ 19 der VO. v. 30. 10. 1934, RGBl. I S. 1091), Prozeßagent OLG. Breslau GA. 49,328, Rechtsbeistand (§ 4 der VO. v. 3.4. 1936, RGBl. I

2. inländische oder ausländische Uniformen[7]), Amtskleidungen[8]) oder Amtsabzeichen[9]) trägt[10]) oder
3. eine Berufstracht oder ein Berufsabzeichen für Betätigung in der Kranken- oder Wohlfahrtspflege trägt, die im Inland staatlich anerkannt oder genehmigt sind[11]),

---

S. 359), Heilpraktiker (§ 1 Abs. 3 des Ges. v. 17. 2. 1939, RGBl. I S. 251). Eine ausländische Amtsbezeichnung darf von ihrem Träger im Inland nur geführt werden, wenn deutlich gemacht wird, daß es sich um ein ausl. Amt handelt. Nach den Vorschriften der Beamtengesetze (vgl. § 81 BBG.) darf ein Beamter im Ruhestand seine letzte Amtsbezeichnung mit dem Zusatz „a.D." führen, ein entlassener Beamter nur, wenn ihm die Erlaubnis erteilt worden ist. Nach § 10 des Ges. zu Art. 131 GG. v. 11. 5. 51. — BGBl. I S. 307 — führen nicht wieder in Dienst gestellte Beamte ihre letzte Amtsbezeichnung mit dem Zusatz „zWv.". Der von der Rechtsanwaltschaft Ausgeschlossene darf sich nicht (Gerichts-)Assessor a.D. nennen. *Hagemann* DRZ. 31, 327; OLG. Celle JW. 37, 185; KG DStrR. 38, 395. A.M. OLG. Köln HRR. 32 Nr. 76 (s. dazu auch AV. v. 14. 6. 1937, DJ. S. 914, zu A II 13, wonach die Bezeichnung Notariatsassessor auch nicht mit einem auf das Ausscheiden hinweisenden Zusatz geführt werden darf). Kein Titel ist Handelsanwalt. KG. DJZ. 15, 721 oder Steuersyndikus. OLG. Kiel HRR. 35 Nr. 255, doch kann die mißbräuchliche Verwendung des Wortes „Anwalt" (z. B. Fachanwalt für Verwaltungsrecht durch einen Verwaltungsrechtsrat) unter § 3 UWG. fallen. OLG. Celle NJW. 49, 267.

4) Titel sind — im Gegensatz zu Amtsbezeichnungen (Amtstiteln) — in 1. Linie die Ehrentitel, die von Staats wegen als Auszeichnung verliehen werden. Auch die früher verliehenen Ehrentitel sind geschützt. Verzicht auf den Titel ist zulässig und bedarf nicht der Annahme. KG. JW. 32, 2917.

5) Würden sind auf öffentlichrechtlichen Vorschriften beruhende Ehrenstellungen, die vom Staat oder von öffentlichrechtlichen Körperschaften unter staatl. Autorität verliehen werden, z. B. Ehrenbürger der Gemeinde X, Ehrensenator der Universität. Akademische Grade (z. B. die Doktorwürde) gehören nicht hierher, vgl. vielmehr Ges. über die Führung akademischer Grade v. 7. 6. 1939 — Hauptwerk B II 4 —.

6) Das Führen eines Titels erfordert, daß der Täter den Titel usw. als ihm zukommend in Anspruch nimmt, RG. DR. 39, 370, setzt also eine eigene Tätigkeit des Täters voraus, ein bloßes Dulden der Anrede genügt nicht. E. 33, 305. Ein Führen liegt z. B. in der Verwendung eines Gummistempels. OLG. Dresden JW. 29, 1894. Es genügt ein einmaliger Gebrauch, wenn dadurch bei anderen — d. h. gegenüber einer Mehrzahl von Personen, nicht nur gegenüber einer bestimmten Person — der Glaube erweckt werden soll, daß dem des Titels sich Bedienenden der Titel zukomme. OLG. Celle DJZ. 07, 226; KG. GA. 71, 227; OLG. Hamburg DStR. 38 140. Im übrigen ist „Führen" ein Sammelbegriff, der alle Einzelakte umfaßt, wenn der Täter sich einmal die Befugnis zum Führen angemaßt hat (vgl. RG. DJ. 36, 258)

7) Uniform ist jede auf Grund öffentlichrechtlicher Bestimmungen eingeführte einheitliche Tracht, sofern die Befugnis zum Anlegen dieser Tracht durch öffentlichrechtliche Vorschriften geregelt ist; es gehören hierher nicht nur die Uniformen von Polizei, Bundesgrenzschutz, Bahn u. Post, sondern z. B. auch die durch polizeil. Vorschriften geregelte Einheitskleidung für Taxichauffeure, Dienstmänner usw. (RdErl. v. 11. 11. 1938, RMBliV. S. 1853). Auch einzelne Teile der Bekleidung, z. B. Dienstmützen, sind Uniform. Historische Uniformen, die für die Gegenwart ohne jede Bedeutung sind, gehören nicht hierher. § 132a bezieht sich nicht auf private Uniformen, bei denen eine Verwechslung mit öffentl.-rechtl geregelten Uniformen nicht in Betracht kommt, z. B. Phantasieuniformen von Portiers, von Kinos und Geschäften, Einheitstracht von Jugendverbänden usw.; vgl. dazu § 3 des Versammlungsges. v. 24. 7. 53

8) Durch öffentlichrechtliche Vorschriften eingeführte Trachten, die — im Gegensatz zur Uniform — nicht ständig, sondern nur bei bestimmten Amtshandlungen getragen werden (z. B. Roben der Richter, der Staatsanwälte und Rechtsanwälte).

9) Zeichen, die, ohne zur Tracht (= Bekleidung) zu gehören, den Träger als Inhaber eines bestimmten Amtes kenntlich machen, wie z. B. die bei der Ausübung des Jagdschutzes nach Landesrecht zu tragenden Jagdschutzabzeichen.

10) Die Absicht, Dritte über die Person des Trägers oder über seine Befugnis zum Tragen der Uniform usw. zu täuschen, ist nicht erforderlich. Kein Tragen i. S. des § 132a, wenn die Uniform im Rahmen der Verkehrssitte bei Aufführungen und Maskeraden getragen wird. Tragen ist wie Führen ein Sammelbegriff (vgl. Anm. 6).

11) Vgl. Bekanntmachung v. 21. 12. 1918 (Zentralbl. f. d. Deutsche Reich, S. 1154) nebst Änderungen (s. u. a. Bek. v. 31. 1. 1942, RMBl. S. 80). S. auch § 17 Abs. 2 der KrankenpflegeVO. v. 28. 9. 1938 (RGBl. I S. 1310), abgedr. Hauptwerk B I 5d. Eine dem § 17 Abs. 2 aaO. entsprechende Strafvorschrift gilt für das unbefugte Tragen von Berufstrachten und -abzeichen der „Säuglings- und Kinderschwestern" (§ 18 der VO. v. 15. 11. 1939, RGBl. I S. 2239) und der

wird mit Gefängnis bis zu einem Jahre und mit Geldstrafe oder mit einer dieser Strafen bestraft[12]).

(2) Den in Absatz 1 Nr. 1 bis 3 genannten Bezeichnungen, Titeln, Würden, Uniformen, Kleidungen, Trachten oder Abzeichen stehen solche gleich, die ihnen zum Verwechseln ähnlich sind[13]).

(3) Die Vorschriften der Absätze 1 und 2 gelten auch für Amtsbezeichnungen[14]), Titel, Würden, Amtskleidungen und Amtsabzeichen der Religionsgesellschaften des öffentlichen Rechts sowie für Berufstrachten und Berufsabzeichen der von ihnen anerkannten religiösen Vereinigungen oder religiösen Genossenschaften."

21.[1]) Als § 138 wird folgende Vorschrift eingefügt:

„§ 138

(1) Wer von dem Vorhaben oder der Ausführung[1]) eines Hochverrats (§§ 80, 81 Abs. 1, 83), eines Verfassungsverrats (§ 89), eines Landesverrats (§§ 100, 100a, 100d Abs. 1, 100f), eines Mordes, eines Totschlags[2]), eines Münzverbrechens, eines Raubes, einer räuberischen Erpressung, eines Menschenraubes,[3]) einer Verschleppung,[4]) einer erpresserischen Kindes-

---

„medizinisch-technischen Gehilfinnen" oder „Assistentinnen" (§ 20 der VO. v. 17. 2. 1940, RGBl. I S. 371; RdErl. v. 14. 2. 1942, MBliV. S. 439).

12) § 132a gilt nicht, soweit in Sondervorschriften mit § 132a übereinstimmende oder davon abweichende Strafdrohungen enthalten sind (vgl. §§ 46, 110 der Handwerksordnung v. 17. 9. 1953 [BGBl. I S. 1411] — Meistertitel —, § 16 ReichsärzteO. — Arzt —, § 16 der ReichstierärzteO. — Tierarzt —, § 52 des Patentanwaltges. v. 28. 9. 1933, RGBl. I S. 609 — Patentanwalt —).

13) Ob andere die Abweichung von der richtigen Uniform erkannt, und ob sie sich über die Befugnis ihres Trägers haben täuschen lassen, ist bedeutungslos. E. 61, 7.

14) Dazu gehören auch die Ordensgewänder der kathol. Kirche (Art. 10 des Konkordats v. 12. 9. 1933, RGBl. II S. 679. BayObLG. JW. 35, 960.

**Zu Nr. 21:** 1) Nach Aufhebung des bisherigen § 138 (vgl. Art. 1 Nr. 17) ist jetzt die bisher in § 139 geregelte Materie auf die §§ 138, 139 verteilt. Die Abweichungen vom bisherigen Recht bestehen in folgendem:

1. Der Kreis der anzeigepflichtigen Verbrechen ist — unter Klärung hervorgetretener Zweifelsfragen — erweitert um die räuberische Erpressung, der erpresserische Kindesentführung und den Mädchenhandel,
2. Geistliche und unter bestimmten Voraussetzungen auch Ärzte, Rechtsanwälte und Verteidiger sind von der Anzeigepflicht befreit, soweit es sich um ihnen anvertraute Tatsachen handelt,
3. Angehörige sind unter den Voraussetzungen des § 139 Abs. 3 bei Unterlassung der Anzeige straffrei.
4. Die Höchststrafe ist auf 5 Jahre Zuchthaus herabgesetzt.
5. Die leichtfertige Nichtanzeige ist unter Strafe gestellt (§ 138 Abs. 3).
6. Die Abwendung des Vorhabens verschafft Straffreiheit für die Unterlassung der Anzeige (§ 139 Abs. 4).

**Zu § 138:** 1) Ein Vorhaben liegt vor, wenn das Verbrechen geplant ist und sich noch im Vorbereitungsstadium befindet; eine Ausführung, wenn das Vorhaben ins Versuchsstadium getreten, der Erfolg aber noch nicht eingetreten ist. Ein Vorhaben liegt auch vor, wenn die Durchführung des Planes nur bedingt beschlossen wurde. E. 60, 254; es muß sich aber um ein zur Ausführung reifes Vorhaben handeln. RG. JW. 32, 57. Auch das Vorhaben eines Zurechnungsfähigen ist anzeigepflichtig, da ein solches Vorhaben nicht minder gefährlich ist als das eines Zurechnungsfähigen.

2) §§ 211, 212, aber nicht § 216, da es hier an einem ohne seine Kenntnis Bedrohten fehlt. Auch § 217 soll nach den parlamentarischen Erörterungen gewolltermaßen (vgl. Abg. Dr. *Schneider*, 265. Sitzung des BT v. 12. 5. 53. Prot. S. 12996) von der Anzeigepflicht nicht erfaßt werden. Die insoweit bestehende Zweifelsfrage des bisherigen Rechts, die an die Fassung „Verbrechen wider das Leben" anknüpfte, ist durch die neue Fassung erledigt.

3) §§ 146, 147, 234, 249, 255.

4) § 234a.

entführung,[5]) eines Mädchenhandels[6]) odet eines gemeingefährlichen Verbrechens[7]) zu einer Zeit, zu der die Ausführung oder der Erfolg noch abgewendet werden kann, glaubhaft erfährt[8]) und es unterläßt, der Behörde oder dem Bedrohten[9]) rechtzeitig[10]) Anzeige zu machen, wird mit Gefängnis bestraft.

(2) In besonders schweren Fällen ist die Strafe Zuchthaus bis zu fünf Jahren.

(3) Wer die Anzeige leichtfertig unterläßt, obwohl er von dem verbrecherischen Vorhaben glaubhaft erfahren hat, wird mit Gefängnis bis zu einem Jahre oder mit Geldstrafe bestraft."[11])

22. § 139 erhält folgende Fassung:

„§ 139

(1) Ist in den Fällen des § 138 die Tat nicht versucht worden, so kann von Strafe abgesehen werden[1]).

(2)[2]) Ein Geistlicher ist nicht verpflichtet, anzuzeigen, was ihm in seiner Eigenschaft als Seelsorger anvertraut worden ist.

---

5) § 239a.

6) § 48 des Ges. über das Auswanderungswesen v. 9. 6. 1897, abgedr. Hauptwerk S. 123.

7) §§ 306ff. Wegen der Anzeigepflicht bei Sprengstoffverbrechen vgl. § 13 Sprengstoffges. — Hauptwerk B II 6 —. Bei gemeingefährlichen Verbrechen besteht dieAnzeigepflicht, solange der durch Begehung des Verbrechens hervorgerufene Zustand der Gemeingefahr dauert. E. 11, 215. Ist bei der Brandstiftung die Inbrandsetzung bewirkt, so besteht aus § 138 keine Anzeigepflicht mehr. E. 63, 105 (vgl. aber § 330c).

8) Zur glaubhaften Kenntnis gehört, daß der Anzeigepflichtige an die Ernstlichkeit des Vorhabens geglaubt hat. RG.GA. 42, 394. Er muß mit der Ausführung der Tat gerechnet haben; es genügt nicht, daß er damit hätte rechnen müssen. E. 64, 370.

§ 138 bezieht sich nur auf die Unterlassung der Anzeige von dem Vorhaben anderer, deshalb ist, wer selbst an der Tat beteiligt ist, nicht nach § 138 strafbar. Dies gilt auch dann, wenn jemand sich völlig wirkungslos an der bloßen Vorbereitung des Verbrechens beteiligte, z. B. mit einem anderen ein Verbrechen verabredete, aber später zurücktrat. E. 60, 256; 73, 60. Aus § 138 kann auch nicht verurteilt werden, wessen Beteiligung an der Tat zwar nicht festgestellt, wer einer solchen aber unwiderlegbar verdächtig ist. E. 73, 58. Das bloße stillschweigende Einverständnis und das in keiner Weise betätigte eigene Interesse an der Tat schließt die Anzeigepflicht nicht aus. RG. JR. 25 Nr. 1464. Der Umstand, daß der Anzeigepflichtige die Absicht hatte, demnächst bei Begehung des Verbrechens selbsttätig einzugreifen, steht der Verurteilung nicht entgegen. RG Recht 24 Nr. 1425. Die durch das Verbrechen unmittelbar bedrohte Person ist anzeigepflichtig. RG. JW 32, 57.

9) Bei Verbrechen, die aus dem Gesichtspunkt der Gemeingefahr mit Strafe bedroht sind, muß die Anzeige immer der Behörde erstattet werden. E. 9, 384; RG. JW. 32, 57.

10) d. h. zu einer Zeit, zu der die Verhütung des Verbrechens oder die Erfolgsabwendung noch möglich ist.

11) Abs. 3 knüpft an § 199 Abs. 2 StGB.-Entw. 1927 an. Leichtfertig = aus grober Fahrlässigkeit (vgl. Hauptwerk Anm. 17 zu § 164). Die Leichtfertigkeit bezieht sich nur auf die Unterlassung der Anzeige (z. B. der Täter vergißt, die Anzeige abzusenden). Dagegen muß er auch hier von dem Vorhaben glaubhafte Kenntnis i. S. von Anm. 8 haben. „Vorhaben" umfaßt hier die in Abs. 1 zur Klarstellung neben dem Vorhaben ausdrücklich genannte Ausführung des bereits begonnenen Vorhabens.

**Zu Nr. 22:** 1) Nur wenn die Tat nicht versucht worden ist, kann von Strafe abgesehen werden (vgl. dazu Anm. 5 zu § 82). Ist es dagegen zum äußeren Tatbestand eines Versuchs gekommen, so ist der Nichtanzeigende unabhängig davon strafbar, ob der Täter wegen Zurechnungsunfähigkeit nicht bestraft werden kann, oder ob er sich durch Rücktritt vom Versuch Straffreiheit verschafft hat.

2) Abs. 2 ist aus § 199 Abs. 4 StGB.-Entw. 1927 übernommen; eine entsprechendeVorschrift fand sich schon in § 2 Abs. 2 des Ges. zum Schutz der Republik v. 25. 3. 1930.

Geistliche sind die Religionsdiener, die von einer Religions- oder Glaubensgemeinschaft zur Vornahme gottesdienstlicher oder entsprechender kultischer Handlungen bestimmt sind; unter den Begriff fallen also nicht nur Geistliche der mit öffentlichrechtl. Korporationsrechten ausgestatteten christl. Kirchen. *Schönke* I zu § 130a. Durch die Fassung „in seiner Eigenschaft

(3)[3]) Wer eine Anzeige unterläßt, die er gegen einen Angehörigen (§ 52) erstatten müßte, ist straffrei[4]), wenn er sich ernstlich bemüht hat, ihn von der Tat abzuhalten[5]) oder den Erfolg abzuwenden[6]), es sei denn, daß es sich um einen Mord oder Totschlag handelt. Unter denselben Voraussetzungen ist ein Rechtsanwalt, Verteidiger oder Arzt nicht verpflichtet anzuzeigen, was ihm in dieser Eigenschaft anvertraut worden ist[7]).

(4) Straffrei ist, wer die Ausführung oder den Erfolg der Tat anders als durch Anzeige abwendet. Unterbleibt die Ausführung oder der Erfolg der Tat ohne Zutun des zur Anzeige Verpflichteten, so genügt zu seiner Straflosigkeit sein ernstliches Bemühen, den Erfolg abzuwenden[8]).

23.[1]) Als § 140 wird folgende Vorschrift eingefügt:

„§ 140

Wer eine der in § 138 Abs. 1 genannten oder eine der in §§ 5 und 6 des Gesetzes gegen den verbrecherischen und gemeingefährlichen Gebrauch von Sprengstoffen mit Strafe bedrohten Handlungen[2]) belohnt[3]) oder öffentlich billigt[4]), nachdem sie begangen oder ihre Begehung versucht worden ist[5]), wird, soweit nicht in anderen Vorschriften eine schwerere

---

als Seelsorger" ist klargestellt, daß die Entbindung von der Anzeigepflicht sich nicht auf Tatsachen erstreckt, die dem Geistlichen nur gelegentlich der Ausübung der Seelsorge anvertraut worden sind, und ebensowenig auf die Tatsachen, die er zwar im Zusammenhang mit seinem geistlichen Amt, aber nicht gerade in seiner Eigenschaft als Seelsorger erfahren hat, wie z. B. bei der Betätigung in karitativen Organisationen usw. „Anvertraut": s. Anm. 3 zu § 300.

3) Auch Abs. 3 knüpft an § 199 Abs. 5 StGB.-Entw. 1927 und § 2 Abs. 3 RepSchG. 1930 an.

4) Persönlicher Strafausschließungsgrund.

5) Durch Einwirkung auf den Angehörigen. Gelingt es nicht, den Angehörigen abzuhalten, oder bleibt die von ihm geleistete Förderung zur Tat trotzdem wirksam, so muß der Pflichtige sich auch noch ernstlich um die Abwendung des Erfolges bemühen.

6) d. h. auf andere Weise als durch Anzeige, z. B. durch unmittelbare tatsächliche Verhinderung.

7) Vgl. Anm. 2, 3, 4, 8, 11 zu § 300. Die Aufzählung ist abschließend. Sie umfaßt nicht sonstige Personen, denen eine Berufsverschwiegenheitspflicht obliegt, z. B. nicht Zahnärzte oder Patentanwälte. Auch auf die Gehilfen des Arztes usw. erstreckt sich die Vorschrift nicht.

8) Vgl. Anm. 11, 13 zu § 49a.

**Zu Nr. 23:** 1) Die neue Vorschrift knüpft an § 10 Abs. 2 Sprengstoffges. — Hauptwerk B II 6 — und an § 3 Abs. 2, § 5 Abs. 1 Nr. 4 des Republikschutzges. v. 25. 3. 1930 an. Grund der Strafdrohung ist die Gefahr, daß Anerkennungskundgebungen Dritte zur Begehung gleichartiger Taten anreizen.

2) Es genügt die rechtswidrige Erfüllung des äußeren Tatbestandes der vollendeten Tat oder eines Versuches mit „natürlichem" Tatwillen (s. Anm. 4 zu § 49a), also auch die von einem Zurechnungsunfähigen begangene Tat.

3) d. h. irgendeinen Vorteil gewährt, der den Tätern und Teilnehmern der genannten Straftaten unmittelbar oder mittelbar (z. B. durch Zuwendungen an Angehörige oder ihnen sonst nahestehende Personen) zugute kommt, wobei zwischen Geber und Nehmer Einverständnis besteht, daß damit die begangene Tat vergütet werden soll. Billigung der Tat gehört begrifflich nicht zum Belohnen. Vorherige Belohnung oder Versprechen einer Belohnung kann Verabredung, Anstiftung oder Beihilfe zur Tat sein. Das bloße nachträgliche Versprechen einer Belohnung ist nicht strafbar. Tateinheit mit Begünstigung ist möglich.

4) d. h. sie gutheißt, sie etwa als politisch notwendig oder als berechtigt oder als sittlich einwandfrei hinstellt. Eine sachliche rechtliche Kritik, etwa an einem auf Strafe lautenden Urteil allein ist keine Billigung. Auf das Motiv (menschliches Mitgefühl, persönliche oder politische Sympathie, Agitationsabsicht, Absicht auf die an der Strafverfolgung Beteiligten einzuwirken usw.) kommt es nicht an. Daß der Täter die Tat innerlich billigt, ist nicht erforderlich. Öffentlich: vgl. Anm. 2 zu § 200.

5) Gleichviel, ob die Tat abgeurteilt ist oder nicht.

Strafe angedroht ist[6]), mit Gefängnis bestraft. Daneben kann auf Geldstrafe erkannt werden.

In besonders schweren Fällen ist die Freiheitsstrafe Zuchthaus bis zu fünf Jahren."

24. § 139 a wird § 142.

25.[1]) § 139b wird § 143 und erhält folgende Fassung:

„§ 143

(1) Wer noch einen nicht Achtzehnjährigen, dessen Beaufsichtigung ihm obliegt, nicht gehörig beaufsichtigt[2]), wird mit Gefängnis bis zu einem Jahre oder mit Geldstrafe bestraft, wenn der zu Beaufsichtigende eine als Verbrechen oder Vergehen mit Strafe bedrohte Handlung begeht[3]), die der Aufsichtspflichtige durch gehörige Aufsicht hätte verhindern können. Dies gilt nicht, soweit in sonstigen Vorschriften eine andere Strafe angedroht ist[4]).

(2) Aufsichtspflichtig im Sinne dieser Vorschrift ist derjenige, dem die Sorge für die Person des Kindes oder des Jugendlichen obliegt[5]) oder dem das Kind oder der Jugendliche zur Erziehung oder Pflege ganz oder überwiegend anvertraut ist[6]).

(3) Gesetzliche Vorschriften über die Haftbarkeit von Personen für die einen anderen treffenden Geldstrafen oder sonstigen Geldleistungen[7]) bleiben unberührt."

b) § 361 Abs. 1 Nr. 4 erhält folgende Fassung:

„wer bettelt oder Kinder zum Betteln anleitet oder ausschickt;"

---

6) Vgl. § 10 Abs. 2 Sprengstoffges. — Hauptwerk B II 6.

**Zu Nr. 25:** 1) § 139b bedrohte den Aufsichtspflichtigen wegen Vernachlässigung der Aufsichtspflicht auch dann mit Vergehensstrafe, wenn der zu Beaufsichtigende nur eine als Übertretung mit Strafe bedrohte Handlung beging. Da aber § 139b sich Subsidiarität beilegte, „soweit in sonstigen Vorschriften eine andere Strafe angedroht ist," so ergab sich, daß der Aufsichtspflichtige, wenn er den zu Beaufsichtigenden zu einer Übertretung a n s t i f t e t e, nur mit Übertretungsstrafe belegt werden konnte, während die Aufsichtspflichtvernachlässigung, die zur Begehung einer Übertretung führte, trotz geringerer Schuld ein Vergehen darstellte. § 143 n. F. beseitigt diese und ähnliche Mängel, indem er — unter gleichzeitiger Verschärfung der Strafe — die Begehung einer als Verbrechen oder Vergehen mit Strafe bedrohten Handlung fordert, während der Fall, daß der zu Beaufsichtigende nur den Tatbestand einer Übertretung verwirklicht, nach § 361 Abs. 1 Nr. 9 n. F. nur noch als Übertretung strafbar ist.

2) Gehörig ist die dem Aufsichtspflichtigen nach seinen Verhältnissen zumutbare und nach der Eigenart des Jugendlichen erforderliche Aufsicht. RG. DJ. 42, 675. Ob Ermahnungen zu einwandfreiem Verhalten ausreichen, richtet sich danach, ob der Jugendliche bisher gutartig und folgsam war oder schon Erziehungsschwierigkeiten bereitet hat. Fahrlässigkeit ist nach dem Zweck der Vorschrift ausreichend. OLG. Frankfurt a. M. v. 31. 1. 51 — Ss 303/50 —; sie wird sogar regelmäßig als Schuldform in Frage kommen, da bei Vorsatz im allgemeinen mittelbare oder Mittäterschaft anzunehmen ist. Die bei den parlamentarischen Beratungen im BT geäußerte Auffassung, § 143 erfordere Vorsatz, hat schon dort mit Recht Widerspruch hervorgerufen (vgl. 265. Sitzung v. 12. 5. 53, Prot. S. 13018).

3) Bedingung der Strafbarkeit, auf die sich die Schuld nicht zu erstrecken braucht. Die Handlung, die den äußeren Tatbestand eines Verbrechens oder Vergehens erfüllen muß, muß rechtswidrig, braucht aber nicht schuldhaft begangen zu sein; es genügt „natürliche" Schuld (s. Anm. 4 zu § 49a). Es ist daher bedeutungslos, ob der zu Beaufsichtigende auch bestraft wird (oder doch bestraft werden könnte) oder straflos ausgehen muß, weil er strafunmündig ist oder die nach § 3 JGG v. 4. 8. 53 (BGBl. I S. 751) erforderliche Einsicht fehlt, oder weil ein etwa nötiger Strafantrag nicht gestellt wird.

4) Die „andere Strafe" kann strenger oder milder sein.

5) Eltern, uneheliche Mutter, Vormund, Pfleger usw. (§§ 1627 f. 1684, 1707, 1738, 1765, 1793 BGB.).

6) Vgl. Anm. 2 bis 6 zu § 174. Auf die Dauer des Anvertrautseins kommt es nicht an.

7) z. B. § 11 PrFDG., § 3 PrFFPG.

c)[8]) § 361 Abs. 1 Nr. 9 erhält folgende Fassung:

„wer einen noch nicht Achtzehnjährigen, dessen Beaufsichtigung ihm obliegt, nicht gehörig beaufsichtigt, wenn der zu Beaufsichtigende eine als Übertretung mit Strafe bedrohte Handlung begeht, die der Aufsichtspflichtige durch gehörige Aufsicht hätte verhindern können. Statt der Haft kann auf Geldstrafe bis zu einhundertfünfzig Deutsche Mark erkannt werden. § 143 Abs. 2 und 3 ist anzuwenden."

d) § 361 Abs. 2 wird gestrichen.

26.[1]) §§ 153 Abs. 2 und 156 Abs. 2 werden gestrichen.

27.[1]) § 159 erhält folgende Fassung:

„§ 159

Die Vorschriften über die Bestrafung der erfolglosen Anstiftung bei Verbrechen (§ 49a Abs. 1, Abs. 3 Nr. 1 und Abs. 4) gelten entsprechend für die Fälle der falschen uneidlichen Aussage[2]) und der wissentlichen Abgabe einer falschen Versicherung an Eides Statt[3])[4])."

---

8) Bei Ermöglichung von Ordnungswidrigkeiten durch unzulängliche Beaufsichtigung fehlt es an einer allgemeinen Vorschrift.

**Zu Nr. 26:** 1) Die Strafbarkeit des Versuchs ist beseitigt, weil sie eine Überspannung des Strafschutzes darstellte, bei § 156 auch aus der Erwägung, daß das einschränkende Erfordernis der Zuständigkeit der Behörde zur Abnahme eidesstattl. Versicherungen seine Bedeutung verliert, wenn der Täter, der die unzuständige Behörde für zuständig gehalten hat, wegen Versuchs zu bestrafen wäre.

**Zu Nr. 27:** 1) § 159 n. F. unterscheidet sich von § 159 a. F. dadurch, daß er die erfolglose Anstiftung zum Meineid nicht mehr erwähnt, weil insoweit § 49a unmittelbar anzuwenden ist, und als bei den Vergehen nach §§ 153, 156 nur noch die erfolglose Anstiftung, nicht auch die in § 49a Abs. 2 bezeichneten Vorbereitungshandlungen strafbar sind. Die entsprechende Anwendung des § 49a Abs. 1 führt dazu, daß die erfolglose Anstiftung so bestraft wird, als sei es zu einem strafbaren Versuch aus §§ 153, 156 gekommen, obwohl der Versuch nach diesen Vorschriften nicht mehr strafbar ist.

2) Eine erfolglose Anstiftung liegt auch vor, wenn der Täter sich einer Mittelsperson bedient, gleichviel ob sie die verbrecherische Absicht des Täters erkennt oder nicht. E. 59, 370; RG. JW 33, 2589, jedoch nur straflose Vorbereitungshandl., wenn der Täter einen Dritten zu dem Anzustiftenden entsendet, um diesen zur Rücksprache zu laden. E. 67, 191. § 159 ist auch anwendbar, wenn der Täter erfolglos einen anderen auffordert, daß dieser einen Dritten zur uneidlichen Falschaussage anstifte. OLG. Tübingen DRZ. 49, 44. Es genügt, daß die Aussage in einem erst anhängig zu machenden Privatklageverfahren geleistet werden soll. RG. Recht 34 Nr. 187; der Täter braucht bei dem Beeinflussungsversuch noch nicht fest entschlossen zu sein, ein entsprechendes Verfahren anhängig zu machen. RG. HRR. 30 Nr. 676.

Aus welchem Grunde der beabsichtigte Anstiftungserfolg nicht eingetreten ist, ist gleichgültig; deshalb ist § 159 auch anwendbar, wenn der Aufgeforderte lediglich einen (straflosen) Versuch begeht oder gutgläubig, wenn auch fahrlässig, falsch aussagt. E. 64, 223; 70, 267, oder zur Tat schon entschlossen ist. E. 74, 304. Ferner, wenn der die Aufforderung enthaltende Brief nicht E. 59, 370 oder erst nach der Vernehmung eintrifft. E. 59, 272, oder wenn die von dem Täter für falsch gehaltene Aussage objektiv richtig war. E. 64, 224, oder, wenn der Täter die Tatsache zwar für wahr hält, aber den Zeugen, der kein eigenes Wissen oder keine Erinnerung mehr besitzt, veranlassen will, so auszusagen, als bekunde er die Tatsache auf Grund eigener Wahrnehmung und eigener Erinnerung. E. 68, 278. Der Versuch, einen Zeugen zum Verschweigen einer Tatsache zu bestimmen, ist nach § 159 strafbar, wenn der Täter weiß, daß jene Tatsache für den Gegenstand der Vernehmung erheblich ist, oder daß der Zeuge ausdrücklich über sie befragt werden wird. E. 42, 103; 53, 220. Mehrere Einwirkungsversuche auf denselben Zeugen und dieselbe Aussage können in Tatmehrheit stehen. RG. 27 Nr. 2060. Keine „fortgesetzte" Verleitung, wenn auf mehrere Personen eingewirkt wird. E. 70, 334. Keine erfolglose, sondern eine nach §§ 48, 50 strafbare Anstiftung liegt vor, wenn der andere wegen Zurechnungsunfähigkeit nicht bestraft werden kann, aber mit „natürlichem" Vorsatz falsch ausgesagt hat.

Stiftet der Täter den Zeugen erfolglos an, uneidl. falsch auszusagen, und dies erforderlichenfalls zu beschwören, so liegt nicht Tateinheit zwischen § 159 und § 49a, sondern nur e i n Verbrechen nach § 49a vor.

28.[1]) § 163 Abs. 2 erhält folgende Fassung:

„Straflosigkeit tritt ein, wenn der Täter die falsche Angabe rechtzeitig berichtigt. Die Vorschriften des § 158 Abs. 2 und 3 gelten entsprechend."

29.[1]) a) § 168 erhält folgende Fassung:

„§ 168

(1) Wer unbefugt aus dem Gewahrsam des Berechtigten eine Leiche[2]), Leichenteile[3]) oder die Asche eines Verstorbenen wegnimmt[4]), wer daran oder an einer Beisetzungsstätte beschimpfenden Unfug verübt[5]) oder wer eine Beisetzungsstätte zerstört oder

---

3) Und zwar vor einer zuständigen Behörde (§ 156). Sowohl der Auffordernde selbst wie nach seiner Vorstellung der Andere muß die Behörde für zuständig halten. Ob sie es wirklich ist, ist ohne Bedeutung. E. 72, 80; 73, 312. Daher keine strafbare Handlung, wenn der Auffordernde sich bewußt war, daß die betreffende Behörde (z. B. die Polizei) zur Abnahme einer e. V. unzuständig ist. RG JR. 27 Nr. 1967.

4) Die Neufassung des § 159 hat eine Auswirkung auch auf § 161. Bei erfolgloser Anstiftung zum Meineid war nach der Auslegung (vgl. BGHSt. 1, 241; OLG. Celle NdsRpfl. 50, 164) unter der Herrschaft des § 159 n.F., der diesen Fall mitumfaßte, Eidesunfähigkeit ausgeschlossen, weil § 161 Abs. 2 eine abschließende Regelung der Nebenstrafen usw. für den Fall des § 159 enthalte. Diese schon damals angreifbare, weil sehr formale Begründung hat mit der Neufassung des § 159 ihre Grundlage verloren. Die jetzt im § 49a vorgeschriebene Bestrafung nach den für den Versuch geltenden Vorschriften muß dazu führen, daß, wie bei dem Versuch, Eidesunfähigkeit zulässig, aber nicht vorgeschrieben ist.

**Zu Nr. 28:** 1) Redaktionelle Anpassungen an § 158; eine sachliche Änderung ist angesichts der Auslegung, die § 163 Abs. 2 a.F. erfahren hatte (vgl. Hauptwerk Anm. 3), nicht damit verbunden.

**Zu Nr. 29:** 1) § 168 n. F. bringt eine Verstärkung des Strafschutzes der Totenruhe, indem er im Anschluß an § 183 StGB. = Entw. 1927 a) die Wegnahme von Leichenteilen (bisher § 367 Nr. 1) und der Asche eines Verstorbenen einbezieht, b) den beschimpfenden Unfug nicht nur an einem Grabe, sondern auch an der Leiche, den Leichenteilen und der Asche unter Strafe stellt. Ferner ist die Höchststrafe erhöht und der Versuch strafbar.

2) Leiche ist der tote menschliche Körper, solange der Zusammenhang nicht durch Verwesung oder auf andere Weise vollständig aufgehoben ist, auch die Totgeburt, wenn die Frucht ausgetragen ist oder wenigstens außerhalb des Mutterleibes hätte leben können. E. 69, 288, aber nicht der unentwickelte Fötus.

3) Fremde Bestandteile, die in einen menschlichen Körper in trennbarer Weise eingefügt sind, wie Zahnprothesen, Edelmetallplomben, Goldzähne, sind als solche keine Leichenteile (vgl. dazu Hauptwerk Anm. 3 zu § 242 und unten Anm. 4).

4) Gewahrsam = tatsächliches Obhutsverhältnis. Wegnimmt = das Obhutsverhältnis bricht. OLG. Hamburg JR. 28, 151. Vor der Bestattung ist Gewahrsamsberechtigter der Bestattungspflichtige oder derjenige, der die Obhut übernommen hat (Krankenhaus, Friedhofsleichenhalle usw.). An den in einem pathologischen Institut aufbewahrten Leichen hat der Institutsleiter Gewahrsam. OLG. Hamburg JW. 28, 2285; dazu *Schläger* JR. 28, 151. An bestatteten Leichen hat der Eigentümer des Friedhofs Gewahrsam. E. 28, 139.

5) Beschimpfender Unfug ist eine grobe, rohe Handlung, die die dem Toten geschuldete Pietät nicht achtet und den Frieden des Toten, seiner Asche und seiner Ruhestätte stört. E. 39, 156; 48, 299. Die Tat kann sich gegen den unbestatteten Leichnam (Leichenteile, Asche) oder gegen die Beisetzungsstätte richten. Im ersteren Fall handelt es sich meist um Handlungen, die an einem Lebenden begangen, als Körperverletzung, Beleidigung, Unzucht usw. strafbar wären (Leichenschändung). Darunter fällt z. B. auch das Herausreißen von Zahnprothesen oder Zähnen mit Edelmetallplomben. Im zweiten Falle muß sich die Tat gegen die Beisetzungsstätte (Grab, Beisetzungsort einer Aschenurne) selbst richten. Es genügt nicht, daß sie in unmittelbarer Nähe eines Grabes und mit Beziehung darauf vorgenommen wird (str.).

Bei Bestattung der Leiche oder Asche in der Erde ist Beisetzungsstätte die Stelle im Erdreich, wo die Leiche (Urne) ordnungsmäßig bestattet ist, einschließlich dessen, was damit in festem Zusammenhang steht. E. 39, 155. Zu einer Beisetzungsstätte wird der ausgegrabene Schacht erst dann, wenn ein Toter mit dem Sarge (die Asche in einem Behältnis) darin versenkt worden ist. Bei einem Erbbegräbnis ist Beisetzungsstätte der ganze eingefriedete Raum, auch wenn er erst zum Teil belegt ist. RG. GA. 60, 66.

beschädigt[6]), wird mit Gefängnis bis zu drei Jahren bestraft; auch kann auf Verlust der bürgerlichen Ehrenrechte erkannt werden.

(2) Der Versuch ist strafbar."

b) § 367 Abs. 1 Nr. 1 erhält folgende Fassung:

„1. wer ohne Vorwissen der Behörde einen Leichnam beerdigt oder beiseite schafft."

30.[1]) § 170a Abs. 2 wird durch folgende Vorschrift ersetzt:

„Die Verfolgung tritt nur auf Antrag ein. Die Zurücknahme des Antrages ist zulässig."

31.[1]) § 195 wird aufgehoben. In § 232 Abs. 3 entfällt der Hinweis auf § 195.

32. In § 212 werden die Worte: „mit lebenslangem Zuchthaus oder" gestrichen. Als Absatz 2 wird folgende Vorschrift hinzugefügt:

„In besonders schweren Fällen ist auf lebenslanges Zuchthaus zu erkennen."

33. In § 216 wird nach Absatz 1 folgender Absatz eingefügt:

„Sind mildernde Umstände vorhanden, so ist die Strafe Gefängnis nicht unter sechs Monaten."

Der bisherige Absatz 2 wird Absatz 3.

34.[1]) § 217 Abs. 2 erhält folgende Fassung:

„Sind mildernde Umstände vorhanden, so ist die Strafe Gefängnis nicht unter sechs Monaten."

---

Beschimpfender Unfug an einer Beisetzungsstätte kann danach liegen in der unbefugten Entfernung des Sargdeckels aus dem Grabe. E. 12, 168, in dem Beschädigen (Herausreißen und Wegwerfen) der auf ein Grab gepflanzten oder in Töpfen eingegrabenen Gewächse. R. 9, 399; JW. 14, 365, in der Beschädigung der Grabtafel. E. 39, 155, dagegen nicht in dem einfachen Abpflücken von Blumen E. 7, 191, im Wegnehmen von lose auf das Grab gelegten Kränzen. E. 21, 178, in unflätigen Äußerungen oder im Absingen gemeiner Lieder am Grabe. E. 48, 299.

Es ist bedeutungslos, ob in der Beisetzungsstätte ein Familienmitglied des Täters oder ein Fremder bestattet ist. RG.Recht 7, 133; HRR. 27, 66, ebenso ob der Täter darüber verfügungsberechtigt ist (Ehemann am Grab der Ehefrau). E. 42, 145.

6) Zerstören einer Beisetzungsstätte bedeutet, der Stätte durch Veränderungen die Eigenschaft als Beisetzungsstätte nehmen, z. B. durch Herausnahme des Sarges oder der Leiche aus dem noch offenen Grabe. E. 28, 139. Beschädigung ist jeder andere Eingriff in den äußeren Bestand. Eine Beschädigung ist das Öffnen der Beisetzungsstätte auch dann, wenn sie danach ordnungsmäßig wieder hergerichtet werden soll. Auch nahe Angehörige dürfen sie nicht öffnen RG. DRZ. 27 Nr. 814. Ein auf Pietätsverletzung gerichteter Wille ist hier nicht erforderlich, es genügt z. B. Handeln aus Zorn gegen Lebende. E. 42, 145.

**Zu Nr. 30:** 1) Die Strafbarkeit des Versuches ist als entbehrlich beseitigt. Das Antragserfordernis ist eingeführt, nach dem die im Schrifttum (vgl. *Schönke* VI) z.T. empfohlene entsprechende Anwendung des § 247 Abs. 1 und des § 263 Abs. 5 in der Rechtspr. des BGH. keine Zustimmung erfahren hatte. Antragsberechtigt ist der geschädigte andere Ehegatte oder der geschädigte unterhaltsberechtigte Abkömmling.

**Zu Nr. 31:** 1) Das selbständige Strafantragsrecht des Ehemannes bei Beleidigung der Ehefrau ist beseitigt als unvereinbar mit dem Gleichberechtigungsgrundsatz von Art. 3 Abs. 2 GG. Damit ist auch die selbständige Privatklagebefugnis des Ehemannes (§ 374 Abs. 2 StPO.) entfallen.

**Zu Nr. 33:** 1) Die bekannte Streit- und Zweifelsfrage, ob § 216 Sonderdelikt gegenüber § 212 ist, erledigt Nr. 33 dadurch, daß er bei mildernden Umständen die Mindeststrafe des § 216 der des § 213 anpaßt.Damit ist die Sonderdeliktsnatur des § 216 gegenüber § 212, aber auch gegenüber § 211, außer Frage gestellt (a.M. *Lange* NJW. 53, 1162 f.).

**Zu Nr. 34:** 1) Es gilt auch hier das in Anm. 1 zu Nr. 33 Ausgeführte.

35.[1]) § 219 erhält wieder folgende Fassung:

„§ 219

(1) Wer zu Zwecken der Abtreibung Mittel, Gegenstände oder Verfahren öffentlich ankündigt oder anpreist[2]) oder solche Mittel oder Gegen-

---

**Zu Nr. 35:** 1) Es ist nunmehr im ganzen Bundesgebiet die frühere auf dem Ges. v. 26. 5. 1933 (RGBl. I S. 295) beruhende Fassung des § 219 wieder hergestellt worden, die in der brit. Besatzungszone schon seit der VO. v. 3. 2. 47 (VOBlBZ. S. 22) wieder galt. Die damit abgelöste Fassung beruhte auf § 7 der VO. v. 9. 3. 1943 (RGBl. I S. 140), durch § 2 der VO. v. 26. 3. 1933 (RGBl. I S. 295) in das StGB. eingefügt. Durch die Neufassung nicht berührt ist die Frage, inwieweit die nachstehend abgedruckte reichsministerielle PolizeiVO. über Verfahren, Mittel und Gegenstände zur Unterbrechung und Verhütung von Schwangerschaften (RGBl. I S. 63) noch gilt.

Polizeiverordnung über Verfahren, Mittel und Gegenstände zur Unterbrechung und Verhütung von Schwangerschaften. V. 21. 1. 1941 (RGBl. I S. 63).

§ 1. Es ist verboten, die nachstehenden Mittel und Gegenstände zu geschäftlichen Zwecken herzustellen, aus dem Ausland einzuführen, anzukündigen, anzupreisen, zum Verkauf vorrätig zu halten, zu verkaufen, abzugeben oder sonstwie in den Verkehr zu bringen.

1. Mutterrohre (für sich allein oder in Verbindung mit Spritzen, Irrigatoren usw.), sofern sie nicht einen Durchmesser von mindestens 12 mm besitzen und mit einem nicht unter 15 mm starken, abgerundeten oder olivartig erweiterten Mundstück mit mindestens sechs Öffnungen versehen sind,
2. Intrauterinpessare jeder Art, auch Steriletts und Silkwormpessare,
3. Stoffe und Zubereitungen in Form von Fertigwaren, die zur Einführung in die Scheide bestimmt und zur Verhütung der Schwangerschaft geeignet sind.
   Das [Reichs]gesundheitsamt entscheidet, welche Mittel im einzelnen unter die Bestimmungen dieser Vorschrift (Nr. 3) fallen.

§ 2. Die im § 1 bezeichneten Mittel oder Gegenstände dürfen weder durch Ärzte noch durch andere Personen bei Frauen eingesetzt, eingelegt, eingeführt oder in anderer ihrer Bestimmung entsprechenden Weise angewandt werden.

§ 3. Es ist verboten, zum Zwecke der Empfängnisverhütung Bestrahlungen oder Injektionen zu verabfolgen sowie sonst geeignet erscheinende Behandlungen durchzuführen, es sei denn, daß es sich um gesetzlich ausdrücklich erlaubte oder angeordnete Maßnahmen handelt.

§ 4. Die im § 1 bezeichneten Mittel und Gegenstände fallen auch dann unter die Vorschriften dieser Polizeiverordnung, wenn sie künftig andere Zwecke erfüllen sollen, obwohl sie bisher vorwiegend der Schwangerschaftsverhütung dienten.

§ 5. Wer vorsätzlich dieser Polizeiverordnung zuwiderhandelt, wird, sofern die Tat nicht nach anderen Vorschriften mit schwererer Strafe bedroht ist, mit Geldstrafe bis zu 150 DM oder mit Haft bis zu sechs Wochen bestraft.

Diese Verordnung ist in einigen Ländern durch neue Vorschriften ersetzt (SchlHVO. über Verf., Mittel und Gegenstände zur Unterbrechung und Verhütung von Schwangerschaft v. 15. 10. 49 — GVBl. S. 219 —; Hamb.Ges. über Schwangerschaftsverhütungsmittel v. 28. 7. 49 — GVBl. S. 129 —; Brem.Ges. über Verf., Mittel und Gegenstände zur Verhütung von Schwangerschaften v. 26. 9. 50 — GVBl. S. 103 — i. d. F. v. 20. 3. 51 — GVBl. S. 33 —; Niedersächs. ÄnderungsVO. v. 21. 1. 49 — GVBl. S. 32 —). In Württemb.-Baden ist § 1 Ziff. 3 der PolV. durch VO. v. 16. 1. 1947 (RegBl.. S. 28) aufgehoben. Soweit die PolVO. nicht förmlich aufgehoben oder geändert ist, ist sie noch als geltend anzusehen. Gegen die Auffassung von OLG. Nürnberg SJZ. 49, 789, die Weitergeltung von § 1 Ziff. 3 sei unvereinbar mit der Aufhebung des § 226b durch KontrRG. Nr. 11, mit Recht *Sauer* SJZ. 49, 790 (OLG. Tübingen NJW 49, 957 läßt die Frage der Weitergeltung insoweit offen). Auch die Weitergeltung der PolVO über die Werbung auf dem Gebiet des Heilwesens v. 29. 9. 1941 (RGBl. I S. 587) ist streitig (vgl. NJW. 53, 373, 400; JZ. 53, 169).

2) Vgl. Hauptwerk Anm. 13 zu § 184. Öffentlich: s. Anm. 2 zu § 200. Gegenstand ist eine mechanisch, Mittel eine auf andere Weise wirksame Sache. Verfahren: Folge von bestimmten Tätigkeiten. „Zu Zwecken der Abtreibung": Mittel usw., die zur Abtreibung geeignet sind und erfahrungsgemäß dazu verwendet werden, auch wenn auf den Verwendungszweck nicht ausdrücklich hingewiesen wird, ferner Mittel usw., die der Täter, wenn auch zu Unrecht, als abtreibungsgeeignet bezeichnet.

stände an einem allgemein zugänglichen Ort ausstellt[3]), wird mit Gefängnis bis zu zwei Jahren oder mit Geldstrafe bestraft.

(2) Die Vorschrift des Absatzes 1 findet keine Anwendung, wenn Mittel, Gegenstände oder Verfahren, die zu ärztlich gebotenen Unterbrechungen der Schwangerschaft[4]) dienen, Ärzten oder Personen, die mit solchen Mitteln oder Gegenständen erlaubter Weise Handel treiben, oder in ärztlichen oder pharmazeutischen Fachzeitschriften[5]) angekündigt oder angepriesen werden."

36.[1]) In § 228 werden die Worte „in den Fällen des § 223 Abs. 2 und des § 223a" ersetzt durch die Worte „in den Fällen des § 223 Abs. 2 und der §§ 223a und 223b Abs. 1".

37.[1]) § 239a erhält folgende Fassung:

„§ 239a

(1) Wer ein fremdes Kind[2]) entführt[3]) oder der Freiheit beraubt[4]), um[5]) für dessen Herausgabe ein Lösegeld zu verlangen[6]), wird mit Zuchthaus nicht unter drei Jahren bestraft.

(2) Kind im Sinne dieser Vorschrift ist der Minderjährige unter achtzehn Jahren."

---

3) Vgl. Hauptwerk Anm. 8 zu § 184.

4) Vgl. Hauptwerk Anm. 1 zu § 218.

5) Auch in der Form der Beifügung von Reklamezetteln zu Fachzeitschriften.

**Zu Nr. 36:** 1) Die Möglichkeit mildernder Umstände auch im Falle des § 223b Abs. 1 wurde bisher schon überwiegend bejaht (vgl. Hauptwerk Anm. 1 zu § 223b); Nr. 36 legalisiert diese Auslegung.

**Zu Nr. 37:** 1) Der durch Gesetz v. 22. 6. 1936 (RGBl. I S. 493) eingefügte § 239a ist sachlich beibehalten und der Zweifel, welche Strafdrohung gelte (vgl. Hauptwerk Anm. 1 zu § 239a), durch Androhung zeitiger Zuchthausstrafe beseitigt worden.

2) Fremd ist im allgemeinen ein Kind, das nicht unmittelbar vom Täter abstammt; ein adoptiertes Kind ist aber auch den leiblichen Eltern ein fremdes.

3) Vgl. Hauptwerk Anm. 3 zu § 236. Die Entführung braucht — im Gegensatz zu § 239a a.F. — nicht durch List, Drohung oder Gewalt zu erfolgen. Ob der Entführte einverstanden ist, ist ohne Bedeutung.

4) Vgl. Anm. 3 u. 4 zu § 239.

5) Die Absicht muß bei Begehung der Tat gegeben sein. Ob der Täter sie später verwirklicht oder aufgibt, ist bedeutungslos.

6) „Lösegeld" ist jeder Vermögensvorteil, nicht nur Geld; wem er zufließen soll, ist ohne Bedeutung. Der Begriff „Lösegeld" beinhaltet die Vorstellung, daß, wenn das Lösegeld nicht erbracht, das Kind also nicht auf diese Weise aus der Herrschaft des Entführers ge- oder erlöst werde, dies mit Schaden für das körperliche, geistige oder sittliche Wohl des Kindes verbunden sei. Das besonders Strafwürdige der Tat besteht gerade darin, daß der Täter die Tat begeht, um diese Besorgnis der Eltern oder des sonst Sorgeberechtigten oder Obhutpflichtigen (vgl. § 143 Abs. 2) zur Erzielung vermögensrechtlicher Vorteile auszunutzen. Daraus folgt, daß von einem Lösegeld da nicht gesprochen werden kann, wo, wie dem Sorgeberechtigten usw. bekannt, dem Kind zweifellos keinerlei Schaden der bezeichneten Art droht, auch wenn der Täter die Vorenthaltung des Kindes als Druckmittel benutzen will, den Sorgeberechtigten zu einer vermögensrechtlichen Leistung zu zwingen, wie etwa bei einem Streit zwischen Verwandten. Für solche Fälle genügen die §§ 240, 253. Der RegEntw. des 3. Strafrechtsänderungsges. hatte diesen Gedanken dadurch zum Ausdruck bringen wollen, daß er die Absicht verlangte, „die Besorgnis des Aufsichtspflichtigen (§ 143 Abs. 2) oder eines Angehörigen, das körperliche, geistige oder sittliche Wohl des Kindes könne im Zusammenhang mit der Tat Schaden erleiden, zu einer Erpressung auszunutzen". Die jetzige Fassung beruht auf dem Bestreben, den Gesetzeswortlaut ohne Sinnesänderung zu vereinfachen (vgl. Abg. Dr. *Schneider*, 265. Sitzung des BT v. 12. 5. 1953, Prot. S. 12996). Ob der Täter nach den Vorschriften des bürgerlichen Rechts einen Anspruch auf die erstrebte Vermögenleistung hat, ist gleichgültig. Auch eine geschuldete Erfüllung wird zum Lösegeld, wenn sie den Preis für die Herausgabe des Kindes darstellen soll, dergestalt, daß der Schuldner bei Nichterfüllung die vorbezeichneten Nachteile für das Kind befürchten muß.

38.[1]) a) In § 240 Abs. 1 werden hinter den Worten „mit Zuchthaus" die Worte „bis zu zehn Jahren" eingefügt.

b)[2]) § 240 Abs. 2 erhält folgende Fassung:

„Rechtswidrig ist die Tat, wenn die Anwendung der Gewalt oder die Androhung des Übels zu dem angestrebten Zweck als verwerflich anzusehen ist."

39.[1]) § 253 erhält folgende Fassung:

„§ 253

(1) Wer einen anderen rechtswidrig mit Gewalt oder durch Drohung mit einem empfindlichen Übel zu einer Handlung, Duldung oder Unterlassung nötigt und dadurch dem Vermögen des Genötigten oder eines anderen Nachteil zufügt, um sich oder einen Dritten zu Unrecht zu bereichern, wird wegen Erpressung mit Gefängnis nicht unter zwei Monaten, in besonders schweren Fällen mit Zuchthaus bestraft.

(2) Rechtswidrig ist die Tat, wenn die Anwendung der Gewalt oder die Androhung des Übels zu dem angestrebten Zweck als verwerflich anzusehen ist.

(3) Der Versuch ist strafbar."

40.[1]) § 260 erhält folgenden Absatz 2:

„Sind mildernde Umstände vorhanden, so tritt Gefängnisstrafe nicht unter sechs Monaten ein."

---

**Zu Nr. 38:** 1) Die Herabsetzung der Höchststrafe von 15 auf 10 Jahre Zuchthaus für besonders schwere Fälle bringt die Anpassung an die Höchststrafe verwandter Tatbestände (vgl. z. B. §§ 115 Abs. 2, 122 Abs. 3).

2) Die neue Fassung beseitigt zunächst eine logische Ungenauigkeit des Abs. 2 a. F. („Androhung des Übels" statt bisher „Zufügung des angedrohten Übels"). Den unerwünschten Hinweis auf das „gesunde Volksempfinden" als Maßstab für die Bewertung, wann das Verhältnis von Mittel undZweck sozial nicht adäquat sei, wollte derReg Entw. durch einen Hinweis auf die guten Sitten ersetzen. Dem BT erschien der Begriff der guten Sitten, den auch § 226a verwendet, nicht geeignet, „eine für die Bedürfnisse des Strafrechts ausreichende Abgrenzung sicherzustellen". Es bestehe die Gefahr, daß auch Verhaltensweisen erfaßt würden, die nicht strafwürdig erscheinen; der BT war der Auffassung, daß durch die Gesetz gewordene Fassung („als verwerflich anzusehen ist") eine Einengung des Tatbestandes erzielt werde (Abg. Dr. *Schneider*, 265. Sitzung v. 12. 5. 53, Prot. S. 12996). Daraus läßt sich immerhin soviel entnehmen, daß nach der Auffassung des Gesetzgebers ein verhältnismäßig strenger Maßstab für die obj. Wertung anzunehmen ist. Im übrigen aber besteht zwischen den Wendungen, die zur Erörterung standen, kaum ein sachlicher Unterschied. Als verwerflich ist ein Verhalten anzusehen, das verworfen zu werden verdient, weil es objektiv mit den Auffassungen des redlichen Verkehrs, mit der Auffassung „aller billig und gerecht Denkenden" in Widerspruch steht; nicht etwa ist eine Verwerflichkeit im Sinne einer erhöhten Vorwerfbarkeit aus der Gesinnung und den Beweggründen des Täters erforderlich.

**Zu Nr. 39:** 1) § 253 a. F. drohte Zuchthaus oder Gefängnis nicht unter sechs Monaten an; die Tat war also Verbrechen. Nr. 39 hat die Erpressung — bei im übrigen unverändertem Tatbestand — wieder zum Vergehen gemacht (insoweit zu dem vor der VO. v. 29. 5. 43, RGBl. I S. 341, geltenden Rechtszustand zurückkehrend), die Gefängnismindeststrafe auf zwei Monate herabgesetzt und Zuchthaus nur für besonders schwere Fälle angedroht. Die Umwandlung machte den neuen Abs. 3 erforderlich. Weiterhin ist Abs. 2 dem § 240 Abs. 2 angepaßt (vgl. Anm. 2 zu Nr. 38).

**Zu Nr. 40:** 1) Den Erfahrungen der Praxis, daß gewerbs- oder gewohnheitsmäßige Hehlerei nicht immer zuchthauswürdig ist, Rechnung tragend, hatten die StGB.-Entw. vorgeschlagen, wahlweise neben Zuchthaus oder doch wenigstens bei Annahme mildernder Umstände eine erhöhte Gefängnismindeststrafe einzuführen. Der Mangel einer entsprechenden Milderungsmöglichkeit im bisherigen Recht hat vereinzelt (vgl. OLG. Hamm DRZ. 49, 571) zu dem Versuch geführt, Unbilligkeiten durch verengende Auslegung des Tatbestandes zu erreichen, indem man aus dem Wortlaut des Gesetzes („die Hehlerei gewerbs- oder gewohnheitsmäßig

41.[1]) § 263 Abs. 4 Satz 2 und § 266 Abs. 2 Satz 2 werden aufgehoben.

42.[1]) § 294 erhält folgenden Satz 2:

„Die Zurücknahme des Antrages ist zulässig."

43.[1]) § 300 erhält folgende Fassung:

§ 300[1])

(1) Wer unbefugt ein fremdes Geheimnis offenbart[2]), das ihm in seiner Eigenschaft[3])

---

betreibt") gefolgert hat, der Täter müsse aus der Hehlerei ein kriminelles Gewerbe gemacht haben, Versuche, denen freilich der BGH. bald und mit Recht entgegentrat (BGHSt. 1, 383). Die sachgemäße Behebung der Schwierigkeiten bringt nunmehr die Nr. 40.

**Zu Nr. 41:** 1) Die in den jetzt gestrichenen Sätzen enthaltene beispielhafte Hervorhebung von Merkmalen, wann insbesondere ein besonders schwerer Fall des Betrugs oder der Untreue vorliege, ist nach der amtl. Begr. zum Reg.-Entw. „vor allem deshalb mißglückt, weil sie einer schuldbezogenen Bestrafung widerspricht. Die Größe des Schadens wird hier unabhängig von der Schuld des Täters als Merkmal eines besonders schweren Falles verwertet". Wenn diese Ausführungen dahin zu verstehen sein sollten, daß nach § 263 Abs. 4 Satz 2, § 266 Abs. 2 Satz 2 a. F. die Erfüllung der objektiven Merkmale ohne Rücksicht auf die Schuld des Täters zu einer Bestrafung wegen eines besonders schweren Falles geführt habe, so widerspricht dies freilich der Auslegung, die die aufgehobenen Vorschriften in Rechtsprechung und Schrifttum gefunden haben; danach mußte sich der Täter nicht nur der Umstände bewußt sein, die die Annahme eines bes. schweren Falles begründen, sondern es waren auch stets die Persönlichkeit des Täters und die gesamten Umstände zu berücksichtigen (vgl. Hauptwerk Anm. 16, 17 zu § 266; *Schönke* XI u. XI 3).

Die Streichung hat lediglich zur Folge, daß die Frage, ob ein bes. schw. Fall von Betrug oder Untreue gegeben ist, nach den allgemeinen Begriffsmerkmalen des bes. schw. Falles zu beurteilen ist (vgl. dazu Hauptwerk Anm. 5 zu § 49b). Unter dieser Voraussetzung ist eine Berücksichtigung der bisher beispielshalber hervorgehobenen Umstände nicht unzulässig.

**Zu Nr. 42:** 1) Die Zurücknehmbarkeit des Antrags bei Taten Angehöriger entspricht der in §§ 247 Abs. 1, 263 Abs. 5, § 265a Abs. 3 und § 266 Abs. 3 getroffenen Regelung; sie wurde „im Interesse des Rechtsfriedens" (amtl. Begr.) auch für die Fälle der Überschreitung des beschränkten Jagdausübungsrechts ausgedehnt.

**Zu Nr. 43:** 1) Die neue Fassung des § 300 bringt gegenüber § 300 a. F. eine Einbeziehung des bis dahin in einer Reihe von Nebengesetzen geregelten Geheimnisschutzes (betr. Ärzte, Apotheker, Angehörige anderer Heilberufe — außer Hebammen —) und darüber hinaus auch eine Erweiterung des Kreises der bei Strafe Geheimhaltungspflichtigen (betr. Zahnärzte, Patentanwälte, Wirtschafts- u. Buchprüfer, Steuerberater). Die Verallgemeinerung eines bisher nur in Nebengesetzen aufgestellten Rechtssatzes bringt Abs. 2 (Einbeziehung der in Berufsvorbereitung befindlichen Personen und beschränkte Geheimhaltungspflicht derjenigen, die das Geheimnis von dem verstorbenen Arzt usw. oder aus dessen Nachlaß erlangt haben). Der Strafrahmen weicht sowohl von § 300 a. F. wie von den eingearbeiteten Nebengesetzen ab.

**Zu § 300:** 1) § 300 regelt die Fälle, in denen der Geheimhaltungspflichtige von dem Geheimnis auf der Grundlage eines im allgemeinen frei gewählten Vertrauensverhältnisses Kenntnis erlangt hat. Die Fälle, in denen ein Dritter vermöge seiner Stellung mehr oder weniger zwangsläufig von geheimhaltungsbedürftigen Tatsachen Kenntnis erlangt hat, sind in Sondervorschriften geregelt (wie bei Beamten — §§ 353a und b –, Angestellten von Behörden und Organisationen, deren sich der Staat für seine Zwecke bedient — § 1 der BestechungsVO. v. 22. 5. 43, unter B IV 9 —; vgl. ferner z. B. § 16 Geschlechtskrankheitenges. v. 23. 7. 1953 (BGBl. I S. 700), § 17 UWG. — B III 4 —, § 21 GewO., § 141 RVO, § 345 Angestelltenversicherungsges.).

2) Ein fremdes Geheimnis (vgl. dazu Anm. 2 zu § 99 u. Anm. 4 zu § 353b) ist eine nur einem beschränktem Personenkreis bekannte Tatsache, an deren Geheimhaltung ein anderer als der Täter regelmäßig zur Vermeidung der bei Bekanntwerden drohenden Nachteile ein Interesse hat, und die er deshalb wünscht. Die Tatsache braucht sich nicht auf Dinge des Privatlebens des an der Geheimhaltung Interessierten (des sog. Geheimnisträgers) zu beziehen. Auch Amtsgeheimnisse werden geschützt. Geheimnisträger und Anvertrauender (s. Anm. 3) brauchen nicht personengleich zu sein.

Offenbaren bedeutet nicht: Preisgabe an die Allgemeinheit, vielmehr genügt jede Mitteilung an einen anderen. E. 26, 5, auch z. B. durch Gewährung von Akteneinsicht. Ob dem anderen das Geheimnis bereits bekannt ist, ist für den Begriff des Offenbarens bedeutungslos,

1. als Arzt[4]), Zahnarzt[5]), Apotheker[6]) oder Angehöriger eines anderen Heilberufs, der eine staatlich geregelte Ausbildung erfordert[7]),

---

denn auch dann kann das Geheimnis weiter beeinträchtigt werden (str., vgl. dazu *Schneider* DRZ. 50, 231). Unbefugt ist jede Offenbarung, die nicht a) mit Zustimmung des Geheimnisträgers oder des Anvertrauenden (siehe dazu § 19 der Reichsnotarordnung) oder ohne solche b) in Erfüllung eines gesetzlichen Rechts oder c) einer gesetzl. Pflicht erfolgt. Die Zustimmung zur Offenbarung (Entbindung von der Schweigepflicht) ist ein höchstpersönliches Recht des Anvertrauenden. Es ist nicht vererblich, so daß nach dem Tod des Anvertrauenden eine Offenbarung nur zur Erfüllung einer Offenbarungspflicht oder Wahrnehmung eines Offenbarungsrechts (b u. c) erfolgen darf. E. 71, 21; *K. Schäfer.* DStR. 37, 198. Ein gesetzl. Offenbarungsrecht ist auch anzunehmen, wenn der Schweigepflichtige in Erfüllung einer sittlichen Pflicht oder sonst zu einem nach allgemeiner sittlichen Anschauung berechtigten Zweck handelt und das im Falle des Schweigens bedrohte Rechtsgut überwiegt, so daß sich die Offenbarung als das angemessene Mittel zur Erreichung eines berechtigten Zweckes darstellt. Dieser Gedanke hatte, wenn auch in wechselnder Fassung, in § 13 Abs. 3 der ReichsärzteO. v. 13. 12. 1935 — Hauptwerk B I 5a —, § 24 Abs. 3 der ReichsapothekerO. v. 18. 4. 1937 — B I 5 c — und § 19 Abs. 3 der KrankenpflegeO. v. 28. 9. 1938 — B I 5d — gesetzliche Anerkennung gefunden und gilt, auch nachdem die genannten Paragraphen mit Rücksicht auf die zusammenfassende Regelung in § 300 aufgehoben worden sind (vgl. Art. 7 des 3. Strafrechtsänderungsges.), ohne ausdrückliche gesetzliche Anerkennung der Natur der Sache nach als allgemeiner Grundsatz weiter. So ist z. B. ein Rechtsanwalt oder Arzt zur Offenbarung befugt, wenn er sonst nicht in der Lage wäre, seine Honorarforderung im Zivilprozeß geltend zu machen oder sich in einem Strafverfahren sachgemäß zu verteidigen (BHG. St. 1, 366). Bei Erfüllung einer Rechtspflicht zur Offenbarung (z. B. gemäß § 138) kommt eine Güterabwägung nicht in Betracht. Die Aussage in einem Zivil- oder Strafprozeß unter Verzicht auf das Zeugnisverweigerungsrecht nach § 53 StPO., § 383 ZPO. macht allein die Offenbarung noch nicht zu einer befugten, sondern nur wenn im Einzelfall die Pflicht, zur Aufklärung der Wahrheit im gerichtl. Verfahren beizutragen, dem Zeugen nach gewissenhafter Abwägung als die höhere Pflicht gegenüber der Schweigepflicht erscheint. E. 71, 22; OLG. Hamburg DStR. 36, 437. *K. Schäfer* DJ. 36, 376 und DStR. 37, 200; *Schönke* III; anders früher E. 19, 364; 66, 275. Nach § 139 sind Rechtsanwalt, Verteidiger und Arzt zur Anzeige eines drohenden anzeigepflichtigen Verbrechens (außer Mord und Totschlag) nicht verpflichtet, wenn sie sich ernstlich bemüht haben, den Täter von der Tat abzuhalten oder den Erfolg abzuwenden. Zur Entfaltung solcher Bemühungen ist der RA usw. nicht verpflichtet. Unterläßt er sie, z. B. weil er sie für aussichtslos oder ihren Erfolg für zweifelhaft hält, so ist er zur Anzeige verpflichtet. Hat er dagegen sich bemüht, so daß er zur Anzeige nicht verpflichtet ist, so ist er straffrei, wenn er, z.B. weil seine Bemühungen erfolglos waren, oder weil er eine Abkehr des Täters von seinem Vorhaben nicht für sicher hält, die Verhütung des Verbrechens nach Abwägung der Umstände für wichtiger hält als seine Schweigepflicht.

3) A n v e r t r a u t ist ein Geheimnis, wenn der Schweigepflichtige Tatsachen durch eine Mitteilung oder auch nur durch Gewährung der Gelegenheit zu Wahrnehmungen und Beobachtungen erfahren hat, deren Geheimhaltung verlangt oder stillschweigend erwartet wird. E. 13, 60; 66, 274; RG DRZ. 32 Nr. 535. B e k a n n t g e w o r d e n ist ein Geheimnis, wenn der Schweigepflichtige ohne einen dahingehenden Anvertrauungswillen durch seine Berufsausübung davon Kenntnis erlangt hat. Die Schweigepflicht besteht aber nur bei Geheimnissen, die dem Arzt usw. gerade in dieser seiner Eigenschaft und nicht nur gelegentlich seiner Berufsausübung bekannt geworden sind (vgl. dazu Anm. 2 zu § 139).

4) Das sind diejenigen Personen, die zur Ausübung des ärztlichen Berufs unter der Bezeichnung als Arzt in Deutschland befugt sind (vgl. dazu Anm. 1 zu § 16 RÄrzteO. — B I 5a —). Die Schweigepflicht erstreckt sich z. B. auch auf Verletzungen, die der Arzt bei Untersuchung einer Person wahrgenommen hat. Wegen der in § 23 Abs. 4 der ReichsmeldeO. v. 6. 1. 1938 (RGBl. I S. 13) bzw. den an ihre Stelle getretenen landesrechtl. Meldevorschriften begründeten Meldepflichten im Verhältnis zur ärztlichen Schweigepflicht vgl. *Eb. Schmidt* DRZ. 50, 172; s. auch *Hoffmann u. Gönnewein* DRZ 50, 463.

5) Vgl. Ges. v. 31. 3. 1952 (BGBl. I S. 221).

6) Wer als Apotheker nach den Vorschriften der ReichsapothekerO. v. 18. 4. 1937 (RGBl. I S. 457) bestellt ist.

7) Heilberuf = Beruf, der die Heilung und Linderung m e n s c h l i c h e r Krankheiten oder Schmerzen zum Gegenstand hat, daher nicht Tierärzte (vgl. § 13 der ReichstierärzteO. v. 3. 4. 1936, RGBl. I S. 347 — unter B I 5b —), soweit sie nicht auch als Ärzte bestellt sind (§ 1 der VO v. 30. 3. 1936, RGBl. I S. 338). Der Heilberuf muß eine staatlich g e r e g e l t e Ausbildung erfordern. Es genügt also nicht, daß er wie der des Heilpraktikers (vgl. § 1 des Heilpraktikerges. v. 17. 2. 1939 — B I 5e —) lediglich staatlich anerkannt ist. Unter § 300 fallen

2. als Rechtsanwalt[8]), Patentanwalt[9]), Notar[10]), Verteidiger in Strafsachen[11]), Wirtschaftsprüfer, vereidigter Buchprüfer (vereidigter Bücherrevisor) oder Steuerberater[12])
anvertraut worden oder bekannt geworden ist, wird mit Gefängnis bis zu sechs Monaten und mit Geldstrafe oder mit einer dieser Strafen bestraft.

(2) Den in Absatz 1 Genannten stehen ihre berufsmäßig tätigen Gehilfen und die Personen gleich, die zur Vorbereitung auf den Beruf an der berufsmäßigen Tätigkeit teilnehmen[13]). Dasselbe gilt für denjenigen, der nach dem Tode des zur Wahrung des Geheimnisses nach Absatz 1 Verpflichteten das von dem Verstorbenen oder aus dessen Nachlaß erlangte Geheimnis unbefugt veröffentlicht[14]).

---

z. B. Hebammen (Ges. v. 21. 12. 1938 — RGBl. I S. 1893 —), Krankenpfleger und Krankenschwestern, Säuglings- und Kinderschwestern, medizinisch-technische Gehilfinnen und Assistentinnen (vgl. die in Anm. 12 zu § 132a angeführten VOen).

8) Wer Rechtsanwalt ist, bestimmen die ReichsrechtsanwaltsO. v. 21. 2. 1936 (RGBl. I S. 107), bzw. die an ihre Stelle getretenen landesrechtlichen Rechtsanwaltsordnungen. Dem Rechtsanwalt stehen die Personen gleich, die, ohne Rechtsanwalt zu sein, amtlich zu seiner Vertretung bestellt sind. Prozeßagenten (§ 157 ZPO.) und Rechtsbeistände (vgl. Rechtsberatungsmißbrauchges. v. 13. 12. 1935, RGBl. I S. 1478) gehören nicht hierher.

9) Vgl. Patentanwaltsges. v. 28. 9. 1933 (RGBl. I S. 669).

10) Vgl. § 19 der ReichsnotarO. v. 13. 2. 1937 (RGBl. I S. 191); hier kann ausnahmsweise auch die Aufsichtsbehörde von der Schweigepflicht entbinden.

11) Und zwar sowohl der gewählte (§§ 138, 139 StPO.) wie der von Amts wegen bestellte Verteidiger (§ 142 StPO.). Dies gilt auch für die in § 142 Abs. 2 StPO. bezeichneten Personen (str.), denn es kommt nicht darauf an, ob sie berufsmäßig Verteidiger sind, sondern ob sie in dem Einzelfall das Amt des Verteidigers in einer Strafsache ausgeübt haben. Verteidiger in „Strafsachen" sind wohl auch die im Bußgeldverfahren, § 45 OWiG. v. 25. 3. 1952 — BGBl. I S. 177 —, zugelassenen Verteidiger.

12) S. Anm. 7—9 zu § 53 n. F. StPO. Steuerhelfer und Steuerbevollmächtigte fallen nicht unter die Vorschrift.

13) Berufsmäßig tätig ist ein Gehilfe, den der Geheimhaltungspflichtige bei der Ausübung seines Berufes hinzugezogen hat. Es braucht sich also nicht um Personen zu handeln, die die Gehilfentätigkeit als Beruf betreiben wie der Bürovorsteher des Rechtsanwalts, die Sprechstundenhilfe des Arztes, vielmehr ist Gehilfe auch, wer, wie etwa die Ehefrau des Arztes oder Rechtsanwalts, nur gelegentlich zugezogen worden ist. Dies war für § 300 a. F. streitig (vgl. LK. I 5 zu § 300). In § 53a Abs. 1 StPO. ist freilich nur von den „Gehilfen" des Arztes usw. die Rede; die Worte „berufsmäßig tätig", die der RegEntw. auch hier vorsah, fehlen in dem Gesetz gewordenen Text. Aus der Entstehungsgeschichte des § 300 n. F. StGB und des § 53a StPO. ergibt sich aber, daß die unterschiedliche Fassung keinen sachlichen Unterschied bewirken soll. Denn dem zu § 53a StPO. gestellten Antrag, die Worte „berufsmäßig tätig" zu streichen, weil sonst der Geheimnisschutz nicht gewährleistet sei (Abg. *Dr. Arndt*, 265. Sitzung v. 12. 5. 1953, Prot. S. 13020), wurde von Regierungsseite (BundesjustMin. *Dr. Dehler* aaO.) mit dem Hinweis widersprochen, daß in § 300 StGB. wie in § 53a StPO. ein berufsmäßig tätiger Gehilfe jeder von dem Geheimhaltungspflichtigen bei der Ausübung seines Berufs zugezogener sei Nicht berufsmäßig tätig sind demnach solche Gehilfen, die nicht bei der unmittelbaren Berufsausübung hinzugezogen sind, sondern diese nur mittelbar unterstützen, wie das Hauspersonal, die Reinigungsfrau usw. „Zur Vorbereitung auf den Beruf..... teilnehmen": sie unterscheiden sich von den Gehilfen dadurch, daß ihre Teilnahme an der Berufsausübung der in Abs. 1 genannten Personen nicht deren Unterstützung, sondern ihre eigne Ausbildung auf einen Beruf bezweckt, wie z. B. der dem Rechtsanwalt zur Ausbildung überwiesene Referendar oder der Lehrling im Anwaltsbüro 'Auch ihnen muß das Geheimnis in dieser ihrer Eigenschatf anvertraut oder bekannt geworden sein.

14) Abs. 2 Satz 2 ist aus § 13 Abs. 2 Satz 2 ReichsärzteO. übernommen; er hat u. a. die Veröffentlichung von Memoiren im Auge. „Dasselbe gilt" bedeutet: sie werden, obwohl ihnen das Geheimnis nicht anvertraut oder durch Berufsausübung bekannt worden ist, hinsichtlich der Offenbarung durch Veröffentlichung wie der Verstorbene bei Offenbarung behandelt. Veröffentlicht = öffentlich mitteilt. Von dem Verstorbenen ist das Geheimnis erlangt, wenn dieser es — befugt oder unbefugt — zu seinen Lebzeiten dem Täter mitgeteilt hat. Aus dem Nachlaß kann das Geheimnis nur in verkörperter Form erlangt sein, wobei vorausgesetzt ist,

(3) Handelt der Täter gegen Entgelt[15]) oder in der Absicht, sich oder einem Dritten einen rechtswidrigen Vermögensvorteil zu verschaffen[16]) oder jemandem einen Nachteil zuzufügen[17]), so ist die Strafe Gefängnis. Daneben kann auf Geldstrafe erkannt werden.

(4) Die Verfolgung tritt nur auf Antrag ein[18]).

44.[1]) § 302d erhält folgenden Absatz 2:

„In besonders schweren Fällen ist auf Zuchthaus bis zu zehn Jahren und Geldstrafe in unbeschränkter Höhe zu erkennen."

45.[1]) § 330c erhält folgende Fassung:

§ 330c

„Wer bei Unglücksfällen oder gemeiner Gefahr oder Not nicht Hilfe leistet, obwohl dies erforderlich und ihm den Umständen nach zuzumuten, insbesondere ohne erhebliche eigene Gefahr und ohne Verletzung anderer wichtiger Pflichten möglich ist, wird mit Gefängnis bis zu einem Jahr oder mit Geldstrafe bestraft."

## Artikel 3

## Änderungen des Gerichtsverfassungsgesetzes*).

1).** § 29 erhält folgenden neuen Absatz 2:

„(2) Bei Eröffnung des Hauptverfahrens[1]) kann[2]) auf Antrag der Staats-

---

daß der Täter rechtmäßig (als Erbe, Vermächtnisnehmer, durch Kauf von diesen) die Verfügung darüber erlangt hat. Eine unrechtmäßige Besitzergreifung (etwa Diebstahl) ist kein Erlangen „aus dem Nachlaß".

15) Vgl. Hauptwerk Anm. 2 zu § 27c.

16) Vgl. Anm. 2 bis 4 zu § 263.

17) Vgl. Anm. 3, 4 zu § 274.

18) Antragsberechtigt ist grundsätzlich der Anvertrauende. E. 13, 60; 56, 148 und, falls er mit diesem nicht personengleich ist, neben ihm der Geheimnisträger (s. Anm. 5; str.). Der Anvertrauende hat das Antragsrecht nicht, wenn er als bloßer Bote einen fremden Willen zum Ausdruck gebracht hat. *Frank* VI. Bei Verletzung der Schweigepflicht nach dem Tode des Anvertrauenden steht das Antragsrecht seinen nächsten Angehörigen (vgl. § 189 Abs. 3) zu. *K. Schäfer*, DStR. 37, 199. A. M. (Erlöschen des Antragsrechts mit dem Tode) LK. V.

**Zu Nr. 44:** 1) Nr. 44 stellt die durch Ges. v. 4. 9. 1941 (RGBl. I S. 549) eingeführte, durch KontrRGes. Nr. 55 aber aufgehobene Strafdrohung für besonders schwere Fälle mit der Maßgabe wieder her, daß er nicht Zuchthaus bis zu 15 Jahren, sondern nur bis zu zehn Jahren androht. Die erhöhte Strafdrohung gilt auch für § 302e, der wegen des Strafrahmens auf § 302 d verweist.

**Zu Nr. 45:** 1) Nr. 45 erhält im Ergebnis die Nothilfepflicht im bisherigen Umfang aufrecht; die Fassungsänderungen dienen, ohne auf eine Änderung der bisherigen Auslegung abzuzielen, der begrifflichen Klarstellung und der Verdeutlichung der Tragweite des Gesetzesbefehls. Der beispielhafte Hinweis auf die polizeiliche Aufforderung zur Hilfeleistung, eine Reminiszenz an dem früheren § 360 Nr. 10, aus dem sich § 330c entwickelt, ist fortgefallen und damit klargestellt, daß allein Erforderlichkeit und Zumutbarkeit die Hilfepflicht begründen und begrenzen; im Begriff der Erforderlichkeit aber liegt, daß Hilfe nur dann und solange nötig ist, als die Möglichkeit einer Abwendung oder Verringerung des Schadens besteht. Der (sachlich von jeher entbehrliche) Hinweis auf das gesunde Volksempfinden als Merkmal zur Begrenzung der Hilfepflicht ist weggefallen. Die Höchststrafe ist von zwei Jahren Gefängnis auf ein Jahr herabgesetzt.

**Zu Art. 3:** *) Weitere Änderung des GVG. durch § 121 JGG. (Nachtrag unter Nr. 4) betr. §§ 26, 74b GVG.

**Zu Nr. 1:** **) Das erweiterte Schöffengericht, das in anderer Art durch § 10 der — *Emminger* — VO. über Gerichtsverfassung und Strafrechtspflege v. 4. 1. 1924 (RGBl. I S. 15) anwaltschaft[3]) die Zuziehung eines zweiten Amtsrichters[4]) beschlossen werden[5]), wenn dessen Mitwirkung nach dem Umfang der Sache[6]) notwendig erscheint[7]). Eines Antrages der Staatsanwaltschaft bedarf es nicht, wenn ein Gericht höherer Ordnung das Hauptverfahren vor dem Schöffengericht eröffnet[8])."

2.*) § 51 Abs. 1 Satz 2 erhält folgende Fassung:

„Die Beeidigung gilt für die Dauer der Wahlperiode (§ 42)."

3.*) § 134 Abs. 1 wird wie folgt geändert:

a) Vor den Worten „bei Parlamentsnötigung" werden die Worte „bei einem Anschlag gegen ausländische Staatsmänner nach § 102 des Strafgesetzbuchs," eingefügt[1]).

---

errichtet und durch § 1 Abs. 3 Kap. I Teil 1 Art. 1 der VO. des Reichspräsidenten v. 14. 6. 1932 (RGBl. I S. 285) aufgehoben worden war, ist zur Entlastung der gr. Strafkammern und damit des Bundesgerichtshofes wieder eingeführt worden. Für das Jugendschöffengericht (§ 33 JGG.Nachtr. unter Nr. 4) ist die Zuziehung eines 2. Berufsrichters nicht vorgesehen; dafür tritt § 40 Abs. 2 JGG.

1) Nur bei Eröffnung des Hauptverfahrens, nicht nachträglich kann der 2. Richter hinzugezogen werden. Die Zuziehung ist nicht mehr zulässig, wenn gegen einen Strafbefehl Einspruch eingelegt (§§ 407 ff. StPO.) oder wenn gegen einen Strafbescheid der Finanzbehörde Antrag auf gerichtl. Entscheidung gestellt wird — jedoch § 462 Abs. 2 RAbgO. —, wenn der Amtsrichter (Einzelrichter) eine Sache nach § 270 StPO. ans Schöffengericht verweist oder wenn eine Sache nach Aufhebung des Urteils durch Berufungs- und Revisionsinstanz zum Schöffengericht zurückkommt (§§ 328, 354, 355 StPO.).

2) Die Entscheidung, Stattgeben und Ablehnen, steht im Ermessen des Amtsrichters und ist unanfechtbar, § 210.

3) Die StA. wird den Antrag bei Erhebung der Anklage stellen, ihn auch bis zur Beschlußfassung über die Eröffnung des Hauptverfahrens nachholen können. Dieser nachträglich gestellte Antrag ist Angesch. ebenfalls zuzustellen. Andererseits ist der in der Anklageschrift gestellte Antrag auf Zuziehung des zweiten AR. bis zur Beschlußfassung zurücknehmbar, a. M. *Dallinger* JZ. 1953 S. 433 Anm. 13.

Dem Antrag der StA. ist der des Finanzamts gleich § 462 Abs. 2 RAbgO.

4) §§ 5 GVG. Es kann auch ein beauftragter Richter oder Gerichtsassessor sein.

5) Der Beschluß über die Zuziehung ergeht zusammen mit dem Eröffnungsbeschluß. Dadurch wird kein Gericht höherer Ordnung (§ 270 StPO.) geschaffen. Es bleibt die sachliche Zuständigkeit des gewöhnlichen Schöffengerichts (§ 24 GVG.) und der Rechtsmittelzug gr. Strafkammer und Oberlandesgericht §§ 74 Abs. 2 u. § 121 Abs. 1 Ziff. 1b GVG. Werden zusammenhängende Strafsachen verbunden, die von dem einfachen und erweiterten Schöffengericht eröffnet sind, so muß vor dem erw. Schöffengericht verhandelt werden.

6) Anders als in § 24 Abs. 1 Ziff. 3 GVG., wonach die StA. wegen der Bedeutung des Falles Anklage beim Landgericht erheben kann, ist hier der Umfang des Verhandlungsstoffes maßgebend: zahlreiche Fälle, mehr als 5 Angeklagte oder mehr als 10 Zeugen; für das Jugendverfahren s. § 40 Abs. 2 GVG.

7) Die Notwendigkeit ergibt sich daraus, daß der Vorsitzende die erforderliche Straffheit und Übersicht in der Leitung und Durchführung der Verhandlung zeigt und zugleich mit Hilfe des 2. Richters die Verhandlungsergebnisse umfassend und gründlich verwertet sowie das zutreffende Urteil findet und absetzt.

8) Dieser Fall liegt vor, wenn die Strafkammer gemäß § 209 Abs. 1 Satz 2 verfährt oder der Strafsenat des OLG. unter Aufhebung eines die Eröffnung des Hauptverfahrens ablehnenden Beschlusses dem Antrage der StA. stattgibt.

**Zu Nr. 2:** *) Nach §§ 42, 77, 84 GVG. umfaßt die Wahlperiode zwei Geschäftsjahre. Bisher wurden die Schöffen und Geschworenen „für die Dauer eines Geschäftsjahres" beeidet. Da sich bei der Nichtbeeidung für das 2. Geschäftsjahr die Unfähigkeit ergab, das Richteramt auszuüben, wodurch das Gericht nicht vorschriftsmäßig besetzt war (§ 338 Ziff. 1 StPO.), wurde zur Vermeidung der Urteilsaufhebung die Neuerung eingeführt. Der Eid soll die Laienrichter für die volle Amtszeit binden.

**Zu Nr. 3:** *) Die Änderung entspricht der Einfügung der §§ 102 u. 138 StGB. i. d. Fass. des 3. StÄG. Nachtrag S. 27 und 34.

b) die Zahl „139" wird durch die Zahl „138" ersetzt[1]).

4*). Dem § 196 wird folgender Absatz 4 angefügt:

„(4) Ergibt sich in dem mit zwei Richtern und zwei Schöffen besetzten Schöffengericht in einer Frage, über die mit einfacher Mehrheit zu entscheiden ist[1]), Stimmengleichheit, so gibt die Stimme des Vorsitzenden den Ausschlag."

## Artikel 4

## Änderungen der Strafprozeßordnung

Die Strafprozeßordnung wird wie folgt geändert und ergänzt:

1.*) In § 7 Abs. 2 Satz 1 werden die Worte „im Inland" durch die Worte ersetzt: „im Geltungsbereich dieses Bundesgesetzes".

2.*) § 9 erhält folgende Fassung:

„§ 9

Der Gerichtsstand ist auch bei dem Gericht begründet, in dessen Bezirk der Beschuldigte ergriffen worden ist."

3.*) In § 10 wird folgender Absatz 2 eingefügt:

„(2) Absatz 1 gilt entsprechend für deutsche Luftfahrzeuge."

4.*) Nach § 13 wird folgende Vorschrift eingefügt:

„§ 13 a

Fehlt es im Geltungsbereich dieses Bundesgesetzes an einem zuständigen Gericht oder ist dieses nicht ermittelt, so bestimmt der Bundesgerichtshof das zuständige Gericht."

5.*) Nach § 35 wird folgende Vorschrift eingefügt:

„§ 35 a

Bei der Bekanntmachung einer Entscheidung, die durch ein befristetes Rechtsmittel angefochten werden kann[1]), ist der Betroffene[2]) über die Mög-

---

**Zu Nr. 4:** *) Der Zusatz war durch Schaffung des erweiterten Schöffengerichts nach § 29 Abs 2 GVG. (oben Nr. 1) notwendig geworden.

1) Außer in den Fällen, in denen nicht über Schuld- und Straffrage zu entscheiden ist, also über verfahrensrechtliche Fragen und über die Strafaussetzung mit Bewährung nach § 23 StGB, § 263 Abs. 4 StPO. i. Fass. des 3. StAG. Nachtrag S. 57.

**Zu Nr. 1:** *) Inland umfaßt ganz Deutschland einschließlich Sowjetzone. Für die Westzonen gebraucht das Bundesgesetz im allgemeinen den Ausdruck „Geltungsbereich dieses Gesetzes". Der neuen Regelung steht ein Gerichtsstand in der Sowjetzone nicht entgegen. Sie ist auch für das objektive Verfahren nach § 430 StPO. bedeutsam.

**Zu Nr. 2:** *) Hiermit ist der Hilfsgerichtsstand des Ergreifungsortes gleichwertig neben den Gerichtsstand des Tatortes und des Wohnsitzes getreten. Über Ergreifung s. Anm. 2 zu § 9 im Hauptwerk. Der Gerichtsstand wird hauptsächlich dann gewählt werden, wenn Beschuldigter geständig ist und wenn Transport- und Prozeßkosten eingespart werden können.

**Zu Nr. 3:** Damit ist klargestellt, daß in Ergänzung des § 7 die Regelung des Gerichtsstandes für deutsche Schiffe in Abs. 1 auch für Straftaten gilt, die auf deutschen Luftfahrzeugen begangen sind. S. auch Anm. zu Nr. 4.

**Zu Nr. 4:** *) Dieser Hilfsgerichtsstand der Zuständigkeitsbestimmung durch BGH. ist geschaffen für Straftaten, die im Ausland (§§ 3, 4 StGB.) oder im fahrenden Zug oder Flugzeug begangen sind. Hiernach ist auch ein Gerichtsstand in der Sowjetzone ohne Bedeutung.

Die Zuständigkeitsbestimmung kann schon im Ermittlungsverfahren herbeigeführt werden.

**Zu Nr. 5:** *) Damit ist eine allgem. Rechtsmittelbelehrungspflicht eingeführt.

1) Bisher war die Rechtsmittelbelehrung nur in den Fällen der §§ 115, 126a Abs. 2, 268 Abs. 4, 409 Abs. 1 StPO. vorgeschrieben. Nunmehr ist sie obligatorisch bei allen gerichtlichen Entscheidungen, die durch Berufung, Revision und Beschwerde angefochten werden

lichkeiten der Anfechtung und die dafür vorgeschriebenen Fristen und Formen zu belehren[3]) [4])."

6. Dem § 37 wird folgender Satz 2 angefügt:

„Als Notfristen im Sinne des § 187 Satz 2 der Zivilprozeßordnung gelten die gesetzlichen Fristen[1])."

7.*) § 39 wird aufgehoben.

8.*) Dem § 44 Satz 2 werden folgende Worte angefügt:

„oder wenn die Belehrung nach § 35a, § 319 Abs. 2 Satz 3 oder § 346 Abs. 2 Satz 3 unterblieben ist."

9.*) § 53 wird durch folgende Vorschriften ersetzt:

„§ 53 (Zeugnisverweigerungsrecht)

(1) Zur Verweigerung des Zeugnisses sind ferner berechtigt:

1. Geistliche über das, was ihnen in ihrer Eigenschaft als Seelsorger[1]) anvertraut[2]) worden oder bekannt geworden ist[2]);
2. Verteidiger[3]) des Beschuldigten über das, was ihnen in dieser Eigenschaft anvertraut[2]) worden oder bekannt geworden[2]) ist;
3. Rechtsanwälte[4]), Patentanwälte[5]), Notare[6]), Wirtschaftsprüfer[7]), vereidigte

---

können, außerdem nach besonderem Hinweis in §§ 319 Abs. 2, 346 Abs. 2 wie auch in §§ 171 S. 2, 172 Abs. 2 S. 2 StPO. i. Fass. des 3. StÄG.

2) Betroffen ist nicht bloß der Beschuldigte, sondern jeder, demgegenüber die Entscheidung ergangen ist, z. B. § 304 Abs. 2. Gleichgültig ist, ob dem Betroffenen ein Anwalt zur Seitesteht. *Dallinger* JZ. 1953, 437.

3) Hierüber wird nach den Richtlinien Nr. 124 ein Merkblatt den Betroffenen ausgehändigt oder zugestellt. Bei Anwesenheit des Betroffenen empfiehlt sich mündliche Belehrung.

4) Im Falle der Unterlassung hat der Betroffene lediglich das Recht, Wiedereinsetzung gemäß § 44 S. 2 zu beantragen. Die Rechtsmittelfrist wird durch die Zustellung eines mit solchem Mangel behafteten Beschl. nicht in Lauf gesetzt, Frankfurt NJW. 1953, 1725. Nach wie vor ist der Fall der Fristversäumnis infolge unrichtiger oder unvollständiger Belehrung nicht gesetzlich geregelt. S. darüber Anm. 2 zu § 44 im Hauptwerk.

**Zu Nr. 6:** 1) Auch bei den gesetzl. Fristen ist der Nachweis der formgerechten Zustellung zur Überprüfung der Ordnungsmäßigkeit der innerhalb der Frist vorzunehmenden Prozeßhandlung unerläßlich, z. B. §§ 311, 341, 345.

**Zu Nr. 7:** *) Der Paragraph war schon längst durch § 37 StPO. (§§ 208—212 ZPO.) überflüssig geworden.

**Zu Nr. 8:** *) Diese Ergänzung war durch die Einführung der Rechtsmittelbelehrungspflicht nach dem angeführten § 35a notwendig geworden. S. auch Anm. 4 zu § 35a (oben Nr. 5).

**Zu Nr. 9:** *) Die Neufassung, Erweiterung und Ergänzung des § 53 sowie die Einfügung des § 53a hängt mit der Umgestaltung des § 300 StGB. zusammen. Vgl. *Flor* JR. 1953, 368.

1) S. Anm. 2 zu § 139 StGB. Nachtr. 8.

Über die kirchenrechtl. Verschwiegenheitspflicht als Seelsorger (Beichtgeheinmis) geht das Zeugnisverweigerungsrecht hinaus. *Dallinger* JZ. 1953, 436, nicht steht es den Geistlichen zu, soweit sie eine karitative, fürsorgerische, erzieherische oder verwaltende Tätigkeit ausüben.

2) S. Anm. 3 zu § 300 StGB. Nachtr. S. 45.

3) S. Anm. 11 zu § 300 StBG. Nachtr. S. 46.

4) S. Anm. 8 zu § 300 StGB. Nachtr. S. 46.

5) S. Anm. 9 zu § 300 StGB. Nachtr. S. 46.

6) S. Anm. 10 zu § 300 StGB. Nachtr. S. 46.

7) Gesetz zum Schutz der Bezeichnung als Wirtschaftsprüfer v. 21.10.30 (RGBl. I S. 658) und VO. über Bestellung als Wirtschaftsprüfer. RMBl. 1935 S. 89.

Buchprüfer[8]) (vereidigte Bücherrevisoren) und Steuerberater[9]), Ärzte[10]), Zahnärzte[11]), Apotheker[12]) und Hebammen[13])
über das, was ihnen in dieser Eigenschaft anvertraut worden oder bekannt geworden[2]) ist;

4. Mitglieder des Bundestages[14]), eines Landtages oder einer zweiten Kammer[15]) über Personen, die ihnen in ihrer Eigenschaft als Mitglieder dieser Organe oder denen sie in dieser Eigenschaft, Tatsachen anvertraut haben, sowie über diese Tatsachen selbst;
5. Redakteure[16]), Verleger[17]), Herausgeber[18]), Drucker[19]) und andere, die bei der Herstellung oder Veröffentlichung einer periodischen Druckschrift[20]) mitgewirkt haben[21]), über die Person des Verfassers[22]), Einsenders[23] oder Gewährsmanns[24]) einer Veröffentlichung strafbaren Inhalts, wenn ein Redakteur der Druckschrift wegen dieser Veröffentlichung bestraft ist oder seiner Bestrafung keine Hindernisse entgegenstehen[25]);
6. Intendanten[26]), Sendeleiter[27]) und andere, die bei der Vorbereitung oder Durchführung von Rundfunksendungen mitgewirkt haben[28]), über die Person des Verfassers[22]), Einsenders[13]) oder Gewährsmanns[14]) einer Rundfunksendung strafbaren Inhalts, wenn eine für die Sendung Verantwort-

---

8) Buchprüfer (Bücherrevisoren) sind Sachverständige für kaufmännische Buchführung, die berufsmäßig das Rechnungswesen wirtschaftlicher Unternehmungen prüfen. Vereidigt werden sie von Handelskammern und kaufmännischen Korporationen.

9) Ges. v. 6. 5. 1933 (RGBl. I S. 278) und Erlaß v. 8. 6. 1933 (JMBl. S. 129), dazu gehören nicht Steuerhelfer und Steuerbevollmächtigte.

10) S. Anm. 4 zu § 300 StGB. Nachtr. S. 45.

11) Gesetz v. 31. 3. 1952 (BGBl. I S. 221).

12) S. Reichsapothekerordnung v. 18. 4. 1937 (RGBl. I S. 457).

13) Gesetz v. 21. 12. 1938 (RGBl. I S. 1893).

14) S. Art. 47 GG.

15) Damit ist das Zeugnisverweigerungsrecht einheitlich für die Länderabgeordneten gewährleistet und bindet alle Gerichte des Bundes und der Länder. Es entfällt nicht mit der Entbindung (Abs. 2) oder mit dem Verlust des Mandats (*Dallinger* aaO. S. 436).

16) Redaktionsgeheimnis der Presse — §§ 7, 8 Pressegesetz s. Anm. 4 zu § 7 Pressegesetz im Hauptwerk B II, 1.

17) Verleger ist, wer die Vervielfältigung und Verbreitung der Druckschrift im eigenen Namen, gleichgültig ob auf eigene Rechnung oder in Kommission, übernimmt. *Löwe-Rosenberg* 20. Aufl. Anm. 17.

18) S. Anm. 6 zu § 6 Pressegesetz im Hauptwerk B II, 1.

19) S. Anm. 3 zu § 6 Pressegesetz im Hauptwerk B II, 1.

20) § 7 Pressegesetz.

21) Hierzu gehört auch das kaufmännische und gewerbliche Personal (Expedition der Redaktion, Verlag, Druckerei).

22) Verfasser ist (vgl. §§ 8, 21 Presseges.) derjenige, der die zur Vervielfältigung bestimmte Urschrift der Veröffentlichung hergestellt oder von Dritten nach seinem Entwurf oder Diktat hat herstellen lassen und dem Druck übergeben hat. *Loewe-Rosenberg* aaO. Anm. 18.

23) Einsender (§ 21 Presseges.) ist derjenige, der die Urschrift zwar nicht selbst verfaßt, aber dem Druck übergeben, zum Druck bestimmt hat. Völlig unveränderter Abdruck der Urschrift ist nicht erforderlich. *Loewe-Rosenberg* aaO. Anm. 18.

24) Der Gewährsmann liefert mündlich oder schriftlich das Material für die Veröffentlichung, nicht die textliche Fassung.

25) Das Zeugnisverweigerungsrecht entfällt, wenn der Redakteur, nicht aus Rechtsgründen wie Verjährung, Ammnestie, sondern aus tatsächlichen Gründen wie Flucht oder Tod nicht bestraft werden kann.

Die Beschlagnahme von Schriftstücken zur Ermittlung des Verf. usw. ist unzulässig. § 97 Abs. 5.

26) Der Intendant gestaltet das Rundfunkprogramm und trägt wie der verantw. Redakteur, dafür und für die Verwaltung die Verantwortung.

27) Der Sendeleiter sorgt wie der Chef vom Dienst in der Redaktion für die technische Abwicklung des Programms.

28) S. Anm. 21.

licher[29]) wegen dieser Sendung bestraft ist oder seiner Bestrafung keine Hindernisse entgegenstehen; über die Person des Verfassers, Einsenders oder Gewährsmanns, die selbst im Rundfunk[30]) spricht, darf das Zeugnis nicht verweigert werden.

(2) Die in Absatz 1 Nr. 2 und 3 Genannten dürfen das Zeugnis nicht verweigern, wenn sie von der Verpflichtung zur Verschwiegenheit entbunden sind.

§ 53a*)

(1) Den in § 53 Abs. 1 Nr. 1 bis 4 Genannten stehen ihre Gehilfen[1]) und die Personen gleich, die zur Vorbereitung auf den Beruf an der berufsmäßigen Tätigkeit teilnehmen[2]). Über die Ausübung des Rechts dieser Hilfspersonen, das Zeugnis zu verweigern, entscheiden die in § 53 Abs. 1 Nr. 1 bis 4 Genannten[3]), es sei denn, daß dieseEntscheidung in absehbarer Zeit nicht herbeigeführt werden kann[4]).

(2) Die Entbindung von der Verpflichtung zur Verschwiegenheit (§ 53 Abs. 2) gilt auch für die Hilfspersonen[5])".

10.*) § 81a Abs. 1 Satz 2 erhält folgende Fassung:

„Zu diesem Zweck sind Entnahmen von Blutproben und andere körperliche Eingriffe, die von einem Arzt nach den Regeln der ärztlichen Kunst zu Untersuchungszwecken vorgenommen werden, ohne Einwilligung des Beschuldigten zulässig, wenn kein Nachteil für seine Gesundheit zu befürchten ist."

11.*) § 81c Abs. 2 erhält folgende Fassung:

„(2) Bei anderen Personen als Beschuldigten[1]) sind Untersuchungen zur Feststellung der Abstammung und die Entnahme von Blutproben ohne Einwilligung des zu Untersuchenden zulässig, wenn kein Nachteil für seine Gesundheit zu befürchten und die Maßnahme zur Erforschung der Wahrheit

---

29) Eine strafrechtl. Verantwortlichkeit ist bisher im Bereich des Rundfunks noch nicht geschaffen. S. auch letzten Halbsatz.

30) Über den Rundfunksprechenden, selbst wenn er Verfasser usw. ist, darf das Zeugnis nicht verweigert werden; sein Name soll nicht verschwiegen bleiben, er ist für seine Worte verantwortlich. Diese Einschränkung ist wichtig, wenn der Inhalt der Sendung vorher nicht festgelegt ist oder wenn von dem festgelegten Text der Sendung abgewichen und hierbei ein Straftatbestand erfüllt wird (Begr).

**Zu § 53a:** *) S. Anm. *) zu § 53.

1) Hilfsperson des Geistlichen ist nur der, der in der Seelsorge selbst tätig ist. Hilfsperson des Verteidigers und Rechtsanwalts, des Wirtschaftsprüfers und Steuerberaters ist das Büropersonal, des Arztes die medizinisch-technischen Assistenten, auch Stundenhilfe, Krankenschwester — nicht der beigezogene Arzt, der ein selbständiges Zeugnisverweigerungsrecht hat —, des Abgeordneten der Privatsekretär.

2) Z. B. Gerichtsreferendare und Studenten der Rechts- und Wirtschaftswissenschaft und der Medizin.

3) Die Hilfsperson entscheidet nicht in eigener Verantwortung, vielmehr der Geheimnisträger.

4) Die Hilfsperson entscheidet ausnahmsweise selbst, wenn der Geheimnisträger durch Tod, Erkrankung oder Abwesenheit verhindert ist.

5) Die Entbindung wirkt sich ohne weiteres auf die Hilfsperson aus; ist also nicht teilbar.

**Zu Nr. 10:** *) Die Neufassung dient der Klarstellung, daß die Blutentnahme in allen Fällen nur durch einen Arzt vorgenommen werden kann, der mittels einer Venüle (luftleere und keimfreie Glasröhre mit Spezialverschluß und angearbeiteter Hohlnadel) eingreift, nicht mehr die Kapillarmethode anwendet.

**Zu Nr. 11:** *) Hierdurch ist die Untersuchung zur Feststellung der Abstammung durch Blutentnahme erweitert.

1) Es handelt sich um unverdächtige Personen, nicht bloß wie früher um Zeugen. Es können nunmehr im Meineidsverfahren auch Kinder untersucht werden, die über eigne Wahrnehmung nichts bekunden können.

unerläßlich ist[2]). Die Untersuchungen und die Entnahme von Blutproben dürfen stets nur von einem Arzt vorgenommen werden[3]). Absatz 1 Satz 2 und 3 gilt auch hier[4])."

12.*) § 97 erhält folgende Fassung:

„§ 97

(1) Der Beschlagnahme[1]) unterliegen nicht

1. schriftliche Mitteilungen[2]) zwischen dem Beschuldigten und den Personen, die nach § 52 oder § 53 Abs. 1 Nr. 1 bis 3 das Zeugnis verweigern dürfen;
2. Aufzeichnungen[3]), welche die in § 53 Abs. 1 Nr. 1 bis 3 Genannten über die ihnen vom Beschuldigten anvertrauten Mitteilungen oder über andere Umstände gemacht haben, auf die sich das Zeugnisverweigerungsrecht erstreckt;
3. andere Gegenstände einschließlich der ärztlichen Untersuchungsbefunde[4]), auf die sich das Zeugnisverweigerungsrecht der in § 53 Abs. 1 Nr. 1 bis 3 Genannten erstreckt.

(2) Diese Beschränkungen gelten nur, wenn die Gegenstände im Gewahrsam[5]) der zur Verweigerung des Zeugnisses Berechtigten sind; Gegenstände, auf die sich das Zeugnisverweigerungsrecht der Ärzte, Zahnärzte, Apotheker und Hebammen erstreckt, unterliegen der Beschlagnahme auch dann nicht, wenn sie im Gewahrsam einer Krankenanstalt sind. Die Beschränkungen der Beschlagnahme gelten nicht, wenn die zur Verweigerung des Zeugnisses Berechtigten einer Teilnahme[6]), Begünstigung oder Hehlerei verdächtig sind, oder wenn es sich um Gegenstände handelt, die durch ein Verbrechen oder Vergehen hervorgebracht oder zur Begehung eines Verbrechens oder Vergehens gebraucht oder bestimmt sind[7]) oder die aus einer solchen Straftat herrühren[8]).

(3) Soweit das Zeugnisverweigerungsrecht der Mitglieder des Bundestages, eines Landtages oder einer zweiten Kammer reicht (§ 53 Abs. 1 Nr. 4), ist die Beschlagnahme von Schriftstücken unzulässig[9]).

(4) Die Absätze 1 bis 3 sind entsprechend anzuwenden, soweit die in § 53a Genannten das Zeugnis verweigern dürfen[10])."

---

2) Es gilt der Aufklärungsgrundsatz.

3) S. Anm. zu Nr. 10 (§ 81a Abs. 1).

4) Also kann die Untersuchung verweigert werden und unzulässig sein.

**Zu Nr. 12:** *) Die Neufassung bereinigt, indem sie die Beschlagnahmefreiheit im Zusammenhang mit dem Zeugnisverweigerungsrecht auf Grund von Berufsgeheimnissen ausdehnt. Über frühere Streitfragen, vgl. *Loewe-Rosenberg* 20. Aufl. zu Anm. 6.

1) Beschlagnahme ist bereits ihre Anordnung.

2) Schriftl. Mitt. sind Schriftstücke, die zwischen dem Beschuldigten (im weitesten Sinne) und dem genannten Zeugnisverweigerungsberechtigten gewechselt sind.

3) Aufzeichnungen sind im weitesten Sinne zu verstehen: Tonbandaufnahmen, Handakten des Verteidigers, Krankenblätter, Karteien und Journale; dazu gehören auch Aufzeichnungen, die der Rechtsanwalt oder Arzt sich auf Mitteilungen anderer gemacht hat, ebenso *Loewe-Rosenberg* aaO. Anm. 6.

4) Dokumente, die dem RA. übergeben sind, Blutproben, Röntgenaufnahmen, Elektrokardiogramme, auch fremde Körper, die der Arzt aus dem Körper des besch. Patienten entnommen hat (Begr.).

5) „Im Gewahrsam", in den Händen der Zeugnisverweigerungsberechtigten steht gleich das Lagern in der Krankenanstalt.

6) Erst recht der Beschuldigte, der Tat Verdächtige oder Mitbeschuldigte.

7) § 40 StGB.

8) Diebesgut.

9) Diese Beschlagnahmebeschränkung entspricht dem Art. 47 Satz 2 GG.

10) S. Anm. 3 u. 4 zu § 53 a.

(5) Zu dem Zweck, die Person des Verfassers, Einsenders oder Gewährsmanns einer Veröffentlichung oder Sendung strafbaren Inhalts zu ermitteln, ist die Beschlagnahme von Schriftstücken unzulässig, die sich im Gewahrsam der nach § 53 Abs. 1 Nr. 5 und 6 zur Verweigerung des Zeugnisses Berechtigten befinden."

13.*) Nach § 101 wird folgende Vorschrift eingefügt:

„§ 101a (Notveräußerung)

(1) Sichergestellte oder beschlagnahmte Gegenstände, die eingezogen werden können[1]), dürfen vor der Entscheidung über die Einziehung veräußert werden, wenn ihr Verderb oder eine wesentliche Minderung ihres Wertes droht[2]) oder ihreAufbewahrung, Pflege oder Erhaltung mit unverhältnismäßig großen Kosten oder Schwierigkeiten verbunden ist[3]). Der Erlös tritt an die Stelle der Gegenstände[4]).

(2) Die Notveräußerung wird durch den Richter[5]), nach Eröffnung des Hauptverfahrens in dringenden Fällen durch den Vorsitzenden des erkennenden Gerichts angeordnet[6]). Die Anordnung kann auch durch die Staatsanwaltschaft oder ihre Hilfsbeamten (§ 152 des Gerichtsverfassungsgesetzes) getroffen werden, wenn der Gegenstand zu verderben droht, bevor die Entscheidung des Richters herbeigeführt werden kann.

(3) Der Beschuldigte, der Eigentümer und andere, denen Rechte an der Sache zustehen, sollen vor der Anordnung gehört werden. Die Anordnung sowie Zeit und Ort der Veräußerung sind ihnen, soweit tunlich, mitzuteilen.

(4) Die Notveräußerung wird nach den Vorschriften der Zivilprozeßordnung über die Verwertung einer gepfändeten Sache durchgeführt[7]). An die Stelle des Vollstreckungsgerichts tritt der Strafrichter. Er kann die nach § 825 der Zivilprozeßordnung zulässige Verwertung auf Antrag der Staatsanwaltschaft oder einer der in Absatz 3 genannten Personen oder von Amts wegen gleichzeitig mit der Notveräußerung oder nachträglich anordnen."

14.*) In § 115a Abs. 5 werden nach den Worten „gemäß § 207 Abs. 2" die Worte „oder § 268b" eingefügt.

15.*) Dem § 115b wird folgender Satz 2 angefügt:

„Vor der Entscheidung im Haftprüfungsverfahren ist der Angeklagte zu hören; hat er einen Verteidiger, so ist auch dieser zu hören."

16.*) § 117 erhält folgende Fassung:

„§ 117

Ein Angeschuldigter, dessen Verhaftung lediglich[1]) wegen Verdachts der Flucht gerechtfertigt ist, kann auf Grund von Maßnahmen, welche die Flucht-

---

**Zu Nr. 13:** *) Die Notveräußerung ist für das allgemeine Strafverfahren in Anlehnung an § 433 RAbgO. u. bes. an § 43 OWG. geschaffen. Richtlinien Nr. 57.

1) Dagegen dürfen die Gegenstände, die als Beweismittel dienen, nicht veräußert werden.

2) z. B. Fleisch.

3) Lederwaren, Tabak, auch Textilien.

4) Der Erlös kann später eingezogen werden.

5) Welcher Richter zuständig ist, bestimmt sich nach Grundsätzen des § 98 StPO.

6) Gegen die Anordnung steht den Betroffenen (vgl. Abs. 3) Beschwerde zu.

7) § 814ff. ZPO.

**Zu Nr. 14:** *) Die Ergänzung ergab sich aus der gesetzl. Festlegung in § 268 b.

**Zu Nr. 15:** Dieser Zusatz entspricht Art. 103 GG. u. § 115a Abs. 4 und stellt klar, daß Angesch. zu hören ist, wenn nach Eröffnung des Hauptverfahrens die Haftprüfung ohne mündl. Verhandlung stattfindet.

**Zu Nr. 16:** *) Durch diese Regelung wird eine alte Streitfrage ausgeräumt (*Eb. Schmidt*, Lehrkom. II S. 270).

1) Der Haftgrund der Verdunkelungsgefahr scheidet also aus.

gefahr erheblich zu vermindern geeignet sind[2]), insbesondere gegen Sicherheitsleistung, mit dem Vollzug der Untersuchungshaft[3]) verschont werden."

17.*) Dem § 148 wird folgender Absatz 5 angefügt:

„(5) Absatz 1 gilt auch, wenn der Beschuldigte aus anderen Gründen nicht auf freiem Fuße ist."

18.*) § 150 Abs. 1 erhält folgende Fassung:

„(1) Der zum Verteidiger bestellte Rechtsanwalt[1]) erhält nach der Gebührenordnung für die Verteidigung Gebühren und Ersatz seiner Auslagen aus der Staatskasse. Dies gilt auch für den Ersatz der Fahrtkosten, Tage-, Übernachtungs- und Abwesenheitsgelder, wenn der Rechtsanwalt nicht am Ort des Gerichts wohnt[2]).

19.*) Nach § 152 wird folgende Vorschrift eingefügt:

„§ 152a (Immunität der Landesabgeordneten)

Landesgesetzliche Vorschriften über die Voraussetzungen, unter denen gegen Mitglieder eines Organs der Gesetzgebung eine Strafverfolgung eingeleitet oder fortgesetzt werden kann, sind auch für die anderen Länder der Bundesrepublik Deutschland und den Bund wirksam."

20.*) § 152 Abs. 3 wird § 154a, die §§ 154 a und b werden §§ 154 b und c.

21.*) In § 153 Abs. 3 und in § 154 Abs. 2 sind nach dem Wort „Verfahren" die Worte „in jeder Lage" einzufügen.

22.*) In § 160 Abs. 3 werden die Worte „für die Strafbemessung und für die Anordnung von Maßregeln der Sicherung und Besserung" ersetzt durch die Worte „für die Strafbemessung, die Strafaussetzung zur Bewährung und die Anordnung von Maßregeln der Sicherung und Besserung".

23.*) § 170 Abs. 2 erhält folgende Fassung:

„(2) Andernfalls stellt die Staatsanwaltschaft das Verfahren ein. Hiervon

---

2) Solche fluchthindernden und -verhütenden Maßnahmen sind Meldepflicht, Aufenthaltsbeschränkung, Abgabe von Ausweispapieren.

3) Der Haftbefehl bleibt bestehen.

**Zu Nr. 17:** *) Die Ausdehnung des Rechts auf unbeschränkten Verkehr mit dem Verteidiger bezieht sich auf solche Häftlinge, die in Strafhaft oder in Sicherungsverwahrung einsitzen.

**Zu Nr. 18:** *) Die Neufassung enthält eine Klarstellung.

1) §§ 140, 141 StPO. Auswahl des Verteidigers Richtlinien Nr. 82.

2) § 142 Abs. 1 StPO.

**Zu Nr. 19:** *) Diese viel umstrittene Frage über die Immunität der Landesabgeordneten ist nunmehr einheitlich geregelt. Das Prozeßhindernis der Immunität, das ein Land für seine Abgeordneten schafft, wirkt sich gegenüber der Gerichtsbarkeit aller Länder und des Bundes aus. Die Aufhebung der Immunität muß stets seitens des zuständigen Landtages erfolgen.

**Zu Nr. 20:** *) Damit hat die Verfahrensvorschrift, die aus der VO. v. 6. 10. 1931 (RGBl. I S. 537) Teil 6 Kap. I § 3 stammt, und die sich in § 262 für die gerichtl. Entscheidung wiederfindet, einen selbständigen Platz gefunden. Der Einstellungsbescheid ist mit Rechtsmittelbelehrung zuzustellen. S. Anm. 494 zu Nr. 25.

**Zu Nr. 21:** *) Damit ist klargestellt, daß die Einstellung des Verfahrens auch in der Revisionsinstanz zulässig ist.

**Zu Nr. 22:** *) Die Änderung beruht auf der Einführung der Strafaussetzung zur Bewährung gemäß § 23 StGB. in der Fassung der 3. StÄG. Damit ist zum Ausdruck gebracht, daß sich die Ermittlungspflicht der StA. auch auf Umstände zu erstrecken hat, die für die Strafauss. z. Bew. von Bedeutung sein könne. (Begr.) S. Richtlinien Nr. 15.

**Zu Nr. 23:** *) Die Neuerung ist im Interesse des Beschuldigten geschaffen, um ihn von der Ungewißheit über den Ausgang des schwebenden Verfahrens zu befreien.

setzt sie den Beschuldigten in Kenntnis[1]), wenn er als solcher vernommen worden[2]) ist oder ein Haftbefehl gegen ihn erlassen war; dasselbe gilt, wenn er um einen Bescheid gebeten hat oder wenn ein besonderes Interesse an der Bekanntgabe ersichtlich ist[3])."

24.*) Dem § 171 wird folgender Satz 2 angefügt:

„In dem Bescheid ist der Antragsteller, der zugleich der Verletzte ist[1]), über die Möglichkeit der Anfechtung und die dafür vorgesehene Frist (§ 172 Abs. 1) zu belehren."

25.*) § 172 erhält folgende Fassung:

„§ 172

(1) Ist der Antragsteller zugleich der Verletzte[1]), so steht ihm gegen den Bescheid nach § 171 binnen zwei Wochen nach der Bekanntmachung die Beschwerde an den vorgesetzten Beamten der Staatsanwaltschaft zu[2]). Durch die Einlegung der Beschwerde bei der Staatsanwaltschaft wird die Frist gewahrt[3]). Sie läuft nicht, wenn die Belehrung nach § 171 Satz 2 unterblieben ist.

(2) Gegen den ablehnenden Bescheid des vorgesetzten Beamten der Staatsanwaltschaft kann der Antragsteller binnen einem Monat nach der Bekanntmachung gerichtliche Entscheidung beantragen. Hierüber und über die dafür vorgesehene Form ist er zu belehren; die Frist läuft nicht, wenn die Belehrung unterblieben ist. Der Antrag ist nicht zulässig[4]), wenn das Verfahren ausschließlich eine Übertretung oder ein Vergehen, das vom Verletzten im Wege der Privatklage verfolgt werden kann, zum Gegenstand hat oder wenn die Staatsanwaltschaft nach § 153 Abs. 2 oder § 153a Abs. 1 von der Erhebung der öffentlichen Klage abgesehen hat; dasselbe gilt in den Fällen der §§ 153b, 154 Abs. 1, 154b und 154c.

(3) Der Antrag auf gerichtliche Entscheidung muß die Tatsachen, welche die Erhebung der öffentlichen Klage begründen sollen, und die Beweismittel angeben. Er muß von einem Rechtsanwalt unterzeichnet sein; für das Armenrecht[5]) gelten dieselben Vorschriften wie in bürgerlichen Rechtsstreitigkeiten[6]). Der Antrag ist bei dem für die Entscheidung zuständigen Gericht einzureichen[7]).

---

1) Durch Erteilung eines Einstellungsbescheides. Richtlinien Nr. 70.

2) Es genügt die Vernehmung durch die Polizei als Beschuldigten, nicht als Zeugen.

3) Z. B. mit Rücksicht auf bürgerrechtl. oder versicherungsrechtl. Ansprüche.

**Zu Nr. 24:** *) Die in § 35 a StPO. ausgesprochene Rechtsmittelbelehrungspflicht ist hier und in § 172 Abs. 1 u. 2 für das Klageerzwingungsverfahren erweitert.

1) S. § 172 Anm. 1. Richtlinien Nr. 71.

**Zu Nr. 25:** *) Durch die Neufassung werden mehrere Zweifelsfragen beseitigt, die in der Praxis aufgetaucht sind, und einige Neuerungen geschaffen.

1) Vgl. die reichhaltige Rechtsprechung in Anm. 2 des Hauptwerks.

2) Tritt die StA. auf das Beschwerdevorbringen wieder in die Ermittelungen ein, so ist der Einstellungsbescheid erledigt. Die Frist läuft bei erneuter Einstellung an. Vgl. Celle JZ. 1952, 488. S. auch Richtlinien Nr. 80 (Übersendungsbericht).

3) Die Fristwahrung durch Einlegung der Beschwerde bei der StA. entspricht dem Grundsatz, der bei der Einlegung von Rechtsmitteln gilt. Vgl. §§ 306, 314, 341 StPO.

4) Damit wird klargestellt, daß das Klageerzwingungsverfahren nur im Bereiche des Verfolgungszwanges Platz greift. Jedoch ist § 154a StPO. n. F. (vgl. Nr. 20) mit Recht nicht aufgeführt, so daß auch in diesem Falle (Verfahrensaussetzung durch StA.) die richterliche Nachprüfung möglich ist.

5) Die Möglichkeit der Armenrechtsbewilligung entspricht der Entsch. des BVerfGer. v. 17. 6. 1953 — (B. R 668. 52). Wird das Armenrechtsgesuch erst nach Ablauf der Monatsfrist für den Antr. auf gerichtl. Entsch. beschieden, so kann Wiedereinsetzung in den vor. Stand nach § 44 gegeben sein.

6) §§ 114ff. ZPO.

7) S. Abs. 4.

(4) Zur Entscheidung über den Antrag ist das Oberlandesgericht[8]) zuständig; der Bundesgerichtshof entscheidet in den Sachen, die zu seiner Zuständigkeit im ersten Rechtszug gehören[9])."

26.*) § 188 erhält folgenden Absatz 4:

„(4) Niederschriften über die Erklärung des Angeschuldigten, über die Angaben von Zeugen und Sachverständigen und über das Ergebnis eines Augenscheins können in einer gebräuchlichen Kurzschrift als Anlage des Protokolls aufgenommen werden. Die Anlage ist den Beteiligten vorzulesen und allein von dem Protokollführer zu unterschreiben. In dem Protokoll ist zu vermerken, daß die Verlesung geschehen und die Genehmigung erfolgt ist, oder welche Einwendungen erhoben worden sind. Nach Beendigung der Verhandlung ist unverzüglich eine Übertragung der Anlage des Protokolls in die gewöhnliche Schrift anzufertigen und von dem Protokollführer zu beglaubigen. Die Übertragung tritt für das weitere Verfahren an die Stelle der Anlage. Der Nachweis der Unrichtigkeit der Übertragung ist zulässig."

27.*) In § 247 Abs. 1 wird nach Satz 1 folgende Vorschrift eingefügt:

„Dasselbe gilt für die Dauer von Erörterungen über den körperlichen oder geistigen Zustand des Angeklagten[1]), wenn ein erheblicher Nachteil für seine Gesundheit zu befürchten ist."

28.*) In § 260 Abs. 4 wird nach Satz 1 eingefügt:

„Wird die Strafe zur Bewährung ausgesetzt[1]) oder wird unter Schuldigsprechung von Strafe abgesehen[2]), so ist dies im Urteilsspruch zum Ausdruck zu bringen[3])."

29.*) Dem § 263 wird folgender Absatz 4 angefügt:

„(4) Über die Strafaussetzung zur Bewährung wird mit einfacher Mehrheit entschieden."

---

8) Für Berlin KG.

9) Die Beschwerde gegen den Einstellungsbescheid der OBA. entfällt ebenso gegen den des GStA. in den Fällen, in denen der OBA. das Verfahren nach § 134a GVG. an die Landesstaatsanwaltschaft abgegeben hat. Für den Antrag auf gerichtl. Entscheidung ist dann das OLG., nicht der BGH. zuständig.

**Zu Nr. 26:** *) Die Protokollierung in Kurzschrift, die in Anlehnung an § 163a ZPO. für das Strafverfahren eingeführt ist, bedeutet eine erhebliche Vereinfachung. Sie gilt für die VU. und für die Vernehmung des Amtsrichters nach § 168, nicht aber für die Hauptverhandlung.

**Zu Nr. 27:** *) Hierdurch wird die Möglichkeit der vorübergehenden Ausschließung des Angekl. von der Hauptverhandlung erweitert. Die Vorschrift soll dem Schutze des Angekl. dienen. Von ihr ist wegen der Bedeutung nur mit Vorsicht Gebrauch zu machen, regelmäßig nur, wenn Angekl. einen Verteidiger hat. *Dallinger* JZ. 1953, 440 zu 5.

1) Z. B. bei Erstattung von Gutachten durch Fachärzte, Vernehmung von Zeugen über Krankheitssymptome, Verlesung von Urkunden. *Dallinger* ebenda.

**Zu Nr. 28:** *) Die Neuerung ist durch Einführung der gerichtlichen Strafaussetzung zur Bewährung nach § 23 StGB. i. Fass. des 3. StÄG. notwendig geworden. Für die Urteilsgründe s. § 267 Abs. 3 n. F.

1) Die ablehnende Entscheidung wird nicht im Urteilssatz aufgenommen.
Die Entscheidung über Strafauss. z. B. darf nicht vorbehalten werden — anders § 57 JGG.

2) §§ 82, 89 Abs. 3, 90 Abs. 5, 129 Abs. 3, 129a Abs. 2, 139 Abs. 1, 157 Abs. 1 u. 2, 158 Abs. 1, 175 Abs. 2 StGB. Der Urteilstenor muß auch den Schuldspruch enthalten. — Für Ermittelungsverfahren s. § 153a i. Fass. des 1. StÄG. (Nachtrag Nr. 3). Richtlinien Nr. 76.

3) Damit ist die Entscheidung über Strafauss. z. Bew. Bestandteil des Urteils und unterliegt den zulässigen Rechtsmitteln. Sie ist auch in der Revisionsinstanz zu beachten. Braunschweig NJW 1953, 1762.

**Zu Nr. 29:** *) Da die Strafauss. z. Bew. ein Akt der Strafzumessung ist (Anm. 1 Abs. 3 zu § 23 StGB. Nachtr. S. 18), gehört die Entscheidung darüber nicht zur Straffrage. Daher findet das Verbot der Schlechterstellung nach §§ 331, 358, 373 StPO. keine Anwendung. Über die Abstimmung s. § 196 Abs. 4 GVG. in Fassung des 3. StÄG. Nachtrag S. 49.

30.*) Dem § 267 Abs. 3 wird folgender Satz angefügt:

„Die Urteilsgründe müssen ferner ergeben, weshalb die Strafe zur Bewährung ausgesetzt oder einem in der Verhandlung gestellten Antrag entgegen nicht ausgesetzt worden ist; dies gilt entsprechend für das Absehen von Strafe[4])."

31.*) § 268 Abs. 4 wird aufgehoben.

32.*) Nach § 268 werden folgende Vorschriften eingefügt:

„§ 268a

(Nachentscheidung und Belehrung bei Strafaussetzung zur Bewährung)

(1) Wird in dem Urteil die Strafe zur Bewährung ausgesetzt, so trifft das Gericht die Anordnungen, die sich auf die Strafaussetzung zur Bewährung beziehen (§ 24 des Strafgesetzbuchs)[1]),durch Beschluß; dieser ist mit dem Urteil zu verkünden.

(2) Der Vorsitzende belehrt den Angeklagten über die Bedeutung der Strafaussetzung zur Bewährung, die Bewährungszeit und die Bewährungsauflagen sowie darüber, daß er den Widerruf der Aussetzung[2]) zu erwarten habe, wenn er das in ihn gesetzte Vertrauen nicht rechtfertige, insbesondere den Bewährungsauflagen zuwiderhandle. Zugleich ist ihm aufzugeben, jeden Wechsel seines Aufenthalts während der Bewährungszeit anzuzeigen. Die Belehrung ist in der Regel im Anschluß an die Verkündung des Beschlusses nach Absatz 1 zu erteilen[3])[4]).

§ 268b

(Fortdauer der Untersuchungshaft und einstweiligen Unterbringung)

Bei der Urteilsfällung ist zugleich von Amts wegen über die Fortdauer der Untersuchungshaft der einstweiligen Unterbringung zu entscheiden. Der Beschluß ist mit dem Urteil zu verkünden."

33.*) Nach § 305 wird folgende Vorschrift eingefügt:

„§ 305a (andere Beschwerde)

(1) Gegen den Beschluß nach § 268a Abs. 1[1]) ist Beschwerde zulässig. Sie kann nur[2]) darauf gestützt werden, daß eine getroffene Anordnung gesetz-

---

**Zu Nr. 30:** *) Diese Regelung entspricht der, die für Annahme oder Ablehnung mildernder Umstände im Abs. 3 Satz 2 getroffen ist.

**Zu Nr. 31:** *) Die Vorschrift ist durch § 35a (Rechtsmittelbelehrungspflicht) gegenstandslos geworden.

**Zu Nr. 32:** *) Die prozessuale Vorschrift ist in Ausführung der §§ 24, 25 StGB. (Nachtrag S. 20/21) notwendig geworden.

1) Bewährungsauflagen sind Schadensersetzung, Weisungen über Aufenthaltsort, Ausbildung, Arbeit oder Freizeitgestaltung, ärztliche Behandlung oder Entziehungskur, Erfüllung der Unterhaltspflicht, Bußzahlung und Unterstellung unter Bewährungshelfer.

2) § 25 StGB. i. Fass. des 3. StÄG.

3) Diese Belehrung über die Strafaussetzungs- und Bewährungsanordnungen kann auch nachträglich erteilt werden. § 453a StPO. n. F.

4) Gegen den Beschluß über die Anordnung ist nach § 305a Beschwerde gegeben.

**Zu § 268b:** Diese Einfügung entspricht der bestehenden Praxis.

**Zu Nr. 33:** *) Hier handelt es sich lediglich um Anfechtung der Bewährungsanordnungen. Der Ausspruch über die Strafauss. selbst ist Bestandteil des Urteils — anders § 57 JGG. — und nur mit diesem zusammen anzufechten. S. Anm. 1 zu Nr. 28.

1) d. h. Beschluß, der die Einzelanordnungen über die Strafaussetzung betrifft.

2) Die Einschränkung der Zulässigkeit ist darauf zurückzuführen, daß die Beschw. möglichst schnell erledigt werden soll. Er bleibt dem Beschwerdeführer überlassen, noch andere Gründe geltend zu machen.

widrig ist[3]) oder einen einschneidenden, unzumutbaren Eingriff in die Lebensführung des Beschwerdeführers darstellt[4]).

(2) Wird gegen den Beschluß Beschwerde und gegen das Urteil eine zulässige Revision[5]) eingelegt, so ist das Revisionsgericht auch zur Entscheidung über die Beschwerde zuständig."[6])

34.*) § 308 erhält folgende Fassung:

„§ 308 (Gegenerklärung, Ermittelungen)

(1) Das Beschwerdegericht darf die angefochtene Entscheidung nicht zum Nachteil des Gegners des Beschwerdeführers ändern, ohne daß diesem die Beschwerde zur Gegenerklärung mitgeteilt worden ist[1]).

(2) Das Beschwerdegericht kann Ermittlungen anordnen oder selbst vornehmen."

35.*) Dem § 319 Abs. 2 wird folgender Satz angefügt:
„Die Vorschrift des § 35a gilt entsprechend."

36.*) § 324 Abs. 1 Satz 2 erhält folgende Fassung:
„Das Urteil des ersten Rechtszuges ist zu verlesen; von der Verlesung der Urteilsgründe[1]) kann abgesehen werden, soweit sie für die Berufung nicht von Bedeutung sind[2])."

37.*) Dem § 346 Abs. 2 wird folgender Satz angefügt:
„Die Vorschrift des § 35a gilt entsprechend."

38.*) § 350 erhält folgende Fassung:

„§ 350 (Benachrichtigung des Angeklagten)

(1) Dem Angeklagten und dem Verteidiger[1]) sind Ort und Zeit der Hauptverhandlung mitzuteilen. Ist die Mitteilung an den Angeklagten nicht ausführbar[2]), so genügt die Benachrichtigung des Verteidigers.

(2) Der Angeklagte kann[2]) in der Hauptverhandlung erscheinen oder sich durch einen mit schriftlicher Vollmacht versehenen Verteidiger vertreten lassen[3]). Der Angeklagte, der nicht auf freiem Fuße ist, hat keinen Anspruch auf Anwesenheit."

39.*) In § 362 Nr. 2 wird das Wort „Verurteilten" ersetzt durch das Wort „Angeklagten".

---

3) z. B. die Anordnung widerspricht dem § 24 StGB. S. Anm. 1 dazu Nachtr. S. 20.
4) z. B. die Bußzahlung ist zu hoch, die Freiheitentziehung zu groß.
5) Berufung scheidet insoweit aus, da das Berufungsgericht mit dem Beschwerdegericht zusammenfällt.
6) Die gleichzeitige Entscheidung ist nicht zwingend.

**Zu Nr. 34:** *) Die Neufassung trägt dem in Art. 103 GG. verankerten rechtl. Gehör Rechnung.
1) Dabei ist es gleich, ob der im ersten Rechtszug festgestellte Sachverhalt dem Beschwerdegericht zur Entscheidung vorliegt, oder ob der Beschwerdeführer neue Tatsachen oder Beweismittel vorgebracht hat.

**Zu Nr. 35:** *) Damit ist die Belehrungspflicht ausgesprochen.

**Zu Nr. 36:** *) Durch diese Neuerung wird die Eintönigkeit und die Verlängerung der Hauptverhandlung vermieden.
1) Der Urteilssatz ist stets zu verlesen.
2) Ein gedrängter Auszug genügt.

**Zu Nr. 37:** *) Damit ist die Belehrungspflicht ausgesprochen.

**Zu Nr. 38:** *) Die Neufassung betont die Bedeutung des Verteidigers.
1) Der Verteidiger muß bevollmächtigt oder für die Revisionsinstanz bestellt sein.
2) Der Angekl. braucht nicht anwesend zu sein. S. auch letzter Satz.
3) Ist die Mitteilung an Angekl. nicht ausführbar und hat er keinen Verteidiger (Anm. 1), so wird nach § 40 Abs. 2 StPO. verfahren.

**Zu Nr. 39:** *) Die Neufassung ist eine Richtigstellung, Bereinigung eines Redaktionsversehens.

40.*) Dem § 364 wird folgender Satz angefügt:

„Dies gilt nicht im Falle des § 359 Nr. 5."

41.*) § 391 Abs. 1 erhält folgende Fassung:

„(1) Die Privatklage kann in jeder Lage des Verfahrens zurückgenommen werden[1]). Nach Beginn der Vernehmung des Angeklagten zur Sache[2]) in der Hauptverhandlung des ersten Rechtszuges bedarf die Zurücknahme der Zustimmung des Angeklagten[3])."

42.*) § 395 Abs. 2 erhält folgende Fassung:

„(2) Die gleiche Befugnis steht zu

1. den Eltern, Kindern, Geschwistern und dem Ehegatten[1]) eines durch eine mit Strafe bedrohte Handlung Getöteten;
2. dem Verletzten[2]), der durch einen Antrag auf gerichtliche Entscheidung (§ 172) die Erhebung der öffentlichen Klage herbeigeführt hat."

43.*) § 408 Abs. 2 Satz 2 erhält folgende Fassung:

„Dasselbe gilt, wenn der Amtsrichter eine andere als die beantragte Strafe festsetzen oder über die Strafaussetzung zur Bewährung[1]) abweichend vom Antrag der Staatsanwaltschaft entscheiden will und die Staatsanwaltschaft bei ihrem Antrag beharrt."

44.*) An die Stelle des § 409 Abs. 2 treten folgende Absätze:

„(2) Der Strafbefehl wird auch dem gesetzlichen Vertreter des Angeklagten[1]) mitgeteilt[2]).

(3) Die Vorschriften der §§ 297 bis 300 und des § 302[3]) gelten entsprechend."

45.*) § 429e wird aufgehoben.

46.*) § 431 wird wie folgt geändert:

a) Absatz 1 erhält folgende Fassung:

„(1) Über den Antrag nach § 430 Abs. 1 wird, wenn die Staatsanwaltschaft

---

**Zu Nr. 40:** *) Damit ist eine alte Streitfrage klargestellt. Auch wenn eine Verurteilung nicht vorliegt, sind neue Tatsachen oder Beweismittel (§ 359 Nr. 5) zu berücksichtigen.

**Zu Nr. 41:** *) Die Neufassung bedeutet eine Vereinfachung des Privatklageverfahrens unter Angleichung an den Zivilprozeß. § 271 ZPO.

1) Die Zurücknahme kann nunmehr auch in der Revisionsinstanz erfolgen.

2) § 243 Abs. 3 StPO.

3) Diese Einschränkung, die wegen entgegenstehender Interessen des Angekl. geboten ist, gilt für das Rechtsmittelverfahren.

**Zu Nr. 42:** *) Diese Neufassung dehnt die Befugnis zur Erhebung der Nebenklage aus und erweitert sie.

1) d. h. nahen Angehörigen.

2) Nunmehr jedem Verletzten, der mit seinem Antrag durchgedrungen ist.

**Zu Nr. 43:** *) Die Neufassung ist mit Rücksicht auf die Einführung der Strafaussetzung z. Bew. erforderlich. Durch die Vorschrift soll auch einer allzu großzügigen Anwendung der Strafaussetzung im Strafbefehlsverfahren begegnet werden, die gerade hier, wo der Richter keinen persönl. Eindruck von dem Beschuldigten bekommt, bedenklich wäre. Dasselbe gilt für die richterl. Strafverf. nach § 413.

1) Die Strafaussetzung muß sich auf die ganze Strafe, nicht auf einen Teil erstrecken. Vgl. Anm. 1 zu § 23 StGB. i. Fass. d. 3. StÄG. Nachtr. S. 18. S. auch Richtlinien Nr. 163.

**Zu Nr. 44:** *) Hiermit erfolgt eine Angleichung an die Bestimmungen über Rechtsmittel.

1) Richtiger: des Beschuldigten.

2) Die Mitteilung erfolgt mit Rücksicht auf § 298. Damit hat der gesetzl. Vertreter ein selbständiges Einspruchsrecht mit den für den Beschuldigten laufenden Fristen.

3) Danach soll der Einspruch wie ein Rechtsmittel behandelt werden.

**Zu Nr. 45:** *) Mit Streichung des § 37 StGB. durch die GeltungsbereichVO. v. 6. 5. 1940 (RGBl. I S. 754) war die Vorschrift über nachträgliche Sicherungsverfahren überholt.

**Zu Nr. 46:** *) Die Änderung dient der Vereinfachung des objektiven Einziehungsverfahrens.

oder ein Beteiligter (Absatz 2) es beantragt oder das Gericht es anordnet[1]), auf Grund mündlicher Verhandlung durch Urteil entschieden[2]). Die Vorschriften über die Hauptverhandlung gelten entsprechend."

b) Als Absatz 4 wird folgende Vorschrift angefügt:

„(4) Wird kein Antrag auf mündliche Verhandlung gestellt, so kann das Gericht nach Anhörung der Staatsanwaltschaft und der Beteiligten (Absatz 2) durch Beschluß entscheiden[3])."

47.*) Dem § 432 wird folgender Absatz 2 angefügt:

„(2) Gegen den Beschluß (§ 431 Abs. 4) ist sofortige Beschwerde zulässig[1]). Absatz 1 gilt entsprechend."

48.*) Dem § 450 wird folgender Absatz 2 angefügt:

„(2) Führt nach rechtzeitiger Einlegung eines Rechtsmittels ein Beschluß unmittelbar die Rechtskraft des Urteils herbei[1]), so gilt für die Berechnung der Strafzeit die Rechtskraft als zu Beginn des Tages der Beschlußfassung eingetreten."

49.*) Nach § 452 werden folgende Vorschriften eingefügt:

„§ 453 (Nachträgliche Entscheidungen bei Strafaussetzung zur Bewährung)

(1) Die nachträglichen Entscheidungen, die sich auf eine Strafaussetzung zur Bewährung beziehen (§§ 24 und 25 des Strafgesetzbuchs)[1]), trifft das Gericht ohne mündliche Verhandlung[2]) durch Beschluß. Die Staatsanwaltschaft und der Angeklagte sind zu hören. Der Beschluß ist zu begründen[3]).

(2) Zuständig ist das Gericht, das in der Strafsache im ersten Rechtszug erkannt oder nach § 460 die Gesamtstrafe gebildet hat[4]). Das Gericht kann die nachträglichen Entscheidungen über die Strafaussetzung zur Bewährung ganz oder teilweise[5]) dem Amtsgericht übertragen, in dessen Bezirk der Angeklagte seinen Wohnsitz oder in Ermangelung eines Wohnsitzes seinen gewöhnlichen

---

1) Die Anordnung des Gerichts erfolgt, wenn es die Entscheidung durch Beschluß (Abs. 4) für unangemessen hält.

Durch die Anordnung wird zugleich Termin zur Hauptverhandlung anberaumt.

2) Gegen das Urteil sind Berufung und Revision zulässig, § 432 Abs. 1.

3) Der Beschluß kann mit sofortiger Beschwerde angefochten werden, § 432 Abs. 2.

**Zu Nr. 47:** *) Die Neuerung folgt aus § 431 Abs. 4.

1) § 311 StPO.

**Zu Nr. 48:** *) Mit diesem Zusatz wird eine alte Streitfrage bereinigt.

1) Z. B. bei Verwerfung der Revision wegen offensichtlicher Unbegründetheit nach § 349 Abs. 2.

Nicht anwendbar auf Verwerfungsbeschlüsse nach §§ 319, 322, 346 u. 349 StPO., soweit nach den Feststellungen das Rechtsmittel verspätet eingelegt ist, ebenso *Dallinger* JZ. 1953, 441.

**Zu Nr. 49:** *) Diese Vorschriften §§ 453, 453a u. 454 sind in Verfolg der Einführung der gerichtl. Strafaussetzung (§§ 23—25 StGB.) und der bedingten Entlassung (§ 26 StGB.) notwendig geworden.

1) Die nachträglichen Entscheidungen betreffen die Durchführung der Strafaussetzung z. Bew. wie Verlängerung oder Verkürzung der Bew.-Zeit, Änderung der Bew.-Auflagen und Widerruf der Strafaussetzung.

2) Es liegt im Ermessen des Gerichts den Beschluß auch nach mündlicher Verhandlung zu erlassen.

3) Die Begründung des Beschl. ist vorgeschrieben, weil § 34 nicht in allen Fällen eingreift. Der Beschluß bedarf der Zustellung, § 35.

4) Treffen bei der nachträglichen Gesamtstrafenbildung Verurteilungen mit und ohne Strafaussetzung zusammen, so ist die Strafaussetzung voll zu übernehmen; liegen Verurteilungen mit Strafaussetzungen in verschiedenen Zeiten und Auflagen vor, so werden die längsten Zeiten und schwersten Auflagen festzusetzen sein.

5) Z. B. unter Vorbehalt des Widerrufs der Strafaussetzung und Anordnung der Strafvollstreckung (Begr.).

Aufenthaltsort hat[6]). Hat das Gericht, dem die nachträglichen Entscheidungen übertragen worden sind, gegen die Übernahme Bedenken[7]), so entscheidet das gemeinschaftliche obere Gericht[7]).

(3) Gegen die Entscheidungen nach Absatz 1 ist Beschwerde zulässig. Sie kann nur darauf gestützt werden, daß eine getroffene Anordnung gesetzwidrig ist oder einen einschneidenden, unzumutbaren Eingriff in die Lebensführung des Beschwerdeführers darstellt[8]) oder daß die Bewährungszeit nachträglich verlängert worden ist[9]).

Der Widerruf der Aussetzung (§ 25 Abs. 2 des Strafgesetzbuchs) kann mit sofortiger Beschwerde angefochten werden[10]). Der Erlaß der Strafe (§ 25 Abs. 1 des Strafgesetzbuchs) ist nicht anfechtbar[11])."

§ 453a (Nachträgliche Belehrung)*)

(1) Ist der Angeklagte nicht nach § 268a Abs. 2 belehrt worden, so wird die Belehrung durch das nach § 453 Abs. 2 zuständige Gericht erteilt. Der Vorsitzende kann mit der Belehrung ein Mitglied des Gerichts beauftragen oder einen Amtsrichter darum ersuchen[1]).

(2) Die Belehrung soll außer in Fällen von geringer Bedeutung[2]) mündlich erteilt werden.

(3) Der Angeklagte soll auch über die nachträglichen Entscheidungen belehrt werden. Absatz 1 gilt entsprechend[3]).

§ 454 (Entscheidung über bedingte Entlassung)*)

(1) Die Entscheidung, ob ein Verurteilter bedingt entlassen werden soll (§ 26 des Strafgesetzbuchs), trifft das Gericht ohne mündliche Verhandlung durch Beschluß. Die Staatsanwaltschaft und die Strafvollzugsbehörde sind zu hören[1]). Der Beschluß ist zu begründen[2]).

(2) Gegen die Entscheidung nach Absatz 1 ist sofortige Beschwerde zulässig. Die Beschwerde der Staatsanwaltschaft gegen den Beschluß, der die bedingte Entlassung anordnet, hat aufschiebende Wirkung[3]).

(3) Im übrigen gelten die Vorschriften der §§ 453, 453a Abs. 1 und 3, § 268a Abs. 2 entsprechend. Die Belehrung über die bedingte Entlassung wird

---

6) Auch dann empfiehlt sich die Übertragung der nachträglichen Entscheidungen, wenn ein Gericht höherer Ordnung entschieden oder der Angekl. seinen Aufenthaltsort gewechselt hat (Begr.).

7) Bevor die Entscheidung des gemeinschaftlichen oberen Gerichts, des Land- oder Oberlandesgerichts, unter Umständen des BGH. herbeigeführt wird, wird eine Rückfrage unter Mitteilung der Bedenken angebracht sein.

8) S. Anm. 4 zu § 305a (Nr. 33).

9) Die Verlängerung der Bewährungszeit soll stets eine schwere Benachteiligung der Verurteilten bedeuten.

10) Da mit dem Widerruf der Strafaussetzung der Verurteilte der Strafvollstreckung zugeführt wird, ist ihm das Rechtsmittel der sofortigen Beschwerde gegeben.

11) Damit ist der StA. das Beschwerderecht genommen.

**Zu § 453a:** *) S. Anm. *) zu § 453.

1) Im Wege der Rechtshilfe § 156ff. VGG. Die Belehrung muß also stets durch einen Richter erfolgen; sie kann nicht einer Verwaltungsbehörde, etwa Gemeinde oder Polizei übertragen werden.

2) Z. B. bei niedrigen Strafen.

3) Vgl. § 453.

**Zu § 454** *) s. Anm. *) zu § 453.

1) Da die Entlassung nur mit Zustimmung des Verurteilten erfolgt, erübrigt sich seine Anhörung vor der Beschlußfassung.

2) Der Beschluß ist auch zuzustellen.

3) Die aufschiebende Wirkung rechtfertigt sich dadurch, daß der Erfolg der Beschwerde abzuwarten ist, damit nicht der bedingt Entlassene wieder eingesperrt wird.

mündlich erteilt[4]); sie kann auch dem Leiter der Vollzugsbehörde übertragen werden."

50.*) Dem § 467 Abs. 2 wird folgender Satz angefügt:

„Sie sind[1]) ihr aufzuerlegen, wenn das Verfahren die Unschuld des Angeschuldigten ergeben[2]) oder dargetan hat, daß gegen ihn ein begründeter Verdacht nicht vorliegt[3]); § 2 des Gesetzes betreffend die Entschädigung für unschuldig erlittene Untersuchungshaft vom 14. Juli 1904 in der Fassung des Gesetzes vom 24. November 1933 (Reichsgesetzbl. I S. 1000) gilt entsprechend."

51.*) Dem § 470 wird folgender Satz angefügt:

„Sie können[1]) dem Angeklagten auferlegt werden, soweit er sich zur Übernahme bereit erklärt[2]), der Staatskasse[3]), soweit es unbillig wäre, die Beteiligten damit zu belasten."

---

4) Schriftl. Belehrung ist wenig wirksam.

**Zu Nr. 50:** *) Die Neuerung schafft Klarheit über den Anspruch auf Auslagenersatz; der Gesichtspunkt der Billigkeit ist ausgeschaltet.

1) Die dem Angeklagten erwachsenen Auslagen zu ersetzen, hat die Staats-(Bundes)Kasse die gesetzliche Pflicht. Die Entscheidung im Urteil ist von Amts wegen zu treffen und in den Urteilsgründen mit § 467 Abs. 2 zu belegen. Eines Antrages bedarf er nicht. Wird ein Antrag gestellt, der jedoch abgelehnt wird, da die Voraussetzungen nicht gegeben sind, so ist es in den Urteilsgründen zum Ausdruck zu bringen.

2) S. darüber Anm. 7 zu § 1 des Ges. betr. Entschädigung der im Wiederaufnahmeverfahren freigesprochenen Personen v. 20. 5. 1898 (RGBl. I S. 345), abgedr. unter D 1 des Hauptwerkes.

3) S. Anm. 7 zu § 1 des im Text genannten Entschädigungsgesetzes, das im Hauptwerk unter D 2 abgedruckt ist.

**Zu Nr. 51:** *) Der Zusatz bringt eine Auflockerung der bisher starren Regelung.

1) Nunmehr braucht nicht mehr mit Einstellung nach § 153 StGB. operiert zu werden.

2) Die Übernahmeerklärung erfolgt beim Abschlußvergleich.

3) Die Staatskasse wird — ausnahmsweise — mit den Kosten und Auslagen belastet, wenn Härten vermieden werden sollen.

### Artikel 5. Ausführungsbestimmungen zu § 24a StGB.

Die Tätigkeit des Bewährungshelfers wird haupt- oder ehrenamtlich ausgeübt. Das Nähere ist durch Landesgesetz zu regeln.

### Artikel 6

(setzt die §§ 42a Nr. 3 und 42d StGB. nebst den erforderlichen Hinweisen in den §§ 42f, 42h und 42i StGB. im Gebiet der amerikanischen Besatzungszone wieder in Kraft).

### Artikel 7. Änderung von Nebengesetzen

1. Soweit in anderen Gesetzen als dem Strafgesetzbuch Festungshaft als Strafe angedroht ist, tritt an ihre Stelle die Einschließung.
2. In Art. III Abs. 1 Nr. 1 der VO über Vermögensstrafen und Bußen v. 6. 2. 1924 (RGBl. I S. 44) treten an die Stelle der Worte „drei Deutsche Mark" die Worte „fünf Deutsche Mark" und an die Stelle der Worte „eine Deutsche Mark" die Worte „drei Deutsche Mark".
3. u. 4. (enthält Änderungen des Gerichtskostengesetzes).
5. In § 23 Nr. 3 des Reichsges. über die Presse v. 7. 5. 1874 (RGBl. S. 65) werden die Worte „in den §§ 85, 95, 111, 130 oder 184 StGB." ersetzt durch die Worte „in den §§ 84, 95, 111, 130 oder 184 StGB.".

### Artikel 8. Aufhebung von Vorschriften

(hebt, abgesehen von den in das StGB. eingearbeiteten Vorschriften des Nebenstrafrechts, folgende Vorschriften ersatzlos auf: a) die VO über Feld- und Forstdiebstähle v. 20. 9. 1942 — RGBl. I S. 558 — nebst den in Bayern, Württemberg-Baden, Württemberg-Hohenzollern und in der brit. Zone an deren Stelle getretenen inhaltlich gleichen landes- und zonenrechtlichen Vorschriften [Art. 8 Nr. 10, 15, 19, 20, 21], b) die Vorschriften über die Selbstbefreiung von Gefangenen in Bayern und Württemberg-Baden [Anh. 8 Nr. 16, 18]).

### Artikel 9. Land Berlin

(1) Die Vorschriften dieses Gesetzes, die den Bund, die Länder der Bundesrepublik ihre Einrichtungen und Staatsorgane und deren Mitglieder betreffen, gelten auch für das Land Berlin, seine Einrichtungen, Staatsorgane und deren Mitglieder.

(2) (betr. Übernahme des Gesetzes in Berlin, die durch Berliner Ges. v. 10. 8. 1853, GVBl. S. 758, erfolgt ist).

### Artikel 10

(ermächtigt den Bundesjustizminister zur Bekanntmachung des jetzt geltenden Wortlauts des „Strafgesetzbuchs", die durch Bekanntmachung v. 25. 8. 1953, BGBl. I S. 1083) erfolgt ist.

### Artikel 11

(bestimmt, daß Art. 10 am 1. 8. 1953, § 24 Abs. 1 Nr. 6 und § 24a StGB. sowie Art. 5 am 1. 1. 1954 und das Gesetz im übrigen am 1. 10. 1953 in Kraft treten).

# 4. Jugendgerichtsgesetz

Vom 4. August 1953 (BGBl. I S. 751).

Das Jugendstrafrecht ist erstmalig in dem Jugendgerichtsgesetz v. 16. 2. 1923 (RGBl. I S. 135) niedergelegt. Hierzu war in Preußen die AV. v. 20. 6. 1923 (JMBl. S. 450) ergangen. Zur Vereinfachung und Vereinheitlichung des Jugendstrafrechts ist nach der JugendstrafrechtsVO. vom 6. 11. 1943 die Neufassung in dem Reichsjugendgerichtsgesetz erfolgt (RGBl. I S. 637). Das RJGG., das in bahnbrechender Weise für die strafrechtliche Behandlung Jugendlicher den Erziehungsgedanken eingeführt hat, stellte nach übereinstimmender Auffassung in Rechtsprechung und Rechtslehre ein Gesetzeswerk dar, das die bisher fortschrittlichste Kodifikation des Jugendstrafrechts in Deutschland enthielt. Es ist durch § 122 des vorliegenden Gesetzes aufgehoben worden. Dieses Gesetz geht mehrfach auf das Jugendgerichtsgesetz v. 16. 2. 1923 zurück, §§ 33ff.; 55 Abs. 1, 83. Gegenüber dem RJGG. beschränkt es sich, unter Bereinigung des Gesetzes vom nationalistischen Gedankengut, auf Schaffung der Möglichkeit, Heranwachsende § (1) unter bestimmten Voraussetzungen wie Jugendliche zu behandeln (§§ 105ff.); auf die Neuordnung der Gerichtsverfassung unter Hinzuziehung des Laienelements (§§ 33—35) und auf Einführung der Aussetzung der Jugendstrafe (§§ 20ff.) und der Verhängung der Jugendstrafe (§ 27ff.) zur Bewährung.

Die „Richtlinien" (Sonderveröffentlichung der „Deutschen Justiz" Nr. 30), die zum RJGG. erlassen waren, sind, soweit sie Rechtsnormencharakter haben, in das vorliegende Gesetz aufgenommen. Neue Richtlinien sind zu erwarten.

Schrifttum: 1. Zum JGG. 1923: *Franke*, Das Jugendgerichtsgesetz 2. Aufl.; *Hellwig*, Jugendgerichtsgesetz; *Kiesow*, Jugendgerichtsgesetz; *Peters*, Jugendgerichtsgesetz. 2. Zum RJGG.: *Peters*, Komm. 2. Aufl u. *Kümmerlein* ebenso; LK. 6. Aufl. Bd. I S. 445; *Schwarz*, StGB. 15. Aufl. S. 134, StPO. 16. Aufl. S. 667; Aufsätze: *Kümmerlein*, DJ. 1943, 529 u. 553. 3. Zum neuen JGG.: Aufsätze: *Lackner* JZ. 1953, 527; *Heinen* MDR 1953, 449; *Potrykus* NJW. 1953, 1452; *Becker* JR. 1953, 411. Bericht des Bundestagsausschusses für Rechtswesen und Verfassungsrecht BT-Drucks. Nr. 4437, zitiert „Ber.".

## ERSTER TEIL

## Anwendungsbereich

### § 1 Persönlicher und sachlicher Anwendungsbereich

(1) Dieses Gesetz[1]) gilt, wenn ein Jugendlicher oder ein Heranwachsender eine Verfehlung[2]) begeht, die nach den allgemeinen Vorschriften mit Strafe bedroht ist[3]).

(2) Jugendlicher ist, wer zur Zeit der Tat vierzehn, aber noch nicht achtzehn[4]), Heranwachsender, wer zur Zeit der Tat achtzehn, aber noch nicht einundzwanzig Jahre alt ist[5]).

(3) Strafrechtlich ist nicht verantwortlich, wer zur Zeit der Tat noch nicht vierzehn Jahre alt ist[6]).

Entspricht dem § 1 RJGG.

---

**Zu § 1:** 1) Die Verfahrensvorschriften des Gesetzes gelten z. T. auch im Verfahren gegen Jugendliche vor den für allgemeine Strafsachen zuständigen Gerichten (§ 104).

2) Verfehlung ist jede Handlung oder Unterlassung eines Jugendlichen mit Unrechtsgehalt. Daß man eine Straftat begangen hat, d. h. für seine Verfehlung verantwortlich ist (§ 3), ist für die Anwendung des Gesetzes nicht erforderlich. Vgl. § 5 Anm. 1.

3) Die Anwendung des Gesetzes ist durch Vorschriften mit krimineller Strafe oder mit Jugendarrest begründet.

4) Für die Berechnung des Alters ist § 187 BGB. maßgebend. Fehlt der Tag der Geburt im Kalender, der 29. Februar, so tritt an seine Stelle der letzte Monatstag.

5) Anwendung des Jugendstrafrechts auf Heranwachsende §§ 105, 106.

6) Entscheidend ist die Tatzeit. Diese richtet sich nach der tatbestandsmäßigen Ausführungshandlung ohne Rücksicht auf Erfolg. Bei fortgesetzter Handlung, bei der der letzte Akt ausschlaggebend ist, scheiden die Teilakte aus, die vor Vollendung des 14. Lebensjahres liegen. Bei Unterlassungsdelikten kommt es darauf an, ob die Pflicht zum Handeln auch noch nach Vollendung des 14. Lebensjahres bestanden hat, bei Dauerdelikten gilt Entsprechendes. Bei Feststellung der Strafunmündigkeit ist das Verfahren einzustellen.

### § 2 Anwendung des allgemeinen Rechts

Die allgemeinen Vorschriften[1]) gelten nur, soweit in diesem Gesetz nichts anderes bestimmt ist.

# ZWEITER TEIL

# Jugendliche

## ERSTES HAUPTSTÜCK

## Verfehlungen Jugendlicher und ihre Folgen

### ERSTER ABSCHNITT

### Allgemeine Vorschriften

### § 3 Verantwortlichkeit

Ein Jugendlicher ist strafrechtlich verantwortlich[1]), wenn er zur Zeit der Tat nach seiner sittlichen und geistigen Entwicklung reif genug ist, das Unrecht der Tat einzusehen[2]) und nach dieser Einsicht zu handeln[3]). Zur Erziehung eines Jugendlichen, der mangels Reife strafrechtlich nicht verantwortlich ist, kann der Richter dieselben Maßnahmen anordnen wie der Vormundschaftsrichter[4]).

Entspricht dem § 3 RJGG.

### § 4 Rechtliche Einordnung der Straftaten Jugendlicher

Ob die Straftat eines Jugendlichen als Verbrechen, Vergehen oder Übertretung anzusehen ist[1]) und wann sie verjährt[2]), richtet sich nach den Vorschriften des allgemeinen Strafrechts.

---

**Zu § 2:** 1) Darunter sind alle Rechtsnormen des Strafrechts im weitesten Sinne zu verstehen, die ohne Rücksicht auf das Alter des Täters gelten.

**Zu § 3:** 1) Die Verantwortlichkeit, besser Verantwortungsfähigkeit ist eine Schuldvoraussetzung; in dem Fehlen liegt weder ein Schuld- noch ein Strafausschließungsgrund. Mit der Zurechnungsunfähigkeit des § 51 StGB. hat die Verantwortungsunfähigkeit nichts zu tun, OGH. E. 2, 73, da die Ursache, auf die sich die Bestimmungen stützen, völlig verschieden sind. Erst recht kann § 51 Abs. 2 StGB. nicht mit § 3 in Verbindung gebracht werden, da er lediglich einen Strafmilderungsgrund enthält. Voraussetzung für § 51 Abs. 2 StGB. ist die Feststellung der Verantwortlichkeit. Hamburg HESt. 1, 18.

2) Die Einsichtsfähigkeit ist die verstandesmäßige sittliche Reife, auch kurz als Verstandesreife oder Unterscheidungsvermögen bezeichnet. Der Jugendliche muß in der Lage sein, nicht nur Recht und Unrecht auseinanderzuhalten, sondern auch die rechtliche Bedeutung seiner Handlungsweise zu erkennen. Daß sie strafbar ist oder daß Tatumstände vorliegen, die strafschärfend sein können, braucht er nicht begriffen zu haben.

3) Die Willensbildungsfähigkeit bedeutet, daß der Jugendliche in der Entwicklung soweit fortgeschritten ist, seinen Trieben Widerstand zu leisten, sog. Willensreife oder Hemmungsvermögen.

4) Mangels Reife ist das Verfahren, auch nach Anklageerhebung und Eröffnung des Hauptverfahrens einzustellen, § 47 Abs. 1 Nr. 3; falls der Staatsanwalt nicht zustimmt, ist Freisprechung geboten.

**Zu § 4:** 1) Die Dreiteilung der Straftaten (§ 1 StGB.) ist trotz § 2 nochmals ausgesprochen. Über die Einstufung s. Anm. 2 zu § 1 StGB. im Hauptwerk.

2) Über die Verjährung s. § 67 ff. StGB. Besondere Verjährungsfristen finden sich in § 22 Presseges. (B II 1), Forstdiebstahlges. § 18 (E I 1), in RAbgO. § 419 (B VI) im Hauptwerk.

### § 5 Die Folgen der Jugendstraftat

(1) Aus Anlaß der Straftat[1]) eines Jugendlichen können Erziehungsmaßregeln[2]) angeordnet werden.

(2) Die Straftat eines Jugendlichen wird mit Zuchtmitteln[3]) oder mit Jugendstrafe[4]) geahndet[5]), wenn Erziehungsmaßregeln nicht ausreichen[6]).

(3) Von Zuchtmitteln und Jugendstrafe wird abgesehen, wenn die Unterbringung in einer Heil- oder Pflegeanstalt[7]) die Ahndung[5]) durch den Richter entbehrlich macht.

Entspricht dem § 2 RJGG.

### § 6 Nebenstrafen und Nebenfolgen

Auf Verlust der bürgerlichen Ehrenrechte[1]), Unfähigkeit zur Bekleidung öffentlicher Ämter[2]) oder Zulässigkeit von Polizeiaufsicht[3]) darf nicht erkannt werden[4]).

Entspricht dem § 16 RJGG.

### § 7 Maßregeln der Sicherung und Besserung

Als Maßregeln der Sicherung und Besserung im Sinne des allgemeinen Strafrechts können nur die Unterbringung in einer Heil- oder Pflegeanstalt[1]) oder die

---

**Zu § 5:** 1) Straftat ist gleichbedeutend mit Verfehlung § 1, die strafrechtlich geahndet wird.

2) §§ 9ff. Die Erziehungsmaßregeln haben keinen sühnenden Charakter, sondern dienen nur dazu, der durch die Straftat erkennbar gewordenen Erziehungsbedürftigkeit des Täters Rechnung zu tragen.

3) §§ 13ff. Die Zuchtmittel stellen insofern erzieherische Maßnahmen dar, als sie sich nicht wie kriminelle Strafen auswirken. Sie sind aber dazu bestimmt, dem Jugendlichen das Unrecht seiner Verfehlung eindringlich vor Augen zu führen und ihm damit eine Sühne zu ermöglichen. Systematisch stehen die Zuchtmittel zwischen den Erziehungsmaßregeln und der Jugendstrafe. Ihre Wirkung wird darin erblickt, daß durch einen Richterspruch dem Täter die begangene Straftat bewußt gemacht und er durch eine Sühne, die auf sein Ehrgefühl einwirkt, zur Besinnung gebracht wird (Ber.).

4) §§ 17ff. Die Jugendstrafe ist in Übereinstimmung mit dem bisherigen Recht, das allerdings diese Strafart als Jugendgefängnisstrafe bezeichnete, das einzige echte Mittel des Strafrechts, mit dem in die Lebensführung des Jugendlichen eingegriffen wird. Sie ist wirkliche Strafe insofern, als sie ein gewollter, als Vergeltung für begangenes Unrecht zugefügtes Übel darstellt. Es ist jedoch zu beachten, daß im Jugendstrafrecht ganz anders als im allgemeinen Recht der spezialpräventive Zweck der Strafe in den Vordergrund tritt. Namentlich bei der Strafzumessung hat der Richter zu berücksichtigen, daß sich, mindestens bei Jugendlichen, die Funktion der Strafe nicht in bloßer in Vergeltung erschöpft. Dem Erziehungszweck der Jugendstrafe ist deshalb in der Praxis entscheidende Bedeutung beizumessen. Er ist mit ausschlaggebend für das Ob und das Wie der Strafe. Aus alledem folgt, daß die im allgemeinen Strafrecht entwickelten Strafzwecke zwar auch als Elemente der Jugendstrafe vorhanden sind, daß ihr Gewicht jedoch ein grundsätzlich verschiedenes ist, da der Besserungszweck gegenüber dem Vergeltungs- und dem bei Jugendlichen nahezu bedeutungslosen Abschreckungszweck eine überragende Rolle spielt (Ber.).

5) Ahndung wird als Oberbegriff der verschiedenen Zuchtmittel und Jugendstrafe gebraucht. Sie ist tatbezogen, während die Erziehungsmaßregel täterbezogen ist LK. S. 451 Anm. 1.

6) Weitere Häufung von Maßnahmen und Jugendstrafe ist nach § 8 zulässig.

7) § 42b StGB. § 7.

**Zu § 6:** 1) §§ 32ff. StGB.

2) §§ 35 StGB.

3) §§ 38 StGB.

4) Danach kann aber erkannt werden auf: Eidesunfähigkeit, Einziehung Verfallerklärung, Wertersatz, Veröffentlichungsbefugnis.

**Zu § 7:** 1) § 42b StGB.

Entziehung der Erlaubnis zum Führen von Kraftfahrzeugen[2]) angeordnet werden (§ 42a Nr. 1 und 7 des Strafgesetzbuchs).

Entspricht dem § 17 RJGG.

## § 8 Verbindung von Maßnahmen und Jugendstrafe

(1) Erziehungsmaßregeln[1]) und Zuchtmittel[2]), ebenso mehrere Erziehungsmaßregeln oder mehrere Zuchtmittel können nebeneinander angeordnet werden. Mit der Anordnung der Fürsorgeerziehung[3]) darf Jugendarrest nicht verbunden werden.

(2) Der Richter kann neben Jugendstrafe Weisungen[4]) erteilen, die Schutzaufsicht[3]) anordnen und besondere Pflichten[5]) auferlegen. Auf Fürsorgeerziehung und auf andere Zuchtmittel kann er neben Jugendstrafe nicht erkennen. Steht der Jugendliche unter Bewährungsaufsicht[6]), so ruht eine gleichzeitig bestehende Schutzaufsicht[3]) bis zum Ablauf der Bewährungszeit.

(3) Der Richter kann neben Erziehungsmaßregeln, Zuchtmitteln und Jugendstrafe auf die nach diesem Gesetz zulässigen Nebenstrafen und Nebenfolgen erkennen[7]).

Entspricht dem § 18 RJGG.

### ZWEITER ABSCHNITT

### Erziehungsmaßregeln

## § 9 Arten

Erziehungsmaßregeln sind

1. die Erteilung von Weisungen[1]),
2. die Schutzaufsicht[2]),
3. die Fürsorgeerziehung[2]).

Entspricht dem § 11 RJGG.

## § 10 Weisungen

(1) Weisungen sind Gebote und Verbote, die die Lebensführung des Jugendlichen regeln und dadurch seine Erziehung fördern und sichern sollen[1]). Der Richter kann dem Jugendlichen insbesondere[2]) auferlegen,

---

2) § 42m StGB. Die Entziehung kann auch die Verwaltungsbehörde aussprechen. *Hartung* DRiZ. 1953, 121. Die von der Verwaltungsbehörde ausgesprochene Entziehung (§ 4 StVG. Nachtrag S. 141) schließt die Entscheidung des Gerichts nicht aus.

**Zu § 8:** 1) §§ 9ff. u. Anm. 2 zu § 5.

2) §§ 13ff. u. Anm. 3 zu § 5.

3) § 12.

4) § 10. Weisungen sind danach richterliche Auflagen, die ohne sühnenden Charakter ausschließlich der Erziehung des Jugendlichen dienen (Ber.).

5) § 15. Die besonderen Pflichten haben den Zweck der Sühne, der bei den Erziehungsmaßregeln völlig zurücktritt (Ber.).

6) § 20.

7) S. Anm. 4 zu § 6.

**Zu § 9:** 1) § 10.

2) § 13.

**Zu § 10:** 1) S. Anm. 4 zu § 8. Der Sinn der Weisungen ist nicht der, den Jugendlichen fühlbar zu treffen und ihm das Unrecht seines Handelns vor Augen zu führen, als vielmehr durch den Eingriff in die Lebensführung des Jugendlichen nach Möglichkeit die äußeren Ursachen seiner Verfehlung für die Zukunft auszuschalten. Vgl. *Gobel* NJW. 1945, 15.

2) Die angeführten Ge- und Verbote sind Beispiele. Sie können durch Weisungen anderer Art ergänzt werden, wie: allwöchentliche Meldung beim Richter, Abgabe des Lohnes an Eltern. Hiervon kann der Richter abgehen § 63 Abs. 2. Vgl. dazu Anm. 1 zu § 15.

1. Weisungen zu befolgen, die sich auf den Aufenthaltsort beziehen,
2. bei einer Familie oder in einem Heim zu wohnen,
3. eine Lehr- oder Arbeitsstelle anzunehmen[3]),
4. einer Arbeitsauflage nachzukommen,
5. den Verkehr mit bestimmten Personen oder den Besuch von Gast- oder Vergnügungsstätten zu unterlassen[4]),
6. keine geistigen Getränke zu genießen oder nicht zu rauchen[5]) oder
7. bei einer Verletzung von Verkehrsvorschriften an einem polizeilichen Verkehrsunterricht teilzunehmen[6]).

(2) Der Richter kann dem Jugendlichen auch mit Zustimmung des Erziehungsberechtigten und des gesetzlichen Vertreters auferlegen, sich einer heilerzieherischen Behandlung durch einen Sachverständigen zu unterziehen[7]). Hat der Jugendliche das sechzehnte Lebensjahr vollendet, so soll dies nur mit seinem Einverständnis geschehen[8]) [9]).

Entspricht dem § 12 RJGG.

## § 11 Nachträgliche Änderung von Weisungen; Folgen der Zuwiderhandlung

(1) Der Richter kann[1]) Weisungen nachträglich[2]) ändern oder von ihnen befreien[3]), wenn dies aus Gründen der Erziehung geboten ist.

(2) Kommt der Jugendliche Weisungen schuldhaft[4]) nicht nach, so kann[5]) Jugendarrest verhängt werden[6]), wenn eine Belehrung über die Folgen schuldhafter Zuwiderhandlung erfolgt war[7]).

Abs. 1 entspricht dem § 63 Abs. 2, Abs. 2 dem § 19 RJGG.

## § 12 Schutzaufsicht und Fürsorgeerziehung

Die Voraussetzungen, die Ausübung und Ausführung sowie die Beendigung

---

Das Urteil hat vorläufigen Charakter.

3) Diese Weisung ist Ersatz für das Arbeitshaus, worauf nach Inkrafttreten des 3. StÄG. (Nachtr. S. 10) Art. 6 nicht mehr erkannt werden darf.

4) Vgl. §§ 1, 4ff. des Ges. z. Schutze der Jugend in der Öffentlichkeit v. 4. 12. 51 (BGBl. I S. 936) im 3. Nachtr. S. 41.

5) S. §§ 3 und 8 des Gesetzes in Anm. 3.

6) Vgl. § 6 StGB. unter B VIII 2 des Hauptwerks.

7) Die Einrichtungen zur psycho-therapeutischen Behandlung sind in fast allen Großstädten und bei den meisten Universitäten vorhanden. Der Jugendliche muß nur einer solchen Behandlungsmethode positiv, bereitwillig gegenüberstehen; daher ist sein Einverständnis erforderlich.

8) Der Jugendrichter erteilt nach Anhörung der Jugendgerichtshilfe (§ 38 Abs. 3) die Weisungen. Dieser obliegt auch die Überwachung der Durchführung der Weisungen. § 38.

9) Erteilt werden Weisungen durch den Jugendrichter.

**Zu § 11:** 1) Der Richter soll die Möglichkeit haben auf die Weisungen je nach der Entwicklung des straffälligen Jugendlichen zu entscheiden.

2) Gründe müssen nachträglich eingetreten oder bekannt geworden sein.

3) Dann genügt auch eine Ermahnung § 45.
Der die Änderung ablehnende Beschluß ist unanfechtbar § 65 Abs. 2.

4) Vorsätzlich oder fahrlässig.

5) Es steht im Ermessen des Richters, der den Jugendstaatsanwalt und die Jugendgerichtshilfe hören wird.

6) S. § 16. Anfechtbarkeit § 65 Abs. 2 Satz 2.

7) Die Belehrung ist Voraussetzung für die Verhängung des Jugendarrests. Der die Änderung von Weisungen ablehnende Beschluß ist unanfechtbar § 65 Abs. 2.
Wegen der nachträglichen Entscheidungen s. § 65.

der Schutzaufsicht[1]) und der Fürsorgeerziehung[2]) richten sich nach den Vorschriften über Jugendwohlfahrt[3]).

Entspricht dem § 13 RJGG.

## DRITTER ABSCHNITT

## Zuchtmittel

### § 13 Arten und Anwendung

(1) Der Richter ahndet[1]) die Straftat mit Zuchtmitteln, wenn Jugendstrafe nicht geboten ist[2]), dem Jugendlichen aber eindringlich zum Bewußtsein gebracht werden muß, daß er für das von ihm begangene Unrecht einzustehen hat[3]).

(2) Zuchtmittel sind

1. die Verwarnung[4]),
2. die Auferlegung besonderer Pflichten[5]),
3. der Jugendarrest[6]).

(3) Zuchtmittel haben nicht die Rechtswirkungen einer Strafe[7]). Sie werden nicht in das Strafregister[8]) eingetragen und begründen nicht die Anwendung von strafrechtlichen Rückfallvorschriften.

Entspricht dem § 7 RJGG.

### § 14 Verwarnung

Durch die Verwarnung[1]) soll dem Jugendlichen das Unrecht der Tat eindringlich vorgehalten werden[2]).

Entspricht dem § 10 RJGG.

### § 15 Auferlegung besonderer Pflichten

(1) Als besondere Pflichten kann der Richter dem Jugendlichen auferlegen[1]),

1. den Schaden wiedergutzumachen[2]),

---

**Zu § 12:** 1) Die Anordnung erfolgt durch den Richter § 8.

2) Fürsorgeerziehung ist in Verbindung mit Jugendarrest und neben Jugendstrafe nicht zulässig. § 8 Abs. 1 u. 2. Überhaupt wird diese Erziehungsmaßregel möglichst dem Vormundschaftsrichter zu überlassen sein.

3) Reichsgesetz für Jugendwohlfahrt v. 9. 7. 1922 (RGBl. I S. 633) i. Fass. der VO. v. 14. 2. 1924 (RGBl. I S. 110) v. 4. 11. 1932 (RGBl. I S. 522), des Gesetzes v. 24. 11. 1933 (RGBl. I S. 1000, v. 1. 2. 1939 (RGBl. I S. 109) und v. 28. 8. 1953 (BGBl. I. S. 1035), §§ 56ff. u. 62ff. Nach den gleichen Vorschriften endet die Schutzaufsicht und Fürsorgeerziehung § 82 Abs. 2.

**Zu § 13:** 1) S. Anm. 5 zu § 5.

2) Über die Verbindung von Strafe und Zuchtmitteln sowie Erziehungsmaßregeln s. § 8.

3) Von Strafe und Zuchtmitteln ist im Falle von § 5 Abs. 3 abzusehen.

4) § 14.

5) § 15.

6) Arten des Jugendarrests in § 16. Jugendarrest soll mit seinem Vollzug die zugrundeliegende Straftat restlos und ein für allemal erledigen.

7. Die Zuchtmittel gleichen der Strafe in der Tatbezogenheit und in der gewollten Fühlbarkeit des Eingriffs. Nachteilige Rechtswirkungen sollen nicht eintreten.

8) Jedoch in die Erziehungskartei. AV. abgedruckt unter D 7 des Hauptwerks.

**Zu § 14:** 1) D. h. Mißbilligung der Tat und zugleich Zurechtweisung; davon ist die Ermahnung nach § 45 Abs. 1 zu unterscheiden. Diese beiden Formen der sog. ambulanten Erziehung sind die beste pädagogische Sofortstrafe. *Becker* a. a. O. S. 413.

2) Die Verwarnung ist durch Urteil auszusprechen.

**Zu § 15:** 1) Im Gegensatz zu den Weisungen (§ 10) ist der Katalog der besonderen Pflichten abgeschlossen, der nicht vom Richter geändert werden kann.

2) Der Schaden kann z. B. durch Arbeitsleistungen wiedergutgemacht werden. Über Arbeitsauflagen § 45.

2. sich persönlich bei dem Verletzten zu entschuldigen oder
3. einen Geldbetrag zugunsten einer gemeinnützigen Einrichtung zu zahlen[3]).

(2) Der Richter soll die Zahlung eines Geldbetrages nur anordnen, wenn
1. der Jugendliche eine leichte Verfehlung begangen hat und anzunehmen ist, daß er den Geldbetrag aus Mitteln zahlt, über die er selbständig verfügen darf[4]), oder
2. dem Jugendlichen der Gewinn, den er aus der Tat erlangt[5]), oder das Entgelt, das er für sie erhalten hat[6]), entzogen werden soll.

(3) Bei schuldhafter Nichterfüllung von besonderen Pflichten gilt § 11 Abs. 2 entsprechend[7]).

Entspricht dem § 9 RJGG.

## § 16 Jugendarrest

(1) Der Jugendarrest[1]) ist Freizeitarrest, Kurzarrest oder Dauerarrest.

(2) Der Freizeitarrest wird für die wöchentliche Freizeit des Jugendlichen verhängt und auf mindestens eine Freizeit und höchstens vier Freizeiten bemessen.

(3) Der Kurzarrest wird statt des Freizeitarrestes verhängt, wenn der zusammenhängende Vollzug aus Gründen der Erziehung zweckmäßig erscheint und weder die Ausbildung noch die Arbeit des Jugendlichen beeinträchtigt werden[2]). Dabei stehen zwei Tage Kurzarrest einer Freizeit gleich[3]). Die Gesamtdauer des Kurzarrestes darf aber sechs Tage nicht überschreiten.

(4) Der Dauerarrest beträgt mindestens eine Woche und höchstens vier Wochen. Er wird nach vollen Tagen oder Wochen bemessen[4]) [5]).

Entspricht dem § 8 RJGG.

# VIERTER ABSCHNITT

# Die Jugendstrafe

## § 17 Form und Voraussetzungen

(1) Die Jugendstrafe[1]) ist Freiheitsentzug in einer Jugendstrafanstalt[2]).

---

3) Eine Bußzahlung an den Verletzten ist nicht vorgesehen. Gemeinnützige Einrichtungen sind: Jugendwohlfahrtsvereinigungen, Bewährungshilfs- und Strafentlassungsverein. Falls die Zahlung verweigert wird, kann nach Abs. 3 in Verbindung mit § 11 Abs. 2 Jugendarrest verhängt werden, dagegen kann wegen der Geldbuße im Wege der Zwangsvollstreckung nach § 828 ZPO. nicht vorgegangen werden.

4) Arbeitslohn.

5) Bei Betrug.

6) Erlös der Diebesbeute.

7) Wegen der nachträglichen Entscheidungen s. § 65 Abs. 1.

**Zu § 16:** 1) Der Jugendarrest ist dazu bestimmt, einen noch unverdorbenen und leicht ansprechbaren Jugendlichen durch energisches Zugreifen, das mit einer unmittelbaren Einflußnahme des Richters im Vollzug zu verbinden ist, wieder auf den rechten Weg zu führen.

Jugendarrest darf mit Fürsorgeerziehung nicht verbunden werden § 8 Abs. 1 S. 2; dagegen ist es zulässig, gegen einen jugendlichen Fürsorgezögling, der nach Anordnung der Fürsorgeerziehung, etwa in der Anstalt, eine strafbare Handlung begangen hat, deswegen Jugendarrest zu verhängen.

2) Die Gründe sind im Urteil aufzuführen.

3) Über Umwandlung des Freizeitarrestes in Kurzarrest s. § 86.

4) Anfechtbarkeit §§ 55, 65 Abs. 2.

5) Jugendarrest wird auch nach § 75 Abs. 3 verhängt. Örtl. Zuständigkeit bei Vollstrekkung §§ 84, 85 Abs. 1, Vollstreckung § 87, Vollzug § 90. Die Möglichkeit der sofortigen Vollstreckung von Jugendarrest (§ 50 RJGG.) ist weggefallen.

**Zu § 17:** 1) S. Anm. 4 zu § 5.

2) § 90 Abs. 2.

(2) Der Richter verhängt Jugendstrafe, wenn wegen der schädlichen Neigungen des Jugendlichen, die in der Tat hervorgetreten sind[3]), Erziehungsmaßregeln oder Zuchtmittel zur Erziehung nicht ausreichen oder wenn wegen der Schwere der Schuld Strafe erforderlich ist[4]).

Entspricht dem § 4 RJGG.

## § 18 Dauer der Jugendstrafe

(1) Das Mindestmaß der Jugendstrafe beträgt sechs Monate[1]), das Höchstmaß fünf Jahre. Handelt es sich bei der Tat um ein Verbrechen, für das nach dem allgemeinen Strafrecht eine Höchststrafe von mehr als zehn Jahren Zuchthaus angedroht ist, so ist das Höchstmaß zehn Jahre[2]). Die Strafrahmen des allgemeinen Strafrechts gelten nicht[3]).

(2) Die Jugendstrafe ist so zu bemessen, daß die erforderliche erzieherische Einwirkung möglich ist.

Entspricht dem § 5 RJGG.

## § 19 Jugendstrafe von unbestimmter Dauer

(1) Der Richter[1]) verhängt Jugendstrafe von unbestimmter Dauer[2]), wenn wegen der schädlichen Neigungen des Jugendlichen, die in der Tat hervorgetreten sind[3]), eine Jugendstrafe von höchstens vier Jahren geboten ist und sich nicht voraussehen läßt, welche Zeit erforderlich ist, um den Jugendlichen durch den Strafvollzug zu einem rechtschaffenen Lebenswandel zu erziehen[4]).

(2) Das Höchstmaß der Jugendstrafe von unbestimmter Dauer beträgt vier Jahre. Der Richter[4]) kann ein geringeres Höchstmaß[5]) bestimmen oder das Mindestmaß (§ 18 Abs. 1) erhöhen. Der Unterschied zwischen dem Mindest- und dem Höchstmaß soll nicht weniger als zwei Jahre betragen[6]).

---

3) D. i. die Tatschuld.

4) Hierin liegt der Sühnegedanke, der in der Form der Läuterung und Abschreckung zum Ausdruck kommt.

Anfechtung § 55, Vollstreckung örtliche Zuständigkeit §§ 84, 85 Abs. 2 sowie § 88, Vollzug § 90.

**Zu § 18:** 1) Dieser Zeitraum reicht aus, um nachhaltig auf den Verurteilten einzuwirken und ihm damit eine Hilfestellung für seine weitere Entwicklung zu geben. Die Möglichkeit, die Vollstreckung oder die Verhängung der Jugendstrafe auszusetzen (§§ 20ff.), wird dem Richter vielfach die Entscheidung über die Frage, ob er Jugendstrafe verhängen soll oder nicht, erleichtern (Ber.).

2) Dieser Strafrahmen gilt an sich für alle Arten von Straftaten, praktisch nur für Tötungsdelikte.

3) Danach darf nicht mehr auf Geldstrafe erkannt werden, selbst wenn sie neben Freiheitsstrafe zwingend vorgeschrieben ist. Immerhin wird der Strafrahmen des allgemeinen Strafrechts Anhaltspunkte bei der Bemessung der Höhe der Jugendstrafe geben.

4) § 267 Abs. 3 StPO. Die Tat und ihre Ausführung bleibt für die Strafbemessung maßgebend. Übergangsvorschrift § 116 Abs. 1.

**Zu § 19:** 1) Auch die Erwachsenengerichte, die einen Jugendlichen aburteilen.

2) Sie ist keine völlig unbestimmte Strafe, sondern eine durch ein Mindest- und Höchstmaß begrenzte Rahmenstrafe. Während des ganzen Vollzugs und der sich anschließenden Bewährungszeit bleibt die Unbestimmtheit des Strafendes für den Betroffenen bestehen, jedoch Abs. 3.

3) Die Erziehungsbedürftigkeit des Jugendlichen muß sich in der Tat gezeigt haben, z. B. wenn die Tat auf einem Hang oder auf Verdorbenheit beruht.

4) Voraussetzung ist eine Erziehungsfähigkeit. Nur wenn jede Hoffnung auf erzieherische Wirkung ausgeschlossen, ist von unbestimmter Verurteilung abzusehen. RG. DJ. 1942, 381.

5) Bei dem Höchstmaß der Strafe darf der Sühnegedanke nicht außer acht gelassen werden. RG. DR. 1943, 1186.

6) An diesen Mindestrahmen von 2 Jahren ist der Richter gebunden. Da das Mindestmaß der bestimmten und unbestimmten Jugendstrafe jetzt gleich bemessen ist, braucht der

(3) Die Jugendstrafe von unbestimmter Dauer wird nach den für das Vollstreckungsverfahren geltenden Vorschriften (§ 89 Abs. 3 und 4) in eine bestimmte Jugendstrafe umgewandelt[7]), sobald der Jugendliche aus dem Strafvollzug entlassen wird.

Entspricht in Abs. 1 u. 2 dem § 6 RJGG.; Abs. 3 ist neu.

## FÜNFTER ABSCHNITT

## Aussetzung der Jugendstrafe zur Bewährung

### § 20 Zweck der Aussetzung

Der Richter[1]) kann die Vollstreckung einer bestimmten Jugendstrafe[2]) von nicht mehr als einem Jahr[3]) aussetzen, damit der Jugendliche durch gute Führung während einer Bewährungszeit Straferlaß erlangen kann[4]) [5]) [6]).

Neuerung wie nach §§ 23ff. StGB. i. F. des 3. Strafänderungsgesetzes Nachtr. S. 18). Entspricht dem § 10 JGG. 1923 u. § 58 RJGG.

### § 21 Voraussetzungen

Der Richter darf die Vollstreckung der Jugendstrafe nur aussetzen, wenn die Persönlichkeit des Jugendlichen und sein Vorleben[1]) in Verbindung mit seinem Verhalten nach der Tat[2]) oder einer günstigen Veränderung seiner Lebensumstände[3]) erwarten lassen, daß er infolge der Aussetzung und unter der erzieherischen Einwirkung in der Bewährungszeit künftig einen rechtschaffenen Lebenswandel führen wird[4]). Der Richter soll auch berücksichtigen, ob der Vollzug der Jugendstrafe eine Erziehungsmaßregel[5]) gefährden würde.

Entspricht dem § 23 Abs. 2 StGB,, §§ 11ff. JGG. 1923, § 58 RJGG.

---

Jugendrichter das Mindestmaß nicht mehr in jedem Falle in dem Urteilstenor festzusetzen, sondern kann schlechthin auf Jugendstrafe von unbestimmter Dauer zu erkennen.

Die Urteilsformel wird z.B. lauten: Der Angeklagte wird wegen ... unter Festsetzung einer Mindeststrafe von 9 Monaten und einer Höchststrafe von 3 Jahren Gefängnis auf unbestimmte Dauer verurteilt.

7) Das ist die Konkretisierung der unbestimmten Jugendstrafe. *Heinen* a. a. O. S. 451. Die Umwandlung in bestimmte Jugendstrafe erfolgt, um dem zur Bewährung Entlassenen die Gewißheit darüber zu verschaffen, wann mindestens die Strafe im Falle des Versagens während der Bewährungszeit endet. Sonst würde die in der Unbestimmtheit des Strafendes bestehende schwere Belastung eine Trotzhaltung oder Heuchelei aufkommen lassen.

**Zu § 20:** 1) Wie nach § 23 StGB. i. F. des 3. StÄG. (s. dazu Nachtr. S. 18) besteht auch für das Jugendstrafrecht die Strafaussetzung zur Bewährung in der Aussetzung der Strafvollstreckung. Diese rechtliche Form war schon im JGG. von 1923 enthalten. §§ 10—15 Strafaussetzung auf Probe.

2) Die Vollstreckung der Jugendstrafe von unbestimmter Dauer (§ 19) kann nicht ausgesetzt werden, es sei denn, daß der Rest in die bestimmte Strafe umgewandelt ist § 19 Abs. 3. Ebensowenig kann Vollstreckung des Jugendarrestes ausgesetzt werden § 87.

3) Also 1 Jahr einschließlich. Anders als nach § 58 RJGG.

4) Der Verurteilte, der früher aus eigener Kraft und durch gute Führung sich die Strafbefreiung verdienen mußte, steht nunmehr grundsätzlich unter Aufsicht eines hauptamtl. Bewährungshelfers § 24. Es soll nachhaltig erzieherisch auf den Jugendlichen eingewirkt werden.

5) Unzulässig ist die Strafaussetzung im Falle des § 30 Abs. 1 S. 2.

6) Über Anfechtung der Strafausetzung s. § 59.

**Zu § 21:** 1) Für das Vorleben kommt in Betracht, ob der Jugendliche in geordneten Familienverhältnissen aufgewachsen ist, ob er Schule und Berufsschule regelmäßig besucht, in welcher Gesellschaft er sich befunden hat.

2) Z. B. wichtig ist, ob Jugendlicher den angerichteten Schaden wieder gut gemacht oder sich zum mindesten darum bemüht hat.

3) Von Bedeutung ist, ob er sich von seinen „Freunden", die ihn zur Tat verführt haben, getrennt, ob er feste Arbeitsstelle gefunden und sich etwa verheiratet hat.

4) Im ganzen, ob er sich straffrei führen wird.

5) §§ 10ff.

## § 22 Bewährungszeit

(1) Der Richter setzt die Bewährungszeit auf mindestens zwei und höchstens drei Jahre fest. Er kann[1]) sie nachträglich bis auf ein Jahr verkürzen oder vor ihrem Ablauf, wenn der Jugendliche Bewährungsauflagen[2]) schuldhaft nicht nachkommt[3]), bis auf vier Jahre verlängern. Die Bewährungszeit beginnt mit der Rechtskraft der Entscheidung über die Aussetzung der Jugendstrafe[4]).

(2) Während der Bewährungszeit ruht die Verjährung der Vollstreckung der Jugendstrafe[5]).

Entspricht dem § 24 Abs. 4 StGB.

## § 23 Bewährungsauflagen

Der Richter soll[1]) für die Dauer der Bewährungszeit die Lebensführung des Jugendlichen durch Auflagen[2]) beeinflussen, die eine umfassende erzieherische Einwirkung gewährleisten[3]). Zu diesem Zweck soll er dem Jugendlichen Weisungen erteilen (§ 10) oder besondere Pflichten auferlegen (§ 15)[4]). Diese Anordnungen kann er auch nachträglich treffen, ändern oder aufheben.

Entspricht dem § 24 Abs. 1 StGB.

## § 24 Bewährungsaufsicht und Bewährungshilfe

(1) Die Lebensführung des Jugendlichen während der Bewährungszeit und die Erfüllung der richterlichen Auflagen überwacht ein hauptamtlicher Bewährungshelfer, der unter der Aufsicht des Richters steht und diesem verantwortlich ist[1]).

(2) Der Richter kann auch einen ehrenamtlichen Bewährungshelfer bestellen, wenn dies aus Gründen der Erziehung zweckmäßig erscheint[2]) oder wenn in dem Bezirk des Jugendgerichts ein hauptamtlicher Helfer nicht angestellt worden ist.

(3) Der Bewährungshelfer soll dem Jugendlichen während der Bewährungszeit helfend und betreuend zur Seite stehen, seine Erziehung fördern und möglichst mit dem Erziehungsberechtigten und dem gesetzlichen Vertreter vertrauensvoll zusammenwirken[3]). Er hat[4]) bei der Ausübung seines Amtes das Recht auf Zutritt zu dem Jugendlichen. Er kann von dem Erziehungsberechtigten, dem gesetzlichen Vertreter, der Schule, dem Lehrherrn oder dem sonstigen Leiter der Berufsausbildung Auskunft über die Lebensführung des Jugendlichen verlangen.

Entspricht den §§ 24 Abs. 1 Nr. 6 RJGG. u. 24a StGB.

---

**Zu § 22:** 1) Die nachträgliche Entscheidung steht im pflichtgemäßen Ermessen des Jugendrichters.

2) § 23, dazu Bewährungsplan § 60.

3) Vorsätzliche und fahrlässige Unbotmäßigkeit, Ungehorsam. Der Richter kann auch die Aussetzung widerrufen. § 26 Abs. 2 Nr. 3 oder wieder von dem Widerruf absehen, wenn er glaubt, den Zweck der Bewährungsauflagen trotz des anfänglichen Widerstandes des Jugendlichen erreichen zu können. Vgl. § 60 (Bewährungsplan).

4) Über Anfechtung § 59 Abs. 2.

5) D. h. die Verjährungsfrist läuft nicht.

**Zu § 23:** 1) Damit ist eine Pflichtaufgabe des Richters ausgesprochen, *Lackner* JZ. 1953, 528.

2) Auflagen sind Verpflichtungen, die in Form der Weisungen und der besonderen Pflichten dem Jugendlichen aufgetragen werden.

3) Anfechtungsmöglichkeit § 59.

4) Über rechtskräftig angeordnete Auflagen wird ein Bewährungsplan aufgestellt, § 60.

**Zu § 24:** 1) S. § 113. Über die dienstrechtliche Stellung des Bewährungshelfers *Lackner* a. a. O. S. 528.

2) Die Bestellung eines ehrenamtlichen Bewährungshelfers ist dann erforderlich, wenn auf besondere persönliche Eigenarten und psychische Veranlagung des Jugendlichen Rücksicht zu nehmen ist.

3) Der Bew.-Helfer ist nicht bloß Helfer und Betreuer, sondern auch Erzieher.

4) Sein Amt gibt ihm erhebliche Rechte. Die angeführten Stellen sind auskunftspflichtig. Weitere Rechte: Anwesenheit in der Hauptverhandlung §§ 48, im Vollzug § 93 Abs. 3.

## § 25 Pflichten des Bewährungshelfers

Der Bewährungshelfer führt die Bewährungsaufsicht nach den Anweisungen des Richters durch. Er berichtet über die Lebensführung des Jugendlichen in Zeitabständen, die der Richter bestimmt. Erhebliche[2]) Zuwiderhandlungen des Jugendlichen[1]) gegen Bewährungsauflagen teilt er dem Richter mit.

Entspricht dem § 24a StGB.

## § 26 Erlaß der Jugendstrafe; Widerruf der Aussetzung

(1) Hat der Jugendliche sich bewährt[1]), so wird die Jugendstrafe nach Ablauf der Bewährungszeit erlassen[2]).

(2) Der Richter widerruft[3]), falls andere Maßnahmen[4]) nicht ausreichen, die Aussetzung der Jugendstrafe, wenn

1. Umstände bekannt werden, die bei Würdigung des Wesens der Aussetzung zu ihrer Versagung geführt hätten[5]),
2. der Jugendliche, der das sechzehnte Lebensjahr vollendet hat, sich weigert, die Erfüllung der Bewährungsauflagen zu versprechen (§ 60 Abs. 3),
3. der Jugendliche Bewährungsauflagen schuldhaft nicht nachkommt[6]) oder
4. sich auf andere Weise zeigt, daß das in ihn gesetzte Vertrauen nicht gerechtfertigt war.

(3) Leistungen, die der Jugendliche auf Grund von Auflagen erbracht hat, werden nicht zurückerstattet[7]).

Entspricht dem § 25 StGB.

### SECHSTER ABSCHNITT.

### Aussetzung der Verhängung der Jugendstrafe

## § 27 Voraussetzungen

Kann nach Erschöpfung der Ermittlungsmöglichkeiten nicht mit Sicherheit beurteilt werden[1]), ob in der Straftat eines Jugendlichen schädliche Neigungen von einem Umfang hervorgetreten sind[1]), daß eine Jugendstrafe erforderlich ist, so kann der Richter die Schuld des Jugendlichen feststellen[2]), die Entscheidung

---

**Zu § 25:** 1) Der Bew.-Helfer hat damit Rechtspflege- und Fürsorgeaufgaben.

2) Über geringfügige Zuwiderhandlungen entscheidet der B.-H. in eigener Zuständigkeit.

**Zu § 26:** 1) Es kommt auf das günstige Ergebnis der Ermittlungen an § 59 Abs. 4; vgl. § 453 Abs. 3 StGB.

2) Der Erlaß erstreckt sich nur auf die Jugendstrafe, nicht auf die Nebenstrafen, s. Anm. 4 zu § 6. Er ist unanfechtbar § 59 Abs. 4.

Über die nach Erlaß der Strafe laufende Auskunftbeschränkungs- und Tilgungsfrist s. §§ 95, 96, über Beseitigung des Strafmakels §§ 97ff.

3) Durch den Widerruf wird die Strafaussetzung hinfällig. Anfechtung nach § 59 Abs. 3.

4) Z. B. Verlängerung der Bewährungszeit, weitere Auflagen.

5) Z. B. wenn sich nachträglich herausstellt, daß der Jugendliche vor der Strafaussetzung strafbare Handlungen begangen hat.

6) S. Anm. 3 zu § 22.

7) Z. B. Bußzahlungen, Wiedergutmachungen.

**Zu § 27:** 1) Sichere Beurteilung liegt erst dann vor, wenn der Richter die volle Klarheit über die Gründe erlangt hat, die den Jugendlichen zu der Straftat geführt hat, z. B. darüber, ob er einen eingewurzelten Hang zum Unrechttun hat, also verwahrlost ist, oder ob er gestrauchelt, also einmalig entgleist ist.

2) Hiernach wird Schuld- und Strafausspruch getrennt. Von Strafe wird vorläufig abgesehen. Der Richter ordnet lediglich die zur Erziehung erforderliche Maßregeln an, §§ 10 (Weisungen), 12, (Schutzaufsicht), 15 (besondere Pflichten); dazu kommt Bewährungsaufsicht nach § 29.

über die Verhängung der Jugendstrafe aber für eine von ihm zu bestimmende Bewährungszeit aussetzen.

Neuerung in Anknüpfung an das englische Probationssystem.

### § 28 Bewährungszeit

Die Bewährungszeit beträgt mindestens ein Jahr und höchstens zwei Jahre. Sie kann nachträglich bis auf das Mindestmaß verkürzt oder vor ihrem Ablauf bis auf das Höchstmaß verlängert werden[1]). Sie beginnt mit der Rechtskraft des Urteils[2]), in dem die Schuld des Jugendlichen festgestellt wird.

### § 29 Bewährungsaufsicht

Der Jugendliche wird für die Dauer der Bewährungszeit[1]) unter Bewährungsaufsicht gestellt. Die §§ 23 bis 25 sind anzuwenden.

### § 30 Verhängung der Jugendstrafe; Tilgung des Schuldspruchs

(1) Stellt sich vor allem[1]) durch schlechte Führung des Jugendlichen während der Bewährungszeit heraus, daß die in dem Schuldspruch mißbilligte Tat auf schädliche Neigungen von einem Umfang zurückzuführen ist[2]), daß eine Jugendstrafe erforderlich ist[3]), so erkennt der Richter auf die Strafe, die er im Zeitpunkt des Schuldspruchs bei sicherer Beurteilung der schädlichen Neigungen des Jugendlichen ausgesprochen hätte. Eine Aussetzung dieser Strafe nach § 20 ist unzulässig[4]).

(2) Liegen die Voraussetzungen des Absatzes 1 nach Ablauf der Bewährungszeit nicht vor, so wird der Schuldspruch getilgt[5])[6]).

## SIEBENTER ABSCHNITT

## Mehrere Straftaten

### § 31 Mehrere Straftaten eines Jugendlichen

(1) Auch wenn ein Jugendlicher mehrere Straftaten begangen hat, setzt der Richter nur einheitlich Erziehungsmaßregeln, Zuchtmittel oder eine Jugendstrafe

---

Um in der Lage zu sein, im Nachurteil (§ 62 Abs. 1) oder Beschluß (§ 62 Abs. 2) zu einer sicheren Beurteilung zu kommen, wird der Richter die maßgeblichen Gesichtspunkte niederlegen, welche ihn zur Abstandnahme von der Verhängung der Jugendstrafe geführt haben. Dies ist auch wichtig für den Fall, daß der über die Schuld erkennende Richter verhindert ist, nach § 30 zu befinden.

**Zu § 28:** 1) Die nachträgliche Änderung der Bewährungszeit hängt von dem Ergebnis der inzwischen durchgeführten Ermittelungen, insbes. des Berichts des Bewährungshelfers (§ 29) ab. Die schlechte Führung des Jugendlichen während der Bew.-Zeit kann nicht besonders bestraft werden. Sie ist bei der Strafbemessung nur insoweit zu berücksichtigen, als sie eine erhöhte Erziehungsbedürftigkeit auf Grund der begangenen Straftat offenbart hat (Ber.).

2) Der Schuldspruch ist nur mit Berufung anfechtbar, vgl. § 58. Er wird im Strafregister vermerkt, § 94.

**Zu § 29:** 1) § 28.

**Zu § 30:** 1) Andere Gründe treten zurück.

2) S. Anm. 1 zu § 27.

3) Für den negativen Fall § 63 Abs. 3.

4) Die Unzulässigkeit der Strafaussetzung ergibt sich daraus, daß der Jugendliche bereits seine Unwürdigkeit gezeigt hat.

5) Durch Urteil (§ 62 Abs. 1) oder Beschluß (§ 62 Abs. 2) und im Strafregister, § 25 StRVO. unter D 6 im Hauptwerk. S. § 96 Abs. 1.

6) Keine Anfechtung, § 63.

fest[1]). Soweit es dieses Gesetz zuläßt (§ 8), können ungleichartige Erziehungsmaßregeln und Zuchtmittel nebeneinander angeordnet oder Maßnahmen mit der Strafe verbunden werden. Die gesetzlichen Höchstgrenzen des Jugendarrestes[2]) und der Jugendstrafe[3]) dürfen nicht überschritten werden.

(2) Ist gegen den Jugendlichen wegen eines Teils der Straftaten bereits rechtskräftig die Schuld festgestellt[4]) oder eine Erziehungsmaßregel, ein Zuchtmittel oder eine Jugendstrafe festgesetzt worden, aber noch nicht vollständig ausgeführt, verbüßt[5]) oder sonst erledigt, so wird unter Einbeziehung des Urteils in gleicher Weise nur einheitlich auf Maßnahmen oder Jugendstrafe erkannt[6]). Die Anrechnung bereits verbüßten Jugendarrestes steht im Ermessen des Richters, wenn er auf Jugendstrafe erkennt.

(3) Ist es aus erzieherischen Gründen zweckmäßig, so kann der Richter davon absehen[7]), schon abgeurteilte Straftaten in die neue Entscheidung einzubeziehen[8]). Dabei kann er Erziehungsmaßregeln und Zuchtmittel für erledigt erklären, wenn er auf Jugendstrafe erkennt[9]).

Entspricht dem § 14 RJGG.

## § 32 Mehrere Straftaten in verschiedenen Alters- und Reifestufen

Für mehrere Straftaten, die gleichzeitig abgeurteilt werden und auf die teils Jugendstrafrecht und teils allgemeines Strafrecht anzuwenden wäre, gilt einheitlich das Jugendstrafrecht, wenn das Schwergewicht bei den Straftaten liegt, die nach Jugendstrafrecht zu beurteilen wären[1]). Ist dies nicht der Fall, so ist einheitlich das allgemeine Strafrecht anzuwenden[2]).

Entspricht dem § 15 RJGG.

---

**Zu § 31:** 1) Diese Einheitsstrafe bewirkt, daß nur eine Vorstrafe vorliegt, *Hamm* NJW. 1952, 1028, die in die Einheitsstrafe aufgegangenen Vorstrafen, die ihre Eigenschaft als selbständige Strafen verloren haben, entfallen als Voraussetzungen für den Rückfall (§§ 244, 261, 264 StGB.) und des § 20a Abs. 1. StGB. BGH. v. 8. 1. 52 — 2 StR 589/51.

2) S. § 16.

3) 5 Jahre, § 18.

4) § 27.

5) Entgegen § 79 StGB. braucht die Straftat nicht vor der früheren Verurteilung zu liegen. Es kommt nicht auf die Zeit der Begehung der Verfehlung, sondern auf die der Verhängung der Einheitsstrafe an.

6) Hiernach ist eine Einheitsstrafe bei Erwachsenenstraftaten und schon abgeurteilten Jugendverfehlungen grundsätzlich verboten. Eine Einheitsstrafe kann also nur gebildet werden, wenn Jugendstraftaten zusammentreffen oder wenn ausnahmsweise Jugend- und Erwachsenenstraftaten in einer Verhandlung abgeurteilt werden.

7) Solche Gründe können vorliegen, wenn aus einer früheren Verurteilung noch eine Bewährungszeit läuft, deren Fortbestehen trotz der neuen Straftat ratsam erscheint, oder wenn die neue Maßnahme den Vollzug der früher angeordneten Maßnahmen nicht behindert. Dann kann der Richter die neue Tat selbständig beurteilen und das frühere Verfahren unberührt lassen.

8) Der Jugendrichter ist nicht verpflichtet, in diesem Falle eine Einheitsstrafe zu bilden. Bei nachträglicher Bildung der Einheitsstrafe ist dieses Absehen ausgeschlossen, § 66 Abs. 1 S. 2.

9) Über teilweise Anfechtung u. Teilvollstreckbarkeitserklärung einer Einheitsstrafe § 56 nebst Anm.

**Zu § 32:** 1) Für die Abschätzung hierüber ist nicht von dem Zeitpunkt der Urteilsfällung, sondern von dem der Begehung der Taten auszugehen. Deren Unrechtsgehalt ist abzuwägen, dabei auch auf die Tatwurzeln einzugehen dahin, ob sie bei dem Abgleiten größere Bedeutung für die Bewertung haben. Bremen MDR. 1951, 569.

2) Es kann sonach nicht auf Gefängnis und eine Erziehungsmaßregel erkannt werden.

ZWEITES HAUPTSTÜCK

## Jugendgerichtsverfassung und Jugendstrafverfahren

ERSTER ABSCHNITT

## Jugendgerichtsverfassung

### § 33 Jugendgerichte

(1) Über Verfehlungen Jugendlicher entscheiden die Jugendgerichte.

(2) Jugendgerichte sind der Amtsrichter als Jugendrichter[2]), das Schöffengericht (Jugendschöffengericht)[3]) und die Strafkammer (Jugendkammer)[4]).

(3) In der Hauptverhandlung ist das Jugendschöffengericht mit dem Jugendrichter als Vorsitzendem und zwei Jugendschöffen[5])[6]), die Jugendkammer mit drei Richtern einschließlich des Vorsitzenden und zwei Jugendschöffen besetzt[7]). Als Jugendschöffen sollen zu jeder Hauptverhandlung ein Mann und eine Frau herangezogen werden[8]).

(4) Die Landesjustizverwaltung kann einen Amtsrichter zum Jugendrichter für den Bezirk mehrerer Amtsgerichte bestellen (Bezirksjugendrichter)[9]). Sie kann auch bei einem Amtsgericht ein gemeinsames Jugendschöffengericht für den Bezirk mehrerer Amtsgerichte einrichten.

Entspricht dem § 17 JGG. v. 1923 u. § 21 RJGG.

### § 34 Aufgaben des Jugendrichters

(1) Dem Jugendrichter[1]) liegen alle Aufgaben ob, die ein Amtsrichter im Strafverfahren hat[2]).

(2) Der Jugendrichter soll nach Möglichkeit zugleich auch Vormundschaftsrichter sein. Ist dies nicht durchführbar, so sollen ihm für die Minderjährigen über vierzehn Jahren[3]) die vormundschaftsrichterlichen Erziehungsaufgaben übertragen werden. Aus besonderen Gründen, namentlich wenn der Jugendrichter für den Bezirk mehrerer Amtsgerichte bestellt ist[4]), kann hiervon abgewichen werden.

---

**Zu § 33:** 1) S. Anm. 2 zu § 1.

2) Als Einzelrichter vgl. § 24 GVG. Sachliche Zuständigkeit § 39, örtliche § 42, als Vollstreckungsleiter § 82. Bezirksjugendrichter Abs. 4.

3) Zusammensetzung Abs. 3, sachl. Zuständigkeit § 40, örtl. § 42.

Gemeinsames Jugendschöffengericht Abs. 4. Erweiterte Jugendschöffengerichte wie nach § 29 Abs. 2 GVG. i. F. des 3. StÄG. sind nicht vorgesehen. Jedoch ist nach § 40 Abs. 2 die Möglichkeit geschaffen, Sachen besonderen Umfangs durch die Jugendkammer übernehmen zu lassen.

4) Besetzung Abs. 2. Sachl. Zuständigkeit § 41, örtl. § 42. Jugendschutzkammern, wie sie nach AV. v. 14. 1. 1944 (DJ. S. 37) eingerichtet waren, sind nicht vorgesehen. Vgl. § 26 GVG. i. Fass. nach § 121.

5) Anders § 29 GVG. Durch die Neuerung, die Jugendgerichte möglichst mit einem männlichen und einem weiblichen Jugendschöffen (§ 35) zu besetzen, soll eine Verbesserung der Rechtsprechung der Jugendgerichte erreicht werden (Begr.).

6) Jugendschöffen § 35 Abs. 1.

7) In dieser Besetzung entscheidet auch die Jugendkammer, wenn sie Berufungskammer für Urteile des Jugendrichters ist, § 41 Abs. 2.

8) Anders nach § 29 GVG. Dazu Übergangsbestimmung § 117 Abs. 1.

9) Die Einrichtung des Bezirksjugendrichters ist hauptsächlich für die Großstadt angebracht.

**Zu § 34:** 1) S. Anm. 2 zu § 33.

2) Im vorbereitenden Verfahren hat der Jugendrichter Rechtshilfeersuchen zu erledigen.

3) D. h. im Alter von 14 bis 20 Jahren.

4) § 33 Abs. 4.

(3) Vormundschaftsrichterliche Erziehungsaufgaben sind
1. die Unterstützung der Eltern, des Vormundes und des Pflegers durch Anwendung geeigneter Zuchtmittel (§ 1631 Abs. 2 Satz 2, §§ 1686, 1800, 1915 des Bürgerlichen Gesetzbuchs),
2. die Maßnahmen zur Abwendung einer Gefährdung des Minderjährigen (§§ 1666, 1838, 1915 des Bürgerlichen Gesetzbuchs),
3. die Entscheidungen, die die Schutzaufsicht und die Fürsorgeerziehung betreffen[5]).

Entspricht dem § 22 RJGG.

## § 35 Jugendschöffen

(1) Die Schöffen der Jugendgerichte (Jugendschöffen) werden auf Vorschlag des Jugendwohlfahrtsausschusses[1]) für die Dauer von zwei Geschäftsjahren von dem in § 40 des Gerichtsverfassungsgesetzes vorgesehenen Ausschuß gewählt. Dieser soll eine gleiche Anzahl von Männern und Frauen wählen[2]).

(2) Der Jugendwohlfahrtsausschuß[1]) soll ebenso viele Männer wie Frauen und mindestens die doppelte Anzahl von Personen vorschlagen, die als Jugendschöffen und -hilfsschöffen benötigt werden. Die Vorgeschlagenen sollen erzieherisch befähigt und in der Jugenderziehung erfahren sein[3]).

(3) Die Vorschlagsliste des Jugendwohlfahrtsausschusses gilt als Vorschlagsliste im Sinne des § 36 des Gerichtsverfassungsgesetzes. Für die Aufnahme in die Liste ist die Zustimmung von zwei Dritteln der stimmberechtigten Mitglieder erforderlich[4]). Die Vorschlagsliste ist im Jugendamt eine Woche lang zu jedermanns Einsicht aufzulegen. Der Zeitpunkt der Auflegung ist vorher öffentlich bekanntzumachen.

(4) Bei der Entscheidung über Einsprüche gegen die Vorschlagsliste des Jugendwohlfahrtsausschusses und bei der Wahl der Jugendschöffen und -hilfsschöffen führt der Jugendrichter den Vorsitz in dem Schöffenwahlausschuß[5]).

(5) Die Jugendschöffen werden in besondere für Männer und Frauen getrennt zu führende Schöffenlisten aufgenommen[6]).

Neuerung, die § 20 JGG. v. 1923 entspricht.

## § 36 Jugendstaatsanwalt

Für Verfahren, die zur Zuständigkeit der Jugendgerichte gehören, werden Jugendstaatsanwälte bestellt[1]).

Entspricht dem § 23 RJGG.

## § 37 Auswahl der Jugendrichter und Jugendstaatsanwälte

Die Richter bei den Jugendgerichten und die Jugendstaatsanwälte sollen[1]) erzieherisch befähigt und in der Jugenderziehung erfahren sein.

Entspricht dem § 24 RJGG.

---

5) §§ 56 und 62ff. Jugendwohlfahrtgesetz.

**Zu § 35:** 1) S. § 9b Jugendwohlfahrtgesetz i. Fass. v. 28. 8. 1953 (BGBl. I S. 1035).

2) Diese Bestimmung ist mit Rücksicht auf die Besetzung der Jugendgerichte in § 33 Abs. 2 S. 2 getroffen. Übergangsvorschrift § 117.

3) Die Jugendschöffen sollen jugendkundig sein (Begr.).

4) Dadurch wird die Übereinstimmung mit dem Gerichtsverfassungsgesetz (§ 36) hergestellt und vor allem vermieden, daß eine einfache Mehrheit im Ausschuß Wahlvorschläge nach einseitigen politischen Gesichtspunkten durchsetzen kann.

5) S. §§ 40ff. GVG.

6) S. § 44 GVG.

**Zu § 36:** Über Aufgabenverteilung der Staatsanwälte und Amtsanwälte werden die kommenden Richtlinien entscheiden.

**Zu § 37:** 1) Diese Sollvorschrift schließt nicht aus, daß auch Unverheiratete oder kinderlos Verheiratete zu Jugendrichtern und Jugendstaatsanwälten bestellt werden können.

### § 38 Jugendgerichtshilfe

(1) Die Jugendgerichtshilfe wird von den Jugendämtern im Zusammenwirken mit den Vereinigungen für Jugendhilfe ausgeübt[1]).

(2) Die Vertreter der Jugendgerichtshilfe bringen die erzieherischen, sozialen und fürsorgerischen Gesichtspunkte im Verfahren vor den Jugendgerichten zur Geltung. Sie unterstützen zu diesem Zweck die beteiligten Behörden durch Erforschung der Persönlichkeit, der Entwicklung und der Umwelt des Beschuldigten und äußern sich zu den Maßnahmen, die zu ergreifen sind. Soweit nicht ein Bewährungshelfer dazu berufen ist[2]), wachen sie darüber, daß der Jugendliche Weisungen[3]) und besonderen Pflichten[4]) nachkommt. Erhebliche Zuwiderhandlungen teilen sie dem Richter mit. Während der Bewährungszeit arbeiten sie eng mit dem Bewährungshelfer zusammen. Sie übernehmen und überwachen die Schutzaufsicht[5]). Während des Vollzugs[6]) bleiben sie mit dem Jugendlichen in Verbindung und nehmen sich seiner Wiedereingliederung in die Gemeinschaft an.

(3) Im gesamten Verfahren[7]) gegen einen Jugendlichen ist die Jugendgerichtshilfe heranzuziehen. Dies soll so früh wie möglich geschehen[8]). Bei Übertretungen kann[9]) von der Heranziehung der Jugendgerichtshilfe abgesehen werden, wenn ihre Mitwirkung für die sachgemäße Durchführung des Verfahrens entbehrlich ist. Vor der Erteilung von Weisungen (§ 10) sind die Vertreter der Jugendgerichtshilfe stets zu hören.

Entspricht dem § 25 RJGG.

## ZWEITER ABSCHNITT
## Zuständigkeit

### § 39 Sachliche Zuständigkeit des Jugendrichters

(1) Der Jugendrichter ist zuständig für Verfehlungen[1]) Jugendlicher[2]), wenn nur[3]) Erziehungsmaßregeln, Zuchtmittel oder nach diesem Gesetz zulässige Nebenstrafen und Nebenfolgen[4]) zu erwarten sind und der Staatsanwalt Anklage beim Einzelrichter erhebt.

(2) Der Jugendrichter darf auf Jugendstrafe von mehr als einem Jahr[5]) oder von unbestimmter Dauer[6]) nicht erkennen.

Entspricht dem § 26 Abs. 1 RJGG.

---

**Zu § 38:** 1) Demnach werden die Aufgaben der Jugendgerichtshilfe (Abs. 2) gemeinsam wahrgenommen.

2) S. §§ 24, 29.

3) S. § 10.

4) S. § 15.

5) § 57 Jugendwohlfahrtgesetz § 12.

6) §§ 90ff., bes. § 93 Abs. 3. Weitere Rechte § 97 Abs. 2.

7) Hier ist nur das Strafverfahren gemeint.

8) Die Jugendgerichtshilfe wird schon mit der Einleitung eines Strafverfahrens durch Staatsanwaltschaft und Polizei herangezogen. S. Anm. 9.

9) Bei Verbrechen und Vergehen ist also die Heranziehung der Jugendgerichtshilfe zwingend vorgeschrieben.

**Zu § 39:** 1) Anm. 2 zu § 1.

2) Nicht bei Heranwachsenden § 105, da bei ihnen vielfach Strafen und Maßnahmen des allgemeinen Strafrechts in Betracht kommen.

3) Jugendstrafe ist ausgenommen, weil sie eine derart schwerwiegende Maßnahme ist, daß die Mitwirkung von Laienrichtern angeraten erscheint. Jedoch Abs. 2.

4) S. Anm. 4 zu § 6.

5) S. Anm. 3. Wenn sich entgegen der zunächst bestehenden Erwartung im Hauptverfahren herausstellt, daß auf Jugendstrafe zu erkennen ist, so ist der Jugendrichter nicht gehindert, den vollen Strafbann des Jugendschöffengerichts auszuschöpfen (Begr.).

6) § 19.

## § 40 Sachliche Zuständigkeit des Jugendschöffengerichts

(1) Das Jugendschöffengericht ist zuständig für alle Verfehlungen[1]), die nicht zur Zuständigkeit eines anderen Jugendgerichts[2]) gehören[3]).

(2) Das Jugendschöffengericht[4]) kann bis zur Eröffnung des Hauptverfahrens von Amts wegen die Entscheidung der Jugendkammer darüber herbeiführen, ob sie eine Sache wegen ihres besonderen Umfangs[5]) übernehmen will[6]).

(3) Vor Erlaß des Übernahmebeschlusses fordert der Vorsitzende der Jugendkammer den Angeschuldigten auf[7]), sich innerhalb einer zu bestimmenden Frist zu erklären, ob er die Vornahme einzelner Beweiserhebungen vor der Hauptverhandlung oder eine Voruntersuchung (§ 178 der Strafprozeßordnung) beantragen will.

(4) Der Beschluß, durch den die Jugendkammer die Sache übernimmt oder die Übernahme ablehnt, ist nicht anfechtbar. Der Übernahmebeschluß ist mit dem Eröffnungsbeschluß zu verbinden.

Entspricht dem § 17 JGG. v. 1923.

## § 41 Sachliche Zuständigkeit der Jugendkammer

(1) Die Jugendkammer ist als erkennendes Gericht des ersten Rechtszuges zuständig in Sachen,

1. die nach den allgemeinen Vorschriften zur Zuständigkeit des Schwurgerichts gehören[1]) und
2. die sie nach Vorlage durch das Jugendschöffengericht wegen ihres besonderen Umfangs übernimmt (§ 40 Abs. 2)[2]).

(2) Die Jugendkammer ist außerdem zuständig für die Verhandlung und Entscheidung über das Rechtsmittel der Berufung gegen die Urteile des Jugendrichters[3]) und des Jugendschöffengerichts. Sie trifft auch die in § 73 Abs. 1 des Gerichtsverfassungsgesetzes bezeichneten Entscheidungen.

Entspricht dem § 26 Abs. 2 RJGG. u. § 17 JGG. v. 1923.

---

**Zu § 40:** 1) S. Anm. 2 zu § 1. Verfehlungen Jugendlicher und Heranwachsender.

2) D. h. des Jugendrichters § 39 und der Jugendkammer § 41. S. aber Ab. 2.

3) Damit sind dem Jugendschöffengericht die nach den allgemeinen Vorschriften gegebene Zuständigkeit des Schöffengerichts (§ 24 GVG.) und der Strafkammer (§ 74 GVG.) zugewiesen. Weitere Zuständigkeit im Verfahren gegen Heranwachsende § 108 Abs. 3.

4) Der Vorsitzende des Jugendschöffengerichts entscheidet außerhalb der Hauptverhandlung durch Beschluß. Dem StA. und dem Angeklagten muß es verwehrt sein, durch entsprechende Anträge eine Verhandlung vor der Jugendkammer zu erzwingen. Dadurch würde die Gefahr begründet, daß der Gedanke der Einheit von Jugendrichter und Vormundschaftsrichter in einer von dem Gesetz nicht beabsichtigten Weise durchlöchert wird (Begr.).

5) Der besondere Umfang der Sache ergibt sich aus dem großen Beweismaterial, aus der Zahl der Angeklagten (Bandenmitglieder) und Zeugen. Die sachgemäße Erledigung solcher umfangreichen Sache würde die Kraft eines einzelnen Berufsrichters insofern übersteigen, als es ihm vielfach nicht möglich ist, die Verhandlung zu leiten und zugleich das Ergebnis der Verhandlung, für die Urteilsfindung und die Begründung des Urteils festzuhalten. Zusammenfassend sind es die Fälle, die nach dem allgemeinen Prozeßrecht zur Heranziehung des 2. Amtsrichters führen, § 29 Abs. 2 GVG. i. Fass. d. StÄG. (Nachtrag S. 47).

6) Der Jugendkammer als einem dem Schöffengericht übergeordneten Gericht muß die endgültige Entscheidung darüber, ob sie die Sache übernehmen will, vorbehalten bleiben. Das entspricht der allgemeinen Zuständigkeitsregelung des Strafverfahrens, die es grund, sätzlich verbietet, ein höheres Gericht an die Entscheidung eines niederen Gerichts zu binden, soweit nicht zwingende Gründe entgegenstehen (vgl. z. B. §§ 209 und 270 StPO.).

7) Wie nach § 201 StPO.

**Zu § 41:** 1) § 80 GVG.

2) Weitere Zuständigkeit der Jugendkammer bei der Aburteilung Heranwachsender § 108 Abs. 3.

3) Auch in der Besetzung von § 33 Abs. 2.

## § 42 Örtliche Zuständigkeit

(1) Neben dem Richter, der nach dem allgemeinen Verfahrensrecht zuständig ist[1]), sind zuständig

1. der Richter, dem die vormundschaftsrichterlichen Erziehungsaufgaben für den Beschuldigten obliegen[2]),
2. der Richter, in dessen Bezirk sich der auf freiem Fuß befindliche Beschuldigte[3]) zur Zeit der Erhebung der Anklage aufhält,
3. solange der Beschuldigte eine Jugendstrafe[4]) noch nicht vollständig verbüßt hat, der Richter, dem die Aufgaben des Vollstreckungsleiters obliegen.

(2) Der Staatsanwalt soll die Anklage nach Möglichkeit vor dem Richter erheben, dem die vormundschaftsrichterlichen Erziehungsaufgaben obliegen, solange aber der Beschuldigte eine Jugendstrafe noch nicht vollständig verbüßt hat, vor dem Richter, dem die Aufgaben des Vollstreckungsleiters obliegen[5]).

(3) Wechselt der Angeklagte seinen Aufenthalt, so kann der Richter das Verfahren mit Zustimmung des Staatsanwalts an den Richter abgeben, in dessen Bezirk sich der Angeklagte aufhält. Hat der Richter, an den das Verfahren abgegeben worden ist, gegen die Übernahme Bedenken, so entscheidet das gemeinschaftliche obere Gericht[6]).

Entspricht dem § 27 RJGG.

## DRITTER ABSCHNITT

## Jugendstrafverfahren

### Erster Unterabschnitt

### Das Vorverfahren

## § 43 Umfang der Ermittlungen

(1) Nach Einleitung des Verfahrens sollen so bald wie möglich die Lebens- und Familienverhältnisse, der Werdegang, das bisherige Verhalten des Beschuldigten und alle übrigen Umstände ermittelt werden, die zur Beurteilung seiner seelischen, geistigen und charakterlichen Eigenart dienen können[1]). Der Erziehungsberechtigte[2]) und der gesetzliche Vertreter[3]), die Schule und der Lehrherr oder der sonstige Leiter der Berufsausbildung sollen, soweit möglich, gehört werden. Die Anhörung des Lehrherrn oder Ausbildungsleiters unterbleibt, wenn der Jugendliche davon unerwünschte Nachteile, namentlich den Verlust seines Arbeitsplatzes, zu besorgen hätte. § 38 Abs. 3 ist zu beachten.

**Zu § 42:** 1) §§ 7ff. StPO.
2) §§ 36, 46 FGG.
3) Nur für diesen gilt der Gerichtsstand des Aufenthaltsorts.
4) Jugendstrafe von bestimmter und unbestimmter Dauer.
5) §§ 82, 84, 85 Abs. 3.
6) D. i. das LG. (Jugendkammer), u. U. BGH.

**Zu § 43:** 1) Diese Ermittlungen werden in der Hauptsache von der Jugendgerichtshilfe geführt § 38; sie sind mit Beschleunigung durchzuführen. Allg. Richtl. Nr. 5, 19. Voruntersuchung ist zulässig.
2) Erziehungsberechtigt ist der, der allein oder mit einem andern das Recht auf Erziehung der Jugendlichen und die Pflicht zur Sorge für sie hat.
3) Gesetzlicher Vertreter ist, wer das Recht zur Vertretung des Jugendlichen in persönlichen Angelegenheiten hat.

(2) Bei Fürsorgezöglingen erhält die Fürsorgeerziehungsbehörde[4]) Gelegenheit zur Äußerung.

(3) Soweit erforderlich, ist eine Untersuchung des Beschuldigten, namentlich zur Feststellung seines Entwicklungsstandes oder anderer für das Verfahren wesentlicher Eigenschaften herbeizuführen. Nach Möglichkeit soll ein zur kriminalbiologischen Untersuchung von Jugendlichen befähigter Sachverständiger mit der Durchführung der Anordnung beauftragt werden[5]).

Entspricht dem § 28 RJGG.

## § 44 Vernehmung des Beschuldigten

Ist Jugendstrafe zu erwarten, so soll der Staatsanwalt[1]) oder der Vorsitzende des Jugendgerichts[2]) den Beschuldigten vernehmen, ehe die Anklage erhoben wird.

Entspricht dem § 29 RJGG.

## § 45 Absehen von der Verfolgung

(1) Hält der Staatsanwalt eine Ahndung durch Urteil für entbehrlich[1]), so kann er bei dem Jugendrichter anregen, dem geständigen Beschuldigten[2]) eine Arbeitsauflage zu machen[3]), ihm besondere Pflichten aufzuerlegen[4]), die Teilnahme an einem polizeilichen Verkehrsunterricht anzuordnen[5]) oder eine Ermahnung auszusprechen[6]). § 11 Abs. 2 und § 15 Abs. 3 sind nicht anzuwenden[7]). Entspricht der Jugendrichter der Anregung, so hat der Staatsanwalt von der Verfolgung abzusehen[8]).

(2) Der Staatsanwalt kann ohne Zustimmung des Richters von der Verfolgung absehen, wenn

1. eine erzieherische Maßnahme, die eine Ahndung durch den Richter entbehrlich macht[9]), bereits angeordnet ist oder
2. die Voraussetzungen des § 153 der Strafprozeßordnung[10]) vorliegen.

Entspricht dem § 30 RJGG.

## § 46 Wesentliches Ergebnis der Ermittlungen

Der Staatsanwalt soll das wesentliche Ergebnis der Ermittlungen in der Anklageschrift (§ 200 Abs. 2 der Strafprozeßordnung) so darstellen, daß die Kenntnis-

---

4) In der Regel Landesjugendamt, § 70 JWG. *Riedel*, Jugendwohlfahrtsges. Anm. 3. Der Anhörung der Fürsorgebeh. kommt bes. Bedeutung bei BGH MDR 1952, 564 = GA 1953, 72.

5) S. § 73.

**Zu § 44:** 1) Der Jugendstaatsanwalt § 36.

2) Der Vorsitzende des Jugendschöffengerichts oder der Jugendkammer im Falle des § 41 Nr. 1.

**Zu § 45:** 1) D. h. wenn im Rahmen eines Strafverfahrens formlose Maßnahmen erforderlich werden, soll der StA. nicht wie früher den unbeteiligten Vormundschaftsrichter bemühen.

2) Soweit noch nicht feststeht, ob der jugendliche Beschuldigte eine mit Strafe bedrohte Handlung begangen hat, darf ihm keine Pflicht nach dem Gesetz auferlegt werden (Ber.).

3) § 10 Abs. 1 Nr. 4.

4) § 15.

5) § 10 Abs. 1 Nr. 7. § 6 StVO. unter B VIII 2 des Hauptwerks.

6) Ermahnung ist die formlos ausgesprochene Zurechtweisung.

7) Kommt der Jugendliche diesen Auflagen nicht nach, so kann kein Jugendarrest verhängt werden. Es ist vielmehr zulässig, daß das eingestellte Strafverfahren von dem StA. fortgesetzt wird.

8) Einstellung auch nach § 75 Abs. 2.

9) Z. B. Disziplinarmittel. Diese können in Schulen angewandt werden.

10) Also nur bei Übertretungen und Vergehen.

nahme durch den Beschuldigten möglichst keine Nachteile für seine Erziehung verursacht[1]).

Neuerung.

## Zweiter Unterabschnitt

## Das Hauptverfahren

### § 47 Einstellung des Verfahrens durch den Richter

(1) Ist die Anklage eingereicht, so kann der Richter das Verfahren einstellen[1]), wenn

1. er eine Ahndung für entbehrlich hält und gegen den geständigen Angeklagten eine in § 45 Abs. 1 bezeichnete Maßnahme anordnet,
2. die Voraussetzungen des § 45 Abs. 2 vorliegen oder
3. der Angeklagte mangels Reife strafrechtlich nicht verantwortlich ist[2]).

(2) Die Einstellung bedarf der Zustimmung des Staatsanwalts. Der Einstellungsbeschluß kann auch in der Hauptverhandlung ergehen. Er wird mit Gründen versehen und ist nicht anfechtbar. Die Gründe werden dem Angeklagten nicht mitgeteilt, soweit davon Nachteile für die Erziehung zu befürchten sind.

(3) Wegen derselben Tat kann nur auf Grund neuer Tatsachen oder Beweismittel von neuem Anklage erhoben werden[3]).

Entspricht dem § 31 RJGG.

### § 48 Nichtöffentlichkeit

(1) Die Verhandlung vor dem erkennenden Gericht einschließlich der Verkündung der Entscheidungen ist nicht öffentlich[1]).

(2) Neben den am Verfahren Beteiligten ist dem Verletzten[2]), den Beamten der Kriminalpolizei und falls der Angeklagte unter Schutz- oder Bewährungsaufsicht steht[3]), dem Helfer[4]) die Anwesenheit gestattet. Andere Personen kann der Vorsitzende aus besonderen Gründen, namentlich zu Ausbildungszwecken[5]), zulassen.

(3) Sind in dem Verfahren auch Heranwachsende[6]) oder Erwachsene angeklagt[7]), so ist die Verhandlung öffentlich. Die Öffentlichkeit kann ausgeschlossen werden, wenn dies im Interesse der Erziehung jugendlicher Angeklagter geboten ist.

Entspricht dem § 32 RJGG.

---

**Zu § 46:** 1) Der StA. wird sich bemühen müssen, durch die Abfassung des wesentlichen Ergebnisses der Ermittlungen Nachteile für die Erziehung zu vermeiden.

**Zu § 47:** 1) Durch Beschluß. S. Abs. 2.

2) § 3.

3) Wie nach § 211 StPO.

**Zu § 48:** 1) Im Gegensatz zum allgemeinen Strafverfahren § 169 GVG wonach Verstoß absoluter Revisionsgrund ist (§ 338 Ziff. 6 StPO.) BGH. E. 4,279, ist hier die Nichtausschließung der Öffentlichkeit allenfalls ein Verfahrensmangel i. S. v. § 337 StPO., *Hamm* MDR. 1949, 701. Auch dieser liegt bei Verletzung der Bestimmung durch Rundfunkübertragung nicht vor. BGH. GA. 1953, 83.

2) Verletzter ist der, in dessen Rechte die Tat des Jugendlichen unmittelbar eingreift. Vgl. E. 69, 107; E. 73, 334.

3) §§ 12, 24, 29.

4) Helfer nach § 58 JWG. und Bewährungshelfer, auch der Vertreter der Jugendgerichtshilfe s. § 50 Abs. 3.

5) Studenten, Referendare, Anwärter für das Amt des Bewährungshelfers, Jugendgerichtshilfe.

6) § 1 Abs. 2, 105.

7) § 103.

## § 49 Vereidigung von Zeugen und Sachverständigen

(1) Im Verfahren vor dem Jugendrichter werden Zeugen nur[1]) vereidigt, wenn es der Richter wegen der ausschlaggebenden Bedeutung der Aussage oder zur Herbeiführung einer wahren Aussage für notwendig[2]) hält. Von der Vereidigung von Sachverständigen kann der Jugendrichter in jedem Falle absehen[3]).

(2) Sind in dem Verfahren auch Heranwachsende oder Erwachsene angeklagt, so ist Absatz 1 nicht anzuwenden.

Neuerung s. Anm. 1.

## § 50 Anwesenheit in der Hauptverhandlung

(1) Die Hauptverhandlung kann nur[1]) dann ohne den Angeklagten stattfinden, wenn dies im allgemeinen Verfahren zulässig wäre[2]), besondere Gründe dafür vorliegen und der Staatsanwalt zustimmt.

(2) Der Vorsitzende soll auch die Ladung des Erziehungsberechtigten[3]) und des gesetzlichen Vertreters[4]) anordnen. Die Vorschriften über die Ladung, die Folgen des Ausbleibens und die Gebühren von Zeugen[5]) gelten entsprechend.

(3) Dem Vertreter der Jugendgerichtshilfe sind Ort und Zeit der Hauptverhandlung mitzuteilen. Er erhält auf Verlangen das Wort[6]).

Entspricht dem § 33 RJGG.

## § 51 Zeitweilige Ausschließung von Beteiligten

(1) Der Vorsitzende soll den Angeklagten für die Dauer solcher Erörterungen von der Verhandlung ausschließen[1]), aus denen Nachteile für die Erziehung entstehen können. Er hat[2]) ihn von dem, was in seiner Abwesenheit verhandelt worden ist, zu unterrichten, soweit es für seine Verteidigung erforderlich ist.

(2) Der Vorsitzende soll auch Angehörige, den Erziehungsberechtigten[3]) und den gesetzlichen Vertreter[4]) des Angeklagten von der Verhandlung ausschließen, soweit gegen ihre Anwesenheit Bedenken bestehen.

Entspricht dem § 34 RJGG.

## § 52 Berücksichtigung von Untersuchungshaft bei Jugendarrest und Jugendstrafe

(1) Wird auf Jugendarrest erkannt und ist dessen Zweck durch Untersuchungshaft oder eine andere wegen der Tat erlittene Freiheitsentziehung ganz oder teil-

**Zu § 49:** 1) Die Notwendigkeit der Vorschrift ergibt sich aus dem Wesen des Jugendstrafverfahrens, das in erster Linie Erziehungsverfahren ist. Durch die Häufung von Eiden, die dem Verfahren ein besonders feierliches Gepräge geben, kann bei dem Jugendlichen der unerwünschte Eindruck entstehen, daß er Mittelpunkt allgemeinen Interesses sei (Begr.). Darin liegt die Beseitigung des Eidszwanges nach § 59 StPO. S. auch Abs. 2.

2) Wie nach § 62 StPO. im Verfahren wegen Übertretung und im Privatklageverfahren. Das Absehen von der Vereidigung wird in der Verhandlungsniederschrift vermerkt mit: Unbeeidet nach § 49 JGG.

3) Anders nach § 79 StPO.

**Zu § 50:** 1) Verhandlung in Abwesenheit bildet die Ausnahme.

2) §§ 231 ff. Abs. 2 StPO.

3) S. Anm. 2 zu § 43.

4) § 149 StPO. u. Anm. 3 zu § 43.

5) §§ 48, 51, 71 StPO.

6) Wie der Beistand nach § 149 StPO.

**Zu § 51:** 1) Daneben gilt § 247 StPO.

2) Zwingende Vorschrift.

3) S. Anm. 2 zu § 43.

4) § 149 StPO., Anm. 3 zu § 43.

weise erreicht, so kann der Richter im Urteil aussprechen, daß oder wieweit der Jugendarrest nicht vollstreckt wird[1]).

(2) Der Richter soll erlittene Untersuchungshaft auf Jugendstrafe nur anrechnen, soweit sich ihr Vollzug erzieherisch günstig ausgewirkt hat oder die Versagung der Anrechnung auch bei Berücksichtigung der Erziehungsaufgabe des Strafvollzugs eine unbillige Härte wäre[2]).

(3) Wird auf Jugendstrafe von unbestimmter Dauer Untersuchungshaft angerechnet, so hat der Richter zugleich zu bestimmen, wieweit sich die Anrechnung auf das Mindest- und das Höchstmaß der Strafe auswirkt. Dabei ist mindestens ein Viertel der Untersuchungshaft auf das Mindestmaß anzurechnen.

Entspricht dem § 36 RJGG.

## § 53 Überweisung an den Vormundschaftsrichter

Der Richter kann dem Vormundschaftsrichter im Urteil die Auswahl und Anordnung von Erziehungsmaßregeln[1]) überlassen[2]), wenn er nicht auf Jugendstrafe erkennt. Der Vormundschaftsrichter muß[3]) dann eine Erziehungsmaßregel anordnen, soweit sie nicht die Umstände, die für das Urteil maßgebend waren, verändert haben.

Entspricht dem § 37 RJGG.

## § 54 Urteilsgründe

(1) Wird der Angeklagte schuldig gesprochen[1]), so wird in den Urteilsgründen auch[2]) ausgeführt, welche Umstände für seine Bestrafung[3]), für die angeordneten Maßnahmen[4]), für die Überlassung ihrer Auswahl und Anordnung an den Vormundschaftsrichter[5]) oder für das Absehen von Zuchtmitteln und Strafe bestimmend waren[6]). Dabei soll namentlich die seelische, geistige und körperliche Eigenart des Angeklagten berücksichtigt werden.

(2) Die Urteilsgründe werden dem Angeklagten nicht mitgeteilt, soweit davon Nachteile für die Erziehung zu befürchten sind[7]).

Entspricht dem § 39 RJGG.

---

**Zu § 52:** 1) Anders als nach § 60 StGB.
2) Die Anrechnung erfolgt nicht aus Gründen der Billigkeit oder Gerechtigkeit, sondern ist auf die Erziehungsaufgabe des Strafvollzugs abgestellt.

**Zu § 53:** 1) §§ 9ff. Nicht bei Zuchtmitteln (§ 13ff.), da sie strafähnliche Maßnahmen bedeuten, vgl. Anm. 3 zu § 5. Dies gilt vor allem für den Jugendarrest, dessen Verhängung mit den gewöhnlichen Rechtsmitteln anfechtbar ist.
2) Soweit der erkennende Richter sich für eine bestimmte Maßnahme entschieden hat, gibt er sie dem Vormundschaftsrichter bekannt.
3) Außerdem kann der Vormundschaftsrichter, wenn die Voraussetzungen für ein eigenes Eingreifen vorliegen (§§ 1631, 1666, 1686, 1800, 1838, 1915 BGB.), selbst seine Maßnahmen treffen.

**Zu § 54:** 1) Auch i. F. des § 27.
2) Hierdurch wird § 267 StPO. wesentlich ergänzt.
3) §§ 13, 17.
4) § 9.
5) § 53.
6) Vgl. § 260 Abs. 4 StPO. i. Fass. d. 3. StÄG. Nachtrag S. 57.
7) Sowohl die bei der mündlichen Verkündung mitgeteilten wie die schriftlichen Urteilsgründe. Soll der Abgeurteilte eine Abschrift oder Ausfertigung des Urteils mit Gründen erhalten, so bestimmt der Richter, inwieweit sie ihm mitgeteilt werden.

## Dritter Unterabschnitt

## Rechtsmittelverfahren

### § 55 Anfechtung von Entscheidungen

(1) Eine Entscheidung, in der lediglich Erziehungsmaßregeln oder Zuchtmittel angeordnet[1]) oder die Auswahl und Anordnung von Erziehungsmaßregeln dem Vormundschaftsrichter überlassen sind[2]), kann nicht wegen des Umfangs der Maßnahmen und nicht deshalb angefochten werden[3]), weil andere oder weitere Erziehungsmaßregeln oder Zuchtmittel hätten angeordnet werden sollen oder weil die Auswahl und Anordnung der Erziehungsmaßregeln dem Vormundschaftsrichter überlassen worden sind. Diese Vorschrift gilt nicht, wenn die Entscheidung Fürsorgeerziehung angeordnet hat[4]).

(2) Wer eine zulässige Berufung[5]) eingelegt hat[6]), kann gegen das Berufungsurteil nicht mehr Revision einlegen. Hat der Angeklagte, der Erziehungsberechtigte[7]) oder der gesetzliche Vertreter[8]) eine zulässige Berufung eingelegt, so steht gegen das Berufungsurteil keinem von ihnen das Rechtsmittel der Revision zu[9]).

Entspricht dem § 40 RJGG.

### § 56 Teilvollstreckung einer Einheitsstrafe

(1) Ist ein Angeklagter wegen mehrer Straftaten zu einer Einheitsstrafe verurteilt worden[1]), so kann das Rechtsmittelgericht[2]) vor der Hauptverhandlung das Urteil für einen Teil der Strafe als vollstreckbar erklären[3]), wenn die Schuldfeststellungen bei einer oder mehreren Straftaten nicht beanstandet worden sind[4]). Die Anordnung ist nur zulässig, wenn sie dem wohlverstandenen Interesse des Angeklagten entspricht[5]). Der Teil der Strafe darf nicht über die Strafe hinaus-

---

**Zu § 55:** 1) §§ 9, 13.

2) § 53.

3) Über Anfechtung der Entscheidungen über Strafaussetzung z. Bew. § 59, über Aussetzung der Verhängung der Jugendstrafe § 63.

4) § 12.

5) Zulässig ist die Berufung gegen alle Urteile mit den Einschränkungen in Abs. 1.

6) Lediglich auf die Einlegung kommt es an. Die Revision kann er einlegen, wenn nur von der anderen Seite Ber. eingelegt war. Hat er aber Ber. eingelegt, so steht ihm Rev. auch dann nicht zu, wenn die gleichzeitige Ber. der StA. zur Strafverschärfung geführt hat. Dresden JurW. 62 (1939), 468, Kiel HRR. 1933 Nr. 1293; oder wenn er seinerseits die Ber. zurückgenommen hat. BayObLG. DRZ. 25 (1933) Nr. 281. Celle HRR. 1923 Nr. 1990; oder wenn seine Ber. durch Beschl. als verspätet verworfen ist. Königsberg GA. 77, 234.

7) S. Anm. 2 zu § 43.

8) S. Anm. 4 zu § 50.

9) Für jeden Verfahrensbeteiligten ist nur eine Wahlmöglichkeit zwischen Berufung und Revision zugelassen. Das Revisionsgericht hat verfahrensrechtliche Verstöße nur auf Rüge, nicht von Amtswegen zu beachten BGH. GA. 1953, 83.

**Zu § 56:** 1) § 31. In diesem Falle ist auch eine Beschränkung des Rechtsmittels auf einzelne Fälle zulässig. Wie nach § 14 RJGG. steht § 31 der Rechtskraft des Schuldspruchs einzelner Straftaten nicht entgegen: Vgl. BGH. v. 5. 3. 53. GA. 1953, 72. Muß bei Verurteilung wegen zweier Taten auf das Rechtsmittel der Schuldspruch hinsichtl. einer Tat aufgehoben werden, so kann es doch wegen der anderen Tat bestehen bleiben, obwohl die für beide Taten verhängte Einheitsstrafe aufgehoben werden muß. BGH. v. 27. 11. 52, GA. 1953, 83.

2) Jugendkammer oder Strafsenat.

3) Diese Vollstreckbarkeitserklärung bedeutet einen Bruch mit dem Grundsatz der StPO. (§ 449), wonach erst mit der Rechtskraft der Entscheidung jede Vollstreckung beginnen kann.

4) Seitens des Beschwerdeführers müssen diese Schuldfeststellungen als zutreffend anerkannt sein. S. Anm.

5) Diese Hervorhebung wäre nicht erforderlich. Die Vollstreckung des Teils der Strafe, dem die nicht beanstandeten Schuldfeststellungen entsprechen, wird sicherlich im allgemeinen im Interesse des Angeklagten liegen. S. jedoch Anm. 6.

gehen, die einer Verurteilung wegen der Straftaten entspricht, bei denen die Schuldfeststellungen nicht beanstandet worden sind[6]).

(2) Gegen den Beschluß ist sofortige Beschwerde zulässig.[7])

Neuerung.

## Vierter Unterabschnitt

## Verfahren bei Aussetzung der Jugendstrafe zur Bewährung

### § 57 Entscheidung über die Aussetzung

(1) Die Aussetzung der Jugendstrafe zur Bewährung wird im Urteil oder, solange der Strafvollzug noch nicht begonnen hat, nachträglich durch Beschluß[1]) angeordnet. Für den nachträglichen Beschluß ist der Richter zuständig, der in der Sache im ersten Rechtszuge erkannt hat; der Staatsanwalt und der Jugendliche sind zu hören.

(2) Hat der Richter die Aussetzung im Urteil abgelehnt[2]), so ist ihre nachträgliche Anordnung nur zulässig, wenn seit Erlaß des Urteils Umstände hervorgetreten sind, die allein oder in Verbindung mit den bereits bekannten Umständen eine Aussetzung der Jugendstrafe zur Bewährung rechtfertigen[3]).

(3) § 260 Abs. 4 Satz 2, § 263 Abs. 4 und § 267 Abs. 3 Satz 3 der Strafprozeßordnung[4]) gelten entsprechend.

Neuerung.

### § 58 Weitere Entscheidungen

(1) Entscheidungen, die infolge der Aussetzung erforderlich werden (§§ 22, 23, 26), trifft der Richter durch Beschluß. Der Staatsanwalt, der Jugendliche und der Bewährungshelfer sind zu hören. Der Beschluß ist zu begründen[1]).

(2) Zuständig ist der Richter, der die Aussetzung angeordnet hat. Er kann die Entscheidungen ganz oder teilweise dem Jugendrichter übertragen, in dessen Bezirk sich der Jugendliche aufhält[2]). § 42 Abs. 3 Satz 2 gilt entsprechend[3]).

Entspricht dem § 268a StPO.

### § 59 Anfechtung

(1) Gegen eine Entscheidung, durch die die Aussetzung der Jugendstrafe angeordnet oder abgelehnt wird[1]), ist, wenn sie für sich allein angefochten wird[2]),

---

6) Diesen Strafteil festzusetzen, erfordert große Erfahrung und Vorsicht, da die Entscheidung nach Durchführung der Hauptverhandlung, die die Haltlosigkeit der beanstandeten Schuldfeststellung ergibt, sich nachteilig für den Verurteilten auswirken kann.

7) Eine Anfechtung der Vollstreckbarkeitserklärung des Strafsenats (Anm. 2) scheidet aus.

**Zu § 57:** 1) Anders nach Anm. 2 zu § 23 StGB. und § 260 StPO., i. Fass. d. 3. StÄG. Nachtr. S. 19 u. 57.

2) Die Ablehnung ist nicht in dem Urteilstenor auszusprechen, vielmehr nur in den Gründen auszuführen. § 267 Abs. 3 StPO. i. Fass. d. 3. StÄG. Nachtr. S. 58, s. auch Abs. 3.

3) Z. B. der Verurteilte hat Reue gezeigt, Abbitte geleistet, den Schaden wieder gut gemacht, die Betrogene geheiratet oder ist der Verdacht, daß Verurteilter sich an anderen Straftaten beteiligt hat, weggefallen.

4) Diese Bestimmungen sind durch Art. 4 des 3. StÄG. eingefügt, Nachtrag S. 57 u. 58.

**Zu § 58:** 1) Alle Beschlüsse sind zu begründen, nicht bloß die in § 34 StPO. genannten.

2) Damit wird die Zuständigkeit der anderen Jugendrichter für weitere Entscheidungen begründet.

3) S. Anm. 6 zu § 42.

**Zu § 59:** 1) D. h. im Urteil oder Beschluß § 57.

2) Soweit die Strafaussetzung im Urteil ausgesprochen wird, kann sie allein nur vom StA. angefochten werden.

sofortige Beschwerde zulässig[3]). Das gleiche gilt, wenn ein Urteil nur deshalb angefochten wird, weil die Strafe nicht ausgesetzt worden ist[4]).

(2) Gegen eine Entscheidung über die Dauer der Bewährungszeit (§ 22) oder über Bewährungsauflagen (§ 23) ist Beschwerde[5]) zulässig. Sie kann nur darauf gestützt werden, daß die Bewährungszeit nachträglich verlängert worden[6]) oder eine getroffene Anordnung gesetzwidrig ist[7]).

(3) Gegen den Widerruf der Aussetzung der Jugendstrafe (§ 26 Abs. 2) ist sofortige Beschwerde zulässig.

(4) Der Beschluß über den Straferlaß (§ 26 Abs. 1) ist nicht anfechtbar.

(5) Wird gegen ein Urteil eine zulässige Revision[8]) und gegen eine Entscheidung, die sich auf eine in dem Urteil angeordnete Aussetzung der Jugendstrafe zur Bewährung[9]) bezieht, Beschwerde eingelegt, so ist das Revisionsgericht auch zur Entscheidung über die Beschwerde zuständig[10]).

## § 60 Bewährungsplan

(1) Rechtskräftig angeordnete Bewährungsauflagen[1]) stellt der Vorsitzende in einem Bewährungsplan zusammen[2]). Er händigt ihn dem Jugendlichen aus und belehrt ihn zugleich über die Bedeutung der Aussetzung, die Bewährungszeit und die Bewährungsauflagen sowie darüber, daß er den Widerruf der Aussetzung zu erwarten habe, wenn er das in ihn gesetzte Vertrauen nicht rechtfertige, insbesondere den Bewährungsauflagen zuwiderhandle. Zugleich ist ihm aufzugeben, jeden Wechsel seines Aufenthaltes oder Arbeitsplatzes während der Bewährungszeit anzuzeigen[3]). Auch bei nachträglichen Änderungen des Bewährungsplans[4]) ist der Jugendliche über den wesentlichen Inhalt zu belehren.

(2) Der Name des Bewährungshelfers[5]) wird in den Bewährungsplan eingetragen.

(3) Der Jugendliche soll durch seine Unterschrift bestätigen, daß er den Bewährungsplan gelesen hat, und versprechen, daß er den Bewährungsauflagen nachkommen will. Auch der Erziehungsberechtigte[6]) und der gesetzliche Vertreter[7]) sollen den Bewährungsplan unterzeichnen.

## § 61 Haftbefehl

(1) Kommt ein Widerruf der Aussetzung in Betracht[1]), so kann der Richter,

---

3) § 311 StPO.

4) Die Nichtaussetzung ist nach § 267 Abs. 3 StPO. i. Fass. des 3. StÄG. (Nachtrag S. 58) in den Urteilsgründen zu rechtfertigen.

5) Einfache Beschwerde § 304 StPO.

6) § 22.

7) Z. B. wenn die Anordnung gegen §§ 15, 22 verstößt.

8) § 55 Abs. 2.

9) § 57.

10) S. § 305a Abs. 2 StPO. i. Fass. des 3. StÄG. Nachtr. S. 58.

**Zu § 60:** 1) S. § 23.

2) Über die Anlegung des Bewährungsplans werden Richtlinien herausgegeben werden. Der Richter wird mit seinen Auflagen sparsam sein müssen und nicht ein Kontrollsystem beschließen, das schwer einzuhalten ist. Wesentlich wird stets sein, daß es gelingt, den „Probanden" dahin zu führen, daß er aus eigener Kraft dem Bösen widersteht. *Becker* a. a. O. JR. S. 413.

3) Wie nach § 268a Abs. 2 StPO. i. Fass. des 3. StÄG. Nachtrag S. 58.

4) So nach § 57 Abs. 2.

5) § 24.

6) S. Anm. 2 zu § 43.

7) S. Anm. 3 zu § 43.

**Zu § 61:** 1) § 26 Abs. 2.

um sich der Person des Jugendlichen zu versichern, vorläufige Maßnahmen[2]) treffen, notfalls einen Haftbefehl erlassen[3]).

(2) Die auf Grund eines Haftbefehls nach Absatz 1 erlittene Haft wird[4]) auf die zu vollstreckende Jugendstrafe angerechnet. §§ 114 bis 114c und § 115 Satz 1 der Strafprozeßordnung gelten sinngemäß.

## Fünfter Unterabschnitt

## Verfahren bei Aussetzung der Verhängung der Jugendstrafe

### § 62 Entscheidungen

(1) Entscheidungen nach den §§ 27 und 30 ergehen auf Grund einer Hauptverhandlung durch Urteil. Für die Entscheidung über die Aussetzung der Verhängung der Jugendstrafe gelten § 263 Abs. 4[1]) und § 267 Abs. 3 Satz 3[2]) der Strafprozeßordnung sinngemäß.

(2) Mit Zustimmung des Staatsanwalts kann die Tilgung des Schuldspruchs nach Ablauf der Bewährungszeit auch ohne Hauptverhandlung durch Beschluß angeordnet werden.

(3) Ergibt eine während der Bewährungszeit durchgeführte Hauptverhandlung nicht, daß eine Jugendstrafe erforderlich ist (§ 30 Abs. 1), so ergeht der Beschluß, daß die Entscheidung über die Verhängung der Strafe ausgesetzt bleibt.

(4) Für die übrigen Entscheidungen, die infolge einer Aussetzung der Verhängung der Jugendstrafe erforderlich werden, gilt § 58 Abs. 1 und Abs. 2 Satz 1 sinngemäß.

Neuerung.

### § 63 Anfechtung

(1) Ein Beschluß, durch den der Schuldspruch nach Ablauf der Bewährungszeit getilgt wird (§ 62 Abs. 2)[1]) oder die Entscheidung über die Verhängung der Jugendstrafe ausgesetzt bleibt (§ 62 Abs. 3), ist nicht anfechtbar.

(2) Im übrigen gilt § 59 Abs. 2 und Abs. 5 sinngemäß.

### § 64 Bewährungsplan

§ 60 gilt sinngemäß. Der Jugendliche ist über die Bedeutung der Aussetzung, die Bewährungszeit und die Bewährungsauflagen sowie darüber zu belehren, daß er die Festsetzung einer Jugendstrafe zu erwarten habe, wenn er sich während der Bewährungszeit schlecht führe[1]).

## Sechster Unterabschnitt

## Ergänzende Entscheidungen

### § 65 Nachträgliche Entscheidungen über Weisungen und Pflichten

(1) Nachträgliche Entscheidungen, die sich auf Weisungen (§ 11) oder besondere Pflichten (§ 15 Abs. 3) beziehen, trifft der Richter des ersten Rechtszuges nach

---

2) Vorläufige Unterbringung im Jugendheim.

3) Die Voraussetzungen wie nach § 72 müssen vorliegen.

4) Zwingende Vorschrift.

**Zu § 62:** 1) Entscheidung mit einfacher Mehrheit.

2) Die Urteilsgründe haben sich über Aussetzung der Verhängung wie über ihre Ablehnung auszusprechen.

**Zu § 63:** § 30 Abs. 2.

**Zu § 64:** Die schlechte Führung während der Bewährungszeit ist besonders hervorgehoben.

Anhören des Staatsanwalts und des Jugendlichen durch Beschluß. Er kann das Verfahren an den Jugendrichter abgeben, in dessen Bezirk sich der Jugendliche aufhält, wenn dieser seinen Aufenthalt gewechselt hat[1]). § 42 Abs. 3 Satz 2 gilt entsprechend[2]).

(2) Hat der Richter die Änderung von Weisungen abgelehnt[3]), so ist der Beschluß nicht anfechtbar. Hat er Jugendarrest verhängt, so ist gegen den Beschluß[4]) sofortige Beschwerde zulässig. Diese hat aufschiebende Wirkung.

Entspricht dem § 54 RJGG.

### § 66 Ergänzung rechtskräftiger Entscheidungen bei mehrfacher Verurteilung

(1) Ist die einheitliche Festsetzung von Maßnahmen oder Jugendstrafe (§ 31) unterblieben und sind die durch die rechtskräftigen Entscheidungen erkannten Erziehungsmaßregeln, Zuchtmittel und Strafen noch nicht vollständig ausgeführt, verbüßt oder sonst erledigt[1]), so trifft der Richter eine solche Entscheidung nachträglich[2]). Dies gilt nicht, soweit der Richter nach § 31 Abs. 3 von der Einbeziehung rechtskräftig abgeurteilter Straftaten abgesehen hatte.

(2) Die Entscheidung ergeht auf Grund einer Hauptverhandlung durch Urteil, wenn der Staatsanwalt es beantragt oder der Vorsitzende es für angemessen hält. Wird keine Hauptverhandlung durchgeführt, so entscheidet der Richter durch Beschluß. Für die Zuständigkeit und das Beschlußverfahren gilt dasselbe wie für die nachträgliche Bildung einer Gesamtstrafe nach den allgemeinen Vorschriften[3]). Ist eine Jugenstrafe teilweise verbüßt, so ist der Richter zuständig, dem die Aufgaben des Vollstreckungsleiters obliegen[4]).

Entspricht dem § 55 RJGG.

## Siebenter Unterabschnitt

## Gemeinsame Verfahrensvorschriften

### § 67 Stellung des Erziehungsberechtigten und des gesetzlichen Vertreters

(1) Soweit der Beschuldigte ein Recht darauf hat, gehört zu werden, Fragen und Anträge zu stellen oder bei Untersuchungshandlungen anwesend zu sein, steht dieses Recht auch dem Erziehungsberechtigten[1]) und dem gesetzlichen Vertreter[2]) zu.

(2) Ist eine Mitteilung an den Beschuldigten vorgeschrieben, so soll die entsprechende Mitteilung an den Erziehungsberechtigten und den gesetzlichen Vertreter gerichtet werden.

---

**Zu § 65:** 1) S. Anm. 2 zu § 42.
2) S. Anm. 6 zu § 42.
3) Vgl. § 11 Abs. 1.
4) § 11 Abs. 2.

**Zu § 66:** 1) S. Anm. 5 zu § 31.
2) Vgl. § 460 StPO. Diese nachträgliche Festsetzung wirkt bei einer neuen Verurteilung nicht rückfallbegründend (§ 244 StGB.) Hamm JR. 1952, 411; JZ. 1952, 630. S. Anm. 1 zu § 31.
3) § 462 StPO.
4) §§ 82, 85.

**Zu § 67:** 1) S. Anm. 2 zu § 43.
2) S. Anm. 3 zu § 43.

(3) Die Rechte des gesetzlichen Vertreters zur Wahl eines Verteidigers[3]) und zur Einlegung von Rechtsbehelfen[4]) stehen auch dem Erziehungsberechtigten zu.

(4) Der Richter kann diese Rechte dem Erziehungsberechtigten[1]) und dem gesetzlichen Vertreter[2]) entziehen, soweit sie verdächtig sind, an der Verfehlung des Beschuldigten beteiligt zu sein, oder soweit sie wegen einer Beteiligung verurteilt sind. Liegen die Voraussetzungen des Satzes 1 bei dem Erziehungsberechtigten[1]) oder dem gesetzlichen Vertreter[2]) vor, so kann der Richter die Entziehung gegen beide aussprechen, wenn ein Mißbrauch der Rechte zu befürchten ist. Stehen dem Erziehungsberechtigten und dem gesetzlichen Vertreter ihre Rechte nicht mehr zu, so bestellt der Vormundschaftsrichter einen Pfleger zur Wahrnehmung der Interessen des Beschuldigten im anhängigen Strafverfahren[5]). Die Hauptverhandlung wird bis zur Bestellung des Pflegers ausgesetzt[6]).

(5) Sind mehrere erziehungsberechtigt[7]), so kann jeder von ihnen die in diesem Gesetz bestimmten Rechte des Erziehungsberechtigten ausüben. In der Hauptverhandlung oder in einer sonstigen Verhandlung vor dem Richter wird der abwesende Erziehungsberechtigte als durch den anwesenden vertreten angesehen. Sind Mitteilungen oder Ladungen vorgeschrieben, so genügt es, wenn sie an einen Erziehungsberechtigten gerichtet werden.

Entspricht dem § 41 RJGG.

### § 68 Notwendige Verteidigung

Der Vorsitzende bestellt dem Beschuldigten einen Verteidiger[1]), wenn

1. die Hauptverhandlung im ersten Rechtszuge vor der Jugendkammer stattfindet[2]),
2. einem Erwachsenen ein Verteidiger zu bestellen wäre[3]),
3. dem Erziehungsberechtigten und dem gesetzlichen Vertreter ihre Rechte nach diesem Gesetz entzogen sind[4]) oder
4. zur Vorbereitung eines Gutachtens über den Entwicklungsstand des Beschuldigten (§ 73) seine Unterbringung in einer Anstalt in Frage kommt.

Entspricht dem § 42 RJGG.

### § 69 Beistand

(1) Der Vorsitzende kann dem Beschuldigten in jeder Lage des Verfahrens einen Beistand bestellen, wenn kein Fall der notwendigen Verteidigung[1]) vorliegt.

(2) Der Erziehungsberechtigte[2]) und der gesetzliche Vertreter[3]) dürfen nicht zum Beistand bestellt werden, wenn hierdurch ein Nachteil für die Erziehung zu erwarten wäre.

---

3) § 137 Abs. 2 StPO.

4) §§ 298; 395 Abs. 2; 409, Abs. 2; 413 StPO.

5) Ein Verteidiger wird nicht bestellt.

6) Selbst wenn für den jugendlichen Angekl. ein Verteidiger anwesend ist. Auch ein solcher Verteidiger ist zu bestellen. § 68 Nr. 3.

7) Vater und Mutter, die gemäß Art. 3 GG. gleichberechtigt sind.

**Zu § 68:** 1) Die Regelung der Bestellung des Verteidigers weicht von der der §§ 140ff. StPO. ab. Über die Auswahl ist entgegen der früheren Bestimmung in § 42 RJGG. nichts gesagt, wonach er erzieherisch befähigt und in der Jugenderziehung erfahren sein sollte.

2) Danach ist die Verteidigung auch für alle vor das Schwurgericht gehörenden Strafsachen (§ 41 Abs. 1 Nr. 1) notwendig.

3) § 140 Abs. 1 StPO.

4) § 67 Abs. 4.

**Zu § 69:** 1) § 68.

2) Anm. 2 zu § 43.

3) Anm. 3 zu § 43.

(3) Dem Beistand kann[4]) Akteneinsicht gewährt werden. Im übrigen hat er in der Hauptverhandlung[5]) die Rechte eines Verteidigers.

Entspricht dem § 63 RJGG.

## § 70 Mitteilungen

Vormundschaftsrichter und Jugendgerichtshilfe, in geeigneten Fällen auch die Schule, werden von der Einleitung und dem Ausgang des Verfahrens unterrichtet[1]). Sie benachrichtigen den Staatsanwalt, wenn ihnen bekannt wird, daß gegen den Beschuldigten noch ein anderes Strafverfahren anhängig ist[2]).

Entspricht dem § 44 RJGG.

## § 71 Vorläufige Anordnungen über die Erziehung

(1) Bis zur Rechtskraft des Urteils kann der Richter vorläufige Anordnungen über die Erziehung des Jugendlichen treffen[1]). Die Anordnung der vorläufigen Fürsorgeerziehung[2]) ist nicht zulässig.

(2) Ist Jugendstrafe zu erwarten, so kann der Richter auch die einstweilige Unterbringung in einem geeigneten Erziehungsheim[3]) anordnen, wenn dies geboten ist, um einen Mißbrauch der Freiheit zu neuen Straftaten entgegenzuwirken oder um den Jugendlichen vor einer weiteren Gefährdung seiner Entwicklung zu bewahren. Für die einstweilige Unterbringung gelten die §§ 114 bis 115d und 123 bis 126 der Strafprozeßordnung sinngemäß.

## § 72 Untersuchungshaft

(1) Untersuchungshaft darf nur verhängt und vollstreckt werden[1]), wenn ihr Zweck nicht durch eine vorläufige Anordnung über die Erziehung[2]) oder durch andere Maßnahmen[3]) erreicht werden kann[4]).

(2) Über die Vollstreckung eines Haftbefehls und über die Maßnahmen zur Abwendung seiner Vollstreckung entscheidet der Richter, der den Haftbefehl erlassen hat[5]), in dringenden Fällen der Jugendrichter, in dessen Bezirk die Untersuchungshaft vollzogen[6]) werden müßte.

---

4) Insoweit ist das obligatorische Akteneinsichtsrecht des Verteidigers (§ 147 StPO.) eingeschränkt.

5) Nicht im Vorverfahren.

**Zu § 70:** 1) Die Benachrichtigung geht vom StA. aus.

2) Die Mitteilungspflicht ist erforderlich, damit der StA. über die Person des Beschuldigten im vollen Umfange unterrichtet ist, um dementsprechend seine Anträge stellen zu können.

**Zu § 71:** 1) Z. B. Entfernung aus einer Lehrstelle, auch Erlaß des Haftbefehls nach § 61. Vor der Entscheidung wird der Richter die Jugendgerichtshilfe, die Erziehungspflichtigen und den gesetzlichen Vertreter hören. Der Richter hebt die vorläufige Anordnung auf, wenn sie entbehrlich wird. Die Kosten der Ausführung sind Kosten des Strafverfahrens. Die Anordnung ist mit einfacher Beschwerde anfechtbar.

2) § 67 Jugendwohlfahrtgesetz.

3) Die einstweilige Unterbringung enthält keinen so schwerwiegenden Eingriff wie die vorl. Fürsorgeerziehung. Zu ihrer Anordnung müssen die Voraussetzungen zum Erlaß des Haftbefehls vorliegen § 72 Abs. 3.

**Zu § 72:** 1) S. auch § 61 Abs. 1. Über Anrechnung von U-Haft auf Jugendarrest § 87 Abs. 2. Vollzug der Untersuchungshaft § 93.

2) § 71.

3) Vorl. Fürsorgeerziehung (§ 67 JWG.) ist nicht zulässig. S. Anm. 1 zu § 71.

4) Subsidiarität der U-Haft.

5) Die Zuständigkeit des Richters zum Erlaß ergibt sich aus § 125 Abs. 2 StPO.

6) D. h. am Haftverwahrungsort. Vollzug der Untersuchungshaft § 93.

(3) Unter denselben Voraussetzungen, unter denen ein Haftbefehl erlassen werden kann, kann auch die einstweilige Unterbringung in einem Erziehungsheim (§ 71 Abs. 2) angeordnet werden. In diesem Falle kann der Richter den Unterbringungsbefehl nachträglich durch einen Haftbefehl ersetzen, wenn sich dies als notwendig erweist[7]).

(4) Befindet sich ein Jugendlicher in Untersuchungshaft, so ist das Verfahren mit besonderer Beschleunigung durchzuführen[8]).

(5) Die richterlichen Entscheidungen, die die Untersuchungshaft betreffen, kann der zuständige Richter aus wichtigen Gründen sämtlich oder zum Teil[9]) einem anderen Jugendrichter[10]) übertragen[11]).

Entspricht dem § 46 RJGG.

## § 73 Unterbringung zur Beobachtung

(1) Zur Vorbereitung eines Gutachtens über den Entwicklungsstand des Beschuldigten[1]) kann der Richter nach Anhören eines Sachverständigen und des Verteidigers[2]) anordnen, daß der Beschuldigte in eine zur kriminalbiologischen Untersuchung Jugendlicher geeignete Anstalt[3]) gebracht und dort beobachtet wird. Im vorbereitenden Verfahren entscheidet der Richter, der für die Eröffnung des Hauptverfahrens zuständig wäre[4]).

(2) Gegen den Beschluß ist sofortige Beschwerde zulässig. Sie hat aufschiebende Wirkung[1]).

(3) Die Verwahrung in der Anstalt darf die Dauer von sechs Wochen nicht überschreiten[1]).

Entspricht dem § 47 RJGG.

## § 74 Kosten und Auslagen

Im Verfahren gegen einen Jugendlichen kann[1]) davon abgesehen werden, dem Angeklagten Kosten[2]) und Auslagen[3]) aufzuerlegen.

Entspricht dem § 38 RJGG.

---

7) Haftgrund ist Fluchtverdacht.

8) Das wirkungsvollste Mittel, den Jugendlichen vor unabsehbarer Untersuchungshaft zu bewahren, ist, daß in erster Linie statt Untersuchungshaft stets entsprechende Erziehungsanordnungen erwogen werden müssen. Abs. 1.

9) So die Regelung des Besuch- und Briefverkehrs.

10) Dem Jugendrichter des Haftorts.

11) An diesen Jugendrichter kann auch der StA. seine Obliegenheiten (§ 116 Abs. 5 StPO.) übertragen. Vgl. auch Nr. 4 Abs. 5 der UVollzO. v. 9. 11. 1942 — Sonderveröffentl. der DJ. Nr. 29.

**Zu § 73:** 1) S. § 43 Abs. 3. Im Gegensatz zu § 81 StPO., dem die Vorschrift entspricht, trifft sie auch auf gesunde Minderjährige zu.

2) Der Verteidiger ist dem Beschuldigten zu bestellen. § 68 Nr. 4.

3) Bisher sind solche Anstalten nicht eingerichtet.

4) Er bestellt auch den Verteidiger.

**Zu § 74:** 1) Es steht im Ermessen des Richters. Er wird von der Entlastung Abstand nehmen, wenn der Verurteilte die Kosten aus eigenen Mitteln zahlt (s. § 15 Abs. 2 Nr. 1) und die Bezahlung aus erzieherischen Gründen, z. B. beim hartnäckigen Leugnen, erforderlich ist.

Das Absehen von der Auferlegung der Kosten ist nicht in den Entscheidungssatz, sondern in die Entscheidungsgründe aufzunehmen.

2) § 465 StPO. Gerichtsgebühren können nur bei Verurteilung zu Jugendstrafe erhoben werden. Zu den Kosten gehören die der Ausführung der vorl. Anordnungen nach § 71.

3) § 464 Abs. 2 StPO.

## Achter Unterabschnitt

## Jugendrichterliche Verfügung und vereinfachtes Jugendverfahren

### § 75 Jugendrichterliche Verfügung

(1) Bei Übertretungen kann der Jugendrichter durch richterliche Verfügung[1]) eine Arbeits- oder eine Geldauflage anordnen[2]) oder die Einziehung[3]) oder eine Verwarnung[4]) aussprechen[5]). Bei einer Verletzung von Verkehrsvorschriften kann er dem Jugendlichen auch die Pflicht auferlegen, an einem polizeilichen Verkehrsunterricht teilzunehmen[6]). Die Heranziehung der Jugendgerichtshilfe ist nicht erforderlich. Im übrigen gilt § 413 Abs. 1 bis 4 der Strafprozeßordnung sinngemäß[7]).

(2) Der Jugendrichter kann das Verfahren unter den Voraussetzungen des § 45 einstellen[8]). Der Beschluß ist nicht anfechtbar.

(3) Kommt der Jugendliche einer Auflage schuldhaft nicht nach, so kann Jugendarrest bis zu vierzehn Tagen verhängt werden, wenn der Jugendliche über die Folgen schuldhafter Nichterfüllung in der Verfügung belehrt worden war[9]). Die Anordnung steht einer jugendrichterlichen Verfügung gleich[10]).

Neuerung s. Anm. 1.

### § 76 Voraussetzungen des vereinfachten Jugendverfahrens

(1) Der Staatsanwalt kann bei dem Jugendrichter schriftlich oder mündlich beantragen, im vereinfachten Jugendverfahren zu entscheiden[1]), wenn zu erwarten ist, daß der Jugendrichter ausschließlich Weisungen erteilen[2]), die Schutzaufsicht anordnen[3]) oder Zuchtmittel verhängen[4]) wird. Der Antrag des Staatsanwalts steht der Anklage gleich.

(2) Das vereinfachte Jugendverfahren ist mit Zustimmung des Staatsanwalts auch nach vorangegangener jugendrichterlicher Verfügung zulässig[5]), wenn Einspruch eingelegt ist.

Entspricht dem § 48 RJGG.

---

**Zu § 75:** 1) Wie die amtsrichterliche Strafverfügung nach § 413 StGB., früher polizeiliche Strafverfügung § 52 RJGG. Dagegen darf gegen den Jugendlichen kein Strafbefehl (§ 407 StPO.) erlassen werden. § 79 Abs. 1.

2) S. § 10 Abs. 1 Nr. 3.

3) S. § 10 Abs. 1 Nr. 4.

4) S. § 14.

5) Eine Bestrafung des Jugendlichen und die Verhängung von Jugendarrest ist nicht zugelassen. S. jedoch Abs. 3. Es muß ein einheitl. Maß festgesetzt werden.

6) S. § 10 Abs. 1 Nr. 7 und Anm. 5 dazu.

7) D. i. Festsetzung der Auflagen und Verwarnung sowie Einziehung, ohne Mitwirkung der StA., Einspruch gegen die Verfügung binnen 1 Woche durch Beschuldigten, Erziehungsberechtigten und gesetzlichen Vertreter, Hauptverhandlung, in der der Beschuldigte sich durch einen bevollmächtigten Verteidiger vertreten lassen kann.

Nach § 76 Abs. 2 kann auch im vereinfachten Jugendverfahren das Verfahren durchgeführt werden.

8) § 45 Abs. 1.

9) S. § 11 Abs. 2.

10) Dagegen kann also Einspruch eingelegt werden. Die Festsetzung erfolgt aber nicht in der Form der jugendrichterlichen Verfügung.

**Zu § 76:** 1) Das vereinfachte Jugendverfahren entspricht dem beschleunigten Verfahren nach §§ 212ff. StPO.

2) S. § 10.

3) S. § 12.

4) S. § 13 Abs. 2.

5) S. § 75.

### § 77 Ablehnung des Antrages

(1) Der Jugendrichter lehnt die Entscheidung im vereinfachten Verfahren ab[1]), wenn sich die Sache hierzu nicht eignet, namentlich wenn die Anordnung der Fürsorgeerziehung[2]) oder die Verhängung von Jugendstrafe wahrscheinlich[3]) oder eine umfangreiche Beweisaufnahme erforderlich ist[4]). Der Beschluß kann bis zur Verkündung des Urteils ergehen[5]). Er ist nicht anfechtbar.

(2) Lehnt der Jugendrichter die Entscheidung im vereinfachten Verfahren ab, so reicht der Staatsanwalt eine Anklageschrift ein[6]).

Entspricht dem § 49 RJGG.

### § 78 Verfahren und Entscheidung

(1) Der Jugendrichter entscheidet im vereinfachten Jugendverfahren auf Grund einer mündlichen Verhandlung durch Urteil. Er darf auf Fürsorgeerziehung oder Jugendstrafe nicht erkennen[1]).

(2) Der Staatsanwalt ist nicht verpflichtet, an der Verhandlung teilzunehmen[2]). Nimmt er nicht teil, so bedarf es seiner Zustimmung zu einer Einstellung des Verfahrens in der Verhandlung[3]) oder zur Durchführung der Verhandlung in Abwesenheit des Angeklagten nicht[4]).

(3) Zur Vereinfachung, Beschleunigung und jugendgemäßen Gestaltung des Verfahrens darf von Verfahrensvorschriften abgewichen werden, soweit dadurch die Erforschung der Wahrheit nicht beeinträchtigt wird[5]). Die Vorschriften über die Anwesenheit des Angeklagten (§ 50), die Stellung des Erziehungsberechtigten und des gesetzlichen Vertreters (§ 67) und die Mitteilung von Entscheidungen (§ 70) müssen beachtet werden.

Entspricht dem § 50 RJGG.

## Neunter Unterabschnitt

## Ausschluß von Vorschriften des allgemeinen Verfahrensrechts

### § 79 Strafbefehl und beschleunigtes Verfahren

(1) Gegen einen Jugendlichen darf kein Strafbefehl[1]) erlassen werden.

---

**Zu § 77:** 1) Der Antrag auf Entscheidung, der auch fernmündlich (§ 78) vom StA. gestellt werden kann, hat die Straftat und das Strafgesetz zu bezeichnen.

2) § 12.

3) „Wahrscheinlich" wird Fürsorgeerziehung angeordnet (§ 12) und Jugendstrafe verhängt (§ 17 Abs. 2), wenn mit einer der Gewißheit nahekommenden Sicherheit damit gerechnet werden kann. S. auch § 78 Abs. 1.

4) Für umfangreiche Beweisaufnahme ist das vereinf. Jugendverf. nicht geeignet. Die Eignung der Sache wird auch zu verneinen sein, wenn die Persönlichkeit des Jugendlichen noch undurchsichtig ist. Der Richter darf nicht ablehnen, weil er die Ahndung derTat für entbehrlich hält. Siehe aber § 47 Abs. 1 Nr. 1.

5) Wie nach § 212b Abs. 2 StPO. Der Ablehnungsbeschluß kann demnach erst in der Hauptverhandlung ergehen.

6) Die gleiche Regelung wie in § 212b Abs. 3.

**Zu § 78:** 1) S. § 77 Anm. 1 u. 3.

2) Der StA. braucht auf Teilnahme nicht zu verzichten. An seiner Stelle trägt der Richter vor, welche Straftaten dem Angeklagten vorgeworfen werden.

3) S. § 47.

4) § 232 StPO., jedoch § 50, s. Abs. 3.

5) Fristen § 217 StPO. brauchen nicht gewahrt zu werden.

6) Ferner sind zu beachten rechtliches Gehör § 243 StPO., Unmittelbarkeit der Beweisaufnahme § 250, Anhörung des Angeklagten § 257, letztes Wort § 258. Berichte der Jugendgerichtshilfe können verlesen werden § 251 Abs. 2 StPO.

**Zu § 79:** 1) §§ 407ff. StPO.

(2) Das beschleunigte Verfahren des allgemeinen Verfahrensrechts[2]) ist unzulässig.

Entspricht dem § 51 RJGG.

### § 80 Privatklage und Nebenklage

(1) Gegen einen Jugendlichen kann Privatklage[1]) nicht erhoben werden. Eine Verfehlung[2]), die nach den allgemeinen Vorschriften durch Privatklage verfolgt werden kann, verfolgt der Staatsanwalt auch[3]) dann, wenn Gründe der Erziehung[4]) oder ein berechtigtes Interesse des Verletzten, das dem Erziehungszweck nicht entgegensteht, es erfordern[5]).

(2) Gegen einen jugendlichen Privatkläger ist Widerklage[6]) zulässig. Auf Jugendstrafe[7]) darf nicht erkannt werden[8]).

(3) Nebenklage[9]) ist unzulässig[10]). Dies gilt auch, wenn eine staatliche Behörde[11]) die Rechte eines Nebenklägers hat.

Entspricht dem § 53 RJGG.

### § 81 Entschädigung des Verletzten

Die Vorschriften der Strafprozeßordnung über die Entschädigung des Verletzten[1]) werden im Verfahren gegen einen Jugendlichen nicht angewendet.

Entspricht dem § 51 Abs. 3 RJGG.

## DRITTES HAUPTSTÜCK

## Vollstreckung und Vollzug

### ERSTER ABSCHNITT

### Vollstreckung

#### Erster Unterabschnitt

#### Verfassung der Vollstreckung und Zuständigkeit

### § 82 Vollstreckungsleiter

(1) Vollstreckungsleiter[1]) ist der Jugendrichter[2]).

---

2) §§ 212ff. StPO. An dessen Stelle tritt das vereinfachte Jugendverfahren.

**Zu § 80:** 1) §§ 374 StPO.

2) S. Anm. 2 zu § 1.

3) In erster Linie, wenn öffentliches Interesse an der Strafverfolgung besteht.

4) Z. B. um dem Jugendlichen zu zeigen, daß er nicht ungestraft Ehre (§ 185 StGB.) und Eigentum (§ 303 StGB.) eines anderen verletzen darf.

5) Z. B. wenn es sich um eine grobe Mißhandlung eines jungen Mädchens durch einen kräftigen Jugendlichen handelt.

6) § 388 StPO.

7) § 17.

8) Wohl aber auf Jugendarrest.

9) § 395 StPO.

10) Die Nebenklage richtet sich gegen den Jugendlichen. Dagegen kann sich der Jugendliche — wie als Privatkläger — durch seinen gesetzl. Vertreter der Klage — als Nebenkläger — anschließen.

11) Z. B. Finanzamt § 467 RAbgO.

**Zu § 81:** 1) §§ 403ff. StPO.

**Zu § 82:** 1) Die Vollstreckung umfaßt die Einweisung des Verurteilten in die zuständige Vollzugsanstalt, die Ladung des Verurteilten oder seine Überführung dorthin, und wenn er sich nicht auf freiem Fuße befindet, seine Zwangsgestellung sowie die Berechnung der Straf-

(2) Soweit Schutzaufsicht oder Fürsorgeerziehung angeordnet ist, richtet sich die weitere Zuständigkeit nach den Vorschriften über Jugendwohlfahrt[3]).

Entspricht dem § 56 RJGG.

### § 83 Entscheidungen im Vollstreckungsverfahren

Die Entscheidungen des Vollstreckungsleiters nach den §§ 86 bis 89 sind jugendrichterliche Entscheidungen[1])[2]). Sie können, soweit nichts anderes bestimmt ist, mit sofortiger Beschwerde angefochten werden. Die §§ 67 bis 69 gelten sinngemäß.

Neuerung.

### § 84 Örtliche Zuständigkeit

(1) Der Jugendrichter leitet die Vollstreckung in allen Verfahren ein, in denen er selbst oder unter seinem Vorsitz das Jugendschöffengericht im ersten Rechtszuge erkannt hat[1]).

(2) Soweit, abgesehen von den Fällen des Absatzes 1, die Entscheidung eines anderen Richters zu vollstrecken ist[2]), steht die Einleitung der Vollstreckung dem Jugendrichter des Amtsgerichts zu, dem die vormundschaftsrichterlichen Erziehungsaufgaben obliegen[3]).

(3) In den Fällen der Absätze 1 und 2 führt der Jugendrichter die Vollstreckung durch, soweit § 85 nichts anderes bestimmt.

Entspricht dem § 57 Abs. 1 RJGG.

### § 85 Abgabe und Übergang der Vollstreckung

(1) Ist Jugendarrest[1]) zu vollstrecken, so gibt der zunächst zuständige Jugendrichter die Vollstreckung an den Jugendrichter ab, der nach § 90 Abs. 2 Satz 2 als Vollzugsleiter zuständig ist.

(2) Ist Jugendstrafe[2]) zu vollstrecken, so geht nach der Aufnahme des Verurteilten in die Jugendstrafanstalt die Vollstreckung auf den Jugendrichter eines in deren Nähe gelegenen Amtsgerichts über, den die Landesjustizverwaltung hierfür allgemein bestimmt hat[3]).

(3) Aus wichtigen Gründen kann der Vollstreckungsleiter die Vollstreckung widerruflich an einen sonst nicht oder nicht mehr zuständigen Jugendrichter abgeben[4]).

Entspricht dem § 57 Abs. 2—4 RJGG.

---

und Arrestzeit, ferner Aufschub und Unterbringung und schließlich die Maßnahmen in §§ 86—89. Aufgabe des Vollstreckungsleiters ist die Benachrichtigung der Behörden und Erziehungsberechtigten §§ 67 u. 71, Übersendung der Strafakten.

2) Nicht der Rechtspfleger § 6 StPO. unter D 3 des Hauptwerks. Auch der StA. und Vorsitzende der Jugendkammer sind ausgeschaltet.

3) §§ 60 u. 69 ff. Jugendwohlfahrtgesetz.

**Zu § 83:** 1) Demnach übt der Jugendrichter als Vollstreckungsleiter in diesen Fällen — entgegen der früheren Auffassung — richterliche Tätigkeit aus. Seine Entscheidungen unterliegen keiner verwaltungsmäßigen Kontrolle.

2) Dazu kommt noch die nichtrichterl. Entscheidung nach § 92 Abs. 3.

**Zu § 84:** 1) Hiermit ist dem Jugendrichter auch die Vollstreckung der Rechtsmittelentscheidungen übertragen.

2) Z. B. in den Fällen, in denen ein Ersuchen um Vollstreckung vorliegt.

3) § 34 — Besondere Vollstreckungsleiter s. § 85 Abs. 3.

**Zu § 85:** 1) § 16.

2) Bestimmte und unbestimmte Jugendstrafe §§ 17, 19.

3) Bestimmungen sind noch nicht bekannt.

4) Besondere Vollstreckungsleiter. S. auch Anm. 3 zu § 84.

## Zweiter Unterabschnitt

## Jugendarrest

### § 86 Umwandlung des Freizeitarrestes

Der Vollstreckungsleiter kann Freizeitarrest in Kurzarrest umwandeln[1]), wenn die Voraussetzungen des § 16 Abs. 3 nachträglich eingetreten sind.

Entspricht dem § 61 Abs. 1 RJGG.

### § 87 Vollstreckung des Jugendarrestes

(1) Die Vollstreckung des Jugendarrestes wird nicht zur Bewährung ausgesetzt[1]).

(2) Für die Anrechung von Untersuchungshaft[2]) auf Jugendarrest gilt § 450 der Strafprozeßordnung sinngemäß.

(3) Ist Jugendarrest teilweise verbüßt, so sieht der Vollstreckungsleiter von der Vollstreckung des Restes ab, wenn dies aus Gründen der Erziehung[3]) geboten ist. Vor der Entscheidung hört er nach Möglichkeit den erkennenden Richter und den Staatsanwalt.

(4) Die Vollstreckung des Jugendarrestes ist unzulässig, wenn seit Eintritt der Rechtskraft ein Jahr verstrichen ist[4]).

Entspricht dem § 62 RJGG.

## Dritter Unterabschnitt

## Jugendstrafe

### § 88 Entlassung zur Bewährung während der Vollstreckung einer bestimmten Jugendstrafe

(1) Der Vollstreckungsleiter kann den zu einer bestimmten Jugendstrafe Verurteilten zur Bewährung entlassen, wenn dieser einen Teil der Strafe verbüßt hat[1]) und die Umstände erwarten lassen, daß er künftig einen rechtschaffenen Lebenswandel führen wird.

(2) Vor Verbüßung von sechs Monaten[2]) darf die Entlassung zur Bewährung nur ausnahmsweise aus besonders wichtigen Gründen angeordnet werden. Sie ist bei einer Jugendstrafe von mehr als einem Jahr nur zulässig, wenn der Verurteilte mindestens ein Drittel der Strafe verbüßt hat.

(3) Der Vollstreckungsleiter entscheidet über die Entlassung auf Antrag oder von Amts wegen nach Anhören des Staatsanwalts und des Vollzugsleiters[3]). Dem Verurteilten ist Gelegenheit zur mündlichen Äußerung zu geben.

(4) Wird der Antrag auf Entlassung abgelehnt, so bestimmt der Vollstreckungsleiter eine Frist von höchstens sechs Monaten, vor deren Ablauf ein neuer Antrag nicht gestellt werden darf.

---

**Zu § 86:** 1) Gemäß § 16 Abs. 2 können umgewandelt werden, eine Freizeit in 2 Tage Kurzarrest, 2 Freizeiten in 3—4 Tage Kurzarrest, 3 Freizeiten in 5 Tage Kurzarrest, 4 Freizeiten in 6 Tage Kurzarrest.

**Zu § 87:** 1) S. § 20 Aussetzung der Jugendstrafe.

2) S. § 72.

3) D. h. wenn der durch Verhängung und teilweise Verbüßung des Jugendarrests erstrebte Erfolg sichtbar geworden ist. S. Anm. 5 zu § 5 und § 90 Abs. 1.

4) Die Verjährungsfrist kann nicht unterbrochen werden.

**Zu § 88:** 1) S. Abs. 2.

2) D. i. die Mindeststrafe § 18.

3) Auch die Jugendgerichtshilfe (§ 38) wird zu hören sein.

(5) Ordnet der Vollstreckungsleiter die Entlassung zur Bewährung an, so stellt er den Verurteilten unter Bewährungsaufsicht. Die §§ 22 bis 26 gelten sinngemäß; an die Stelle des erkennenden Richters tritt der Vollstreckungsleiter. Auf das Verfahren und die Anfechtung von Entscheidungen sind § 58, § 59 Abs. 2 bis 4 und §§ 60 und 61 entsprechend anzuwenden.

Entspricht dem § 26 StGB.

### § 89 Entlassung während der Vollstreckung einer Jugendstrafe von unbestimmter Dauer

(1) Der Vollstreckungsleiter entläßt den zu einer Jugendstrafe von unbestimmter Dauer Verurteilten[1]) zur Bewährung, wenn dieser das Mindestmaß seiner Strafe verbüßt hat und die Umstände erwarten lassen, daß er künftig einen rechtschaffenen Lebenswandel führen wird.

(2) Die Vorschriften des § 88 Abs. 3 bis 5 gelten sinngemäß.

(3) Zugleich mit der Anordnung der Entlassung wandelt der Vollstreckungsleiter die Jugendstrafe von unbestimmter Dauer in der Weise in eine bestimmte um, daß für den Fall des Widerrufs der Entlassung eine Reststrafe zu vollstrecken ist[2]). Diese beträgt mindestens drei Monate und höchstens ein Jahr. Sie darf zusammen mit dem bereits verbüßten Teil der Strafe das Höchstmaß der Jugendstrafe von unbestimmter Dauer nicht überschreiten.

(4) Wenn es aus besonderen Gründen geboten erscheint, kann der Vollstreckungsleiter die Entlassung auch endgültig anordnen[3]). Dabei wandelt er die Jugendstrafe von unbestimmter Dauer in der Weise in eine bestimmte um, daß die Strafe im Zeitpunkt der Entlassung verbüßt ist.

Entspricht dem § 59 RJGG.

## ZWEITER ABSCHNITT

## Vollzug

### § 90 Jugendarrest

(1) Der Vollzug des Jugendarrestes soll[1]) das Ehrgefühl des Jugendlichen wecken und ihm eindringlich zum Bewußtsein bringen, daß er für das von ihm begangene Unrecht einzustehen hat.

(2) Der Jugendarrest wird in Jugendarrestanstalten oder Freizeitarresträumen der Landesjustizverwaltung vollzogen[2]). Vollzugsleiter ist der Jugendrichter am Ort des Vollzugs[3]). An Fürsorgezöglingen, die sich in Heimerziehung befinden, kann der Vollstreckungsleiter im Einvernehmen mit der Fürsorgeerziehungsbehörde Jugendarrest in der Fürsorgeerziehungsanstalt vollziehen lassen[4]).

(3) Im Freizeitarrest und im Kurzarrest bis zu zwei Tagen kann der Jugendliche vereinfachte Kost und hartes Lager erhalten[5]).

---

**Zu § 89:** 1) § 19.
2) S. § 19 Abs. 3.
3) Damit ist die Jugendstrafe erlassen, gleichwie nach § 26 Abs. 1.
Entgegen § 59 Abs. 4 ist jedoch die Entscheidung des Vollstreckungsleiters mit sofortiger Beschwerde anfechtbar. § 83.

**Zu § 90:** 1) Damit ist die Aufgabe des Jugendarrestvollzuges umschrieben. Vgl. die nach § 115 zu erwartenden RechtsVO. über den Vollzug.
2) Dazu ist die Jugendarrestvollzugsordnung ergangen. JA.VollzO. v. 20. 12. 1943 (DJZ. 580). Neue Vollzugsordnungen sind in Aussicht genommen § 115.
3) Wo kein Jugendrichter oder eine Mehrzahl von Jugendrichtern tätig ist, ist Vollzugsleiter der Jugendrichter, den der OLGPr. bestellt.
4) Hier richtet sich der Vollzug nach den Vorschriften des RdErl. v. 11. 6. 1942.
5) Nr. 25, 26 JAVollzO. Vgl. § 70 JWG.

(4) Der Kurzarrest von mehr als zwei Tagen und der Dauerarrest können[6]) durch strenge Tage verschärft werden, an denen der Jugendliche vereinfachte Kost und hartes Lager erhält[7]).

Entspricht dem § 66 RJGG.

## § 91 Aufgabe des Jugendstrafvollzugs

(1) Durch den Vollzug der Jugendstrafe[1]) soll[2]) der Verurteilte dazu erzogen werden, künftig einen rechtschaffenen und verantwortungsbewußten Lebenswandel zu führen.

(2) Ordnung, Arbeit, Unterricht, Leibesübungen und sinnvolle Beschäftigung in der freien Zeit sind die Grundlagen dieser Erziehung. Die beruflichen Leistungen des Verurteilten sind[3]) zu fördern. Lehrwerkstätten sind einzurichten. Die seelsorgerische Betreuung wird gewährleistet.

(3) Um das angestrebte Erziehungsziel zu erreichen, kann der Vollzug aufgelockert und in geeigneten Fällen weitgehend in freien Formen durchgeführt werden[4]).

(4) Die Beamten müssen für die Erziehungsaufgabe des Vollzugs geeignet und ausgebildet sein.

Entspricht dem § 64 RJGG.

## § 92 Jugendstrafanstalten

(1) Die Jugendstrafe wird in Jugendstrafanstalten vollzogen.

(2) An einem Verurteilten, der das achtzehnte Lebensjahr vollendet hat und sich nicht für den Jugendstrafvollzug eignet, braucht die Strafe nicht in der Jugendstrafanstalt vollzogen zu werden[1]). Jugendstrafe, die nicht in der Jugendstrafanstalt vollzogen wird, wird wie Gefängnisstrafe vollzogen[2]). Hat der Verurteilte das vierundzwanzigste Lebensjahr vollendet, so soll Jugendstrafe wie Gefängnisstrafe vollzogen werden.

(3) Über die Ausnahme vom Jugendstrafvollzug entscheidet der Vollstreckungsleiter.

Entspricht dem § 65 RJGG.

## § 93 Untersuchungshaft

(1) An Jugendlichen wird die Untersuchungshaft[1]) nach Möglichkeit in einer besonderen Anstalt[2]) oder wenigstens in einer besonderen Abteilung der Haft-

---

6) Die Verschärfung durch strenge Tage steht im Ermessen des Vollzugsleiters. Vgl. Nr. 8 JAVollzO.

7) Im Dauerarrestvollzug ist außer Hausstrafe u. a. auch Gewaltanwendung zur Aufrechterhaltung von Zucht und Ordnung zulässig. Nr. 21 JAVollzO.

**Zu § 91:** 1) Jugendstrafe von bestimmter und unbestimmter Dauer. Durch den Vollzug erlebt der Jugendliche die unmittelbare Verwirklichung des Urteilssatzes. Dazu ist die AV. über den Jugendstrafvollzug v. 20. 12. 1943 (DJ. S. 584) ergangen. Neue Vollzugsordnung ist in Aussicht gestellt § 115.

2) Das ist das Ziel und die Grundlage des Strafvollzugs.

3) Zwingende Vorschrift.

4) Damit wird das in einigen Ländern eingeführte offene Lager zum Vollzug von Jugendstrafen gesetzlich anerkannt.

**Zu § 92:** 1) Der 18- bis 24jährige Verurteilte (Satz 3) braucht aus dem Jugendstrafvollzug nicht auszuscheiden.

2) Ausdehnung des Vollzugs allgemein auf Gefängnisstrafen. § 114.

**Zu § 93:** 1) § 72.

2) Jugendhaftanstalt.

anstalt oder, wenn Freiheitsstrafe nicht zu erwarten ist, in einer Jugendarrestanstalt[3]) vollzogen.

(2) Der Vollzug der Untersuchungshaft soll erzieherisch gestaltet werden.

(3) Den Vertretern der Jugendgerichtshilfe[4]) und, wenn der Beschuldigte unter Schutz- oder Bewährungsaufsicht steht, dem Helfer[5]) ist der Verkehr mit dem Beschuldigten in demselben Umfang wie einem Verteidiger gestattet[6]).

Entspricht dem § 68 RJGG.

VIERTES HAUPTSTÜCK

## Strafregister und Beseitigung des Strafmakels durch Richterspruch

ERSTER ABSCHNITT

### Strafregister

#### § 94 Anwendung der Strafregisterverordnung und des Straftilgungsgesetzes

(1) Verurteilungen, durch die Jugendstrafe verhängt oder die Schuld des Jugendlichen[1]) festgestellt ist, werden im Strafregister[2]) vermerkt. Auf die Vermerke werden, soweit nichts anderes bestimmt ist, die für die Gefängnisstrafe geltenden Vorschriften der Strafregisterverordnung[2]) und des Gesetzes über beschränkte Auskunft aus dem Strafregister und die Tilgung von Strafvermerken[3]) angewendet[4]).

(2) Die Anordnung von Erziehungsmaßregeln und Zuchtmitteln wird dem Strafregister nur mitgeteilt, wenn sie mit einer Verurteilung zu Jugendstrafe verbunden ist[5]). Entscheidungen, durch die das Verfahren gegen einen Jugendlichen wegen mangelnder Reife eingestellt wird[6]), werden dem Strafregister nicht mitgeteilt.

(3) Der Tag, an dem Jugendstrafe verbüßt ist, wird dem Strafregister stets mitgeteilt.

Entspricht dem § 69 RJGG.

#### § 95 Beschränkte Auskunft und Tilgung

(1) Für Vermerke über Jugendstrafe beträgt die Frist[1]), nach deren Ablauf nur noch beschränkt Auskunft aus dem Strafregister erteilt wird,

1. drei Jahre, wenn auf höchstens ein Jahr Jugendstrafe allein oder mit Nebenstrafen erkannt worden ist, mit Ausnahme der Fälle, in denen die Unterbringung in einer Heil- oder Pflegeanstalt angeordnet worden ist,
2. fünf Jahre in allen übrigen Fällen.

Die Frist[1]) der Nummer 1 beginnt mit dem im Strafregister vermerkten Tag der

3) § 90. Vgl. Nr. 77ff. UHVO. v. 12. 2. 1953 (Berl. Amtsbl. S. 211). Neue Vollzugsordnung ist nach § 115 vorgesehen.
4) § 38.
5) S. Anm. 4 zu § 48.
6) § 148 StPO.

**Zu § 94:** 1) § 27.
2) Das Strafregister wird von der StA. des Bezirks geführt, in dem die Person geboren ist. § 1 StRVO. unter D 6 des Hauptwerks.
3) Gesetz v. 9. 4. 1920 (RGBl. S. 507) unter D 5 des Hauptwerks.
4) Ebenso wird die Verurteilung in die polizeilichen Listen eingetragen. (Vgl. § 100 Abs. 3).
5) § 2 StRVO. Sonst Mitteilung an die Erziehungskartei; unter D 7 des Hauptwerks.
6) §§ 3, 47 Abs. 1 Nr. 3.

**Zu § 95:** 1) Die Fristen sind gegenüber dem Gesetz v. 9. 4. 1920 erheblich abgekürzt.

Verurteilung. Die Frist der Nummer 2 beginnt mit dem Tag, an dem die Strafe verbüßt, verjährt oder erlassen oder eine Unterbringung in einer Heil- oder Pflegeanstalt erledigt ist. Hat sich nach Ablauf einer Bewährungszeit die Strafe oder die Unterbringung in einer Heil- oder Pflegeanstalt erledigt, ohne daß die Entlassung zur Bewährung widerrufen ist, so wird die Bewährungszeit in die Frist der Nummer 2 eingerechnet.

(2) Die Frist[1]), nach deren Ablauf Vermerke über Jugendstrafe getilgt werden, beträgt

1. zwei Jahre, wenn auf höchstens ein Jahr Jugendstrafe allein oder in Verbindung mit Nebenstrafen erkannt worden ist, mit Ausnahme der Fälle, in denen die Unterbringung in einer Heil- oder Pflegeanstalt angeordnet worden ist,
2. vier Jahre in allen übrigen Fällen.

Die Frist beginnt mit dem Tag, von dem ab nur noch beschränkt Auskunft erteilt wird.

Entspricht dem § 70 RJGG.

### § 96 Beschränkte Auskunft und Beseitigung des Strafmakels in besonderen Fällen

(1) Über Vermerke, die einen Schuldspruch betreffen[1]), wird nur beschränkt Auskunft erteilt. Wird der Schuldspruch getilgt oder Jugendstrafe verhängt (§ 30), so wird der Vermerk über den Schuldspruch im Strafregister getilgt.

(2) Bei Verurteilungen von nicht mehr als einem Jahr Jugendstrafe ordnet der Richter an, daß nur beschränkt Auskunft erteilt wird, wenn Aussetzung[2]) oder Entlassung[3]) zur Bewährung bewilligt ist. Wird die Vollstreckung der Strafe angeordnet, so beginnt die Frist des § 95 Abs. 1 Nr. 1 mit dem Tage dieser Anordnung erneut.

(3) Wird die Jugendstrafe oder der Strafrest in den Fällen des Absatzes 2 erlassen, so erklärt der Richter den Strafmakel[4]) als beseitigt. Der Beschluß wird im Strafregister vermerkt. Die §§ 100 und 101 gelten entsprechend.

Neuerung.

## ZWEITER ABSCHNITT

## Beseitigung des Strafmakels durch Richterspruch

### § 97 Voraussetzungen

(1) Hat der Jugendrichter[1]) die Überzeugung erlangt, daß sich ein zu Jugendstrafe verurteilter Jugendlicher durch einwandfreie Führung als rechtschaffener Mensch erwiesen hat[2]), so erklärt er von Amts wegen oder auf Antrag[3]) des Verurteilten, des Erziehungsberechtigten[4]) oder des gesetzlichen Vertreters[5]) den Strafmakel als beseitigt. Dies kann auch auf Antrag des Staatsanwalts[6]) oder,

---

**Zu § 96:** 1) § 27.
2) § 21.
3) § 88.
4) §§ 97 ff.

**Zu § 97:** 1) Über Zuständigkeit des Jugendrichters § 98.
2) Er muß sich nicht nur straffrei gehalten, sondern sich im Beruf und in der Familie bewährt haben.
3) Zur Stellung des Antrags können der StA., der Vollzugs- und Vollstreckungsleiter und der Vormundschaftsrichter Anregungen gaben.
4) S. Anm. 2 zu § 43.
5) S. Anm. 3 zu § 43.
6) Z. B. wenn der gesetzl. Vertreter schuldhaft die Antragsstellung unterläßt.

wenn der Verurteilte im Zeitpunkt der Antragstellung noch minderjährig ist, auf Antrag des Vertreters der Jugendgerichtshilfe[7]) geschehen.

(2) Die Anordnung kann erst zwei Jahre nach Verbüßung oder Erlaß der Strafe ergehen, es sei denn, daß der Verurteilte sich der Beseitigung des Strafmakels besonders würdig gezeigt hat[8]). Während des Vollzugs oder während einer Bewährungszeit ist die Anordnung unzulässig.

Entspricht dem § 71 RJGG.

## § 98 Verfahren

(1) Zuständig ist der Jugendrichter des Amtsgerichts, dem die vormundschaftsrichterlichen Erziehungsaufgaben für den Verurteilten obliegen[1]). Ist der Verurteilte volljährig, so ist der Jugendrichter zuständig, in dessen Bezirk der Verurteilte seinen Wohnsitz hat.

(2) Der Jugendrichter beauftragt mit den Ermittlungen über die Führung des Verurteilten und dessen Bewährung vorzugsweise die Stelle, die den Verurteilten nach der Verbüßung der Strafe betreut hat[2]). Er kann eigene Ermittlungen anstellen. Er hört den Verurteilten und, wenn dieser minderjährig ist, den Erziehungsberechtigten[3]) und den gesetzlichen Vertreter[4]), ferner die Schule und die zuständige Verwaltungsbehörde.

(3) Nach Abschluß der Ermittlungen ist der Staatsanwalt zu hören.

Entspricht dem § 72 RJGG.

## § 99 Entscheidung

(1) Der Jugendrichter entscheidet durch Beschluß[1]).

(2) Hält er die Voraussetzungen für eine Beseitigung des Strafmakels noch nicht für gegeben, so kann er die Entscheidung um höchstens zwei Jahre aufschieben.

(3) Gegen den Beschluß ist sofortige Beschwerde zulässig[2]).

Entspricht dem § 73 RJGG.

## § 100 Wirkung

(1) Hat der Jugendrichter den Strafmakel als beseitigt erklärt, so gilt § 4 Abs. 4 des Gesetzes über beschränkte Auskunft aus dem Strafregister und die Tilgung von Strafvermerken[1]) sinngemäß[2]).

(2) Der Beschluß, durch den der Strafmakel als beseitigt erklärt wird, wird in das Strafregister eingetragen. Über die Verurteilung wird nur noch dem Straf-

---

7) § 38.

8) Z. B. wenn er bei Rettungsarbeiten sein Leben eingesetzt oder sich sonst durch besondere Leistungen hervorgetan hat.

**Zu § 98:** 1) § 36 FGG.

2) Betreuungsstelle ist das Jugendamt.

3) S. Anm. 2 zu § 43.

4) S. Anm. 3 zu § 43.

**Zu § 99:** 1) Der Beschluß, durch den der Strafmakel beseitigt wird, ist dem Verurteilten durch Verkündung oder durch Zustellung bekanntzugeben.

2) § 311 StPO. Zuständig ist die Jugendkammer.

**Zu § 100:** 1) S. Anm. 3 zu § 94.

2) Er darf sich als unbestraft bezeichnen und jede Auskunft über die Tat und Strafe verweigern. Lediglich das Gericht und der StA. können anordnen, daß der Verurteilte Auskunft zu geben hat. Vgl. Abs. 2 Nr. 2.

richter und dem Staatsanwalt[3]) für eine Strafverfolgung auf ausdrückliches Ersuchen Auskunft erteilt.

(3) In den amtlichen Listen[4]) wird die Strafe gelöscht.

Entspricht dem § 74 RJGG.

### § 101 Widerruf

Wird der Verurteilte, dessen Strafmakel als beseitigt erklärt worden ist, vor der Tilgung des Vermerks[1]) wegen eines Verbrechens oder vorsätzlichen Vergehens erneut verurteilt, so widerruft der Richter[2]) in dem Urteil oder nachträglich durch Beschluß die Beseitigung des Strafmakels. In besonderen Fällen[3]) kann er von dem Widerruf absehen.

Entspricht dem § 75 RJGG.

## FÜNFTES HAUPTSTÜCK

## Jugendliche vor Gerichten, die für allgemeine Strafsachen zuständig sind

### § 102 Zuständigkeit

Die Zuständigkeit des Bundesgerichtshofes und des Oberlandesgerichts sowie die Zuständigkeit der Strafkammer nach § 74a des Gerichtsverfassungsgesetzes werden durch die Vorschriften dieses Gesetzes nicht berührt[1]). In Fällen von geringer Bedeutung kann die Strafkammer mit Zustimmung des Staatsanwalts die Strafsache gegen einen Jugendlichen an das Jugendschöffengericht abgeben[2]).

Entspricht dem § 76 RJGG.

### § 103 Verbindung mehrerer Strafsachen

(1) Strafsachen gegen Jugendliche und Erwachsene[1]) können nach den Vorschriften des allgemeinen Verfahrensrechts[2]) verbunden werden[3]), wenn es zur Erforschung der Wahrheit oder aus anderen wichtigen Gründen geboten ist.

(2) Der Staatsanwalt[4]) erhebt die Anklage vor dem Jugendgericht, wenn das Schwergewicht bei dem Verfahren gegen Jugendliche liegt[5]).

(3) Beschließt der Richter die Trennung der verbundenen Sachen, so erfolgt zugleich Abgabe der abgetrennten Sache an den Richter, der ohne die Verbindung ständig gewesen wäre.

Entspricht dem § 77 RJGG.

---

3) Die Polizei hat kein Recht, Auskunft zu verlangen.
4) In polizeilichen Listen. S. Anm. 2 zu § 1 des Ges. in Anm. 3 zu § 94.

**Zu § 101:** 1) § 95 Abs. 2.
2) Der erkennende Richter.
3) Z. B. wenn die erneute Verurteilung auf anderem Gebiete liegt und von geringerer Bedeutung ist.

**Zu § 102:** 1) Es handelt sich um politische Sachen, in denen den Jugendgerichten die erforderliche Sachkunde fehlt.
2) Diese Abgabemöglichkeit entspricht dem § 209 StPO.

**Zu § 103:** 1) Genossensachen §§ 3, 4 StPO.
2) Grundsätzlich ist die Verbindung von Jugend- und Erwachsenengerichten zulässig, in der Regel unerwünscht.
3) S. §§ 4, 5 StPO.
4) Der Jugendstaatsanwalt.
5) S. § 32.

## § 104 Verfahren gegen Jugendliche

(1) In Verfahren gegen Jugendliche vor den für allgemeine Strafsachen zuständigen Gerichten[1]) gelten die Vorschriften dieses Gesetzes über

1[2]). Verfehlungen Jugendlicher und ihre Folgen (§§ 3 bis 32),
2. die Heranziehung und die Rechtsstellung der Jugendgerichtshilfe (§ 38, § 50 Abs. 3),
3. den Umfang der Ermittlungen im Vorverfahren (§ 43),
4. das Absehen von der Verfolgung und die Einstellung des Verfahrens durch den Richter (§§ 45, 47),
5. die Untersuchungshaft (§§ 52, 72),
6. die Urteilsgründe (§ 54),
7. das Rechtsmittelverfahren (§§ 55, 56),
8. das Verfahren bei Aussetzung der Jugendstrafe zur Bewährung und der Verhängung der Jugendstrafe (§§ 57 bis 64),
9. die Beteiligung und die Rechtsstellung des Erziehungsberechtigten und des gesetzlichen Vertreters (§ 67, § 50 Abs. 2),
10. die notwendige Verteidigung (§ 68),
11. Mitteilungen (§ 70),
12. die Unterbringung zur Beobachtung (§ 73),
13. Kosten und Auslagen (§ 74) und
14. den Ausschluß von Vorschriften des allgemeinen Verfahrensrechts (§§ 79 bis 81).

(2) Die Anwendung weiterer Verfahrensvorschriften dieses Gesetzes steht im Ermessen des Richters[3]).

(3) Soweit es aus Gründen der Staatssicherheit[4]) geboten ist, kann der Richter anordnen, daß die Heranziehung der Jugendgerichtshilfe und die Beteiligung des Erziehungsberechtigten und des gesetzlichen Vertreters unterbleiben[5]).

(4) Hält der Richter Erziehungsmaßregeln für erforderlich, so hat[6]) er deren Auswahl und Anordnung dem Vormundschaftsrichter zu überlassen. § 53 Satz 2 gilt entsprechend.

(5) Entscheidungen, die nach einer Aussetzung der Jugendstrafe zur Bewährung erforderlich werden, sind dem Jugendrichter zu übertragen[7]), in dessen Bezirk sich der Jugendliche aufhält[8]). Das gleiche gilt für Entscheidungen nach einer Aussetzung der Verhängung der Jugendstrafe[9]) mit Ausnahme der Entscheidungen über die Festsetzung der Strafe und die Tilgung des Schuldspruchs (§ 30)[10]).

Entspricht dem § 78 RJGG.

**Zu § 104:** 1) Das sind die Erwachsenengerichte einschließlich BGH. und OLG. § 102.
2) Die zu 1—14 angeführten Bestimmungen sind bindend für das Erwachsenengericht.
3) Der Richter hat freie Hand, z. B. § 48 Abs. 2 u. 3. anzuwenden.
4) In den Fällen der §§ 80ff. StGB.
5) Damit sind die §§ 50 Abs. 2, 3; 67 gemeint.
6) Zwingende Vorschrift.
7) Die Aussetzung zur Bewährung selbst erfolgt durch das Erwachsenengericht.
8) Wie nach § 58 Abs. 2.
9) § 27.
10) Das Erwachsenengericht entscheidet über Festsetzung der Strafe und über Tilgung des Schuldspruchs.

# DRITTER TEIL
# Heranwachsende

## ERSTER ABSCHNITT
## Anwendung des sachlichen Strafrechts

### § 105 Anwendung des Jugendstrafrechts auf Heranwachsende

(1) Begeht ein Heranwachsender[1]) eine Verfehlung[2]), die nach den allgemeinen Vorschriften mit Strafe bedroht ist, so wendet der Richter[3]) die für einen Jugendlichen geltenden Vorschriften der §§ 4 bis 32[4]) an, wenn

1. die Gesamtwürdigung der Persönlichkeit des Täters bei Berücksichtigung auch der Umweltbedingungen ergibt, daß er zur Zeit der Tat[5]) nach seiner sittlichen und geistigen Entwicklung noch einem Jugendlichen gleichstand[6]), oder
2. es sich nach der Art, den Umständen oder den Beweggründen der Tat um eine Jugendverfehlung[7]) handelt.

(2) Das Höchstmaß der Jugendstrafe[8]) für Heranwachsende beträgt zehn Jahre[9]).

Neuerung.

### § 106 Milderung des allgemeinen Strafrechts für Heranwachsende

(1) Ist wegen der Straftat eines Heranwachsenden das allgemeine Strafrecht[1]) anzuwenden, so kann[2]) der Richter an Stelle von lebenslangem Zuchthaus auf eine

---

**Zu § 105:** 1) Das sind Personen zwischen 18 und 21 Jahren. Bei der möglichen Einbeziehung dieser Heranwachsenden (besser Spätentwickler) geht das Gesetz davon aus, daß diese durch die Auswirkungen des Krieges und der Nachkriegszeit ohne großes eigenes Verschulden in ihrer sittlichen und charakterlichen Entwicklung vielfach erheblich zurückgeblieben sind. Ihre Reife ist über die des Jugendlichen nicht hinausgekommen. So ist es gerechtfertigt, die Heranwachsenden je nach ihrem Reifegrade den Jugendlichen strafrechtlich gleich zu behandeln; hierüber *Lackner* JZ. 1953, 529. Andererseits bleibt es dabei, daß die geistig und charakterlich normal entwickelten Heranwachsenden — früher Halberwachsene genannt — wie Erwachsene behandelt werden. Jedoch sind auch diese abgesehen von Abs. 2 nach §§ 106 ff. besser gestellt.

2) S. Anm. 2 zu § 1.

3) Die Jugendgerichte, die in der Beurteilung strafrechtl. Fragen bei jungen Menschen größere Erfahrungen haben als die Erwachsenengerichte, sind dazu berufen, die in einem Strafverfahren gegen Heranwachsende besonders wichtige Vorfrage zu entscheiden, welches materielle Rechtsgebiet für die Verfehlung maßgebend ist.

4) Für den § 3 tritt die Voraussetzung in Nr. 1.

5) Nicht z. Zt. der Aburteilung.

6) Der Richter entscheidet darüber, ob der Heranwachsende den Reifestand des Erwachsenen hat, s. Anm. 1. Dabei wird der psychologische oder psychiatrische Sachverständige unentbehrlich sein. Für den Richter wird auch der Bericht der Jugendgerichtshilfe von Bedeutung sein, der schon Anhaltspunkte über den Reifegrad enthalten wird, wenn er von sachkundigen Helfern verfaßt ist.

7) D. h. eine Verfehlung, die aus Jugendtorheit u. -übermut oder Abenteuerlust vom Jugendlichen begangen wird und die die Merkmale jugendlicher Unfertigkeit an sich trägt, z. B. Tierquälerei, Brandstiftung, Studentenstreiche, unbefugte Kraftfahrzeugbenutzung, auch Sexualdelikte. Hierbei empfiehlt sich besonders die Hinzuziehung von Sachverständigen.

8) § 17. Es gelten die allgemeinen Strafrechtsgrundsätze. Das Gericht entscheidet nach seiner freien Überzeugung § 261 StPO., auch bei der Strafbemessung § 267 Abs. 3.

9) Anders bei Jugendlichen § 18.

**Zu § 106:** 1) Das allgemeine Strafrecht ist anzuwenden, wenn die Voraussetzungen des § 105 Abs. 1 nicht vorliegen. Es gelten für alle Heranwachsenden die §§ 106—112.

2) Es steht im Belieben des Richters.

Zuchthausstrafe von zehn bis fünfzehn Jahren und an Stelle einer zeitigen Zuchthausstrafe auf Gefängnisstrafe von gleicher Dauer erkennen.

(2) Von der Anordnung der Sicherungsverwahrung und der Aberkennung der bürgerlichen Ehrenrechte oder der Fähigkeit zur Bekleidung öffentlicher Ämter kann[2]) der Richter absehen.

## ZWEITER ABSCHNITT

## Gerichtsverfassung und Verfahren

### § 107 Gerichtsverfassung

Die Vorschriften über die Jugendgerichtsverfassung (§§ 33 bis 38)[1]) gelten für Heranwachsende entsprechend.

### § 108 Zuständigkeit

(1) Die Vorschriften über die Zuständigkeit der Jugendgerichte (§§ 39 bis 42)[1]) gelten auch bei Verfehlungen Heranwachsender.

(2) Der Jugendrichter ist für Verfehlungen Heranwachsender auch zuständig, wenn die Anwendung des allgemeinen Strafrechts[2]) zu erwarten ist[3]) und nach § 25 des Gerichtsverfassungsgesetzes der Amtsrichter allein zu entscheiden hätte.

(3) Das Jugendschöffengericht darf wegen der Verfehlung eines Heranwachsenden nicht auf Zuchthaus von mehr als zwei Jahren und nicht auf Sicherungsverwahrung erkennen[4]). Ist höhere Zuchthausstrafe oder Sicherungsverwahrung zu erwarten, so ist die Jugendkammer zuständig[5]).

### § 109 Verfahren

(1) Von den Vorschriften über das Jugendstrafverfahren (§§ 43 bis 81) sind im Verfahren gegen einen Heranwachsenden § 43[1]), § 50 Abs. 2[2]) und 3[3]), §§ 67[2]) bis[4]) 70[5]) und 73[6]) entsprechend anzuwenden[7]). Die Öffentlichkeit kann ausgeschlossen werden, wenn dies im Interesse der Erziehung des Angeklagten geboten ist[8]).

(2) Wendet der Richter Jugendstrafrecht an (§ 105), so gelten auch die §§ 52 bis 66[9]), § 74[10]), § 79 Abs. 1[11]) und § 81[12]) entsprechend.

---

**Zu § 107:** 1) Jugendgerichte, Jugendstaatsanwalt u. Jugendgerichtshilfe.

**Zu § 108:** 1) Sachliche und örtliche Zuständigkeit. Hierdurch wird jeder Heranwachsende verfahrenrechtlich der Jugendgerichtsbarkeit unterstellt.

2) S. Anm. 1 zu § 106.

3) Weitergehende Sicherheit als bei „wahrscheinlich" s. Anm. 3 zu § 77.

4) Wie nach § 24 Abs. 1 Nr. 3 GVG.

5) S. § 41.

**Zu § 109:** 1) Umfang der Ermittlungen.

2) Stellung des Erziehungsberechtigten und gesetzl. Vertreters.

3) Erklärungsrecht der Jugendgerichtshilfe.

4) § 68 Verteidiger, § 69 Beistand.

5) Mitteilungen.

6) Unterbringung zur Beobachtung.

7) S. aber § 49 Abs. 2 (Eideszwang).

8) S. § 48 Abs. 3.

9) Sondervorschriften für Jugendliche.

10) Es kann von der Auferlegung der Kosten und Auflagen abgesehen werden.

11) Auch gegen den als Jugendlichen zu behandelnden Heranwachsenden darf kein Strafbefehl erlassen werden. Dagegen ist statt des vereinfachten Jugendverfahrens (§ 76) das beschleunigte Verfahren nach § 212 StPO. zulässig.

12) Das Entschädigungsverfahren § 403 StPO. ist nicht zulässig.

DRITTER ABSCHNITT

## Vollstreckung, Vollzug und Strafregister

### § 110 Vollstreckung und Vollzug

(1) Die Vorschriften über die Vollstreckung und den Vollzug bei Jugendlichen (§§ 82 bis 93) gelten für Heranwachsende entsprechend, soweit der Richter Jugendstrafrecht angewendet (§ 105) und nach diesem Gesetz zulässige Maßnahmen oder Jugendstrafe verhängt hat.

(2) § 93[1]) ist entsprechend anzuwenden, solange der Heranwachsende das einundzwanzigste Lebensjahr noch nicht vollendet hat.

### § 111 Strafregister und Beseitigung des Strafmakels durch Richterspruch

Die Vorschriften über das Strafregister und die Beseitigung des Strafmakels durch Richterspruch (§§ 94 bis 101) gelten für Heranwachsende[1]) entsprechend, soweit der Richter Jugendstrafe verhängt oder die Schuld des Heranwachsenden festgestellt hat (§ 27).

VIERTER ABSCHNITT.

## Heranwachsende vor Gerichten, die für allgemeine Strafsachen zuständig sind

### § 112 Entsprechende Anwendung

Die §§ 102 bis 104 gelten für Verfahren gegen Heranwachsende[1]) entsprechend. Die in § 104 Abs. 1 genannten Vorschriften sind nur insoweit anzuwenden, als sie nach dem für die Heranwachsenden geltenden Recht nicht ausgeschlossen sind[2]).

# VIERTER TEIL

## Schluß- und Übergangsvorschriften

### § 113 Bewährungshelfer

Für den Bezirk eines jeden Jugendrichters ist mindestens ein hauptamtlicher Bewährungshelfer[1]) anzustellen. Die Anstellung kann für mehrere Bezirke erfolgen oder ganz unterbleiben, wenn wegen des geringen Anfalls von Strafsachen unverhältnismäßig hohe Aufwendungen entstehen würden. Das Nähere über die Tätigkeit des Bewährungshelfers ist durch Landesgesetz zu regeln[2]).

---

**Zu § 110:** 1) Vollzug der Untersuchungshaft.

**Zu § 111:** 1) Heranwachsende nach § 105.

**Zu § 112:** 1) Hierunter fallen alle Heranwachsenden.

2) Das ist z. B. § 3.

**Zu § 113:** 1) S. §§ 24, 25, 29.

2) Eine Frist, innerhalb der die gesetzliche Regelung erfolgen soll, ist nicht vorgesehen. S. Art. 5 der 3. StÄG. Nachtr. S. 10ff. Die Landesgesetze werden auch die Frage regeln, ob der Bewährungshelfer zur Verwaltung (Jugendamt) oder zur Justiz gehört.

### § 114 Vollzug von Gefängnisstrafe in der Jugendstrafanstalt

In der Jugendstrafanstalt[1]) darf an Verurteilten, die das vierundzwanzigste Lebensjahr noch nicht vollendet haben[2]) und sich für den Jugendstrafvollzug eignen, auch Gefängnisstrafe[3]) vollzogen werden.

### § 115 Rechtsvorschriften der Bundesregierung über den Vollzug

(1) Die Bundesregierung wird ermächtigt, durch Rechtsverordnung[1]) mit Zustimmung des Bundesrates für den Vollzug der Jugendstrafe, des Jugendarrestes und der Untersuchungshaft Vorschriften zu erlassen über die Art der Unterbringung, die Behandlung, die Lebenshaltung, die erzieherische, seelsorgerische und berufliche Betreuung, die Arbeit, den Unterricht, die Gesundheitspflege und körperliche Ertüchtigung, die Freizeit, den Verkehr mit der Außenwelt, die Ordnung und Sicherheit in der Vollzugsanstalt und die Ahndung von Verstößen hiergegen, die Aufnahme und die Entlassung sowie das Zusammenwirken mit den der Jugendpflege und Jugendfürsorge dienenden Behörden und Stellen.

(2) Die Rechtsverordnungen der Bundesregierung dürfen für die Ahndung von Verstößen gegen die Ordnung oder Sicherheit der Anstalt nur Hausstrafen vorsehen, die der Vollzugsleiter oder bei Untersuchungshaft der Richter verhängt. Die schwersten Hausstrafen sind die Beschränkung des Verkehrs mit der Außenwelt auf dringende Fälle bis zu drei Monaten und Arrest bis zu zwei Wochen. Mildere Hausstrafen sind zulässig. Dunkelhaft ist verboten.

### § 116 Zeitlicher Geltungsbereich

(1) Das Gesetz wird auch auf Verfehlungen angewendet, die vor seinem Inkrafttreten begangen worden sind. Für diese Verfehlungen ist das Mindestmaß der Jugendstrafe drei Monate[1]).

(2) Auf Jugendstrafe darf gegen einen Heranwachsenden[2]) nicht erkannt werden, wenn die Straftat vor dem Inkrafttreten dieses Gesetzes begangen ist und nach dem allgemeinen Strafrecht die Verhängung einer Freiheitsstrafe[3]) von weniger als drei Monaten zu erwarten gewesen wäre.

(3) Auf Jugendstrafe von unbestimmter Dauer[4]) darf gegen einen Heranwachsenden[2]) nur erkannt werden, wenn die Tat nach dem Inkrafttreten dieses Gesetzes begangen ist oder wenn bei mehreren Straftaten das Schwergewicht in der Zeit nach dem Inkrafttreten des Gesetzes liegt[5]).

---

**Zu § 114:** 1) S. § 92.

2) Gleichgültig, ob sie als Heranwachsende oder Erwachsene abgeurteilt sind.

3) Der Vollzug von Haftstrafen ist ausgenommen, da es sich um regelmäßig sehr kurze Strafen handelt.

**Zu § 115:** 1) Diese Rechtsverordnungen sind noch nicht ergangen. Es gelten noch:

A V. über den Jugendstrafvollzug v. 20. 12. 1943 (DJ. S. 584), in Berlin erst nach Dienst- u. VollzugsO. v. 1. 8. 1923 angewandt;

A V. über den Jugendarrestvollzug v. 20. 12. 1943 (DJ. S. 580) und Jugendarrestgeschäftsordnung (JAGO.) v. 15. 5. 1944 (Sonderdr. DJ. Nr. 31);

A V. über den Untersuchungshaftvollzug v. 12. 2. 1953 (Berl. Amtsbl. S. 211); für „junge Untersuchungsgefangene" Nr. 77ff. S. *Mittermaier*, Gefängniskunde S. 179.

**Zu § 116:** 1) Vgl. § 18.

2) Alle Heranwachsenden sind gemeint.

3) Gefängnis oder Haft.

4) § 19.

5) Vgl. § 32.

## § 117 Gerichtsverfassung

(1) Die Wahl der Jugendschöffen nach § 35 erfolgt erstmalig innerhalb von sechs Monaten nach Inkrafttreten dieses Gesetzes, später gleichzeitig mit der Wahl der Schöffen für die Schöffengerichte und die Strafkammern. Solange noch keine Jugendschöffen gewählt sind, werden dem Jugendschöffengericht und der Jugendkammer die auf Grund anderer Rechtsvorschriften gewählten Jugendschöffen[1]) oder, soweit solche nicht vorhanden sind[2]), die nach den allgemeinen Vorschriften gewählten Schöffen beigegeben. Solange keine nach diesem Gesetz gewählten Jugendschöffen zur Verfügung stehen, kann von der Durchführung des § 33 Abs. 3 Satz 2 abgesehen werden[3]).

(2) Wo ein Jugendwohlfahrtsausschuß[4]) noch nicht besteht, wird die Vorschlagliste nach § 35 Abs. 3 vom Jugendamt aufgestellt.

## § 118 Zuständigkeit und Verfahren

(1) Die am Tage des Inkrafttretens dieses Gesetzes anhängigen Strafsachen gegen Jugendliche oder Heranwachsende gehen in der Lage, in der sie sich befinden, auf das zuständige Jugendgericht über.

(2) Sind Strafsachen gegen Heranwachsende und Erwachsene verbunden[1]), so sollen die Sachen gegen Heranwachsende abgetrennt und an das zuständige Jugendgericht verwiesen werden, wenn nicht wichtige Gründe entgegenstehen.

(3) Hat die Hauptverhandlung begonnen, so ist sie nach den bisherigen Verfahrensvorschriften zu Ende zu führen. Die Bekanntmachung einer Entscheidung und ihre Anfechtung durch Rechtsmittel bestimmen sich, wenn die Entscheidung vor dem Inkrafttreten dieses Gesetzes oder auf Grund einer nach Satz 1 zu Ende geführten Hauptverhandlung erlassen worden ist, nach den bisher geltenden Vorschriften. Die Besetzung des Rechtsmittelgerichts bestimmt sich nach den Vorschriften dieses Gesetzes[2]).

## § 119 Freiheitsstrafen

(1) Jugendgefängnisstrafen, auf die gegen einen Jugendlichen vor dem Inkrafttreten dieses Gesetzes erkannt worden ist[1]), werden für die Anwendung dieses Gesetzes der Jugendstrafe gleichgestellt.

(2) Die Vorschriften über die beschränkte Auskunft und Tilgung von Jugendstrafen (§ 95) werden auch auf Gefängnis- oder Festungshaftstrafen angewendet, die von Wehrmachtgerichten oder Gerichten wehrmachtähnlicher Formationen gegen einen Jugendlichen verhängt worden sind.

## § 120 Verweisungen

Verweisungen auf Vorschriften des Reichsjugendgerichtsgesetzes vom 6. November 1943 (Reichsgesetzbl. I S. 637)[1]) gelten als Verweisungen auf die an ihre Stelle getretenen Vorschriften dieses Gesetzes.

---

**Zu § 117:** 1) Z. B. in Hessen .........
2) Z. B. in Berlin.
3) Je ein Mann und Frau brauchen nicht herangezogen zu werden.
4) § 9b Jugendwohlfahrtsgesetz v. 9. 7. 1922 i. Fass. v. 28. 8. 1953 (BGBl. I S. 1035).
**Zu § 118:** 1) §§ 103, 112.
2) Jugendkammer § 33 Abs. 2.
**Zu § 119:** 1) §§ 4ff. RfGG.
**Zu § 120:** 1) Z. B. §§ 10, 30 Forstdiebstahlges., §§ 1, 51 Feld- u. Forstpolizeiges. unter E 1 u. 2 des Hauptwerks.

### § 121 Änderung des Gerichtsverfassungsgesetzes

Das Gerichtsverfassungsgesetz wird wie folgt geändert:

1. § 26 wird durch folgende Vorschrift ersetzt:

„§ 26[1]) (Jugendschutzsachen)

(1) Für Straftaten Erwachsener, durch die ein Kind oder ein Jugendlicher verletzt oder unmittelbar gefährdet wird, sowie für Verstöße Erwachsener gegen Vorschriften, die dem Jugendschutz oder der Jugenderziehung dienen, sind neben den für allgemeine Strafsachen zuständigen Gerichten auch die Jugendgerichte zuständig. Die §§ 24 und 25 gelten entsprechend.

(2) In Jugendschutzsachen soll der Staatsanwalt Anklage bei den Jugendgerichten nur erheben, wenn in dem Verfahren Kinder oder Jugendliche als Zeugen benötigt werden oder wenn aus sonstigen Gründen einer Verhandlung vor dem Jugendgericht zweckmäßig erscheint."

2. Nach § 74a wird folgender § 74b eingefügt:

„§ 74b[2])

In Jugendschutzsachen (§ 26 Abs. 1 Satz 1) ist neben der für allgemeine Strafsachen zuständigen Strafkammer auch die Jugendkammer als erkennendes Gericht des ersten Rechtszuges zuständig. § 26 Abs. 2 und §§ 73 und 74 gelten entsprechend."

### § 122 Aufhebung von Rechtsvorschriften

Vorschriften, die diesem Gesetz entgegenstehen oder gegenstandslos werden, treten außer Kraft. Aufgehoben werden namentlich folgende Vorschriften, soweit sie nicht bereits außer Kraft getreten sind:

1. Das Reichsjugendgerichtsgesetz in der Fassung der Anlage zu § 1 Abs. 1 der Verordnung über die Vereinfachung und Vereinheitlichung des Jugendstrafrechts (Jugendstrafrechtsverordnung) vom 6. November 1943 (Reichsgesetzbl. I S. 637),
2. die Verordnung über die Vereinfachung und Vereinheitlichung des Jugendstrafrechts (Jugendstrafrechtsverordnung) vom 6. November 1943 (Reichsgesetzbl. I S. 635),
3. die Verordnung zur Durchführung der Jugendstrafrechtsverordnung in den Alpen- und Donau-Reichsgauen, im Reichsgau Sudetenland und im Protektorat Böhmen und Mähren (Erste Durchführungsverordnung zum Reichsjugendgerichtsgesetz) vom 6. Dezember 1943 (Reichsgesetzbl. I S. 669),
4. die Verordnung zur Anwendung des Reichsjugendgerichtsgesetzes in der Wehrmachtgerichtsbarkeit und der SS- und Polizeigerichtsbarkeit (Zweite Durchführungsverordnung zum Reichsjugendgerichtsgesetz) vom 28. Dezember 1943 (Reichsgesetzbl. I S. 687),
5. § 1 des württembergisch-badischen Gesetzes Nr. 205 zur Abänderung des Reichsjugendgerichtsgesetzes und der Jugendarrestvollzugsordnung vom 14. August 1946 (Regierungsbl. der Regierung Württemberg-Baden S. 246),
6. § 6a der Landesverordnung des Landes Rheinland-Pfalz über Gerichtsverfassung und Verfahren vom 11. April 1947 (Verordnungsbl. der Landesregierung

**Zu § 121:** 1) Die Jugendgerichte verfügen in der Regel über große Erfahrungen in der Behandlung kindlicher und jugendlicher Zeugen und in der Beurteilung ihrer Aussagen. Deshalb ist im Interesse einer besseren Rechtsfindung für Jugendschutzsachen, an denen Kinder oder Jugendliche als Zeugen beteiligt sind oder bei denen sich aus sonstigen Gründen die Verhandlung vor einem jugendkundigen Gericht empfiehlt, diese Regelung getroffen (Begr.).

2) Sachl. Zuständigkeit der Jugendkammer § 41 JGG.

Rheinland-Pfalz S. 155) in der Fassung des Landesgesetzes zur Wiedereinführung der Schöffen und Geschworenen in der Strafrechtspflege und zur Änderung der Strafprozeßordnung vom 2. September 1949 (Gesetz- und Verordnungsbl. der Landesregierung Rheinland-Pfalz Teil I S. 374),

7. § 6 des badischen Landesgesetzes zur Wiedereinführung der Schöffen und Geschworenen in der Strafrechtspflege vom 30. Dezember 1947 (Badisches Gesetz- und Verordnungsbl. 1948 S. 39),
8. § 6 des Gesetzes des Landes Württemberg-Hohenzollern zur Wiedereinführung der Schöffen und Geschworenen in der Strafrechtspflege vom 14. Mai 1948 (Regierungsbl. für das Land Württemberg-Hohenzollern S. 85),
9. das Landesgesetz des Landes Rheinland-Pfalz zur Änderung des Reichsjugendgerichtsgesetzes vom 30. Dezember 1948 (Gesetz- und Verordnungsbl. der Landesregierung Rheinland-Pfalz 1949 Teil I S. 1),
10. § 6 der Rechtsanordnung des Kreispräsidenten von Lindau zur Wiedereinführung der Schöffen und Geschworenen in der Strafrechtspflege vom 26. April 1949 (Amtsblatt des Bayerischen Kreises Lindau Nr. 18).

## § 123 Land Berlin

Dieses Gesetz gilt nach Maßgabe des § 13 Abs. 1 des Dritten Überleitungsgesetzes vom 4. Januar 1952 (Bundesgesetzbl. I S. 1) auch im Land Berlin. Rechtsverordnungen, die auf Grund der in diesem Gesetz enthaltenen Ermächtigung erlassen werden, gelten im Land Berlin nach § 14 des Dritten Überleitungsgesetzes[1]).

## § 124 Inkrafttreten

Dieses Gesetz tritt am 1. Oktober 1953 in Kraft.

---

**Zu § 123:** 1) Von Berlin ist es durch Gesetz v. 10. 8. 1953 (GVBl. S. 768) übernommen.

# 5. Bundesjagdgesetz

Vom 29. 11. 1952 (BGBl. I S. 780; Berichtigung S. 843)

## Vorbemerkung

Das Reichsjagdgesetz (RJG.) v. 3. 7. 1934 (RGBl. I S. 549) enthielt eine umfassende Regelung des Jagdrechts. Nach dem Zusammenbruch 1945 wurde es, sobald die Jagdausübung durch deutsche Jäger wieder Bedeutung gewann, in den Jahren 1948—1950 in der amerikanischen und französischen Besatzungszone durch neue Landesgesetze abgelöst, die sich mehr oder weniger weitgehend an die Grundgedanken des RJG. anschlossen, während in der britischen Besatzungszone das RJG. mit Ausnahme der die Jagdverwaltung (§§ 52ff.) betreffenden Vorschriften grundsätzlich weitergalt. Nach Art. 75 Nr. 3 GG. hat der Bund lediglich das Recht, im Rahmen der konkurrierenden Gesetzgebung (Art. 72 GG.) über das Jagdwesen Rahmenvorschriften aufzustellen. Das ist durch das am 1. 4. 1953 im gesamten Bundesgebiet in Kraft getretene BJG. geschehen, das in großem Umfang der Landesgesetzgebung Spielraum zu rahmenausfüllenden, ergänzenden Vorschriften läßt (z. B. betr. Wildfolge, Jägernotweg, Jagdhundehaltung usw.). Auch das BJG. lehnt sich weitgehend an die allgemein als gelungen angesehene Regelung des RJG. an und auch die bisher noch nicht zum Abschluß gelangte rahmenausfüllende Tätigkeit der Landesgesetzgeber läßt das Bestreben erkennen, sich mehr oder weniger einheitlich an die bewährten Vorschriften des RJG. anzuschließen, so daß mit der gebotenen Vorsicht die zum RJG. erwachsene Rechtsprechung zur Auslegung des neuen Rechts herangezogen werden kann. Auch bei den mitunter summarischen Regelungen des Landesrechts werden für die Klärung offengebliebener Einzelpunkte die mehr in die Einzelheiten gehenden Vorschriften anderer Landesgesetze, die den entsprechenden Regeln des RJG. folgen, als Anknüpfungspunkte für die letztlich der Rechtsprechung obliegende Aufgabe, im Auslegungswege Lücken zu schließen, dienen können.

An ergänzenden landesrechtlichen Vorschriften liegen bisher vor für

Bayern: Bekm. v. 31. 3. 1953 über Jagd- und Schonzeiten; Bekm. über Jagdscheine v. 1. 4. 1953; Bekm. v. 1. 4. 1953 über das Verhältnis des BJG. z. Bayer. JagdG. (StAnz. Nr. 16 v. 18. 4. 1953); VO. über die Zuständigkeit zur Ahndung von Ordnungswidrigkeiten usw. v. 30. 4. 1953 (GVBl. S. 71).

Hessen: AusfGes. z. BJG. v. 24. 3. 1953 (GVBl. S. 27) und DurchfVO. z. AusfGes. v. 8. 4. 1953 (GVBl. S. 47). d. F. v. 6. 11. 53 (S. 187).

Niedersachsen: LJagdG. v. 31. 3. 1953 (GVBl. S. 23); DurchfVO. z. LJagdG. v. 5. 6. 1953 (GVBl. S. 41); AusfAnweisung v. 5. 6. 1953 (Nds. MinBl. S. 258).

Nordrhein-Westfalen: LJagdG. v. 31. 3. 1953 (GVBl. S. 229); I. DurchfVO. z. LJagdG. v. 1. 4. 1953 (GVBl. S. 233) und II. DurchfVO. z. LJagdG. v. 29. 4.1953 (GVBl. S. 265).

Rheinland-Pfalz: Ges. z. Änderung des LJagdG. v. 23. 3. 1953 (GVBl. S. 23) u. DVO. v. 30. 3. 53. (GVBl. S. 24) i. d. F. der VO v. 14. 7. 53. (S. 78).

Schleswig-Holstein: Jagdges. v. 13. 7. 1953 (GVBl. S. 77) und VO. v. 14. 7. 1953 (GVBl. S. 84).

Bremen: Jagdges. v. 14. 7. 1953 (GBl. S. 73).

Zur Entstehungsgeschichte des BJG.: Trotz Ablehnung des im Aug. 1950 von der Bundesregierung vorgelegten Entw. eines BJG. durch den Bundesrat wurde dieser mit den Änderungsvorschlägen des Bundesrats am 20. 1. 1951 beim Bundestag eingebracht (BT-Drucks. Nr. 1813). Die Änderungsvorschläge des zuständigen

Bundestagsausschusses ergeben sich aus dem Bericht BT-Drucks. Nr. 3240 v. 19. 3. 1952. Auf der Grundlage der Ausschußvorschläge wurde das Ges. in 3. Lesung in der 216. Sitzung v. 29. 5. 1952 angenommen. Der Bundesrat rief zur Behandlung einer Reihe von Abänderungsvorschlägen den Vermittlungsausschuß an, der die Änderungsvorschläge im wesentlichen billigte (BT-Drucks. Nr. 3588). Der Bundestag lehnte indessen in der 226. Sitzung v. 18. 7. 1952 den Vermittlungsvorschlag ab. Nachdem nunmehr die Bundesregierung den Vermittlungsausschuß angerufen und dieser erneut Stellung genommen hatte, nahm der Bundestag in der 236. Sitzung v. 30. 10. 1952 den Vermittlungsvorschlag an.

Schrifttum: *Mitzschke-Schäfer*, Komm. z. BJG. 1953 (Verlag Paul Parey, Hamburg und Berlin); *Rühling-Selle*, Komm. 1953 (Verlag F. C. Mayer, München-Solln). Schrifttum z. RJG.: *Mitzschke-Schäfer*, Komm. 3. Aufl. 1942; *Behr-Ott-Nöth* Komm. 1935; *Scherping-Vollbach*, Komm. 6. Aufl. 1941.

## I. ABSCHNITT

## Das Jagdrecht

### § 1 Inhalt des Jagdrechts

(1) Das Jagdrecht ist die auschließliche Befugnis, auf einem bestimmten Gebiet wildlebende[1]) jagdbare Tiere (Wild) zu hegen, auf die sie Jagd auszuüben[2]) und sie sich als Jagdbeute anzueignen.

(2) Die Hege hat zum Ziel die Erhaltung eines den landschaftlichen Verhältnissen angepaßten, artenreichen und gesunden Wildbestandes; sie muß so durchgeführt werden, daß Wildschäden in der Land- und Forstwirtschaft und in der Fischerei möglichst vermieden werden.

(3) Bei der Ausübung der Jagd sind die allgemein anerkannten Grundsätze deutscher Waidgerechtigkeit zu beachten.

(4) Die Jagdausübung erstreckt sich auf das Aufsuchen[3]), Nachstellen[4]), Erlegen und Fangen jagdbarer Tiere.

(5) Das Recht zur Aneignung der Jagdbeute umfaßt auch die ausschließliche Befugnis, krankes oder verendetes Wild, Fallwild[5]) und Abwurfstangen[6]) sowie die Eier jagdbaren Federwildes[7]) sich anzueignen.

---

**Zu § 1:** 1) D. h. in Freiheit befindliche und deshalb herrenloser „wilder" Tiere (§ 960 BGB.). Gefangene (z. B. in Tiergärten, aber auch in Fallen) wilde Tiere sind nicht Gegenstand der Jagdausübung, sondern fremde bewegliche Sachen i. S. der §§ 242, 246 StGB.

2) Begriffsbestimmung der Jagdausübung: § 1 Abs. 4. Unberechtigte Eingriffe in die Jagdausübung sind nach § 292 StGB. strafbar.

3) Aufsuchen (neu gegenüber dem RJG.) ist begrifflich ein Akt des Nachstellens (s. Anm.4). Ein Aufsuchen ohne die Absicht des Nachstellens (z. B. um das Tier zu betrachten oder zu verscheuchen, vgl. § 26) ist keine Jagdausübung. KG. JW. 35, 2386.

4) Vgl. Hauptwerk Anm. 5 zu § 292 StGB.

5) Verendet ist das durch äußere gewaltsame Einwirkung (z. B. durch Schuß, durch Raubtiere, durch Steinschlag) getötete, Fallwild dagegen solches Wild, dessen Tod auf natürliche Ursachen (Krankheit, Alter, Hunger, Kälte) zurückzuführen ist. Vgl. Hauptwerk Anm. 8 zu § 292 StGB.

6) Abwurfstangen sind die im natürlichen Verlauf der Erneuerung jährlich abgeworfenen Stangen aller Hirscharten.

7) Gleichviel, ob sie befruchtet oder noch brutfähig sind. KG DJ. 35, 189. Jagdpolizeiliche Beschränkungen der Aneignung durch den Jagdausübungsberechtigten ergeben sich aus § 1 Abs. 5 der VO. über Jagd- und Schonzeiten v. 20. 3. 1953 (abgedr. zu § 22). Die Zerstörung der Gelege nicht geschützter Raubvögel ist — im Gegensatz zu § 1 RJG. — nicht mehr Inhalt des Jagdausübungsrechts (vgl. § 1 Abs. 5 der VO v. 20. 3. 1953, abgedr. zu § 22).

(6) Das Jagdrecht unterliegt den Beschränkungen dieses Gesetzes und der in seinem Rahmen ergangenen landesrechtlichen Vorschriften.

## § 2 Jagdbare Tiere

(1) Jagdbare Tiere sind:

1. Haarwild: Wisente; Elch-, Rot-, Dam-, Sika- und Rehwild; Gams-, Stein- und Muffelwild; Schwarzwild; Hasen, Schneehasen, Wildkaninchen; Biber und Murmeltiere; Wildkatzen und Luchse; Füchse; Stein- und Baummarder, Iltisse, Hermelin, Mauswiesel, Zwergwiesel, Nerze, Dachse und Fischotter; Robben.

2. Federwild: Wildhühner (Rebhuhn, Fasanen, Wachtel, Auerwild, Birkwild, Rackelwild, Haselwild, Schneehühner, Steinhuhn, wildes Truthuhn); Wildtauben; Entenvögel (Schwäne, Wildgänse, Wildenten, Säger); Schnepfenvögel (einschließlich Regenpfeifer und Triel), Rallen (Bleßhuhn, Teichhuhn, Wasserralle, Wachtelkönig, Sumpfhühnchen); Kraniche; Möwen; Alken; Taucher; Kormorane; Schreitvögel (Störche, Löffler, Ibisse, Reiher, Rohrdommel) außer Weißer Storch; Trappen; Greifvögel[1]) (außer Eulen); Kolkrabe und Drosseln mit Ausnahme der Schwarzdrosseln.

(2) Die Länder können weitere Tiere für jagdbar erklären.

(3) Zum Schalenwild gehören:

Wisent-, Elch-, Rot-, Dam-, Sika-, Reh-, Stein-, Muffel-, Gams- und Schwarzwild.

(4) Zum Hochwild[2]) gehören:

Schalenwild außer Rehwild, von den Wildhühnern das Auergeflügel und von den Greifvögeln Steinadler und Seeadler. Alle übrigen Wildarten gehören zum Niederwild.

## § 3 Inhaber des Jagdrechts; Ausübung des Jagdrechts

(1) Das Jagdrecht steht dem Eigentümer auf seinem Grund und Boden zu[1]). Es ist untrennbar mit dem Eigentum am Grund und Boden verbunden. Als selbständiges dingliches Recht kann es nicht begründet werden.

(2) Auf Flächen, an denen kein Eigentum begründet ist[2]), steht das Jagdrecht den Ländern zu.

(3) Das Jagdrecht darf nur in Jagdbezirken nach Maßgabe der §§ 4ff. ausgeübt werden[3]).

---

**Zu § 2:** 1) = bisher: Tagraubvögel.

2) Die Unterscheidung zwischen Hoch- und Niederwild ist nur bedeutsam, wenn Landesrecht für Hoch- und Niederwildreviere verschiedene Mindestpachtzeiten vorschreibt.

**Zu § 3:** 1) Das BJG. unterscheidet — wie das RJG. — zwischen dem Jagdrecht und dem Jagdausübungsrecht. Auch der nach § 3 Abs. 1 Jagdberechtigte darf die Jagd nur ausüben, wenn er nach Maßgabe der §§ 4 ff. jagdausübungsberechtigt ist. Gegenstand des strafrechtlichen Schutzes (§§ 292ff. StGB.) ist das Jagdausübungsrecht.

2) In 1. Linie am Meeresstrand und an Küstengewässern.

3) Auf nicht zu Jagdbezirken gehörigen Flächen ruht die Jagd (§ 6 Abs. 1). Gemäß § 6 Abs. 1 Satz 2 können am Meeresstrand und auf Küstengewässern auch ohne Bildung von Jagdbezirken die Länder die Genehmigung zur Jagdausübung (auf Robben und Wasservögel) erteilen (vgl. für Niedersachsen Ziff. VIII des RdErl. v. 5. 6. 1953 — NdsMinBl. S. 258 —, für Schlesw. Holst. § 7 Abs. 2, 3 des Jagdges.).

## II. ABSCHNITT
## Jagdbezirke

*1. Allgemeines*

### § 4 Jagdbezirke

Jagdbezirke, in denen die Jagd ausgeübt werden darf, sind entweder Eigenjagdbezirke (§ 7) oder gemeinschaftliche Jagdbezirke (§ 8).

### § 5 Gestaltung der Jagdbezirke

(1) Jagdbezirke können durch Abtrennung, Angliederung oder Austausch von Grundflächen abgerundet werden, wenn dies aus Erfordernissen der Jagdpflege und Jagdausübung notwendig ist[1]).

(2)[2]) Natürliche und künstliche Wasserläufe[3]), Wege[4]), Triften[5]) und Eisenbahnkörper sowie ähnliche Flächen[6]) bilden, wenn sie nach Umfang und Gestalt für sich allein eine ordnungsmäßige Jagdausübung nicht gestatten, keinen Jagdbezirk für sich, unterbrechen nicht den Zusammenhang eines Jagdbezirks und stellen auch den Zusammenhang zur Bildung eines Jagdbezirkes zwischen getrennt liegenden Flächen nicht her.

### § 6 Befriedete Bezirke; Ruhen der Jagd

Auf Grundflächen, die zu keinem Jagdbezirk gehören, und in befriedeten Bezirken ruht die Jagd[1]). Eine beschränkte Ausübung der Jagd kann gestattet werden[2]). Tiergärten fallen nicht unter die Vorschriften dieses Gesetzes[3]).

---

**Zu § 5:** 1) Die Abrundung erfolgt nicht durch privatrechtliche Abmachungen der Beteiligten, sondern durch öffentlich-rechtliche Maßnahmen der nach Landesrecht zuständigen Behörden (Jagdbehörden). Für die Dauer der Abrundung gehört die angegliederte Fläche zu dem Jagdbezirk, dem sie angegliedert ist, die abgetrennte Fläche scheidet aus dem bisherigen Jagdbezirk aus. Die am 1. 4. 1953 bestehenden Abrundungen bleiben bis zu einer etwa bestimmten Enddauer, sonst bis zur Aufhebung der Abrundung durch die zuständigen Stellen bestehen.

2) Sofern die in § 5 Abs. 2 bezeichneten Flächen nicht zu einem Jagdbezirk gehören oder ihm angegliedert werden, ruht die Jagd (§ 6).

3) Stehende Gewässer (Seen, Teiche) sind keine Wasserläufe.

4) Ohne Rücksicht, ob öffentliche oder Privatwege. Notwege (§ 917 BGB.) und die landesrechtlich geregelten Jägernotwege sind keine Wege i. S. des § 5.

5) Wege für das Weidevieh.

6) Dazu gehören gemäß den landesrechtl. Vorschriften (z. B. § 2 HessAusfGes., § 1 SchlHolstJG.) Flächen, die an ihrer breitesten Stelle weniger als 200 m breit, aber mehr als 400 m lang sind (Handtuchflächen).

**Zu § 6:** 1) a) Welche Bezirke befriedet sind, bestimmt Landesrecht. Im allgemeinen gehören hierher zum Aufenthalt von Menschen dienende Gebäude nebst Nebengebäuden, die daran anstoßenden und umfriedigten Hofräume und Hausgärten, ferner Friedhöfe, nach näherer Anordnung auch öffentliche Anlagen und abgeschlossene Grundflächen (vgl. z. B. § 3 HessAusfGes., Art. 3 NdsLJG., § 4 LJG.NRW.). Die Jagdruhe des § 6 bedeutet ein Verbot der Jagdausübung; es wird also einem Dritten, in dessen Bezirk die befriedete Grundfläche liegt, insoweit das Jagdausübungsrecht entzogen. Das Jagdrecht bleibt gem. § 3 Abs. 1 BJG. dem Eigentümer der befriedeten Fläche, der davon aber nur Gebrauch machen darf, wenn und soweit es ihm nach § 6 Satz 2 auf Grund genereller landesrechtlicher Vorschriften oder durch die Landesbehörden im Einzelfall gestattet ist (wegen genereller Ermächtigungen für Raubwild und wilde Kaninchen vgl. § 3 Abs. 3 HessAusfGes. u. Art. 3 Abs. 2 NdsLJG.). Neben dem Eigentümer kann auch einem Dritten (z. B. dem Pächter des umschließenden Jagdbezirks) eine beschränkte Jagdausübung gestattet werden (so § 18 Abs. 4 HessAusfGes.: Wildfolge in Friedhöfe).

Aus dem Zweck des Jagdausübungsverbots, den Frieden von Haus, Hof usw. nicht zu stören, ergibt sich, daß das Gesetz dem Eigentümer (Nutzungsberechtigten) solche Jagd-

## 2. *Eigenjagdbezirke*

### § 7

(1) Zusammenhängende Grundflächen mit einer land-, forst- oder fischereiwirtschaftlich nutzbaren Fläche von 75 Hektar an, die im Eigentum ein und derselben Person oder einer Personengemeinschaft stehen, bilden einen Eigenjagdbezirk. Die Länder können für Eigenjagdbezirke im Hochgebirge die Mindestgröße höher festsetzen. Soweit beim Inkrafttreten dieses Gesetzes in den Ländern eine andere als die in Satz 1 bestimmte Größe festgesetzt ist, behält es dabei sein Bewenden, falls sie nicht unter 70 Hektar und — mit Ausnahme im Hochgebirge — nicht über 100 Hektar beträgt. Die Länder können, soweit bei Inkrafttreten dieses Gesetzes eine solche Regelung besteht, abweichend von Satz 1 bestimmen, daß auch eine sonstige zusammenhängende Fläche von 75 Hektar einen Eigenjagdbezirk bildet, wenn dies von Grundeigentümern oder Nutznießern zusammenhängender Grundflächen von mindestens je 15 Hektar beantragt wird.

(2) Ländergrenzen unterbrechen nicht den Zusammenhang von Grundflächen, die gemäß Absatz 1 Satz 1 einen Eigenjagdbezirk bilden. In den Fällen des Absatzes 1 Satz 3 besteht ein Eigenjagdbezirk, wenn nach den Vorschriften des Landes, in dem der überwiegende Teil der auf mehrere Länder sich erstreckenden Grundflächen liegt, für die Grundflächen insgesamt die Voraussetzungen für einen Eigenjagdbezirk vorliegen würden. Im übrigen gelten für jeden Teil eines über mehrere Länder sich erstreckenden Eigenjagdbezirkes die Vorschriften des Landes, in dem er liegt.

(3) Vollständig eingefriedete Flächen sowie an der Bundesgrenze liegende zusammenhängende Grundflächen von geringerem als 75 Hektar land-, forst- oder fischereiwirtschaftlich nutzbarem Raum können allgemein oder unter besonderen

---

ausübungsmaßnahmen nicht verbieten will, die ihrer Natur nach den Frieden nicht stören, wie die Aneignung von Abwurfstangen oder Fallwild (§ 1 Abs. 5 BJG.); vgl. dazu § 1 Abs. 3 Hess.AusfGes. Da die Jagdruhe das Jagdrecht des Grundeigentümers unberührt läßt, ist ein nach § 292 StGB. strafbarer Eingriff eines Nichtberechtigten möglich (KG. JW. 1937, 763 Nr. 35; OLG. Hamburg JW. 1938, 582 Nr. 9). Dagegen macht sich der Grundeigentümer, wenn er die Jagd ausübt oder die Grenzen einer beschränkten Ausübungsgestattung überschreitet, nicht der Wilderei schuldig, denn er greift nicht in das Jagdausübungsrecht eines anderen ein; wohl aber begeht er eine Ordnungswidrigkeit nach § 39 Abs. 1 Nr. 1.

b) Auf Grundflächen, die zu keinem Jagdbezirk gehören, steht das Jagdrecht nach § 3 dem Grundeigentümer zu; er darf es aber nicht ausüben. Tut er es gleichwohl, so begeht er weder Wilderei noch verletzt er, soweit nicht §§ 15, 39 Abs. 1 Nr. 4 eingreifen, eine jagdpolizeiliche Vorschrift (§ 39 Abs. 1 Nr. 1 betrifft nur die Jagdausübung in befriedeten Bezirken). An einer Ahndung des Verbots der Jagdausübung besteht in solchen Fällen kein Interesse, weil der Zustand, daß die Fläche zu keinem Jagdbezirk gehört, ohne weiteres durch Angliederung (§ 6) beseitigt werden kann. Ein Dritter, der unberechtigt jagt, verletzt das Jagdrecht des Grundeigentümers und ist nach § 292 StGB. strafbar.

2) Ist eine beschränkte Jagdausübung gestattet, so ist der Berechtigte an die sachlichen und örtlichen Verbote (§§ 19, 20) gebunden (s. aber in § 19 Nr. 9 die Ausnahme betr. Aufstellen von Tellereisen); auch kann § 368 Nr. 7 StGB. (Schießen in gefährlicher Nähe von Gebäuden) verletzt werden. Beschränkt sich die Jagdausübungsgestattung auf die Tötung von Raubwild und Kaninchen zur Abwehr der von diesen drohenden Schäden, so ist, vorbehaltlich abweichender landesrechtlicher Vorschriften, eine Bindung an die Schonzeiten zu verneinen (vgl. dazu § 22 Abs. 3, Abs. 4 Satz 2), entsprechend der zu § 7 Abs. 2 AusfVO. z. RJG. überwiegend vertretenen Auffassung (vgl. *Mitzschke-Schäfer*, RJG. 3. Aufl. Anm. 2 d zu § 7).

Auch wenn keine Gestattung erfolgt, darf der Eigentümer (Nutzungsberechtigte) Angriffen auf sein Eigentum (Haustiere) durch Abwehrmaßnahmen nach § 228 BGB. begegnen (z. B. durch Stellen von Fallen, die Raubwild sofort töten).

3) Der Begriff des Tiergartens ist der gleiche wie in § 960 Abs. 2 BGB. (zur Festhaltung von Wild dauernd und vollständig umfriedigter Raum, der nach seiner Größe das Fangen und Töten des Wildes jederzeit ohne Bejagung im eigentlichen Sinn ermöglicht). Wildparks (§ 20 Abs. 2), Wildgärten, Gatterreviere und sonstige Gehege i. S. des § 7 Abs. 3 sind keine Tiergärten.

Voraussetzungen zu Eigenjagdbezirken erklärt werden; dabei kann bestimmt werden, daß die Jagd in diesen Bezirken nur unter Beschränkungen ausgeübt werden darf[1]).

(4) In einem Eigenjagdbezirk ist jagdausübungsberechtigt der Eigentümer[2]). An Stelle des Eigentümers tritt der Nutznießer, wenn ihm die Nutzung des ganzen Eigenjagdbezirkes zusteht[3]).

### *3. Gemeinschaftliche Jagdbezirke*

### § 8 Zusammensetzung

(1) Alle Grundflächen einer Gemeinde[1]) oder abgesonderten Gemarkung, die nicht zu einem Eigenjagdbezirk gehören, bilden einen gemeinschaftlichen Jagdbezirk, wenn sie im Zusammenhang mindestens 150 Hektar (Mindestgröße) umfassen. Die Länder können die Mindestgröße allgemein oder für bestimmte Gebiete höher festsetzen.

(2) Zusammenhängende Grundflächen verschiedener Gemeinden, die im übrigen zusammen den Erfordernissen eines gemeinschaftlichen Jagdbezirkes entsprechen, können auf Antrag zu gemeinschaftlichen Jagdbezirken zusammengelegt werden.

(3) Die Teilung gemeinschaftlicher Jagdbezirke in mehrere selbständige Jagdbezirke kann zugelassen werden, sofern jeder Teil die Mindestgröße von 300 Hektar hat.

(4) In gemeinschaftlichen Jagdbezirken steht die Ausübung des Jagdrechts der Jagdgenossenschaft zu[2]).

### § 9 Jagdgenossenschaft

(1) Die Eigentümer der Grundflächen, die zu einem gemeinschaftlichen Jagdbezirk gehören, bilden eine Jagdgenossenschaft. Eigentümer von Grundflächen, auf denen die Jagd nicht ausgeübt werden darf, gehören der Jagdgenossenschaft nicht an[1]).

(2) Die Jagdgenossenschaft wird durch den Jagdvorstand gerichtlich und außergerichtlich vertreten. Der Jagdvorstand ist von der Jagdgenossenschaft zu wählen. Solange die Jagdgenossenschaft keinen Jagdvorstand gewählt hat, werden die Geschäfte des Jagdvorstandes vom Gemeindevorstand wahrgenommen.

(3) Beschlüsse der Jagdgenossenschaft bedürfen der Mehrheit der anwesenden Jagdgenossen, die zugleich die Mehrheit der Grundfläche nach vertreten müssen.

---

**Zu § 7:** 1) Vollständig eingefriedigt ist eine Fläche, die gegen das Ein- und Auswechseln von Wild — mit Ausnahme von Federwild, Kaninchen und Raubwild — dauernd und vollständig eingefriedigt ist und keine Einsprünge besitzt. Nichtbeachtung der Jagdbeschränkungen (Halbsatz 2) ist Ordnungswidrigkeit nach § 39 Abs. 1 Nr. 2.

2) Ist Eigentümer eine juristische Person oder eine Personengemeinschaft, so enthält regelmäßig das Landesrecht Vorschriften, die die Zahl der zur Jagdausübung befugten physischen Personen entsprechend den Bedürfnissen einer ordnungsmäßigen Jagdausübung begrenzen. Auch wenn die Jagdnutzung durch angestellte Jäger erfolgt, ist im allgemeinen deren Zahl landesrechtlich begrenzt.

3) Nutznießer ist, wem der Nießbrauch (§§ 1030ff. BGB.) oder ein dem Nießbrauch entsprechendes Nutzungsrecht (wie z. B. dem Inhaber der elterlichen Gewalt die Nutznießung am Kindesvermögen, § 1649 BGB.) an der ganzen den Eigenjagdbezirk bildenden Grundfläche zusteht. Ein schuldrechtliches Nutzungsrecht (Miete, Pacht usw.) genügt nicht.

**Zu § 8:** 1) Auch wenn eine Jagdausübung gemäß § 6 (befriedete Bezirke) oder gemäß § 20 BJG. (wie z. B. auf Straßen) nicht möglich ist.

2) Der einzelne Jagdgenosse hat, obwohl ihm auf seinem Eigentum das Jagdrecht zusteht (§ 3), kein Jagdausübungsrecht; er begeht also, soweit es sich nicht um befriedete Bezirke handelt, Wilderei (§ 292 StGB.), wenn er auf eignem Boden die Jagd unberechtigt ausübt.

**Zu § 9:** 1) Die betreffenden Grundflächen gehören zwar zum gemeinsamen Jagdbezirk (vgl. Anm. 1 zu § 8). Da aber die Jagdgenossenschaft zur Jagdausübung nicht befugt ist, begeht der Grundeigentümer, wenn er jagt (vgl. § 3), keine Wilderei.

## § 10 Jagdnutzung

(1) Die Jagdgenossenschaft nutzt die Jagd in der Regel durch Verpachtung. Sie kann die Verpachtung auf den Kreis der Jagdgenossen beschränken.

(2) Die Jagdgenossenschaft kann die Jagd für eigene Rechnung durch angestellte Jäger ausüben lassen. Mit Zustimmung der zuständigen Behörde kann sie die Jagd ruhen lassen[1]).

(3) Die Jagdgenossenschaft beschließt über die Verwendung des Reinertrages der Jagdnutzung. Beschließt die Jagdgenossenschaft, den Ertrag nicht an die Jagdgenossen nach dem Verhältnis des Flächeninhaltes ihrer beteiligten Grundstücke zu verteilen, so kann jeder Jagdgenosse, der dem Beschluß nicht zugestimmt hat, innerhalb von zwei Wochen nach der Beschlußfassung die Auszahlung seines Anteils verlangen.

III. ABSCHNITT

# Beteiligung Dritter an der Ausübung des Jagdrechts

## § 11 Jagdpacht

(1) Die Ausübung des Jagdrechts in seiner Gesamtheit kann an Dritte verpachtet werden. Ein Teil des Jagdausübungsrechtes kann nicht Gegenstand eines Jagdpachtvertrages sein; jedoch kann sich der Verpächter einen Teil der Jagdnutzung, der sich auf bestimmte Wildarten bezieht, vorbehalten[1]). Die Erteilung von Jagderlaubnisscheinen regeln die Länder[2]).

(2) Die Verpachtung eines Teiles eines Jagdbezirkes ist nur zulässig, wenn sowohl der verpachtete als der verbleibende Teil die Mindestgröße eines Jagdbezirkes haben.

(3) Der Jagdpachtvertrag ist schriftlich abzuschließen[3]). Die Pachtdauer soll mindestens 9 Jahre betragen. Die Länder können die Mindestpachtzeit höher festsetzen. Ein laufender Jagdpachtvertrag kann auch auf kürzere Zeit verlängert werden. Beginn und Ende der Pachtzeit soll mit Beginn und Ende des Jagdjahres (1. April bis 31. März) zusammenfallen.

(4) Pächter darf nur sein, wer einen Jahresjagdschein besitzt und schon vorher einen solchen während dreier Jahre in Deutschland besessen hat. Für besondere Einzelfälle können Ausnahmen zugelassen werden.

---

**Zu § 10:** 1) Anders als die Jagdruhe nach § 6 (vgl. dort Anm. 1 a), stellt das Ruhenlassen der Jagd nach § 10 kein Verbot der Jagdausübung, sondern eine tatsächliche Nichtausübung der Jagd dar. Das Jagdausübungsrecht verbleibt der Jagdgenossenschaft, so daß ein Dritter (auch ein Grundeigentümer auf seinem eigenen Boden), der die Jagd ausübt, Wilderei begeht.

**Zu § 11:** 1) Eingriff in die dem Verpächter vorbehaltene Jagdnutzung durch den Pächter ist Wilderei, die nach § 294 StGB. nur auf Antrag verfolgt wird.

2) Sie können die Zahl der Erlaubnisscheine beschränken und Zuwiderhandlungen gem. § 42 mit Strafe oder Geldbuße bedrohen. Regelmäßig bestimmt Landesrecht, daß die Erlaubnis schriftlich zu erteilen ist. In diesem Falle ist Jagdausübung ohne schriftliche (also nur mit mündlich erteilter) Erlaubnis eine nach Maßgabe des Landesrechts strafbare jagdpolizeiliche Zuwiderhandlung (vgl. dazu Anm. 1 zu § 42). Bei Mitpacht muß die Erlaubnis von allen Mitpächtern erteilt, der Erlaubnisschein von allen Mitpächtern unterschrieben sein. KG. JW. 35, 2386; OLG. Hamm DJ. 37, 1160. Der Jagdgast ist nach dem insoweit übereinstimmenden Landesrecht nicht Jagdausübungsberechtigter i. S. des BJG. (vgl. § 10 Hess.AusfGes., § 11 LJG.NRW., § 6 SchlHJG.) und demgemäß auch nicht Jagdschutzberechtiger i. S. des § 25; doch kann ihm die Ermächtigung zum Abschuß wildernder Hunde und Katzen vom Jagdausübungsberechtigten erteilt werden.

3) Ein Pachtvertrag ist auch der Unter- und Weiterpachtvertrag, der stets der Zustimmung des Verpächters bedarf.

(5) Ein Jagdpachtvertrag, der bei seinem Abschluß den Vorschriften des Absatzes 1 Satz 2 Halbsatz 1, des Absatzes 2, des Absatzes 3 Satz 1 oder des Absatzes 4 nicht entspricht, ist nichtig[4]).

## § 12 Anzeige von Jagdpachtverträgen

(1) Der Jagdpachtvertrag ist der zuständigen Behörde anzuzeigen. Die Behörde kann den Vertrag binnen 3 Wochen nach Eingang der Anzeige beanstanden, wenn die Vorschriften über die Pachtdauer nicht beachtet sind, oder wenn zu erwarten ist, daß durch eine vertragsmäßige Jagdausübung die Vorschriften des § 1 Abs. 2 verletzt werden.

(2) In dem Beanstandungsbescheid sind die Vertragsteile aufzufordern, den Vertrag zu einem bestimmten Zeitpunkt, der mindestens 3 Wochen nach Zustellung des Bescheides liegen soll, aufzuheben oder in bestimmter Weise zu ändern.

(3) Kommen die Vertragsteile der Aufforderung nicht nach, so gilt der Vertrag mit Ablauf der Frist als aufgehoben, sofern nicht einer der Vertragsteile binnen der Frist einen Antrag auf Entscheidung durch das Amtsgericht stellt. Das Gericht kann entweder den Vertrag aufheben oder feststellen, daß er nicht zu beanstanden ist. Die Bestimmungen für die gerichtliche Entscheidung über die Beanstandung eines Landpachtvertrages gelten sinngemäß; jedoch entscheidet das Gericht ohne Zuziehung landwirtschaftlicher Beisitzer.

(4)[1]) Vor Ablauf von 3 Wochen nach Anzeige des Vertrages durch einen Beteiligten darf der Pächter die Jagd nicht ausüben, sofern nicht die Behörde die Jagdausübung zu einem früheren Zeitpunkt gestattet. Wird der Vertrag binnen der in Absatz 1 Satz 2 bezeichneten Frist beanstandet, so darf der Pächter die Jagd erst ausüben, wenn die Beanstandungen behoben sind, oder wenn durch rechtskräftige gerichtliche Entscheidung festgestellt ist, daß der Vertrag nicht zu beanstanden ist.

## § 13 Erlöschen des Jagdpachtvertrages

Der Jagdpachtvertrag erlischt, wenn dem Pächter der Jagdschein entzogen[1]) oder nicht wieder erteilt[2]) wird. Der Pächter hat dem Verpächter den aus der Beendigung des Pachtvertrages entstandenen Schaden zu ersetzen, wenn ihn ein Verschulden trifft.

## § 14 Wechsel des Grundeigentümers

(1) Wird ein Eigenjagdbezirk ganz oder teilweise veräußert, so finden die Vorschriften der §§ 571 bis 579 des Bürgerlichen Gesetzbuches entsprechende Anwendung. Das gleiche gilt im Falle der Zwangsversteigerung von der Vorschrift des § 57 des Zwangsversteigerungsgesetzes; das Kündigungsrecht des Erstehers ist jedoch ausgeschlossen, wenn nur ein Teil eines Jagdbezirks versteigert ist und dieser Teil nicht allein schon die Erfordernisse eines Eigenjagdbezirks erfüllt.

(2) Wird ein zu einem gemeinschaftlichen Jagdbezirk gehöriges Grundstück veräußert, so hat dies auf den Pachtvertrag keinen Einfluß; der Erwerber wird vom Zeitpunkt des Erwerbes an auch dann für die Dauer des Pachtvertrages Mitglied der Jagdgenossenschaft, wenn das veräußerte Grundstück an sich mit anderen Grundstücken des Erwerbers zusammen einen Eigenjagdbezirk bilden könnte. Das gleiche gilt für den Fall der Zwangsversteigerung eines Grundstückes.

---

4) Vgl. § 39 Abs. 1 Nr. 3 und Anm. 2 zu § 39.

**Zu § 12:** 1) Folge der Zuwiderhandlung gegen Abs. 4: § 39 Abs. 1 Nr. 3.

**Zu § 13:** 1) §§ 18, 41.
2) = versagt wird (§ 17).

## IV. ABSCHNITT

# Jagdschein

## § 15 Allgemeines

(1) Wer die Jagd ausübt, muß einen auf seinen Namen lautenden Jagdschein mit sich führen und diesen auf Verlangen den Polizeibeamten sowie den Jagdschutzberechtigten (§ 25) vorzeigen[1]). Zum Sammeln von Möweneiern und Abwurfstangen bedarf es nur der schriftlichen Erlaubnis des Jagdausübungsberech-

---

**Zu § 15:** 1) a) Die Erteilung des Jagdscheins bedeutet lediglich eine öffentlich-rechtliche Genehmigung zur Jagdausübung im Rahmen eines materiellen Jagdausübungsrechts. Für Entstehung und Verlust des materiellen Jagdausübungsrechts ist der Jagdschein grundsätzlich ohne Bedeutung. Wer bei Jagdausübung ein Jagdausübungsrecht, aber keinen Jagdschein besitzt, macht sich nicht der Wilderei, sondern lediglich einer Ordnungswidrigkeit nach § 39 Abs. 1 Nr. 4 schuldig; wer dagegen unbefugt jagt, begeht auch dann Wilderei (§ 292 StGB.), wenn er einen Jagdschein hat und bei sich führt. Ausnahmsweise bestehen Beziehungen zwischen dem Besitz eines Jagdscheins und der materiellen Jagdausübungsberechtigung in den Fällen der §§ 13 und 11 Abs. 4, 5. Trotz Nichtigkeit des Pachtvertrages wegen Nichtbesitzes eines Jagdscheins liegt indessen nach § 39 Abs. 1 Nr. 3 nur eine Ordnungswidrigkeit (nicht Wilderei) vor, wenn der Pächter „auf Grund" des nichtigen Pachtvertrags jagt (vgl. dazu Anm. 2 zu § 39).

b) Die §§ 12 Nr. 7 und 21 des Waffenges. v. 18. 3. 1938 (RGBl. I S. 265), wonach der Jagdschein zum Erwerb und Führen von Schußwaffen berechtigt, gelten z. Zt. noch nicht wieder. Vielmehr bedarf es noch §§ 18, 20 der auf Grund des Ges. Nr. 24 der AHK. v. 30. 3.1950 (ABl. S. 251) erlassenen 1. Anordnung der Bundesregierung über Sportwaffen und Munition v. 12. 1. 1951 (Bundesanz. Nr. 9 v. 13. 1. 1951) zum Erwerb und Führen von Jagdfeuerwaffen eines Waffenscheines, der nur auf Grund eines gültigen Jagdscheines ausgestellt wird.

c) Wer die Jagd ausübt (wozu über § 1 Abs. 4 hinaus grundsätzlich auch die Aneignung der dem Jagdrecht unterliegenden Gegenstände — § 1 Abs. 1, 5 — gehört), bedarf eines Jagdscheins, gleichviel wo er jagt und ob als Eigenjagdbesitzer, Pächter, Jagdgast, Jagdaufseher oder angestellter Jäger. Wer sich erst zur Jagd begibt, übt keine Jagd aus. KGJ. Bd. 24 S. 85, mag er sich auch zur Jagd ausgerüstet im Jagdrevier aufhalten. KG. DJ. 35, 791; das gleiche gilt für die Heimkehr nach Beendigung der Jagd, wenn auch in Jagdausrüstung und mit Jagdbeute. Beendet ist die Jagdausübung nicht schon mit dem Erlegen, sondern mit der Aneignung durch besonderen Aneignungsakt (KG. DJ. 1934, 1287). Demgemäß ist auch die Aufnahme des von einem anderen auf dem eigenen Jagdgebiet erlegten Wildes und die Herausnahme von Wild aus der vom Wilderer gestellten Falle jagdscheinpflichtig. Dagegen gehört die Herausnahme aus der selbst oder von einem Beauftragten gestellten Falle nicht dazu, da der Jagdausübungsberechtigte an dem Wild schon mit dem Augenblick, in dem es gefangen wurde, Eigentum erlangt hat und es, da nicht mehr herrenlos, nicht mehr Gegenstand der Jagdausübung sein kann.

d) Nicht jagdscheinpflichtig ist die Tätigkeit des Jagdgehilfen, weil er nicht die Jagd ausübt. Jagdgehilfe ist, wessen Wille nicht darauf gerichtet ist, selbst eine unmittelbar oder mittelbar auf Erlangung jagdbaren Wildes abzielende Handlung vorzunehmen, sondern wer darauf beschränkt ist, einem anderen hierzu durch Entfaltung einer vorzugsweise mechanischen Tätigkeit lediglich als Mittel und Werkzeug zu dienen. PrOVG. JW. 04, 585 (z. B. Führen und Loslassen der Jagdhunde, Mitwirkung beim Dachs- und Fuchsgraben, Treiberdienste, Aufnahme erlegten Wildes). Wer dagegen, wenn auch im Auftrag und in Anwesenheit des Jagdausübungsberechtigten, selbst eine auf Erlangung jagdbaren Wildes gerichtete Tätigkeit entfaltet, übt die Jagd aus, auch wenn er selbst keinen Vorteil davon hat. KG. JD. 35, 791. Jagdschutz durch Ausübung der Jagd auf Raubwild (§ 23) ist jagdscheinpflichtig. Ob es zur Ausübung der beschränkten Jagd auf befriedeten Bezirken (§ 6) eines Jagdscheines bedarf, bestimmt Landesrecht (verneinend § 3 Hess.AusfGes., Art. 3 Nds.LJG., § 4 LJG. NRW.); wo es schweigt, besteht Jagdscheinpflicht. Der Jagdgast bedarf der nach Landesrecht erforderlichen schriftlichen Erlaubnis des Jagdausübungsberechtigten neben dem Jagdschein.

e) Der Jagdausübende muß den Jagdschein mit sich führen, d. h. im Handbereich haben und den zur Prüfung der Legitimation Berechtigten auf Verlangen so vorzeigen, daß sie vom Inhalt Kenntnis nehmen, erforderlichenfalls die Echtheit prüfen können. Uniformierten Polizeibeamten ist der Jagdschein auf Verlangen ohne weiteres vorzuzeigen; von anderen Jagdschutzberechtigten kann der Aufgeforderte verlangen, daß sie sich zunächst über ihr Jagdschutzrecht ausweisen. RGSt. 45, 126, sofern ein solches Verlangen (z. B. weil der Aufgeforderten den anderen als Jagdschutzberechtigten kennt), keinen berechtigten Zweck verfolgt. Strafvorschrift: § 39 Abs. 1 Nr. 4.

tigten[2]). Wer, ohne Inhaber eines Jahresjagdscheines zu sein, die Jagd mit dem Falken (Beize) ausüben will, muß einen auf seinen Namen lautenden Falknerjagdschein mit sich führen[3]).

(2) Der Jagdschein wird von der für den Wohnsitz des Bewerbers zuständigen Behörde als Jahresjagdschein für 1 Jahr (1. April bis 31. März) oder als Tagesjagdschein für fünf aufeinanderfolgende Tage nach einheitlichen, vom Bundesminister für Ernährung, Landwirtschaft und Forsten (Bundesminister) bestimmten Mustern erteilt.

(3) Der Jagdschein gilt im gesamten Bundesgebiet.

(4) Für Tagesjagdscheine für Ausländer dürfen nur die Gebühren für Inländer erhoben werden, wenn das Heimatland des Ausländers die Gegenseitigkeit gewährleistet.

(5) Die erste Erteilung eines Jagdscheines[4]), mit Ausnahme des Falknerjagdscheines, ist davon abhängig, daß der Bewerber eine Jägerprüfung bestanden hat, in der er ausreichende Kenntnisse der jagdbaren Tiere, in der Führung von Jagdwaffen, in der Behandlung des erlegten Wildes und in der jagdlichen Gesetzgebung nachweisen muß. Bei der Erteilung von Ausländerjagdscheinen können Ausnahmen zugelassen werden.

## § 16 Jugendjagdschein

(1) Personen, die das sechzehnte Lebensjahr vollendet haben, aber noch nicht achtzehn Jahre alt sind, darf nur ein Jugendjagdschein erteilt werden.

(2) Der Jugendjagdschein berechtigt nur zur Ausübung der Jagd in Begleitung des Erziehungsberechtigten oder einer von dem Erziehungsberechtigten schriftlich beauftragten Aufsichtsperson; die Begleitperon muß jagdlich erfahren sein[1]).

(3) Der Jugendjagdschein berechtigt nicht zur Teilnahme an Gesellschaftsjagden[2]).

(4) Im übrigen gilt § 15 entsprechend.

---

2) Bei einer Mehrzahl von Jagdausübungsberechtigten muß der Erlaubnisschein von allen unterschrieben sein. Landesrecht verlangt z. T. (so § 10 Hess.AusfGes.) Beglaubigung der Unterschrift. Der schriftlichen Erlaubnis bedarf es nach dem Zweck der Vorschrift nicht, wenn der Sammelnde sich in Begleitung des Jagdausübungsberechtigten befindet (so ausdrücklich § 10 Hess.AusfGes.). Strafvorschrift: § 19 Abs. 1 Nr. 20 in Verb. mit § 39 Abs. 1 Nr. 6. Auch eine nur mündlich erteilte Erlaubnis bewirkt, daß Wilderei nicht vorliegt.

3) Wer mit einem Falknerjagdschein (ohne Jahresjagdschein) die Jagd anders als durch Beize ausübt, begeht eine Ordnungswidrigkeit nach § 39 Abs. 1 Nr. 4.

4) Dies gilt für Jagdscheine jeder Art (außer Falknerjagdscheinen), also auch für Tagesjagdscheine. Eine „erste" Erteilung eines Jagdscheines liegt nur vor, wenn der Bewerber bisher noch keinerlei Jagdschein gehabt hat; eine erste Erteilung liegt daher nicht vor, wenn dem Bewerber vor dem Inkrafttreten des BJG ein Jagdschein erteilt worden war, auch wenn es zu dessen Erlangung nach dem damals geltenden Recht der Ablegung einer Jägerprüfung nicht bedurfte, wie z. B. bei einem Tagesjagdschein nach § 22 Abs. 12 AusfVO z. RJG.

**Zu § 16:** 1) Erziehungsberechtigter ist der Personensorgeberechtigte (§ 1631 BGB.), auch wenn er nicht gesetzlicher Vertreter ist. Die von ihm beauftragte Aufsichtsperson muß berechtigt und tatsächlich in der Lage sein, den Jugendlichen von unvorsichtiger und gesetzwidriger Jagdausübung abzuhalten; das erfordert in der Regel Volljährigkeit. Die Aufsichtsperson muß (vgl. § 16 Abs. 4, § 15 Abs. 1) den schriftlichen Auftrag auf Verlangen in gleicher Weise wie der Jagdausübende den Jagdschein mit sich führen und auf Verlangen vorzeigen. Der Jugendliche befindet sich in Begleitung, wenn, ohne daß Aufenthalt in unmittelbarer Nähe erforderlich ist, beide nur so weit voneinander entfernt sind, daß der Begleiter den Jugendlichen nicht aus den Augen verliert und dieser sich nicht selbst überlassen bleibt; bei der Anstandjagd muß der Jugendliche einem kontrollierenden Beamten stets angeben können, wo sich der Erziehungsberechtigte (die Aufsichtsperson) in Ruf- oder Sichtnähe befindet. KG. DJ. 35, 791. Strafvorschrift für den Jugendlichen: § 39 Abs. 1 Nr. 5. Die Begleitperson, die ihre Aufgabe nicht richtig wahrnimmt, kann, soweit nicht Teilnahme an der Ordnungswidrigkeit des Jugendlichen vorliegt, nicht belangt werden.

2) Gesellschaftsjagd ist, wenn Landesrecht nichts anderes bestimmt, entsprechend der früher geltenden Begriffsbestimmung des § 25 Abs. 2 AusfVO. z. RJG., jede Jagd, an der außer dem Jugendlichen und der Begleitperson mehr als 2 Jagdausübende (ohne Rücksicht auf die Zahl der Jagdgehilfen) teilnehmen. Verbotswidrige Teilnahme an einer Gesellschaftsjagd fällt unter § 39 Abs. 1 Nr. 4.

## § 17 Versagung des Jagdscheins

(1) Der Jagdschein muß[1]) versagt werden:

1. Personen, die noch nicht sechzehn Jahre alt sind;
2. Personen, die entmündigt sind;
3. Personen, die wegen körperlicher oder geistiger Mängel unfähig sind, ein Jagdgewehr sicher zu führen;
4. Personen, deren bisheriges Verhalten besorgen läßt, daß sie die Schußwaffe unvorsichtig führen oder die öffentliche Sicherheit gefährden;
5. Personen, denen der Jagdschein entzogen ist, während der Dauer der Entziehung oder einer Sperre (§ 18);
6. Personen, die keine ausreichende Jagdhaftpflichtversicherung (150000 Deutsche Mark für Personenschaden und 15000 Deutsche Mark für Sachschaden) nachweisen. Die Länder können den Abschluß einer Gemeinschaftsversicherung ohne Beteiligungszwang zulassen.

(2) Der Jagdschein kann versagt werden:

1. Personen, die noch nicht achtzehn Jahre alt sind;
2. Personen, die wegen Verbrechens oder vorsätzlichen Vergehens wider Leib und Leben, wegen Diebstahls, Unterschlagung, Hehlerei oder Betruges oder wegen Zuwiderhandlungen gegen die §§ 117 bis 119 oder 292 bis 294 des Strafgesetzbuches oder wegen eines mittels Schußwaffe fahrlässig begangenen Vergehens wider Leib und Leben oder wegen Zuwiderhandlung gegen das Waffengesetz[2]) zu einer Freiheits- oder Geldstrafe rechtskräftig verurteilt[3]) worden sind;
3. Personen, die zu einer Zuchthausstrafe rechtskräftig verurteilt sind, die unter Polizeiaufsicht gestellt oder denen die bürgerlichen Ehrenrechte aberkannt worden sind;
4. Personen, die gegen die Grundsätze des § 1 Abs. 3 schwer oder wiederholt verstoßen haben;
5. Personen, die wegen Fälschung eines Jagdscheines oder einer sonstigen zur Ausübung der Jagd erforderlichen Bescheinigung rechtskräftig verurteilt sind;
6. Personen, die in den letzten 5 Jahren wegen Forst- oder Felddiebstahls oder wegen Zuwiderhandlung gegen § 38 dieses Gesetzes oder gegen sonstige jagdpolizeiliche oder zum Schutze von Tierarten erlassene Vorschriften oder wegen Tierquälerei rechtskräftig verurteilt worden sind;
7. Personen, die unter vorläufiger Vormundschaft stehen;
8. Personen, die im Inland keinen Wohnsitz haben.

(3) Es entfallen die Versagungsgründe

1. des Absatzes 2 Nr. 2 und 5, wenn fünf Jahre verstrichen sind, seitdem die Strafe vollstreckt, verjährt oder erlassen ist[4]);
2. des Absatzes 2 Nr. 3, wenn seit Vollstreckung, Erlaß oder Verjährung der Strafe oder seit dem Zeitraum, bis zu dem die Polizeiaufsicht oder der Verlust der bürgerlichen Ehrenrechte gedauert hat, zehn Jahre verflossen sind.

---

**Zu § 17:** 1) Ist der Jagdschein gleichwohl erteit worden, so schließt dies eine Ahndung nach § 39 Abs.1 Nr. 4 so lange aus, als er nicht nach § 18 für ungültig erklärt und eingezogen ist.

2) Neben den §§ 26, 27 des Waffenges. v. 18. 3. 1938 kommen auch Verurteilungen gegen die z. Zt. geltenden entsprechenden waffenrechtlichen Vorschriften (vgl. Anm. 1b zu § 15) in Betracht.

3) Auch Verurteilungen durch ausländische Gerichte (einschl. derjenigen der Besatzungsmächte) können als Grundlage der Versagung dienen. *Schäfer* JW. 38, 39 (str.).

4) Auf die Frist wird die Dauer einer Bewährungszeit angerechnet, wenn die ganz oder zum Teil zur Bewährung ausgesetzte Strafe nach Ablauf der Bewährungsfrist erlassen worden ist; dies entspricht einem allgemeinen Grundsatz, der in einer Reihe von Einzelvorschriften (vgl. z. B. § 36 Abs. 2 StGB., § 6 Abs. 3 Straftilgungsges., § 95 JGG.; weitere Beispiele bei *Mitzschke-Schäfer* Anm. 3a zu § 17 BJG.) seinen Niederschlag gefunden hat.

(4) Ist gegen eine Person ein Strafverfahren eingeleitet, so kann die Entscheidung darüber, ob ihr ein Jagdschein zu erteilen ist, bis zum Abschluß des Strafverfahrens ausgesetzt werden, sofern im Falle der Verurteilung der Jagdschein versagt werden kann.

### § 18 Einziehung des Jagdscheines

Wenn Tatsachen, welche die Versagung des Jagdscheines begründen, erst nach Erteilung des Jagdscheines eintreten oder der Behörde, die den Jagdschein erteilt hat, bekannt werden, so ist die Behörde in den Fällen des § 17 Abs. 1 und in den Fällen, in denen nur ein Jugendjagdschein hätte erteilt werden dürfen (§ 16), sowie im Falle der Entziehung gemäß § 41 verpflichtet, in den Fällen des § 17 Abs. 2 berechtigt, den Jagdschein für ungültig zu erklären und einzuziehen. Ein Anspruch auf Rückerstattung der Jagdscheingebühren besteht nicht. Die Behörde kann eine Sperrfrist für die Wiedererteilung des Jagdscheins festsetzen[1]).

## V. ABSCHNITT

## Jagdbeschränkungen

### § 19 Sachliche Verbote[1])

(1) Verboten ist:

1. [2]) mit Schrot oder Posten oder mit gehacktem Blei oder mit Bolzen, auch als Fangschuß, auf Schalenwild und Robben zu schießen;
2. [3]) auf Schalenwild und Robben mit Randfeuerpatronen oder mit Patronen zu schießen, deren Hülsen kürzer als 40 Millimeter sind;

---

**Zu § 18:** 1) Satz 3 ist neu gegenüber dem RJG. Die Sperrfristfestsetzung bewirkt einen zwingenden Versagungsgrund (§ 17 Abs. 1 Nr. 5). Daraus ergibt sich, daß die Festsetzung einer Sperrfrist entfällt, wo die Ungültigkeitserklärung wegen eines fakultativen Versagungsgrundes (§ 17 Abs. 2) erfolgt ist, denn die Ausstellungsbehörde kann das Gesetz nicht abändern und verschärfen, indem sie durch Festsetzung einer Wiedererteilungssperre einen fakultativen Versagungsgrund in einen zwingenden umwandelt, und noch weniger kann sie die Dauer der gesetzlichen Sperrfristen verlängern. Praktische Bedeutung hat die Sperrfrist vielmehr für die Fälle des § 17 Abs. 1 Nr. 4 und 5. Im Falle der Ungültigkeitserklärung in Vollziehung einer Entziehungsentscheidung nach § 41 kommt die Festsetzung einer Erteilungssperre durch die Ausstellungsbehörde schon deshalb nicht in Betracht, weil hier die Dauer der Entziehung durch die Entziehungsentscheidung rechtskräftig und für die Ausstellungsbehörde verbindlich festgesetzt ist.

Nach § 13 Abs. 6 Hess.AusfGes. soll die Sperrfrist nicht mehr als 5 Jahre betragen.

**Zu § 19:** 1) § 19 knüpft an § 35 RJG. an. Er enthält im wesentlichen Verbote, die sich an den Jagdausübungsberechtigten (einschl. der Fälle des § 6 Satz 2) richten. Ihre Verletzung ist eine Ordnungswidrigkeit nach § 39 Abs. 1 Nr. 6. Ein Nichtberechtigter, der zugleich unter Verletzung des § 19 die Jagd ausübt, ist nur wegen Wilderns nach §§ 292ff. StGB., nicht auch nach § 39 Abs. 1 Nr. 6 BJG. zu bestrafen. § 292 Abs. 2 StGB. sieht aber für den Wilderer erhöhte Strafe vor, wenn er dem Wild in nicht waidmännischer Weise nachgestellt hat. Dagegen begeht ein Jagdausübungsberechtigter, der die Verbote des § 19 verletzt, lediglich eine Ordnungswidrigkeit und kann niemals wegen Wilderei bestraft werden.

Neben den Vorschriften, die sich an den Jagdausübungsberechtigten wenden, enthält § 19 auch Verbote, die sich an jedermann — nicht bloß den Jäger — richten (Nrn. 6, 8 und 13).

2) Nr. 1 entspricht — unter Erweiterung auf den Bolzenschuß — dem § 35 Abs. 1 Nr. 1 RJG. Schalenwild: § 2 Abs. 3.

3) Nr. 2 entspricht — unter Erweiterung auf die Robbenjagd — dem § 35 Abs. 1 Nr. 2 RJG. Nr. 2 gilt auch für den Fangschuß (mit der Pistole). Straflosigkeit wegen übergesetzlichen Notstandes kann z. B. vorliegen, wenn ein vorschriftsmäßiger Kugelfangschuß wegen Fehlens von Patronen nicht möglich und ein Abnicken nach den Umständen des Falles nicht angängig ist. *Goltermann* DJ. 36, 1163. Nr. 2 gilt nicht, wenn es sich nicht um Tötung bei Jagdausübung, sondern im Notstand (§ 54 StGB.) handelt, z. B. wenn Wild den Jäger annimmt.

3. [4]) die Lappjagd innerhalb einer Zone von 300 Metern von der Bezirksgrenze, die Jagd durch Abklingeln der Felder und die Treibjagd bei Mondschein auszuüben;
4. Federwild[5]) zur Nachtzeit nachzustellen. Als Nachtzeit gilt die Zeit von eineinhalb Stunden nach Sonnenuntergang bis eine Stunde vor Sonnenaufgang. Das Verbot umfaßt nicht die Jagd:
   a) auf Schnepfen, Auer- und Birkhähne;
   b) auf Fischreiher, Fischadler, Möwen und Taucher, sofern diese auf künstlichen Fischteichen angetroffen werden;
5. [6]) künstliche Lichtquellen beim Fang oder Erlegen von Wild aller Art zu verwenden sowie zur Nachtzeit an Leuchttürmen oder Leuchtfeuern Federwild[5]) zu fangen;
6. [7]) Belohnungen für den Abschuß oder Fang von Greifvögeln auszusetzen, zu bezahlen oder zu empfangen; ausgenommen sind Belohnungen an Beauftragte der Jagd- oder Fischereiberechtigten;
7. Fang- oder Fallgruben ohne Genehmigung der zuständigen Behörde anzulegen;
8. [8]) Schlingen jeder Art, in denen sich Wild fangen kann, herzustellen, feilzubieten, zu erwerben oder aufzustellen;
9. [9]) Tellereisen jeder Art, in denen sich Wild fangen kann, aufzustellen; das gilt nicht für das Aufstellen von Tellereisen in Gebäuden oder in Hofräumen und Hausgärten, die an eine Behausung angrenzen und durch eine Umfriedung begrenzt sind oder auf Flächen, die sonst vollständig abgeschlossen sind;

---

4) Nr. 3 entspricht dem § 35 Abs. 1 Nr. 3 RJG. Lappjagd ist Jagd unter Verwendung von „Lappen" (z. B. Tuchfetzen, Papier, Federn, eingesteckte Fahnen). Abklingeln der Felder ist das Schleifen einer Leine mit Klingeln über Felder zur Aufscheuchung des Wildes. Den Begriff der Treibjagd (bei Mondschein) festzulegen ist, da das BJG. im Gegensatz zu § 35 Abs. 1 Nr. 3 RJG. keine Begriffsbestimmung enthält, Sache der Landesgesetzgebung; geschieht dies nicht, so ist als Treibjagd jede Jagd anzusehen, bei der planmäßig von Treibern (nicht nur von Hunden) das Wild aufgescheucht und den Jägern zugetrieben wird. RGZ. 156, 140, wobei eine bestimmte Anzahl von Schützen oder Treibern nicht begriffsnotwendig ist (näheres bei *Mitzschke-Schäfer* Anm. 2c zu § 19).

5) Vgl. § 2 Abs. 1 Nr. 2.

6) Nr. 5 entspricht dem § 35 Abs. 1 Nr. 5 RJG. Daß der Schuß im Lichtschein abgegeben wird, ist nicht erforderlich; unter das Verbot fällt z. B. auch, wer Wild mit einem Scheinwerfer erspäht, dann abblendet und dem noch unter der Wirkung der Blendung in seiner Bewegungsfreiheit gehemmten Wild die Kugel anträgt. KG. DJ. 38, 870. Eine verbotene künstliche Lichtquelle ist auch eine mit einer elektrischen Batterie beleuchtete Visiereinrichtung. Nicht verboten ist die Verwendung einer künstlichen Lichtquelle nach dem Schuß bei der Aneignung, beim Anbringen eines Fangschusses, beim Aufstellen oder Kontrollieren einer Falle in der Dunkelheit.

7) Nr. 6 knüpft an § 35 Abs. 1 Nr. 6 RJG. an. Das Verbot richtet sich namentlich gegen Brieftauben- und Fischereivereine. Greifvögel = Tagraubvögel. Zulässig ist nach ausdrücklicher Vorschrift, daß Jagd- und Fischereiberechtigte ihren Beauftragten für den rechtmäßigen Abschuß oder Fang Schußgelder usw. aussetzen.

8) Nr. 8 knüpft an § 35 Abs. 1 Nr. 9 RJG. an. Ob Schlingen gerade zum Fang von Wild hergestellt usw. werden, ist ohne Bedeutung; entscheidend ist, daß sie zum Fangen von Wild geeignet sind. Schlingen sind auch die Lauf- und Hängedohnen. Fangnetze sind keine Schlingen, E. 43, 162, und dürfen beim Frettieren verwendet werden. Feilbieten: s. Anm. 1 zu § 3 des Ges. über die Verbreitung jugendgefährdender Schriften v. 9. 6. 1953 (Nr. 8 dieses Nachtrags). Erwerben: entgeltlich oder unentgeltlich. Fängt sich ein Tier in der Schlinge, so ist der Schlingenaufsteller meist auch wegen Tierquälerei (§ 9 Tierschutzges., Hauptwerk B II 7) strafbar.

Ergänzende Vorschrift für nichtjagdbare Tiere: § 15 Abs. 2 Nr. 2 NatSchutzVO. — Hauptwerk B IX 3 —.

9) Nr. 9 entspricht dem § 35 Abs. 1 Nr. 9 RJG. Verboten ist aber kraft Bundesrechts nur das Aufstellen von Tellereisen, während das Feilbieten usw. landesrechtlicher Regelung unterliegt. Tellereisen sind Fanggeräte, bei denen durch Druck auf den Teller die Bügel zusammenschlagen und so das Tier unter Zufügung von Verletzungen festhalten. Abzugseisen,

10.[10]) Pfahleisen oder Selbstschüsse zu verwenden, die auf Pfählen, Bäumen, anderen aufragenden Gegenständen oder Bodenerhebungen angebracht sind. Dies gilt nicht für das Fangen auf teichwirtschaftlich genutzten Anlagen;

11. Wildenten mit Grundangeln, in Netzen, Reusen und ähnlichen Einrichtungen zu fangen, ausgenommen das Fangen in Entenkojen mit Erlaubnis der zuständigen Behörde;

12.[11]) in Notzeiten Schalenwild (ausgenommen Schwarzwild) in einem Umkreis von 200 Metern an Fütterungen zu erlegen;

13.[12]) Vogelfanggerät herzustellen, feilzubieten oder zu verwenden, das die Vögel weder unversehrt fängt noch sofort tötet;

14. die Jagd von Luftfahrzeugen aus zu betreiben;

15. die Netzjagd auf Robben auszuüben;

16.[13]) die Hetzjagd auf jagdbare Tiere auszuüben;

17.[14]) die Such- und Treibjagd auf Waldschnepfen im Frühjahr auszuüben;

18.[15]) jagdbare Tiere zu vergiften;

---

die nicht zum Fang, sondern zum sofortigen Töten des Tieres bestimmt sind (Schwanenhals, Schlagbaum, Würge- oder Prügelfalle) fallen ebensowenig unter Nr. 9 wie Fallen, in denen Wild unverletzt gefangen wird (Kastenfallen, Habichtskörbe).

Die Ausnahmevorschrift (Halbsatz 2) kommt nur dem zugute, der nicht durch das Aufstellen der Falle in ein fremdes Jagdausübungsrecht eingreift und Wilderei (§ 292 StGB.) begeht (vgl. Anm. 1 zu § 6).

Landesrecht kann gemäß § 19 Abs. 2 das Verbot der Nr. 9 erweitern (so Art. 11 Nds.LJG.: Aufstellung in Gebäuden usw. nur mit Genehmigung der Jagdbehörde zulässig) oder aus besonderen Gründen zeitweise einschränken (so § 22 Abs. 2 Hess.AusfGes.: Aufstellung durch Jagdschutzberechtigte v. 1. 12. bis Ende Februar mit Erlaubnis der Jagdbehörde bei besonderem Bedürfnis).

10) Nr. 10 entspricht dem § 35 Abs. 1 Nr. 10 RJG. Der Habichtskorb, der den Raubvogel unverletzt fängt, darf auch auf Bodenerhebungen aufgestellt werden (vgl. Anm. 9). Ergänzende Vorschrift für nicht jagdbare Vögel: § 15 Abs. 2 Nr. 2 NatSchutzVO. — Hauptwerk B IX 3 —. Die Ausnahmevorschrift der Nr. 10 Satz 2 findet in Hessen keine Anwendung (§ 22 Hess.AusfGes.).

11) Nr. 12 entspricht (unter Herausnahme des Schwarzwildes) dem § 35 Abs. 1 Nr. 11 RJG. Schalenwild: vgl. § 2 Abs. 3. Fütterungen sind alle Maßnahmen, die dazu dienen, das Wild mittels ausgelegter oder ausgestreuter Futtermittel anzulocken. Die Futteranlage braucht nicht von vorneherein zur Anlockung von Wild geschaffen zu sein; nicht rechtzeitig abgefahrene Kartoffelhaufen sind Fütterungen, wenn der Täter weiß und will, daß sie zur Fütterung des Wildes in der Notzeit dienen. E. 72, 387. Notzeiten sind die Zeiten der hohen oder gefrorenen Schneedecke und die Zeit nach großen Schnee- oder Kälteperioden, wenn die Natur kaum Äsung bietet.

12) Nr. 13 entspricht — unter Erweiterung auf das Verbot der Herstellung — dem § 35 Abs. 1 Nr. 12 RJG. Der Habichtskorb ist zum unversehrten Fang nur bei einem Bügeldurchmesser von mindestens einem Meter geeignet. Feilbieten: s. Anm. 8. Ergänzende Vorschriften für nichtjagdbare Vögel: § 13 Nr. 1, § 15 Abs. 2 Nr. 2 NatSchutzVO. — Hauptwerk B IX 3 —.

13) Das allgemeine Verbot der Hetzjagd auf jagdbare Tiere ist gegenüber dem RJG. neu; dieses verbot nur die Hetzjagd auf Robben (§ 35 Abs. 1 Nr. 14 RJG.) und die Parforcejagd, d. h. die Hetzjagd zu Pferd hinter einer Hundemeute (VO. v. 29. 7. 1936, RGBl. I S. 578). Hetzjagd ist sowohl die mit Hilfe eines schnellen Beförderungsmittels wie auch die zu Fuß unter Verwendung einer Hundemeute, die das Tier bis zur Erschöpfung jagt und stellt, ausgeübte Jagd. Nicht unter Nr. 16 fällt die künstlich hergerichtete Parforcejagd auf bereits okkupierte Tiere, da keine Jagdausübung, und Reitjagden hinter der Meute ohne lebendes Wild (Schleppjagden).

14) Nr. 17 ist neu gegenüber dem RJG.; sie will verhindern, daß die schon brütende Mutterschnepfe geschossen wird. Treibjagd: s. Anm. 4. Frühjahr: Zeit des Erwachens der Natur.

15) Nr. 18 entspricht dem § 35 Abs. 1 Nr. 17. Gift sind alle Stoffe, die auf Wild tödlich wirken. Nr. 18 richtet sich nur gegen den Jagdausübungsberechtigten; nach § 39 sind nur vorsätzliche Zuwiderhandlungen ahndbar. Landesrecht kann gemäß § 19 Abs. 2 auch anderen Personen die Verwendung von Gift in einer das Wild gefährdenden Weise (z. B. Landwirten bei der Vergiftung von Mäusen, Hamstern und Ratten) verbieten (vgl. z. B. § 22 Abs. 3 Hess. AusfGes.).

19.[16]) die Brackenjagd auf einer Fläche von weniger als 1000 Hektar auszuüben;
20. Möweneier oder Abwurfstangen ohne schriftliche Erlaubnis des Jagdausübungsberechtigten zu sammeln.

(2) Die Länder können die Vorschriften des Absatzes 1 mit Ausnahme der Ziffer 19 erweitern[17]) oder aus besonderen Gründen zeitweise einschränken.

## § 20 Örtliche Verbote[1])

(1) An Orten, an denen die Jagd nach den Umständen des einzelnen Falles die öffentliche Ruhe, Ordnung oder Sicherheit stören oder das Leben von Menschen gefährden würde, darf nicht gejagt werden[2]).

(2) Die Ausübung der Jagd in Naturschutz-, Baumschutz- und Wildschutzgebieten und in Wildparks wird durch die Länder geregelt[3]).

## § 21 Abschußregelung

(1) Der Abschuß des Wildes ist so zu regeln, daß die berechtigten Ansprüche der Land-, Forst- und Fischereiwirtschaft auf Schutz gegen Wildschäden voll gewahrt bleiben. Innerhalb der hierdurch gegebenen Grenzen soll die Abschußregelung bewirken, daß ein in seinen einzelnen Stücken gesunder Wildbestand aller heimischen Wildarten in angemessener Zahl erhalten bleibt.

(2) Schalenwild (mit Ausnahme von Schwarzwild) sowie Auer- und Birkwild dürfen nur auf Grund und im Rahmen eines Abschußplanes erlegt werden, der von der zuständigen Behörde im Einvernehmen mit dem Jagdbeirat (§ 37) zu bestätigen oder festzusetzen ist[1]). In gemeinschaftlichen Jagdbezirken ist der Abschußplan vom Jagdausübungsberechtigten im Einvernehmen mit dem Jagdvorstand

16) Nr. 19 entspricht dem § 35 Abs. 1 Nr. 17 RJG. Bei der Brackenjagd jagen die Brackenhunde laut so lange auf der frischen Spur des Wildes, bis dieses zu seinem früheren Standort zurückkehrt und dort geschossen werden kann. Der Wortlaut der Nr. 19 stellt klar, daß die Brackenjagd auch zulässig ist, wenn sich die Inhaber benachbarter Jagdbezirke mit zusammen 1000 ha zur gemeinsamen Ausübung der Brackenjagd vereinigten. Das Änderungsverbot des § 19 Abs. 2 bezieht sich nur auf die Mindestgröße der Bejagungsfläche; es ist also dem Landesrecht nicht verwehrt, die Brackenjagd zum Schutz von Sonn- und Feiertagen zu beschränken.

17) Die Erweiterung kann in der Verschärfung der in Abs. 1 ausgesprochenen Verbote und in der Aufstellung neuer Verbotstatbestände bestehen. Strafschutz: § 42.

**Zu § 20:** 1) § 20 richtet sich nur gegen den Jagdausübungsberechtigten, nicht gegen den Wilderer. Strafvorschrift: § 39 Abs. 1 Nr. 6. Die rechtmäßige Jagdausübung (mit zulässigem Jagdgerät) ist von der Strafvorschrift des § 367 Nr. 8 StGB. ausgenommen; über die Bedeutung dieser Vorschrift vgl. die Erläuterungen im vorliegenden Nachtrag zu Art. 1 Nr. 34 des 3. Strafrechtsänderungsges. Bei Verwendung unzulässigen Jagdgeräts, z. B. von Selbstschüssen (§ 19 Abs. 1 Nr. 10) kann Tateinheit zwischen § 39 Abs. 1 Nr. 6 und § 367 Nr. 8 StGB. vorliegen, wobei gemäß § 4 OWiG. nur aus § 367 Nr. 8 zu bestrafen ist. Unberührt bleibt § 368 Nr. 7 StGB. (Schießen in gefährlicher Nähe von Gebäuden oder feuerfangenden Sachen.) § 20 geht über diese Vorschrift hinaus, indem er nicht gefährliches Schießen, sondern jede gefährliche Jagdausübung verbietet; auch hier ist daher Tateinheit möglich.

2) Verboten ist die Jagdausübung, wenn und soweit sie eine konkrete Gefährdung bedeutet. Ist im Interesse der Sicherheit und Ordnung das Betreten bestimmter Gebiete verboten (Bahnanlagen, Autobahnen), so ist dort auch ohne weiteres die Jagdausübung unzulässig.

3) Nicht: Tiergärten i. S. des § 6 Satz 3.

**Zu § 21:** 1) Strafvorschrift: § 39 Abs. 1 Nr. 7. Schalenwild: § 2 Abs. 3. Die Befugnis, kümmerndes Wild über den Abschußplan hinaus zu erlegen, wenn dies zur Behebung weiterer Qualen des Wildes unerläßlich ist (bisher § 32 Abs. 2 AusfVO. z. RJG.) regelt das Landesrecht (vgl. z. B. § 19 Abs. 1 HessAusfGes.); in Ermangelung solcher Vorschriften ist davon auszugehen, daß eine solche Erlegung nicht abschußplanwidrig ist. Die Überwachung der Einhaltung des Abschußplans ist durch Landesvorschriften geregelt (Führung einer Abschußliste usw.). Strafvorschrift: s. Anm. 1 zu § 42.

aufzustellen. Das Nähere bestimmt die Landesgesetzgebung. Der Abschußplan für Schalenwild muß erfüllt werden. Die Länder können Bestimmungen treffen, nach denen die Erfüllung des Abschußplanes insoweit erzwungen werden kann.

(3) Der Abschuß von Wildarten, deren Bestand bedroht erscheint, kann in bestimmten Bezirken oder in bestimmten Revieren dauernd oder zeitweise gänzlich verboten werden[2]).

(4) Den Abschuß in den Staatsforsten regeln die Länder.

## § 22 Jagd- und Schonzeiten

(1) Nach den in § 1 Abs. 2 bestimmten Grundsätzen der Hege und unter Berücksichtigung der Erfordernisse der Landeskultur bestimmt der Bundesminister durch Rechtsverordnung mit Zustimmung des Bundesrates für die jagdbaren Tiere Zeiten, in denen die Jagd auf sie ausgeübt werden darf (Jagdzeiten)[1]). Die Bestimmung ist grundsätzlich so zu treffen, daß den Ländern die Möglichkeit gegeben

---

2) Strafvorschrift: § 38.

**Zu § 22:** 1) Dies ist geschehen durch die am 1. 4. 1953 in Kraft getretene

**Verordnung über Jagd- und Schonzeiten**

Vom 20. März 1953.

(Bundesanzeiger Nr. 66 v. 8. April 1953)

Auf Grund des § 22 des Bundesjagdgesetzes v. 29. 11. 1952 (BGBl. I S. 780) wird mit Zustimmung des Bundesrates verordnet:

§ 1

(1) Die Jagd darf ausgeübt werden auf:

Männliches Elchwild vom 1. September bis 15. Oktober
Weibliches Elchwild und Elchkälber vom 1. Oktober bis 31. Oktober
Männliches Rotwild vom 1. August bis 31. Januar
Männliches Dam- und Sikawild vom 1. September bis 31. Januar
Weibliches Rot-, Dam- und Sikawild sowie Kälber beiderlei Geschlechts vom 1. August bis 31. Januar
Männliches Muffelwild vom 1. August bis 31. Januar
Weibliches Muffelwild und Muffelwildlämmer vom 1. Oktober bis 31. Januar
Männliches Rehwild vom 16. Mai bis 15. Oktober
Weibliches Rehwild und Rehkälber vom 16. September bis 31. Januar
Gamswild vom 1. September bis 30. November
Murmeltier vom 1. September bis 30. September
Hase vom 16. Oktober bis 15. Januar
Robben vom 16. Juli bis 29. Februar
Dachs vom 1. Juli bis 15. Januar
Edel- und Steinmarder, Otter vom 1. Januar bis 31. Januar
Auer-, Birk- und Rackelhähne vom 16. April bis 31. Mai
Haselhähne vom 1. September bis 30. November
Rebhuhn vom 1. September bis 30. November
Fasanen vom 16. Oktober bis 15. Januar
Ringeltaube vom 1. Juli bis 15. April
Waldschnepfe vom 1. September bis 5. April
Bekassine vom 16. Juli bis 31. Dezember
Trapphähne vom 1. April bis 30. April
Wildgänse vom 1. August bis 31. März
Wildenten (außer Brand-, Eider- und Kolbenente) vom 1. August bis 31. Januar
Mäuse- und Rauhfußbussard, Säger und Möwen vom 1. August bis 31. März
Wildtruthähne vom 1. April bis 15. Mai und 1. Oktober bis 15. Januar
Wildtruthennen vom 1. Oktober bis 15. Januar.

(2) Keine Schonzeit genießen:

Schwarzwild, Wildkaninchen, Fuchs, Iltis, Wiesel, Bleßhuhn, Taucher, Fischreiher, Habicht und Sperber.

(3) Als Setz- und Brutzeiten der in Absatz 2 genannten jagdbaren Tiere gelten:

für Haarwild die Zeit vom 1. April bis 15. Juni,
für Federwild die Zeit vom 1. Mai bis 15. Juli.

wird, bei Vorliegen besonderer Verhältnisse die Jagdzeiten zu verlängern oder abzukürzen. Außerhalb der Jagdzeiten sind die jagdbaren Tiere mit der Jagd zu verschonen (Schonzeiten)[2]).

(2) Jagdbare Tiere, für die eine Jagdzeit nicht festgesetzt ist, sind während des ganzen Jahres mit der Jagd zu verschonen.

(3) Aus Gründen der Landeskultur können jagdbaren Tieren Schonzeiten gänzlich versagt werden (jagdbare Tiere ohne Schonzeit)[3]). Zur Vermeidung von übermäßigen Wildschäden können die Schonzeiten zeitweise aufgehoben werden.

(4)[4]) In den Setz- und Brutzeiten dürfen bis zum Selbständigwerden der Jungtiere die für die Aufzucht notwendigen Elterntiere, auch die von jagdbaren Tierarten ohne Schonzeit, nicht bejagt werden. Die Länder können für Schwarzwild, Wildkaninchen und Füchse Ausnahmen bestimmen.

---

(4) Alle nicht in Absatz 1 und 2 genannten jagdbaren Tiere sind während des ganzen Jahres mit der Jagd zu verschonen.

(5) Die Gelege und Nester des Federwildes sind das ganze Jahr über geschützt. Der Jagdausübungsberechtigte darf jedoch die Gelege und Nester der Bleßhühner, Rohrweihen, Sperber, Habichte, Fischreiher und Haubentaucher zerstören und die im Freien gelegten Eier von Federwild an sich nehmen, um sie ausbrüten zu lassen. Möweneier dürfen nur bis zum 15. Juni einschließlich gesammelt werden.

§ 2

Die zuständige Jagdbehörde kann auch außerhalb der Jagdzeiten im Einzelfall das Erlegen kranken oder kümmernden Wildes zulassen.

§ 3

Den Ländern bleibt es vorbehalten, bei Vorliegen besonderer Verhältnisse die Jagdzeit zu verlängern oder abzukürzen*).

*) Vgl. dazu für: Bayern Bekm. Nr. 503/1614 v. 31. 3. 1953; Hessen § 17 DurchfVO. v. 8. 4. 1953; Schleswig-Holstein VO. v. 14. 7. 1953.

§ 4

Nach § 14 des Gesetzes über die Stellung des Landes Berlin im Finanzsystem des Bundes (Drittes Überleitungsgesetz) vom 4. Januar 1952 (Bundesgesetzbl. I S. 1) in Verbindung mit § 45 des Bundesjagdgesetzes gilt diese Rechtsverordnung auch im Lande Berlin.

Für die in § 20 Abs. 2 bezeichneten Gebiete können die Länder die Jagdzeiten selbständig regeln. In Tiergärten gelten die Schonzeitvorschriften nicht (§ 6 Satz 3).

2) Die Schonzeiten sind auch bei der Ausübung des Jagdschutzes durch Bejagung von Raubwild zu beachten; wegen der beschränkten Jagdausübung auf befriedeten Bezirken vgl. Anm. 2 zu § 6. Strafvorschrift bei Schonzeitzuwiderhandlungen: § 38. Aneignung verendeten Wildes, das von anderen erlegt ist, von Fallwild und Abwurfstangen ist auch während der Schonzeit zulässig. Das Erlegen kranken oder kümmernden Wildes ist nach § 2 der VO. v. 20. 3. 1953 nicht ohne weiteres zulässig, sondern muß im Einzelfall durch die zuständige Jagdbehörde zugelassen werden; Landesrecht kann aber bestimmen, daß ausnahmsweise die Zulassung auch nachträglich eingeholt werden kann (so § 19 HessAusfGes.). Zulässig ist auch das Einfangen kranken Wildes, um es zu heilen und dann wieder in Freiheit zu setzen. KGJ. 15, 303, und die Aufnahme endgültig verlassenen Jungwildes, das unzweifelhaft ohne menschliche Pflege eingehen würde. Die Beringung von Vögeln zu wissenschaftlichen Zwecken (VogelberingungsVO. v. 17. 3. 1937 — RGBl. I S. 331 —) und die Kennzeichnung des Wildes durch Wildmarken ist keine Jagdausübung und daher auch in der Schonzeit zulässig.

3) Vgl. § 1 Abs. 2 der VO. v. 20. 3. 1953.

4) Abs. 4 ist gegenüber dem RJG. neu. Die Setz- und Brutzeiten der jagdbaren Tiere ohne Schonzeit sind durch § 1 Abs. 3 der VO. v. 20. 3. 1953 festgelegt. Selbständig ist ein Jungtier, sobald es sich selbst fortbewegen und sich selbst Nahrung verschaffen kann; aufzuchtnotwendig ist ein weibliches oder männliches Elterntier insoweit, als ohne es das Jungtier zugrunde gehen würde.

## VI. ABSCHNITT

## Jagdschutz

### § 23 Inhalt des Jagdschutzes

Der Jagdschutz umfaßt nach näherer Bestimmung durch die Länder den Schutz des Wildes vor Wilderern, Raubwild[1]), Futternot, Wildseuchen und Raubzeug[2]), vor wildernden Hunden und Katzen[3]) sowie die Sorge für die Einhaltung der zum Schutze des Wildes und der Jagd erlassenen Vorschriften.

### § 24 Wildseuchen

Tritt eine Wildseuche[1]) auf, so hat der Jagdausübungsberechtigte dies unverzüglich der zuständigen Behörde anzuzeigen[2]); sie erläßt im Einvernehmen mit dem beamteten Tierarzt die zur Bekämpfung der Seuche erforderlichen Anweisungen[3]).

### § 25 Jagdschutzberechtigte

(1) Der Jagdschutz in einem Jagdbezirk liegt neben den zuständigen öffentlichen Stellen[1]) dem Jagdausübungsberechtigten ob, sofern er Inhaber eines Jagd-

---

**Zu § 23:** 1) Soweit Landesrecht nichts Abweichendes bestimmt, setzt die Ausübung des Jagdschutzes durch Kurzhalten des Raubwildes ein materielles Jagdausübungsrecht und den Besitz eines Jagdscheines voraus; die Jagdbeschränkungen (§§ 19, 20, 22) sind zu beachten.

2) Raubzeug sind (außer wildernden Hunden und Katzen) Eichhörnchen, Hamster, Dohlen, Häher, Krähen und Elstern. Die Schutzvorschriften in § 15 Abs. 2 der NatSchutzVO. — Hauptwerk B IX 3 — sind zu beachten.

3) Vgl. Anm. 4 zu § 25.

**Zu § 24:** 1) Wildseuchen sind alle Infektionskrankheiten, z. B. Wutkrankheit, Milzbrand, Tuberkulose, Geflügeldiphterie und die Wurmkrankheiten.

2) Das Auftreten einer Wildseuche ist in der Regel für den Jagdausübungsberechtigten durch das gehäufte Fallwild erkennbar. Unverzüglich: ohne schuldhaftes Zögern (§ 121 BGB.). Zur Anzeige gehört, daß den zuständigen Behörden auf Verlangen Fallwild zur Verfügung gestellt wird. Bei Verletzung der Anzeigepflicht Ahndung nach § 39 Abs. 1 Nr. 8.

3) Die Anweisungen können sich nicht nur an Jagdausübungsberechtigte, sondern auch an dritte Personen richten (z. B. Beschränkung des Personenverkehrs, Verbot des Weideganges). Zuwiderhandlungen sind für alle Anweisungsadressaten Ordnungswidrigkeiten nach § 39 Abs. 1 Nr. 8, soweit sie nicht zugleich einen Verstoß gegen § 328 StGB. oder die Strafbestimmungen des Viehseuchenges. v. 26. 6. 1909 (§§ 74ff.) darstellen, und deshalb gemäß § 4 nur als Straftat verfolgt werden (unbeschadet der Möglichkeit einer Entziehung des Jagdscheins im Strafurteil gemäß § 41 BJG. in Verb. mit § 4 Abs. 1 Satz 2 OWiG.).

**Zu § 25:** 1) Das sind in 1. Linie die Polizeibeamten und die staatlichen Forstbeamten, soweit Jagdschutzmaßnahmen zu den aus ihrem Hauptamt sich ergebenden Obliegenheiten gehören oder ihnen durch Landesrecht besonders übertragen sind. Die der Polizei obliegende Gefahrenabwehr (§ 14 Pr.PVG. und die entsprechenden Vorschriften der übrigen Landespolizeigesetze) umfaßt die Pflicht, die Begehung der gegen die Jagd gerichteten Straftaten und Ordnungswidrigkeiten, insbes. die in §§ 38, 39 BJG. bezeichneten, zu verhindern. Nach § 163 StPO., § 28 OWiG. gehört zum Aufgabenbereich der Polizei ferner die Verfolgung von Jagdzuwiderhandlungen im Wege des ersten Angriffs. Die zu Hilfsbeamten der StA. bestellten Polizeibeamten (§ 152 GVG.) haben die besonderen, in §§ 81a, 81c, 98, 101a Abs. 2, 105 StPO. geregelten Befugnisse; bei Ordnungswidrigkeiten stehen ihnen entsprechende Befugnisse nicht zu (vgl. 4. Nachtrag Anm. 1 zu § 28 OWiG.). Das Waffengebrauchsrecht der Polizei regelt sich auch im Jagdschutz — immer vorbehaltlich abweichender Landesvorschriften — nach den für ihre sonstige polizeiliche Tätigkeit geltenden Vorschriften (§ 5 Abs. 2 der DurchfVO. z. Ges. über den Waffengebrauch der Forst- und Jagdschutzberechtigten v. 7. 3. 1935 — RGBl. I S. 377 —; an die Stelle des letzteren Gesetzes sind z. T. landesrechtliche Vorschriften getreten — vgl. Hess. Ges. v. 11. 11. 1950, GVBl. S. 247, und BayGes. v. 22. 11. 1950, GVBl. S. 239 —). Erlassen die Länder keine abweichenden Vorschriften, so ist die Polizei zum Schutz des Wildes gegen Raubzeug berechtigt, aber nicht verpflichtet.

scheines ist[2]), und den von der zuständigen Behörde bestätigten Jagdaufsehern[3])[4])[5]). Hauptberuflich angestellte Jagdaufseher sollen Berufsjäger oder forstlich ausgebildet sein.

---

2) a) Zu den Jagdausübungsberechtigten gehören der Eigenjagdbesitzer und die Pächter; der Jagdgast, dessen rechtliche Stellung Landesrecht regelt, ist im allgemeinen nicht Jagdausübungsberechtigter, kann aber vom Jagdausübungsberechtigten zum Abschuß streunender Hunde und Katzen ermächtigt werden (s. unter Anm. 4b). Der Inhaber eines Jugendjagdscheines kann auch Jagdschutz, soweit er Jagdausübung darstellt, nur in Begleitung ausüben. KG. DJ. 37, 1127.

b) Die Befugnisse des Jagdausübungsberechtigten im Jagdschutz ergeben sich zunächst aus dem Landesrecht (s. unten Anm. 4). Unabhängig davon haben sie die jedermann aus den allgemeinen Vorschriften des Bundesrechts zustehenden Befugnisse (§ 127 Abs. 1 StPO. — vorläufige Festnahme —, § 53 StGB. — Notwehr —). Ein besonderes Waffengebrauchsrecht ist ihnen durch das Ges. v. 7. 3. 1935 (oben Anm. 1) nicht eingeräumt. Aus dem Notwehrrecht ergibt sich aber die Befugnis, gegen den mit der Jagdbeute fliehenden Wilderer oder gegen den Wilderer, der den ihn verfolgenden oder festnehmenden Jagdausübungsberechtigten tätlich angreift oder bedroht, von der Schußwaffe Gebrauch zu machen; den ohne Waffe und Jagdbeute lediglich Fliehenden durch Anwendung der Waffe zum Halten zu zwingen, ist der Jagdausübungsberechtigte nicht befugt. E. 54, 196; 65, 392; 72, 306.

3) Die Eigenschaft als bestätigter Jagdaufseher setzt voraus a) die Anstellung als Jagdaufseher durch den Jagdausübungsberechtigten, b) die Bestätigung durch die zuständige Behörde. Bestätigte Jagdaufseher, die Berufsjäger oder forstlich ausgebildet sind, sind nach Abs. 2 Hilfspolizeibeamte und Hilfsbeamte der Staatsanwaltschaft; als solche unterstehen sie nicht den Weisungen ihres Dienstherrn, des Jagdausübungsberechtigten, vielmehr sind sie sogar nach § 163 StPO., § 28 OWiG. verpflichtet, dessen jagdliche Verfehlungen zu verfolgen (vgl. E. 41, 434). Die übrigen bestätigten Jagdaufseher stehen — vorbehaltlich abweichender landesrechtlicher Vorschriften — in ihren Befugnissen den Jagdausübungsberechtigten gleich, haben jedoch (wie die Berufsjäger) das Waffengebrauchsrecht nach dem Ges. v. 26. 2. 1935. Die örtliche Zuständigkeit der bestätigten Jagdaufseher beschränkt sich auf ihren Dienstbezirk, d. h., wenn Landesrecht nichts anderes bestimmt, auf das Jagdrevier, für das sie angestellt sind; jedoch ergibt sich aus § 3 Abs. 2 DurchfVO. z. Waffengebrauchsges. v. 7. 3. 1935 (RGBl. I S. 377), daß sie in Notfällen (Verfolgung Flüchtiger auf frischer Tat usw.) auch außerhalb ihres Bezirks zum Waffengebrauch befugt sind; in gleichem Maß muß ihnen dann das Recht zustehen, sonstige Jagdschutzmaßnahmen außerhalb ihres Bezirkes zu treffen. Die Ausübung des Jagdschutzes durch Ausübung der Jagd auf Raubwild setzt voraus, daß ihnen der Jagdausübungsberechtigte eine Jagderlaubnis erteilt hat und sie einen Jagdschein besitzen.

4) Im Anschluß an § 40 RJG. gewähren § 24 HessAusfGes. Art. 14 NdsLJG., § 10 SchlHJG., § 20 LJG. NRW, § 24 Brem.JG. den Jagdschutzberechtigten folgende Befugnisse, die in 1. Linie für die Jagsausübungsberechtigten und diejenigen bestätigten Jagdaufseher, die nicht Berufsjäger oder forstlich ausgebildet sind, von Bedeutung sind:

a) Personen, die in einem Jagdbezirk unberechtigt jagen oder sonstige Zuwiderhandlungen gegen jagdrechtliche Vorschriften begehen oder außerhalb der zum allgemeinen Gebrauch bestimmten Wege betroffen werden (vgl. § 368 Nr. 10 StGB.), anzuhalten, ihnen gefangenes und erlegtes Wild, Schußwaffen und sonstige Waffen, Jagd- und Fanggeräte abzunehmen und ihre Person festzustellen. Anhalten = den Betreffenden zum Halten zwingen, um die nötigen Feststellungen treffen zu können. Der Zwang kann durch körperliche Gewalt ausgeübt werden; Gebrauch der Schußwaffe ist nur nach den in Anm. 1 bis 3 dargelegten Grundsätzen zulässig. Abnahme von Jagdgerät (über letzteren Begriff s. Hauptwerk Anm. 2 zu § 295 StGB. u. OLG. Stuttgart NJW. 53, 354 mit Anm. von *Mitzschke* bedeutet eine vorläufige Sicherstellung, bis eine Beschlagnahme nach den Vorschriften der StPO. oder des OWiG. angeordnet und durchgeführt ist. Feststellen der Person bedeutet das Recht, die Angabe der Personalien unter Vorzeigung von Ausweisen zu verlangen und erforderlichenfalls (bei Weigerung der Angaben oder zweifelhafter Angaben) den Betreffenden zur Feststellung der Personalien zur nächsten Polizeiwache zu bringen (vgl. OLG. Neustadt NJW. 52, 1027); Strafvorschrift bei Verweigerung oder unrichtigen (unvollständigen) Personalangaben: Anm. 1 zu § 42.

b) Hunde, die im Jagdbezirk außerhalb der Einwirkung ihres Herrn, und Katzen, die mehr als 200 m (in Nds.: 300 m und mehr) vom nächsten Haus betroffen werden, zu töten. Ausgenommen sind Hunde, die als Jagd-, Hirten-, Blinden- oder Polizeihunde kenntlich sind und solange sie vom Berechtigten zu ihrem Dienst verwandt werden oder sich aus Anlaß des Dienstes vorübergehend der Einwirkung ihres Führers entzogen haben (gedacht ist an die überjagenden Jagdhunde).

Ein Hund befindet sich außerhalb der Einwirkung seines Herrn (d. h. seines Begleiters

(2) Die bestätigten Jagdaufseher haben innerhalb ihres Dienstbezirkes in Angelegenheiten des Jagdschutzes die Rechte und Pflichten der Polizeibeamten und sind Hilfsbeamte der Staatsanwaltschaft, sofern sie Berufsjäger oder forstlich ausgebildet sind.

(3) Die Ausbildung und Prüfung der Berufsjäger regeln die Länder im Benehmen mit dem Bundesminister.

## VII. ABSCHNITT

## Wild- und Jagdschaden

### *1. Wildschadensverhütung*

### § 26 Fernhalten des Wildes

Der Jagdausübungsberechtigte sowie der Eigentümer oder Nutungsberechtigte eines Grundstückes sind berechtigt, zur Verhütung von Wildschäden das Wild von

oder einer sonstigen Aufsichtsperson), wenn er auf dessen Abruf nicht sofort zurückkehren würde. Ein 200—300 m von seinem Herrn entfernter Hund befindet sich im allgemeinen nicht mehr in Hör- und Rufweite und damit außerhalb der Einwirkung. KG. „Deutsche Jagd" 1935, 566. Ein Hund ohne Begleitung oder Aufsicht ist stets außerhalb der Einwirkung seines Herrn. Daß der Hund wildert, ist nicht Voraussetzung der Tötungsbefugnis; daher kann auch ein in einer Falle gefangener oder ein vom Jagdschutzberechtigten eingefangener oder herangelockter Hund getötet werden (LG. Hamburg JW. 1938, 1464), aber nur innerhalb seines Reviers. Wo aber eine Gefahr des Wilderns nach den Umständen des Falles unzweifelhaft nicht besteht, mißbraucht der Jagdschutzberechtigte, der das Tier gleichwohl tötet, seine Befugnis und handelt nicht rechtmäßig, z. B. wenn sich ein kleines, für das Wild offensichtlich ungefährliches Schoßhündchen in das Jagdrevier verlaufen hat oder wenn sich ein Hund ins Revier bloß verirrt hat, es schleunigst zu verlassen trachtet und erkennbar nicht wildern will (BayObLG. v. 9. 12. 1952 — RReg. 2 St. 122/52 —, teilweise abgedr. in „Die Pirsch" Nr. 10 v. 9. 5. 1953 S. 309). Näheres *Mitzschke-Schäfer* Anm. 2e zu § 25 BJG.

Als Jagd- usw. -Hund ist ein Hund kenntlich, wenn er mit einem amtlichen Erkennungszeichen ausgestattet ist. Ist das nicht der Fall, so ist ein Hund nicht schon dann als Jagd- oder sonstiger Gebrauchshund im Sinne der genannten Vorschriften kenntlich, wenn er an sich seiner Art nach als solcher erkannt werden kann, sondern wenn nach den gesamten Umständen des einzelnen Falles der Jagdschutzberechtigte bei gebotener Sorgfalt den Hund im Augenblick der Tötung als Jagdhund erkennen konnte. RGZ. 155, 338.

Eine Verwendung des Hundes zum Dienst liegt bei einem Jagdhund vor, wenn er bei der Jagdausübung im Jagdbezirk verwendet wird — auf dem Weg zum Revier oder aus dem Revier zurück liegt keine Dienstverwendung vor. RGZ. 155, 338; *Schäfer* JW. 37, 3120 — oder für diese Tätigkeit abgerichtet und eingearbeitet wird. OLG. Köln DJ. 1937, 1394. Eine Abwesenheit von 2 Stunden ist keine vorübergehende Entziehung mehr. OLG. Naumburg DJ. 1939, 1333.

Der Jagdausübungsberechtigte kann nach Landesrecht (Hessen, SchlH., NRW.) einen Jagdgast schriftlich zum Abschuß ermächtigen. Aber auch bei mündlich erteilter Abschußermächtigung ist die Tötung rechtmäßig, da die Schriftform nur die Legitimation sicherstellen soll. OLG. Köln DJ. 1937, 1394. Auch jeder andere kann unter den Voraussetzungen des § 228 BGB. rechtmäßig handeln, wenn er revierende Hunde oder Katzen tötet (Näheres *Mitzschke-Schäfer* Anm. 2g zu § 25 BJG.).

Eine Strafvorschrift gegen das unbeaufsichtigte Umherlaufenlassen von Hunden und Katzen in einem Jagdbezirk enthält das BJG. — im Gegensatz zu § 60 Abs. 2 Nr. 13 RJG. — nicht, wohl aber hat z. T. Landesrecht gemäß § 19 Abs. 2, § 42 BJG. einschlägige Vorschriften getroffen (vgl. § 23 SchlHJG., § 38 HessAusfGes., § 35 LGJ. NRW).. Wo dies, wie z. B. in Niedersachsen, nicht geschehen ist, kann u. U. § 367 Nr. 11 StGB. anwendbar sein.

5) Soweit Landesrecht vorschreibt, daß die Jagdschutzberechtigten bei Ausübung des Jagdschutzes zu ihrer äußeren Kenntlichmachung bestimmte Abzeichen usw. zu tragen haben, ist die Jagdschutzmaßnahme nicht rechtmäßig i. S. der §§ 113, 117 StGB., wenn das Tragen des Abzeichens eine wesentliche Förmlichkeit der rechtmäßigen Amts- oder Rechtsausübung darstellt (Näheres *Mitzschke-Schäfer* Anm. 3 zu § 25 BJG.); doch kann die Maßnahme auf Grund der jedermann zustehenden Befugnisse (Notwehr, Notstand, vorläufige Festnahme nach § 127 StPO.) rechtmäßig sein.

den Grundstücken abzuhalten oder zu verscheuchen. Der Jagdausübungsberechtigte darf dabei das Grundstück nicht beschädigen, der Eigentümer oder Nutzungsberechtigte darf das Wild weder gefährden noch verletzen[1]).

### § 27 Verhinderung übermäßigen Wildschadens

(1) Die zuständige Behörde kann anordnen, daß der Jagdausübungsberechtigte unabhängig von den Schonzeiten innerhalb einer bestimmten Frist in bestimmtem Umfange den Wildbestand zu verringern hat, wenn dies mit Rücksicht auf das allgemeine Wohl, insbesondere auf die Interessen der Land-, Forst- und Fischereiwirtschaft notwendig ist.

(2) Kommt der Jagdausübungsberechtigte der Anordnung nicht nach, so kann die zuständige Behörde für dessen Rechnung den Wildbestand vermindern lassen. Das erlegte Wild ist gegen angemessenes Schußgeld dem Jagdausübungsberechtigten zu überlassen.

### § 28[1]) Sonstige Beschränkungen der Hege

(1) Schwarzwild darf nur in solchen Einfriedigungen gehegt[2]) werden, die ein Ausbrechen des Schwarzwildes verhüten.

(2) Das Aussetzen von Schwarzwild und Wildkaninchen ist verboten.

(3) Das Aussetzen fremder[3]) Tierarten in der freien Wildbahn ist nur mit schriftlicher Genehmigung der zuständigen obersten Landesbehörde oder der von ihr bestimmten Stelle zulässig.

(4) Das Hegen oder Aussetzen weiterer Tierarten kann durch die Länder beschränkt oder verboten werden.

## *2. Wildschadensersatz*

§§ 29—32 (nicht abgedruckt).

## *3. Jagdschaden*

### § 33 Schadenersatzpflicht

(1)[1]) Wer die Jagd ausübt, hat dabei die berechtigten Interessen der Grundstückseigentümer oder Nutzungsberechtigten zu beachten, insbesondere besäte Felder und nicht abgemähte Wiesen zu schonen. Die Ausübung der Treibjagd auf Feldern, die mit reifender Halm- oder Samenfrucht oder mit Tabak bestanden sind, ist verboten; die Suchjagd ist nur insoweit zulässig, als sie ohne Schaden für die reifenden Früchte durchgeführt werden kann.

(2) . . . . . . . .

## *4. Gemeinsame Vorschriften*

§§ 34, 35 (hier nicht abgedruckt).

---

**Zu § 26:** 1) Strafvorschrift: § 39 Abs. 1 Nr. 9.

**Zu § 28:** 1) Strafvorschrift: § 39 Abs. 1 Nr. 10

2) Eine Hege liegt vor, wenn durch planmäßiges Heranzüchten und völliges Schonen ein neuer Bestand begründet oder ein alter Bestand vermehrt werden soll. *Mitzschke-Schäfer* Anm. 1.

3) Fremd = nicht einheimisch. Die Wiedereinführung früher in einem Jagdbezirk vorhanden gewesener Wildarten fällt nicht unter Abs. 3.

**Zu § 33:** 1) Strafvorschrift: § 39 Abs. 1 Nr. 11. § 368 Nr. 9 StGB. findet bei Ausübung eines Jagdausübungsrechts keine Anwendung (vgl. Hauptwerk Anm. 13 zu § 368).

## VIII. ABSCHNITT
## Überwachung des Verkehrs mit Wild

### § 36 Veräußerung und Versand von Wild. Wildhandel

(1) Der Verkauf, Tausch und Versand von Wildpret von Schalenwild[1]) ist Beschränkungen und der Verpflichtung zur Anbringung von Ursprungszeichen und zur Führung von besonderen Handelsbüchern zu unterwerfen.

(2) Für den Verkauf, Tausch und Versand von lebendem Wild[2]) können besondere Vorschriften erlassen werden.

(3) Die gemäß Absatz 1 und 2 zu erlassenden Vorschriften trifft die Bundesregierung durch Rechtsverordnung mit Zustimmung des Bundesrates[3]).

## IX. ABSCHNITT
## Jagdbeirat

### § 37....

## X. ABSCHNITT
## Strafvorschriften

### § 38 Straftaten

(1) Mit Gefängnis oder Geldstrafe wird bestraft, wer vorsätzlich Wild trotz Verbotes erlegt (§ 21 Absatz 3) oder den Vorschriften über die Schonzeit zuwiderhandelt (§ 22)[1]).

(2) Wer die Tat fahrlässig begeht, wird mit Geldstrafe bis zu 150 DM. oder mit Haft bestraft.

### § 39 Ordnungswidrigkeiten

(1) Eine Ordnungswidrigkeit begeht, wer[1])

1. in befriedeten Bezirken die Jagd ausübt oder einer Beschränkung der Jagderlaubnis (§ 6) zuwiderhandelt;

---

**Zu § 36:** 1) Die unentgeltliche Veräußerung ist keinen Beschränkungen unterworfen. Zum „Versand" gehört auch die Einfuhr aus dem Ausland. Schalenwild: § 2 Abs. 3.
2) Nicht nur von Schalenwild, sondern von Wild jeder Art.
3) Die RechtsVO. ist bisher nicht erlassen, infolgedessen ist § 39 Abs .1 Nr.12 z. Zt. unanwendbar. Mit Ausnahme der auf Grund des RJG. erlassenen Wildverkehrsvorschriften, die am 1. 4. 1953 außer Kraft getreten sind (vgl. § 46 Abs. 2 Nr. 2), gelten die landesrechtlichen Vorschriften zur Überwachung des Verkehrs mit Wild weiter, soweit sie mit § 36 Abs. 1 und 2 nicht in Widerspruch stehen (vgl. § 46 Abs. 2 Nr. 1). Zusammenstellung der einschlägigen landesrechtl. Vorschriften bei *Mitzschke-Schäfer* S. 156.

**Zu § 38:** 1) Die Strafbarkeit entfällt bei Notstand (z. B. Abwehr eines wütenden Hirsches in der Schonzeit) oder übergesetzlichem Notstand (z. B. Tötung eines ganzjährig geschützten Seeadlers zur Rettung eines von diesem angegriffenen wertvollen Jagdhundes. KG. JW. 35, 2982). Erlegen: s. Anm. 5 zu § 39.

**Zu § 39:** 1) § 39 bedroht grundsätzlich nur den Jagdausübungsberechtigten (also nicht den Wilderer); einzelne der Vorschriften richten sich auch gegen andere Personen (vgl. Anm. 1 zu § 19 und § 39 Abs. 1 Nr. 9, 10, 12). Nur vorsätzliche und vollendete Zuwiderhandlungen sind ahndbar (§§ 9, 11 OWiG.); Anstiftung und Beihilfe zur Ordnungswidrigkeit eines Jagdausübungsberechtigten sind nach § 39 ahndbar (vgl. § 10 OWiG.), auch wenn der Teilnehmer nicht jagdausübungsberechtigt ist. Als ahndungsberechtigte VerwBeh. ist landesrechtlich im allgemeinen die Jagdbehörde bestimmt.

2. auf vollständig eingefriedeten Grundflächen die Jagd entgegen einer nach § 7 Abs. 3 vorgeschriebenen Beschränkung ausübt;
3. auf Grund eines nach § 11 Abs. 5 nichtigen Jagdpachtvertrages[2]) oder entgegen den Bestimmungen des § 12 Abs. 4 die Jagd ausübt;
4. ohne einen gültigen Jagdschein mit sich zu führen, die Jagd ausübt oder den Jagdschein auf Verlangen nicht vorzeigt (§ 15 Abs. 1)[3]);
5. als Inhaber eines Jugendjagdscheines ohne Begleitperson die Jagd ausübt (§16);
6. den Vorschriften des § 19[4]) oder § 20 zuwiderhandelt;
7. Schalenwild oder anderes Wild, das nur im Rahmen eines Abschußplanes bejagt werden darf, erlegt[5]), bevor der Abschußplan bestätigt oder festgesetzt ist (§ 21 Abs. 2 Satz 1), oder wer den Abschußplan überschreitet[6]);
8. als Jagdausübungsberechtigter das Auftreten einer Wildseuche nicht unverzüglich der zuständigen Behörde anzeigt, oder wer den Weisungen der zuständigen Behörde zur Bekämpfung der Wildseuche nicht Folge leistet (§ 24);
9. zum Verscheuchen des Wildes Mittel anwendet, durch die Wild verletzt oder gefährdet[7]) wird (§ 26);
10. verbotswidrig Wild aussetzt oder hegt (§ 28);
11. den Vorschriften des § 33 Abs. 1 zuwiderhandelt und dadurch Jagdschaden anrichtet;
12. gegen eine Rechtsverordnung nach § 36 Abs. 3 verstößt, sofern die Verordnung ausdrücklich auf die Bußgeldbestimmung dieses Gesetzes verweist.

(2) Die Ordnungswidrigkeit kann mit einer Geldbuße geahndet werden[8]).

---

2) Ist ein Pachtvertrag nach § 11 Abs. 5 nichtig, so verwirklicht der Pächter, wenn er die Jagd ausübt, den äußeren Tatbestand des § 292 StGB. Befindet er sich in einem (verschuldeten oder unverschuldeten) Sachverhaltsirrtum (§ 59 StGB.) oder in einem unverschuldeten Verbotsirrtum über die Nichtigkeit des Vertrages, so scheidet eine Bestrafung aus § 292, der Vorsatz fordert, aus; bei verschuldetem Verbotsirrtum dagegen könnte an sich eine Bestrafung aus § 292 erfolgen. Nr. 3 will auch für diesen Fall eine Bestrafung wegen Wilderei ausschließen und sieht nur eine Ordnungswidrigkeit als gegeben an, wenn der Pächter in verschuldetem Verbotsirrtum über sein fehlendes Jagdausübungsrecht die Jagd ausgeübt hat. Dieser Fall ist nur solange möglich, als nicht durch rechtskräftige gerichtliche Entscheidung der Streit oder die Ungewißheit über die Gültigkeit des Pachtvertrages durch Feststellung der Nichtigkeit beendet ist. Befindet sich der Pächter nicht im Zweifel über die Nichtigkeit, so übt er die Jagd nicht „auf Grund" des Pachtvertrages aus und ist nach § 292 StGB. strafbar. Auch wenn der Pächter den Pachtvertrag für gültig hält und sich dabei in unverschuldetem Verbotsirrtum befinden sollte, begeht er eine Ordnungswidrigkeit, wenn er vor Ablauf von drei Wochen nach Anzeige des Vertrags oder vor Beseitigung oder Erledigung einer fristgemäß erhobenen Beanstandung die Jagd ausübt (§ 12 Abs. 4).

3) Der Wilderer ohne Jagdschein macht sich nur nach § 292 StGB., nicht auch nach Nr. 4 schuldig, da die Jagdscheinpflicht für ihn nicht gilt. E. 70, 220.

4) Das Verbot der Lappjagd (§ 19 Abs. 1 Nr. 3) wird schon durch das bloße Anbringen von Lappen an der Reviergrenze verletzt, ohne daß es einer weiteren Jagdausübung bedarf. OLG. Jena JW. 35, 3588.

5) Zum Erlegen genügt, daß das Wild getroffen ist; es braucht nicht getötet zu sein.

6) Die Überschreitung erfolgt durch Erlegung (s. Anm. 5). Eine Überschreitung liegt nicht nur bei Überschreitung der zulässigen Stückzahl, sondern auch bei Erlegung eines Stücks von besserer als der zugelassenen Beschaffenheit (z. B. eines jagdbaren statt eines Abschußhirsches) vor.

7) Gefährdet = eine nicht nur fernliegende Gefahr für Leben oder Unversehrtheit des Wildes bereitet, z. B. durch Umherlaufenlassen von Hunden, Anlegen von Fanggruben. Dagegen genügt nicht Einzäunung des Grundstücks mit Stacheldraht, da die angemessene Abwehr des unbefugten Eindringens von Menschen dem Eigentümer auch dann nicht verwehrt ist, wenn sie für das Wild gefährlich ist.

8) § 5 OWiG. Die Vorschriften des OWiG. finden nach § 1 Abs. 1, § 3 OWiG. in vollem Umfang Anwendung.

## § 40 Einziehung

(1) Im Falle einer Verurteilung auf Grund von § 38 Abs. 1 und 2 können neben der Strafe die gefangenen oder erlegten Tiere oder Teile dieser Tiere, die Belohnung (§ 19 Nr. 6) oder Schlingen und Tellereisen (§ 19 Nr. 8, 9) eingezogen werden[1]).

(2) Kann keine bestimmte Person verfolgt oder verurteilt werden, so kann auf die Einziehung selbständig erkannt werden, wenn im übrigen die Voraussetzungen hierfür vorliegen[2]).

(3) Bei Verstößen gegen die Vorschriften des § 39 Nr. 6, 7 oder 12 ist die Einziehung nach den Bestimmungen der §§ 17 bis 26 des Gesetzes über Ordnungswidrigkeiten zulässig[3]).

## § 41 Entziehung des Jagdscheines

Neben einer Strafe, die auf Grund des § 38 des Gesetzes oder auf Grund der §§ 117 bis 119, §§ 292 bis 294, § 366 Nr. 1 sowie § 368 Nr. 10 des Strafgesetzbuches verhängt wird, sowie neben einer Geldbuße, die auf Grund des § 39 festgesetzt wird, kann die Entziehung des Jagdscheines für bestimmte Zeit oder dauernd angeordnet werden[1]).

---

**Zu § 40:** 1) § 40 Abs. 1 ermöglicht — über § 40 StGB. hinaus — a) die Einziehung der Deliktsbeute, b) die Einziehung bei fahrlässiger Tat (Übertretung (§ 38 Abs. 2), c) die Einziehung ohne Rücksicht auf die Eigentumsverhältnisse. Doch gilt auch für die Straftaten des Abs. 1 der für die Ordnungswidrigkeiten des Abs. 3 aus § 19 OWiG. sich ergebende Grundsatz, daß gegenüber dem tatunbeteiligten Eigentümer die Einziehung zu unterbleiben hat, wenn er die Zuwiderhandlung weder (vor Begehung) kannte noch kennen mußte, noch von ihr einen Vorteil gehabt hat, dessen Zusammenhang mit der Tat ihm erkennbar war (vgl. BGHSt. 2, 311 und neuestens § 21 Abs. 3 des Ges. über die Verbreitung jugendgefährdender Schriften v. 9. 6. 1953 — Nr. 8 dieses Nachtrags —). Einzelheiten bei *Mitzschke-Schäfer* Anm. 2a zu § 40. „Können" eingezogen werden: nach dem Ermessen des Gerichts. „Teile von Tieren": z. B. Fell, Kopfschmuck. Die Einziehung der bei vorsätzlicher Tat (§ 38 Abs. 1) verwendeten Schußwaffen, Hunde usw. ist nach Maßgabe des § 40 StGB. zulässig.

2) Voraussetzung für die Einziehung im selbständigen Verfahren (§ 430 StPO.) ist, daß der Täter den vollen äußeren und inneren Tatbestand einer Zuwiderhandlung nach § 38 erfüllt hat (OLG. Dresden JW. 1937, 1354 und Hauptwerk Anm. 2a zu § 42 StGB.), einer Verurteilung aber tatsächliche (Abwesenheit, Tod) oder rechtliche Hindernisse (Niederschlagung durch ein Straffreiheitsgesetz, das die obj. Einziehung nicht ausschließt) entgegenstehen.

3) Bei Tateinheit von Ordnungswidrigkeit und Straftat kann gemäß § 4 Abs. 1 Satz 2 OWiG. neben der Strafe auf Einziehung nach §§ 17ff. OWiG. erkannt werden.

**Zu § 41:** 1) Die Einziehung des Jagdscheines durch den Strafrichter setzte nach § 62 RJG. voraus, daß „der Angeklagte unwürdig sei, die Jagd auszuüben"; mit Rücksicht darauf wurde die Entziehung als Nebenstrafe an der Ehre angesehen. RG. DJ. 1941, 895 (str.). Im Gegensatz dazu hat § 41 BJG. die Entziehung deutlich als Sicherungsmaßnahme gekennzeichnet; sie soll verhindern, daß jemand, der sich durch bestimmte jagdliche Zuwiderhandlungen als unzuverlässig erwiesen hat, durch Belassen des Jagdscheins Gelegenheit zur (leichteren) Wiederholung solcher Verfehlungen erhält. Daraus folgt, daß auf Entziehung (die im pflichtmäßigen Ermessen des Gerichts, bei Ordnungswidrigkeiten der VerwBeh. steht) nur erkannt werden darf, wenn nach der Persönlichkeit des Täters und den Umständen des Falles mit künftigen jagdlichen Zuwiderhandlungen gerechnet werden kann. Die Entziehung setzt voraus, daß der Täter zur Zeit der Entscheidung einen gültigen Jagdschein besitzt. *Mitzschke-Schäfer* Anm. 2 (str.). Die Wirkung der Entziehung besteht darin, daß der Jagdschein von der Erteilungsbehörde einzuziehen ist (§ 18) und ein neuer während der Sperrfrist nicht erteilt werden darf (§ 17 Abs. 1 Nr. 5). Eine nachträgliche Abkürzung der Entziehungsdauer ist im Gesetz nicht vorgesehen. Im allgemeinen wird das Gericht (die VerwBeh.) bei zeitiger Entziehung nicht über die in § 17 Abs. 2 Nr. 6, Abs. 3 Nr. 1 bestimmte Zeitdauer hinausgehen und dauernde Entziehung nur ausnahmsweise anordnen dürfen.

## Landesrechtliche Straf- und Bußgeldbestimmungen

### § 42

Die Länder können Straf- und Bußgeldbestimmungen für Verstöße gegen die von ihnen erlassenen Vorschriften treffen, soweit solche nicht schon in diesem Gesetz enthalten sind[1]).

XI. ABSCHNITT

## Schlußvorschriften

### § 43 Ablauf von Jagdpachtverträgen

Als Jahr der Beendigung des Krieges im Sinne der Verordnung über die Fortdauer von Jagdpachtverträgen und über die Mitgliedschaft aktiver Wehrmachtsangehöriger bei der deutschen Jägerschaft während des Krieges vom 10. Februar 1941 (Reichsgesetzbl. I S. 96) gilt das Jahr 1945. Verpächter und Pächter, die auf Grund dieser Verordnung einen Jagdpachtvertrag bis zu einem späteren Zeitpunkt als dem 31. März 1946 als fortdauernd behandelt haben, können sich für die Zeit bis zum Ende des Jagdjahres, in das dieser Zeitpunkt fällt, spätestens jedoch bis zum 31. März 1953 auf den Ablauf des Vertrages nicht berufen.

### § 44 Sonderregelungen

Die zuständigen Landesregierungen werden ermächtigt, durch Rechtsverordnung im Benehmen mit dem Bundesminister die Ausübung des Jagdrechts auf der Insel Helgoland und die Jagd auf Wasservögel auf dem Untersee und dem Rhein bei Konstanz[1]) abweichend von den Vorschriften dieses Gesetzes zu regeln.

### § 45

Dieses Gesetz gilt auch in Berlin, wenn das Land Berlin die Anwendung dieses Gesetzes gemäß Artikel 87 Abs. 2 seiner Verfassung beschließt.

---

**Zu § 42:** 1) Von der Ermächtigung, Ordnungswidrigkeitstatbestände durch Androhung von Geldbuße zu schaffen, deren Verletzung nach den Vorschriften der OWiG. ahndbar ist, haben Gebrauch gemacht

Hessen in §§ 38, 39 AusfGes., § 24 DVO.,
Nordrhein-Westfalen in §§ 35, 36 LJG.,
Schleswig-Holstein in § 23 JG.,
Niedersachsen in Art. 28 LJG.,
Bremen in § 39 JG.

Die genannten Vorschriften stimmen darin überein, daß sie den mit Geldbuße bedrohen, der

a) als Jagdgast ohne Begleitung des Jagdausübungsberechtigten oder ohne einen Jagderlaubnisschein zu führen, die Jagd ausübt,
b) die vorgeschriebene Abschußliste nicht oder nicht vollständig führt oder darin unrichtige Angaben macht,
c) einem Jagdschutzberechtigten eine unrichtige Angabe über seine Person macht oder trotz Aufforderung die Angabe verweigert,
d) das Überwechseln krankgeschossenen Schalenwildes nicht unverzüglich dem Jagdausübungsberechtigten des Nachbarbezirks oder dessen Vertreter anzeigt.

Im übrigen handelt es sich um Tatbestände, die jeweils nur ein Teil der genannten Länder gemeinsam haben oder die das betreffende Land allein kennt. In Niedersachsen u. Bremen beträgt das Höchstmaß der landesrechtlich vorgesehenen Geldbuße 150 DM, in den übrigen Ländern 1000 DM.

**Zu § 44:** 1) Für die Jagd auf dem Untersee und dem Rhein bei Konstanz gilt die Badisch-Schweizerische Übereinkunft v. 25. 3. 1898 (Bad. VOBl. S. 232) i. d. F. v. 29. 12. 1906/17.11. 1930 (GVBl. S. 849, 208) fort. Weitere Vorschriften sind bisher nicht erlassen.

## § 46 Inkrafttreten des Gesetzes

(1) Dieses Gesetz tritt am 1. April 1953 in Kraft.

(2) Mit dem in Absatz 1 aufgeführten Zeitpunkt treten alle diesem Gesetz widersprechenden jagdrechtlichen und fischereirechtlichen Vorschriften außer Kraft, insbesondere:

1. in den Ländern Bayern, Bremen, Hessen und Württemberg-Baden § 835 des Bürgerlichen Gesetzbuches, in § 840 des Bürgerlichen Gesetzbuches die Worte „vorbehaltlich der Vorschrift § 835 Abs. 3", Artikel 69 des Einführungsgesetzes zum Bürgerlichen Gesetzbuch, soweit er die Jagd betrifft, die Artikel 70 bis 72 des Einführungsgesetzes zum Bürgerlichen Gesetzbuch und § 2 Abs. 2 des Einführungsgesetzes zum Strafgesetzbuch, soweit er die Jagd betrifft;
2. in den Ländern Hamburg, Niedersachsen, Nordrhein-Westfalen und Schleswig-Holstein das Reichsjagdgesetz vom 3. Juli 1934 (Reichsgesetzbl. I S. 549) in der Fassung des Gesetzes vom 23. April 1938 (Reichsgesetzbl. I S. 410) und der Verordnung vom 30. März 1940 (Reichsgesetzbl. I S. 566) nebst den zu seiner Ausführung ergangenen Vorschriften.

(3) Verweisungen auf Vorschriften, die nach Absatz 2 außer Kraft gesetzt sind, gelten als Verweisungen auf die entsprechenden Vorschriften dieses Gesetzes oder die entsprechenden landesrechtlichen Vorschriften.

# 6. Straßenverkehrsgesetz

Vom 19. Dezember 1952 (BGBl. I S. 837)

Das Gesetz über den Verkehr mit Kraftfahrzeugen vom 3. Mai 1909 (RGBl. S. 437), das durch das Gesetz vom 21. Juli 1923 (RGBl. I S. 743), vom 13. Dezember 1933 (RGBl. I S. 1058), vom 10. August 1937 (RGBl. I S. 901), vom 7. November 1939 (RGBl. I S. 2223), vom 2. April 1940 (RGBl. S. 606) und vom 19. Dezember 1952 (BGBl. I S. 852) abgeändert worden war, ist gemäß Art. 8 des letztgenannten Gesetzes unter der neuen Überschrift bekannt gemacht worden. Von Berlin ist es durch Gesetz vom 23. Januar 1953 (GVBl. S. 69) übernommen. Die StVZO., die StVO. sind in der neuen, vorliegend nicht mehr berücksichtigten neuen Fassung v. 24. 8. 1953 (BGBl. I S. 1566 u. 1701) bekannt gemacht.

Schrifttum: Zum Kraftverkehrsgesetz: *Floegel-Hartung*, Straßenverkehrsrecht, Komm. 8. Aufl. 1953; *Müller*, Straßenverkehrsrecht, Komm., 7. Aufl. 1953; *Schoor-Unruhe*, Straßenverkehrsrecht, Komm. 1938; *Arndt* und *Gülde*, Komm. 1952; *Weigelt*, Kraftverkehrsrecht von A—Z, mit einer Reihe von Einzelbeiträgen.

## I. Verkehrsvorschriften

### § 1 Zulassungszwang

(1) Kraftfahrzeuge[1]), die auf öffentlichen Wegen oder Plätzen[2]) in Betrieb gesetzt werden sollen[3]), müssen von der zuständigen Behörde[4]) zum Verkehr[5]) zugelassen sein[6]); Ausnahmen bestimmt der Bundesminister für Verkehr[7]). Der Bundesminister für Verkehr kann die Zulassung von Kraftfahrzeugen inländischer Herstellung von der Anwendung der deutschen Normen, insbesondere der Normen für den Kraftfahrzeugbau, abhängig machen[8]).

(2) Als Kraftfahrzeuge im Sinne dieses Gesetzes gelten Landfahrzeuge[9]), die durch Maschinenkraft bewegt werden[10]), ohne an Bahngleise gebunden zu sein[11]).

**Zu § 1:** S. S. 1) Abs. 2. Zu den Kraftfahrzeugen gehören nicht Kleinkrafträder und Fahrräder mit Hilfsmotor. § 27 auch in Verbindung mit § 67a Abs. 3 StVZO., abgedruckt unter B VIII 3.

2) S. Anm. 2 zu § 1 StVZO. des Hauptwerks.

3) Es soll damit der Zweck verfolgt werden, das Kraftfahrzeug fortzubewegen. Es genügt jeder Anfang des Betriebes, vgl. BayObLG. DRZ. 19 (1927) Nr. 847.

4) S. §§ 18, 68 StVZO. Für Polizei, Bundespost und Bundesbahn § 14 StVZO. außerdeutsche KraftfahrzVO. vom 12. 11. 1934 (RGBl. I S. 1137).

5) S. Anm. 1 zu § 1 StVZO. Ein Kraftfahrzeug ist solange im Verkehr, als es sich in Fahrt oder fahrbereit an einem dem Publikum zugänglichen Ort befindet.

6) S. §§ 18—25 StVZO. Die Zulassung ist erst mit der Aushändigung des Kraftfahrzeugscheins bewirkt. Bei Eigentumsübergang ist die Zulassung für den neuen Eigentümer abzuwarten.

7) Ausnahmen vom Zulassungszwang finden sich in den §§ 18 Abs. 2, 28, 70 Abs. 1 StVZO.

8) Normung bedeutet Vereinheitlichung der anzuwendenden Formen und Stoffe zwecks Erleichterung der Herstellung und Verminderung der Herstellungskosten. *Floegel-Hartung*, S. 619.

9) Raupenfahrzeuge, Straßenwalzen, Bulldoggs, Dampfstraßenlokomotiven, motorisierte Schlitten, nicht Fahrstuhl, Kran.

10) Dampfmaschine, Elektromotor, Verbrennungskraftmaschine, nicht Anhänger, da sie nur mittelbar durch Maschinenkraft bewegt werden.

11) Also nicht Motorwagen einer auf Schienen laufenden Straßenbahn. Kann das Fahrzeug auf Schienen laufen, oder läuft es tatsächlich auf ihnen, so ist es dadurch noch nicht an sie gebunden. Das ist nur der Fall, wenn es sich vermöge seiner Bauart bei bestimmungsgemäßer Verwendung auf Schienen bewegt. *Floegel-Hartung* S. 616.

## § 2 Führerschein

(1) Wer auf öffentlichen Wegen oder Plätzen[1]) ein Kraftfahrzeug führen will[2]), bedarf der Erlaubnis[3]) der zuständigen Behörde[4]); Ausnahmen[5]) bestimmt der Bundesminister für Verkehr. Die Erlaubnis gilt für das Inland; sie ist zu erteilen, wenn der Nachsuchende seine Befähigung durch eine Prüfung dargetan hat[6]) und nicht Tatsachen vorliegen, die die Annahme rechtfertigen, daß er zum Führen von Kraftfahrzeugen ungeeignet ist[7]).

(2) Den Nachweis der Erlaubnis[8]) hat der Führer durch eine Bescheinigung (Führerschein)[9]) zu erbringen.

## § 3 Übungs- und Prüfungsfahren

(1) Wer zum Zwecke der Ablegung der Prüfung (§ 2 Abs. 1 Satz 2) sich in der Führung von Kraftfahrzeugen übt[1]), muß dabei auf öffentlichen Wegen oder Plätzen von einer mit dem Führerschein versehenen[2]), durch die zuständige Behörde zur Ausbildung von Führern ermächtigten Person[3]) begleitet[4]) und beauf-

---

**Zu § 2:** 1) S. Anm. 2 zu § 1 StVZO.

2) Führer ist, wer unter eigener Verantwortung das Fahrzeug leitet, d. h. diejenigen Verrichtungen ausführt, die erforderlich sind, damit die bestimmungsmäßigen Triebkräfte des Fahrzeugs auf dieses zwecks Fortbewegung einwirken, mag ihm die Führung auch nur vorübergehend überlassen sein; Mitfahrer kann der Beihilfe schuldig sein, RG. JW. 66 (1937), 1818. Führer ist auch, der während einer Fahrtunterbrechung zur demnächstigen Fortsetzung der bisherigen Führung ausschließlich in unmittelbarer Bereitschaft bleibt. Dresden DRZ. 22 (1930) Nr. 567. Im allgemeinen ist Führer der Lenker des Fahrzeugs. Breslau RdK. 1929, 70. Ein Kraftrad führt schon, wer es von anderen schieben läßt. BayObLG. DRZ. 18 (1926) Nr. 330; auch wer es schiebt, um den Motor in Gang zu bringen. BayObLG. DRZ. 19 (1927) Nr. 847, KG. GA. 75, 176. Über Fahrschüler, Fahrlehrling § 3.

3) S. § 4 Abs. 1 StVZO. Voraussetzung der Erlaubniserteilung ist die Prüfung des Bewerbers nach § 11 StVZO. und die Feststellung seiner Eignung, vgl. §§ 2ff. StVZO.

4) S. Anm. 4 zu § 1.

5) Ausnahmen für Fahrradmotoren und Hilfsmotoren bis zu 50 ccm Hubraum, § 67a Abs. 3 StVZO.

6) § 11 StVZO.

7) Über Eignungsmängel s. Anm. 1 zu § 2 StVZO.; vgl. auch im Seh- und Hörvermögen, Nachtblindheit *Floegel-Hartung* S. 621. Weitere Mängel sind: einschlägige Vorbestrafungen und solche im Wiederholungsfall wegen anderer Straftaten, die in keinem Zusammenhang mit dem Straßenverkehr stehen, im einzelnen *Floege-Hartung* S. 622. Soweit die Voraussetzungen für die Erteilung der Erlaubnis nachgewiesen sind, besteht ein Rechtsanspruch, OVG. DJZ. 1927, 1486.

8) Siehe § 4 StVZO. Die Erlaubnis ist wirksam, wenn der Führerschein ausgehändigt ist. Dieser gilt für das Bundesgebiet und Berlin-West. Art. 7 des Verkehrssicherungsges. vom 19. 12. 1952.

9) Vgl. § 4 Abs. 2 StVZO.
Strafbestimmung § 24, auch §§ 21 und 71 StVZO.

**Zu § 3:** 1) Der Fahrlehrling, vgl. § 6 StVZO. Prüfungsfahrten sind nur die, die zur Prüfung des Schülers unternommen werden, nicht aber die zur Erprobung des Fahrzeuges dienenden Probefahrten. E. 46, 95, § 28 Abs. 2 StVZO.

2) Versehen sein ist gleichbedeutend mit besitzen § 24 Abs. 2 StVZO.

3) Maßgebend ist für die Ausbildung von Schülern vgl. VO. v. 21. 12. 1933 (RGBl. I 1934 S. 13) mit Änderung v. 5. 10. 1934 (RGBl. I S. 912) v. 24. 6. 1936 (RGBl. I S. 520), v. 13.11. 1937 (RGBl. I S. 1254) und v. 16. 4. 1940 (RGBl. I S. 646); für Polizei usw. s. Anm. 4 zu §1.

4) Der Begleiter muß jederzeit in der Lage sein, durch Zurufe in ausreichender Weise auf die Führung des einsitzigen Fahrzeugs, insbesondere des Kraftrades, einzuwirken. Bremen NJW. 1951, 495. Immer muß der Lehrer im Augenblick der Gefahr die tatsächliche Führung sofort übernehmen können. *Flögel-Hartung* S. 628.

sichtigt[5]) sein. Das gleiche gilt für die Fahrten, die bei Ablegung der Prüfung vorgenommen werden. Ausnahmen bestimmt der Bundesminister für Verkehr.

(2) Bei den Übungs- und Prüfungsfahrten, die gemäß der Vorschrift des Absatzes 1 stattfinden, gilt im Sinne dieses Gesetzes der Begleiter[5]) als Führer des Kraftfahrzeugs[6]).

## § 4 Entziehung der Fahrerlaubnis

(1) Erweist sich jemand als ungeeignet[1]) zum Führen von Kraftfahrzeugen, so muß[2]) ihm die Verwaltungsbehörde[3]) die Fahrerlaubnis entziehen[4]); sie erlischt mit der Entziehung.

(2) Solange gegen den Inhaber der Fahrerlaubnis ein Strafverfahren anhängig ist[5]), in dem die Entziehung der Fahrerlaubnis nach § 42 m des Strafgesetzbuchs in Betracht kommt[6]), darf die Verwaltungsbehörde den Sachverhalt, der Gegenstand des Strafverfahrens ist[7]), in dem Entziehungsverfahren nicht berücksichtigen.

(3) Will die Verwaltungsbehörde in dem Entziehungsverfahren einen Sachverhalt berücksichtigen, der Gegenstand der Urteilsfindung in einem Strafverfahren gegen den Inhaber der Fahrerlaubnis gewesen ist, so kann sie zu dessen Nachteil von dem Inhalt des Urteils[8]) soweit nicht abweichen, als es sich auf die Feststellung des Sachverhalts oder die Beurteilung der Schuldfrage oder der Eignung zum Führen von Kraftfahrzeugen bezieht. Eine gerichtliche Entscheidung, durch die die Eröffnung des Hauptverfahrens abgelehnt wird, steht einem Urteil gleich[9]).

---

5) Nicht bloß muß der Begleiter jede Handlung des Prüflings kontrollieren, sondern auch die bestehenden Straßenverkehrsvorschriften beobachten. Dagegen braucht der die Prüfung nach § 11 StVZO. abnehmende amtlich anerkannte Sachverständige während der Prüfungsfahrt nur auf den Prüfling und dessen Befähigung, nicht auf den Verkehr zu achten. Dresden 23. 4. 1913.

6) S. Anm. 1 zu § 6 StVZO. Der Prüfling ist aber verantwortlich, wenn ihm fahrlässige Tötung oder Körperverletzung — durch unmäßig schnelles Fahren — zur Last fällt. RG. GA. 60, 72 und 70, 171 u. DRZ. 18 (1926) Nr. 1088.

**Zu § 4:** 1) Vgl. § 3 StVZO, der allein für Kleinkrafträder und Fahrräder mit Hilfsmotor gilt. Die in Anm. 7 zu § 2 angeführten Eignungsmängel kommen in Betracht, doch kann sich die Ungeeignetheit auch aus anderen Gründen erweisen, z. B. wegen Vernachlässigung des landwirtschaftl. Betriebs. OVG. JW. 54 (1935) 2312. Die Vergehen des Widerstandes gegen die Staatsgewalt oder der aktiven Bestechung sind stets geeignet, die Entziehung der Fahrerlaubnis zu begründen, wenn sie in Verbindung mit einem Verkehrsunfall begangen werden. OVG. Münster RdK. 1953, 88. Andere Fälle s. *Flögel-Hartung* S. 629. Vgl. Anm. 2 zu § 3 StVZO.

2) Zwingende Vorschrift (anders § 3 StVZO.); für Ermessensentscheidung ist kein Spielraum.

3) Die Zuständigkeit der Verwaltungsbehörde ergibt sich aus § 68 Abs. 2.

4) Die Entziehung ist keine Strafe, vielmehr aber eine reine Verwaltungsmaßnahme. S. Entziehung der Fahrerlaubnis nach § 42m StGB. Nachtrag S. 2.

5) Anhängig ist das Strafverfahren schon mit der Einleitung der Ermittlungen des Polizeibeamten, der eine Verkehrszuwiderhandlung feststellt; er muß die Entscheidung der StA. (des Gerichts) herbeiführen, während die Verwaltungsbehörde an einer Durchführung des Verfahrens, gehindert ist. S. *Hartung* DRiZ. 1953, 122.

6) Vgl. auch § 111a StPO. Die darin vorgesehene vorl. Entziehung der Fahrerlaubnis ist, da sie nur dem Richter zusteht, im Verwaltungswege unzulässig. A. M. *Flögel-Hartung* S. 637.

7) D. i. der geschichtl. Vorgang.

8) Der Strafbefehl oder die amtsrichterl. Strafverfügung (§§ 407 u. 413) wirkt nicht bindend, ebensowenig die Einstellung der Verf. nach §§ 153, 154, 154b, 206a StPO. Spricht sich das Gericht weder positiv noch negativ über die Frage der Entziehung aus, so kann die Verwaltungsbehörde gegen den Inhaber der Fahrerlaubnis vorgehen. Vgl. auch *Hartung* DRiZ. 1953, 120.

9) § 204 Abs. 1 u. 2 StPO. S. auch Anm. 9.

(4) Die Verwaltungsbehörde kann Fristen[10]) und Bedingungen[11]) für die Wiedererteilung der Fahrerlaubnis[12]) festsetzen. Nach der Entziehung ist der Führerschein der Behörde abzuliefern[13]).

(5) Die Entziehung der Fahrerlaubnis ist für das Inland wirksam[14]).

## § 5 Rekurs

(1) Gegen die Versagung der Fahrerlaubnis ist, wenn sie aus anderen Gründen als wegen ungenügenden Ergebnisses der Befähigungsprüfung erfolgt[1]), der Rekurs[2]) zulässig. Das gleiche gilt von der Entziehung der Fahrerlaubnis; der Rekurs hat aufschiebende Wirkung, sofern dies nicht ausdrücklich bei der ersten Entscheidung ausgeschlossen wird.

(2) Die Zuständigkeit der Behörden und das Verfahren bestimmen sich nach den Landesgesetzen[3]) und, soweit landesgesetzliche Vorschriften nicht vorhanden sind, nach den §§ 20, 21 der Reichs-Gewerbeordnung.

## § 5 a Warnungstafel

Gefährliche Stellen[1]) an Wegstrecken, die dem Durchgangsverkehr dienen[2]), sind von den Landesbehörden[3]) durch Warnungstafeln[4]) zu kennzeichnen.

---

10) Die auf Zeit entzogene Fahrerlaubnis lebt nicht ohne weiteres wieder auf, da sie mit Entziehung erlischt, Abs. 1.

11) Z. B. Ablegung einer Prüfung, Beibringung eines amtsärztl. Zeugnisses, Verkehrsunterricht.

12) Wegen Wiedererteilung der durch Gericht entzogenen Fahrerlaubnis s. § 42 m Abs. 3 StGB.

13) Im Weigerungsfalle tritt Bestrafung nach § 24 Abs. 1 Nr. 3 ein.

14) Auch in Berlin Art. 7 des Verkehrssicherungsges. v. 19. 12. 1952, Strafbestimmungen § 24.

**Zu § 5:** 1) Unzulässig ist der Rekurs nur, wenn die Befähigungsprüfung ein ungenügendes Ergebnis gezeitigt hat.

§ 5 gilt nicht für Polizei usw. § 6 Abs. 2, dagegen für Kleinkrafträder § 67a Abs. 2 StVZO.

2) Der Rekurs ist die Nachprüfung im Verwaltungsstreitverfahren. Mit dem Rekurs kann nur geltend gemacht werden, es sei das Recht (insbesondere das geltende Kraftfahrzeug-Recht) verletzt, oder die tatsächlichen Voraussetzungen für die Versagung oder Entziehung der Fahrerlaubnis seien nicht gegeben. Das Verwaltungsgericht hat nur die Rechtmäßigkeit der angefochtenen Entscheidung, nicht aber deren Zweckmäßigkeit zu prüfen; Überschreitung der amtlichen Befugnis oder Ermessensmißbrauch gelten als Rechtverletzungen. *Flögel-Hartung* S. 639.

3) Die z. Zt. geltenden Landesgesetze sind bei *Floegel-Hartung* S. 639 aufgeführt.

**Zu § 5 a:** 1) Gefährliche Stellen, die nicht bloß vorübergehend bestehen, sind plötzliche Steigung oder Gefälle, scharfe Kurven, unübersichtliche Kreuzungen mit Wegen oder Bahngeleisen (Querrinnen, Kurven, Bahnübergänge, Kreuzungen). Die gefährlichen Stellen zu bestimmen ist Sache der Verkehrspolizeibehörden (§ 3 Abs. 4 StVO.), in Zweifelsfällen nach Anhörung der Träger der Straßenbaulast siehe § 2 des Ges. über die einstweilige Neuregelung des Straßenwesens und der Straßenverwaltung vom 26. 3. 1934 (RGBl. I S. 243).

2) Vgl. Anm. 1 zu § 4 StVO. Im Gegensatz zum Durchgangsverkehr (Fernverkehr) steht der Nah- oder Lokalverkehr. Wegestrecken, die dem Durchgangsverkehr dienen, sind die für den Verkehr, der über den Bezirk des engeren Kommunalverbands oder benachbarter Ortschaften hinausreicht. Braunschweig, HRR. 1925, 364.

3) S. § 3 Abs. 3 u. 4 StVO. Die Träger der Straßenbaulast. § 2 des Gesetzes über die einstweilige Neuregelung des Straßenwesens und der Straßenverwaltung v. 26. 3. 1934 (RGBl. I S. 243) sind verantwortlich, während die Verkehrspolizeibehörden zu bestimmen haben, wo und welche Verkehrszeichen aufzustellen sind.

4) Die Warnungstafeln enthalten keine behördlichen Anordnungen für die Allgemeinheit. Sie sind ein Mittel der Verkehrssicherung und sie werden durch §§ 304, 315a Abs. 1 Nr. 1, 316 StGB. geschützt. Nachtrag S. 4.

## § 6 Ausführungsvorschriften

(1) Der Bundesminister für Verkehr erläßt mit Zustimmung des Bundesrates Rechtsverordnungen und allgemeine Verwaltungsvorschriften über

1. die Ausführung der §§ 1 bis 5 a, insbesondere über das Mitführen von Anhängern, über Mindestbedingungen und zeitliche Befristung der Fahrerlaubnis und über Gesundheitsprüfungen zum Zweck der Feststellung mangelnder Eignung zur Führung von Kraftfahrzeugen[1]);
2. die Zulassung ausländischer Kraftfahrzeuge und Kraftfahrzeugführer[2]);
3. die sonstigen zur Erhaltung der Ordnung und Sicherheit auf den öffentlichen Straßen und zur Verhütung vermeidbarer Belästigungen erforderlichen Maßnahmen über den Straßenverkehr, insbesondere
   a) über die Beschaffenheit, die Ausrüstung, die Prüfung und die Kennzeichnung der Fahrzeuge[3]),
   b) über das Feilbieten, den Erwerb und die Verwendung von Fahrzeugteilen, die in einer amtlich genehmigten Bauart ausgeführt sein müssen[4]),
   c) über das Mindestalter der Führer von Fahrzeugen[5]) und ihr Verhalten, jedoch nicht über die höchstzulässige Fahrgeschwindigkeit von Personenkraftfahrzeugen[6]),
   d) über den Schutz der Nachtruhe und der Erholungsuchenden gegen Störung durch den Kraftfahrzeugverkehr,
   e) über die Anforderungen an Fahrlehrer und Sachverständige im Kraftfahrzeugverkehr[7]),
   f) über Ortstafeln und Wegweiser[8]),
   g) über das Verbot von Werbung und Propaganda durch Bildwerk, Schrift, Beleuchtung oder Ton, soweit sie geeignet sind, außerhalb geschlossener Ortschaften die Aufmerksamkeit der Verkehrsteilnehmer in einer die Sicherheit des Verkehrs gefährdenden Weise abzulenken oder die Leichtigkeit des Verkehrs zu beeinträchtigen[9]);
4. die tägliche Höchstzeit der Lenkung eines Lastkraftwagens oder Kraftomnibusses und die erforderlichen Ruhepausen für alle Personen einschließlich derjenigen, die ein solches Kraftfahrzeug nicht auf Grund eines Beschäftigungsverhältnisses führen;
5. Gebühren für behördliche oder amtlich angeordnete Maßnahmen im Straßenverkehr bei Durchführung der auf Grund dieses Gesetzes erlassenen Verordnungen. Die Gebühren sind nach den tatsächlichen Aufwendungen zu bemessen[10]).

---

**Zu § 6:** 1) S. §§ 16 bis 29 StVZO. und § 27.

2) VO. über internationalen Kraftfahrzeugverkehr v. 12. 11. 1934 (RGBl. I S. 1137) in der Fassung der VO.en vom 19. März 1935 (RGBl. I S. 426), 12. März 1936 (RGBl. I S. 175), 3. Juli 1936 (RGBl. I S. 543), 12. November 1936 (RGBl. I S. 941), 13. November 1937 (RGBl. I S. 1254) und 18. April 1940 (RGBl. I S. 662) mit Ausführungsanweisung vom 4. Januar 1935 (RVerk.-Bl. B S. 3). Diese VO. soll umgearbeitet werden — zur Begr. zum Entwurf der VO. vom 24. 8. 1953 (s. Vorbemerkung).

3) Vgl. §§ 32ff. StVZO.

4) Vgl. § 22 Abs. 4 StVZO., § 26 Ziff. 3.

5) Vgl. §§ 7, 67a StVZO. 6) Vgl. § 9 StVO.

7) Verordnung über die Ausbildung von Kraftfahrzeugführern vom 21. Dez. 1933 (RGBl. 1934 I S. 13) in der Fassung vom 5. Oktober 1934 (RGBl. I S. 912), vom 13 November 1937 (RGBl. I S. 1254) und vom 16. April 1940 (RGBl. I S. 646), Verordnung über Sachverständige für den Kraftfahrzeugverkehr vom 6. Januar 1940 (RGBl. I S. 23), Verordnung zur Ergänzung der Verordnung über Sachverständige für den Kraftfahrzeugverkehr vom 24. März 1951 (RGBl. I S. 240).

8) S. § 3 StVO. 9) Vgl. § 4 StVO.

10) Gebührenordnung für Maßnahmen im Straßenverkehr vom 17. 7. 1953 (BAnz. Nr. 137), für Berlin am 27. 7. 1953 (GVBl. S. 698) veröffentlicht.

Rechtsverordnungen[11]) des Bundesministers für Verkehr zur Durchführung der Vorschriften über die Beschaffenheit, die Ausrüstung und die Prüfung von Fahrzeugen und Fahrzeugteilen bedürfen jedoch nicht der Zustimmung des Bundesrates[12]); vor ihrem Erlaß sind die zuständigen obersten Landesbehörden zu hören.

(2) Soweit auf Grund der Anordnungen nach Absatz 1 die Deutsche Bundesbahn, die Deutsche Bundespost, der Bundesgrenzschutz oder die Polizei Personen, die sie als Führer von Kraftfahrzeugen verwenden, die Fahrerlaubnis versagt oder entzogen haben, finden die Vorschriften des § 5 keine Anwendung.

## II Haftpflicht

§§ 7 bis 20 nicht abgedruckt

## III. Straf- und Schlußvorschriften

### § 21 Übertretung polizeilicher Anordnungen

Werden zur Erhaltung der Ordnung und Sicherheit auf den öffentlichen Wegen oder Plätzen erlassenen polizeilichen Anordnungen über den Straßenverkehr[1]) zuwiderhandelt[2]), wird mit Geldstrafe bis zu einhundertfünfzig Deutsche Mark oder mit Haft bestraft[3]).

### § 22 Polizeiliche Verwarnung

(1) Bei leichteren Übertretungen[1]), die nach diesem Gesetz oder den auf Grund dieses Gesetzes erlassenen Rechtsvorschriften strafbar sind, kann ein Polizeibeamter, der hierzu ermächtigt[2]) ist und sich durch seine Dienstkleidung oder auf andere Weise ausweist, den auf frischer Tat betroffenen Täter[3]) verwarnen[4]) und eine Gebühr bis zu zwei Deutsche Mark erheben[5]). Die Verwarnung ist nur zulässig,

---

11) Für die Verkündung der Rechtsverordnungen sind der Art. 82 Abs. 1 GG. und das G. über die Verkündung von Rechtsverordnungen vom 30. 1. 1950 (BGBl. 23) maßgebend.

12) Entgegen den Art. 80 Abs. 2 GG. Allgemeine Verwaltungsvorschriften bedürfen der Zustimmung des Bundesrats. Art. 85 Ziff. 2 GG.

**Zu § 21:** 1) Nachdem die StVO. in § 49 und die StVZO. in § 71 eigene Strafvorschriften haben, die hinsichtlich der Kraftfahrzeuge als spezielle Vorschriften dem § 21 vorgehen, nachdem auch die VO. über internationalen Kraftfahrzeugverkehr in § 14 eigene Strafvorschriften hat, kommen nur solche polizeiliche Anordnungen in Betracht, die außerhalb dieser Verordnungen liegen, z. B. die in Anm. 7 zu § 6 genannte VO. v. 6. 1. 1940. Für landesrechtl. Straßenverkehrsordnungen ist kein Raum, nachdem die StVO. in § 45 und StVZO. in § 69 den Straßenverkehr vollständig und ausschließlich bundeseinheitlich regeln. Außerdem dürfen sie nach § 6 Abs. 1 nicht mehr erlassen werden.

Spezielle polizeiliche Anordnungen, die ein Gebot oder ein Verbot enthalten, werden selten vorkommen, z. B. die Anordnung eines Polizeibeamten auf der Wache „wegen Trunkenheit seinen Wagen nicht zu fahren"; vgl. Kiel DJ. 1937, 288.

2) Fahrlässigkeit genügt. E. 49, 116; auch hinsichtlich schuldhafter Unkenntnis oder unrichtiger Auslegung. E. 52, 325; E. 54, 4; E. 56, 147. Auch der Besitzer eines Autos, der die Leitung einem tüchtigen Chauffeur übertragen hat, macht sich strafbar, wenn er unter Umständen, wo ein Handeln seinerseits die drohende Gefahr zu beseitigen vermöchte, müßig zuschaut. E. 55, 78; E. 58, 244.

Über das Verhältnis der §§ 21, 23, 24 des Gesetzes zu § 49 StVO. u. § 71 StVZO. sowie zu § 366 Ziff. 10 StGB. vgl. Anm. 1 zu § 49 StVO. (B VIII 2).

3) Da es sich um Übertretung handelt, ist Beihilfe nicht strafbar.

**Zu § 22:** 1) Das sind Fälle von geringer Bedeutung, bei denen ein öffentliches Interesse an einer gerichtlichen Entscheidung nicht besteht.

2) Siehe Absatz 3.

3) Siehe Anm. zu § 127 StPO.

4) Vgl. Anm. 1 zu § 14 JGG. (Nachtr. S. 69). Hierdurch erhält die Polizei keinerlei zusätzliche Zwangsmittel, insbes. scheidet mangels eines Vollstreckungstitels eine Beitreibung aus. (Begr.)

5) Gebührenpflichtige Verwarnung § 8 des Ges. über Ordnungswidrigkeiten v. 23.3.1952 (BGBl. I S. 177), abgedruckt unter Nr. 1 des 4. Nachtrags.

wenn der Betroffene nach Belehrung über sein Weigerungsrecht mit ihr einverstanden und zur sofortigen Zahlung der Gebühr bereit ist. Über die Verwarnung und die Zahlung der Gebühr ist eine Bescheinigung zu erteilen.

(2) Nach Zahlung der Gebühr kann die Zuwiderhandlung nicht mehr als Übertretung verfolgt werden[6]).

(3) Die oberste Dienstbehörde des Polizeibeamten oder die von ihr bestimmte Behörde erteilt die Ermächtigung nach Absatz 1.

### § 23 Führen und Gebrauch nicht zugelassener Fahrzeuge

(1) Mit Geldstrafe bis zu zehntausend Deutsche Mark oder mit Gefängnis bis zu zwei Monaten wird bestraft[1]), wer auf öffentlichen Wegen oder Plätzen[2]) ein Kraftfahrzeug[3]) führt[4]), das nicht von der zuständigen Behörde zum Verkehr zugelassen ist[5]).

(2) Die gleiche Strafe trifft den Halter[6]) eines nicht zum Verkehr zugelassenen Kraftfahrzeugs, wenn er vorsätzlich oder fahrlässig dessen Gebrauch auf öffentlichen Wegen oder Plätzen gestattet[7]).

### § 24 Fahren ohne Führerschein

(1) Mit Geldstrafe bis zu zehntausend Deutsche Mark oder mit Gefängnis bis zu zwei Monaten wird bestraft,

1. wer ein Kraftfahrzeug führt[1]), ohne einen Führerschein[2]) zu besitzen[3]),

---

6) Nach Zahlung der Gebühr hat die Verwarnung beschränkte Rechtskraft. Auch wenn kein leichter Fall vorlag, darf die Zuwiderhandlung nicht mehr als Übertretung verfolgt werden. Dagegen ist die Verfolgung der als Vergehen qualifizierten Tat nicht ausgeschlossen.

**Zu § 23:** 1) Einziehung des Fahrzeugs gemäß § 40 StGB. bei Verstoß gegen § 23 ist nicht zulässig. E. 57, 331. KG. DJ. 1936, 1855. Der Absatz 1 erfordert ebenso wie Abs. 2 — nur Fahrlässigkeit. E. 49, 116.

2) Vgl. Anm. 2 zu § 1.

3) Über Anhänger s. §§ 18 Abs. 1, 71 StVZO. und § 41 PBG. unter B VIII 4 des Hauptwerks.

4) Vgl. Anm. 2 zu § 2. Kein Führen ist es, wenn die neben dem eigentlichen Fahrer sitzende Person lediglich vorübergehend das Lenkrad bedient, der Fahrer aber Kupplungs-, Brems- und Gashebel sowie die Schaltung in seiner Gewalt behält (a. M. RG. HRR. 1937 Nr. 987).

5) Vgl. Anm. 6 zu § 1.

6) Halter ist derjenige, der das Auto z. Zt. des Unfalls für eigene Rechnung in Gebrauch hat, also Nutzen daraus zieht, die Kosten dafür bestreitet und die Verfügungsgewalt darüber besitzt, die ein solcher Gebrauch voraussetzt. RG. JW. 59 (1930), 2861. Tübingen RdK. 1953, 16. Vgl. eingehend *Floegel-Hartung* S. 622. Wer ein Auto mietet oder leiht, wird Halter, wenn er die Bestimmung über die Verwendung des Fahrzeuges sowie dessen Führung, sei es auch durch einen Angestellten, übernimmt; anders aber, wenn Vermieter Fahrer zur Fahrtleitung stellt, selbst wenn Entleiher oder Mieter einen Teil der Fahrkosten trägt, RG. JW. 64 (1935), 2894; HRR. 1935 Nr. 1614. OLG. Karlsruhe stellt im übrigen darauf ab, wer Unkostenregelung und sonstige Verpflichtungen hat, DAR. 1934, 41. Es können auch mehr Halter vorhanden sein. EZ. 150, 138. EZ. 170, 182.

7) Das Gestatten muß vom Halter ausgehen. Halter ist der gesetzliche Vertreter einer juristischen Person, der den Gebrauch gestattet. E. 33, 264. E. 57, 191. § 23 ist anwendbar mit dem Inbetriebsetzen des Kraftfahrzeuges, nicht schon mit dem Gestatten.

**Zu § 24:** 1) Vgl. Anm. 2 zu § 2. Geführt wird ein Kraftfahrzeug, wenn es sich bei stillstehendem Motor auf abschüssigem Gelände selbst bewegt. Dresden JW. 61 (1932), 812.

2) S. § 2 Anm. 8. Ohne Führerschein fährt auch, wer einen nicht auf seinen Namen ausgestellten Führerschein besitzt, etwa einen geliehenen oder einen gestohlenen. Wer dagegen einen auf seinen Namen für ihn ordnungsgemäß ausgestellten Führerschein besitzt und daraufhin ein Kraftfahrzeug im öffentlichen Straßenverkehr führt, ist auch dann nicht nach dem § 24 strafbar, wenn er sich den Führerschein auf unrechtmäßige Weise, etwa durch Bestechung eines Beamten der Zulassungsstelle verschafft hat (vgl. E. 72, 158).

3) Besitzen bedeutet nicht Beisichführen, sondern Besitz im Sinne des BGB. Also greift § 24 auch dann Platz, wenn der Führer den Schein verloren hat, oder, wenn er ihm gestohlen ist

2. wer ein Kraftfahrzeug führt[1]), obwohl ihm die Fahrerlaubnis entzogen ist[4]),
3. wer nicht seinen Führerschein der Behörde, die ihm die Fahrerlaubnis entzogen hat[4]), auf ihr Verlangen abliefert[5]).

(2) Die gleiche Strafe trifft den Halter[6]) des Kraftfahrzeugs, wenn er vorsätzlich oder fahrlässig eine Person zur Führung des Fahrzeugs bestellt oder ermächtigt[7]), die sich nicht durch einen Führerschein[8]) ausweisen kann oder der die Fahrerlaubnis entzogen ist.

## § 25 Kennzeichenmißbrauch

(1) Wer in rechtswidriger Absicht[1])

1. ein Kraftfahrzeug[2]), für welches von der Polizeibehörde ein Kennzeichen[3]) nicht ausgegeben oder zugelassen worden ist, mit einem Zeichen[3]) versieht[4]),

---

H. M., vgl. *Floegel-Hartung* S. 731. Dagegen nur Verstoß gegen §§ 4, 71 StVZO., wenn der Schein nicht bei sich geführt ist, aber zu Hause verwahrt wird, E. 69, 353, E. 72, 159, und, wenn ein Polizist den Schein wegen Trunkenheit abgenommen hat und weitergefahren wird, Celle JW. 64 (1935), 2983. Bei verbotenem Führen besteht Tateinheit zwischen § 24 Nr. 1 und § 222 StGB. E. 59, 317, HRR. 1938 Nr. 1667, und § 242 StGB. RG. DJZ. 34 (1929), 704, ebenso mit einer Übertretung der StVO., Dresden, HRR. 1938 Nr. 1097.

4) S. § 4 u. §§ 42 m StGB., §§ 111a, 212b, 232, 233, 305, 463a StPO.
Der Strafrichter hat festzustellen, ob die Fahrerlaubnis rechtswirksam entzogen ist. BayObLG. JW. 57 (1928), 3190. Hierunter fällt der Kraftfahrer, der sich den abgelieferten oder eingezogenen Führerschein auf unrechtmäßige Weise wieder verschafft, E. 72, 158.

5) Eine Pflicht zur Ablieferung besteht erst, wenn die Entziehungsverfügung wirksam geworden ist. Die Ablieferung hat nur auf ausdrückliches, dem Betroffenen zugegangenes Verlangen der Behörde und zwar innerhalb angemessener Frist zu erfolgen. Erst nach fruchtlosem Fristablauf tritt Strafbarkeit ein. Bei schuldlos verspäteter Ablieferung keine Strafbarkeit, ebenso nicht bei Unmöglichkeit der Rückgabe infolge Verlustes. Das Gericht hat auch hier nachzuprüfen, ob ein rechtswirksamer Entziehungsakt der Verwaltungsbehörde vorliegt. BayObLG. JW. 57 (1928), 3190.

6) Siehe Anm. 6 zu § 23. Strafbar ist der Halter erst dann, wenn von Bestellung oder Ermächtigung wirklich Gebrauch gemacht, wenn gefahren wird. Auch vorübergehendes Führenlassen ist nur dann strafbar, wenn der Halter eine Person ohne Führerschein oder nach Entziehung der Fahrerlaubnis sein Kraftfahrzeug selbständig, d. h. nach ihrem eigenen Willen, steuern läßt, selbst dann, wenn der Halter mündliche Anweisungen erteilt und die Steuerung beaufsichtigt. BayObLG. DRZ. 21 (1929), 909.

7) Die Ermächtigung kann ausdrücklich oder stillschweigend geschehen. Es genügt, wenn der andere streckenweise das Steuerrad selbständig d. h. nach eigenem Willen bedient. BayObLG. DRZ. 21 (1929) Nr. 415. Der Halter muß sich im Zweifel bei der Bestellung oder Ermächtigung durch Augenschein von dem Besitz des Führerscheins des anderen überzeugen. Auch Überlassung des Halters an Vorgesetzten ohne Prüfung der Fahrerlaubnis ist, selbst trotz etwaigen Befehles, strafbar, KG. VAE. 1937, 322.

8) Soweit ein solcher erforderlich ist, also auf öffentlichen Wegen. Der Führerschein muß für das der bestimmten Klasse angehörige Fahrzeug erteilt sein. BayObLG. DRZ. 21 (1929) Nr. 354.

**Zu § 25:** 1) D.h. in der Absicht. durch die verbotswidrige Kennzeichnung das Rechtsleben zu beeinflussen. Auch Kleinkrafträder, dagegen nicht Fahrräder mit Hilfsmotor, § 27.

2) Auch reparaturbedürftige Kraftfahrzeuge fallen hierunter. RG. Recht 25 Nr. 958.

3) Das sind die allgemeinen Kennzeichen (§§ 23, 60) und die für Probefahrt (§ 28 StVZO.) sowie die heimischen Kennzeichen u. Nationalitätszeichen (Unterscheidungszeichen) für außerdeutsche Kraftfahrzeuge mit internationalem Fahrausweis nach § 2, 7 VO. vom 12. 11. 1934 (RGBl. I S. 1137) (Anm. 2 zu § 6), während die Kennzeichen nach § 6 d. VO. v. 12. 11. 1934 nicht hierunter fallen, *Müller*, Komm. A III e, a. A. *Floegel*, Komm. § 25 Anm. 1a. Das polizeiliche Kraftfahrzeugkennzeichen ist öffentliche Urkunde. BayObLG. GA. 73, 208. Stettin JW. 61 (1932), 816; jedoch ist die Anbringung eines echten polizeilichen Kennzeichens an einen nicht zugelassenen Kraftwagen keine Urkundenfälschung. BayObLG. HRR. 1933 Nr. 626.

4) Mit dem Versehen, das mit Anbringen gleichbedeutend ist, ist die Tat vollendet.

welches geeignet ist, den Anschein der polizeilich angeordneten oder zugelassenen Kennzeichnung hervorzurufen[5]),

2. ein Kraftfahrzeug mit einer anderen als der polizeilich für das Fahrzeug ausgegebenen oder zugelassenen Kennzeichnung versieht[6]),
3. das an einem Kraftfahrzeug gemäß polizeilicher Anordnung angebrachte Kennzeichen[7]) verändert, beseitigt, verdeckt oder sonst in seiner Erkennbarkeit beeinträchtigt,

wird, sofern nicht nach den Vorschriften des Strafgesetzbuchs eine höhere Strafe verwirkt ist[8]), mit Geldstrafe bis zu zehntausend Deutsche Mark oder mit Gefängnis bis zu drei Monaten bestraft.

(2) Die gleiche Strafe trifft Personen, welche auf öffentlichen Wegen oder Plätzen von einem Kraftfahrzeug Gebrauch machen[9]), von dem sie wissen, daß die Kennzeichnung in der im Absatz 1 unter Nummer 1 bis 3 bezeichneten Art gefälscht[10]), verfälscht[11]) oder unterdrückt[12]) worden ist.

## § 26 Unbefugtes Mitführen von Anhängern. Überladung und Feilbieten von Fahrzeugteilen

Mit Geldstrafe oder mit Gefängnis bis zu drei Monaten wird bestraft, wer vorsätzlich oder fahrlässig

1.[1]) als Führer[2]) eines Kraftfahrzeugs den Vorschriften über das Mitführen von Anhängern[3]) zuwiderhandelt[4]),
2.[1]) als Fahrzeughalter[2]) das unzulässige Mitführen[4]) von Anhängern anordnet[5]) oder zuläßt[6]),
3. ein Kraftfahrzeug führt oder einen Kraftfahrzeuganhänger mitführt, bei denen das Gesamtgewicht des einzelnen Fahrzeugs das zulässige Gesamtgewicht um mehr als zehn vom Hundert überschreitet[7]),

---

5) Fälschliche Anfertigung ist nicht erforderlich; es genügt schon Kennzeichen für anderen Wagen oder andere Zwecke. Es muß in der Anbringung eine die Echtheit oder Richtigkeit vorspiegelnde Ähnlichkeit gegeben sein. Tatsächliche Hervorrufung eines Irrtums ist nicht erforderlich, ebensowenig ein Gebrauch machen, da schon das Anbringen strafbar ist.

6) S. Anm. 4. Das echte Zeichen wird mit einem für ein anderes Fahrzeug bestimmten echten oder mit einem falschen Kennzeichen vertauscht. Falsch ist die Kennzeichnung auch dann, wenn das verloren gegangene echte Kennzeichen ohne behördliche Mitwirkung (§ 23 Abs. 1 StVZO.) durch ein gleichartiges anderes ersetzt wird.

7) Wird das Kennzeichen vor Anbringung am Fahrzeug verändert, so liegt lediglich Urkundenfälschung vor. S. auch Anm. 3 u. 4.

8) Subsidiaritätsklausel, z. B. §§ 267, 281 StGB.

9) Gebrauchmachen heißt Inbetriebsetzen. Wie im Falle des Abs. 1 und des § 267 StGB. muß das Gebrauchmachen in rechtswidriger Absicht geschehen sein und diese Absicht besonders festgestellt werden. E. 12, 112; E. 56, 361 (zu § 270); a. A. *Müller*, Komm. § 25 Anm. A c.

10) Tatbestand in Abs. 1 Nr. 1.

11) Verfälschen im Sinne von Abs. 1 Nr. 2.

12) Unterdrücker nach Abs. 1 Nr. 3.

**Zu § 26:** 1) Durch diesen Sondertatbestand, der auf § 32a StVZO. beruht, wird § 71 StVZO. ausgeschlossen.

2) Nur dieser kann als Täter in Betracht kommen.

3) § 32a StVZO.

4) Der unzulässig zusammengesetzte Zug muß im öffentlichen Verkehr betrieben werden.

5) Die Anordnung ist nicht schon an sich strafbar, wenn sie nicht befolgt wird. Der unzulässig zusammengesetzte Zug muß in den öffentlichen Verkehr gelangt sein.

6) Die Rechtspflicht des Halters zum Handeln ergibt sich aus § 7 StVO. und § 31 StVZO.

7) Dieser Tatbestand ist die Zuwiderhandlung gegen § 34 StVZO. Verstöße gegen § 19 StVO. fallen nicht darunter. S. auch Anm. 1.

4.[7]) als Fahrzeughalter die Inbetriebnahme eines nach Nummer 3 überladenen Fahrzeugs anordnet[5]) oder zuläßt[6]) oder

5.[8]) Fahrzeugteile, die in einer vom Kraftfahrt-Bundesamt genehmigten Bauart ausgeführt sein müssen, gewerbsmäßig[9]) feilbietet[10]), welche nicht mit einem amtlich vorgeschriebenen und zugeteilten Prüfzeichen gekennzeichnet sind.

## IV. Kleinkrafträder

### § 27

(1) Die Vorschriften im Teil I gelten mit Ausnahme des § 6 Abs. 1 Nr. 5[1]) nicht für Kleinkrafträder[2]) und Fahrräder mit Hilfsmotor[3]). Der Bundesminister für Verkehr bestimmt durch Rechtsverordnung mit Zustimmung des Bundesrates, welche Arten von Fahrzeugen dazu gehören; er hat dabei internationale Regelungen zu beachten und zu berücksichtigen, welche Fahrzeuge nach dem jeweiligen Stande der Technik eine geringere Gefährdung verursachen.

(2) Wird die Erlaubnis zur Führung eines Kleinkraftrades entzogen oder kommt ihre Entziehung in Betracht, so gilt § 4 Abs. 2 und 3.

(3) Der Bundesminister für Verkehr erläßt mit Zustimmung des Bundesrates Rechtsverordnungen und allgemeine Verwaltungsvorschriften über den Verkehr mit Kleinkrafträdern und Fahrrädern mit Hilfsmotor[4]). Die Rechtsverordnungen dürfen keine strengeren Anforderungen vorsehen, als für den Verkehr mit anderen Krafträdern gelten.

---

8) Dieser Straftatbestand enthält das Zuwiderhandeln gegen §§ 22 Abs. 3 u. 4 StVZO., soweit es gewerbsmäßig erfolgt.

9) S. Anm. 1 zu § 260 StGB. Da Gewerbsmäßigkeit Vorsatz voraussetzt, wird fahrlässige Zuwiderhandlung nicht nach § 26 strafbar sein, vielmehr nur nach §§ 22 Abs. 4, 72 StVZO. *Hartung* NJW. 1953, 885 (886).

10) S. Anm. 5 zu § 3 LMG. unter B VII 1.

**Zu § 27:** 1) Betrifft Gebührenbemessung.

2) Begriffsbestimmung in § 67a Abs. 1 StVZO., Fahrerlaubnis § 5 Abs. 1 StVZO., Zulassung § 18 Abs. 2 Nr. 2, Entziehung der Führungserlaubnis s. Abs. 2. Da § 4 Abs. 1 nicht gilt, ist die Entziehung im Verwaltungswege nach § 3 StVZO. zulässig. Im gerichtlichen Verfahren gilt § 42 m StGB.

3) Begriffsbestimmung in § 67a Abs. 3 StVZO. Eine Fahrerlaubnis ist nicht erforderlich, jedoch ist Personen unter 16 Jahren die Führung verboten, § 67a Abs. 3 Satz 2. Zulassung § 18 Abs. 2 Nr. 2. Untersagung der Führung im Verwaltungswege ist nach § 3 StVZO. zulässig, dagegen nicht im gerichtlichen Verfahren gemäß § 42 m, da der Führer keine Fahrerlaubnis hat.

4) Für Kleinkrafträder wie Fahrräder mit Hilfsmotor gelten die Bestimmungen der StVO. insbes. § 1. RG. JW. 64 ( 1935), 2057, und § 13 Abs. 2 BayObLG. NJW. 1952, 1223; ferner §§ 21, 22, mit Einschränkung § 23, — soweit der Führer und Halter der nach § 18 zulassungspflichtigen Kleinkrafträder, § 24, soweit der Führer und Halter eines Kleinkraftrades einer Fahrerlaubnis bedarf, § 25, soweit Führer und Halter eines Kleinkraftrades sind, das kennzeichnungs- und zulassungspflichtig ist (§ 18 StVZO., dagegen nicht § 26).

# 7. Gesetz über die innerdeutsche Rechts- und Amtshilfe in Strafsachen

Vom 2. Mai 1953 (BGBl. I S. 161)

Das Gesetz ist eine Folgeerscheinung der Rechtsentwickelung, die nach der Spaltung Deutschlands in den deutschen Ostgebieten, insbesondere Sowjetzone und Ostberlin eingetreten ist. Das in Westberlin geltende Gesetz über die Behandlung der Entscheidungen und sonstigen Maßnahmen in Strafsachen von Behörden außerhalb des Geltungsbereichs dieses Gesetzes v. 9. 1. 1951 (VOBl. I S. 251) ist infolge Übernahme des Bundesgesetzes durch Gesetz v. 12. 5. 1953 (GVBl. S. 293) aufgehoben.

Schrifttum: *Creifelds*, JR. 1953, 204. *Nüse*, MDR. 1953, 453. *Zorn*, Bundesanz. 1953 Nr. 80 S. 8.

Der Bundestag hat mit Zustimmung des Bundesrates das folgende Gesetz beschlossen:

## § 1 Allgemeines

(1) Den Ersuchen deutscher Gerichte und Behörden außerhalb des Geltungsbereichs dieses Gesetzes[1]) um Rechts- und Amtshilfe[2]) in Strafsachen ist unter den in § 2 bezeichneten Voraussetzungen zu entsprechen.

(2) Wird einem Ersuchen entsprochen, so gelten die Vorschriften des Gerichtsverfassungsgesetzes[3]) und der Strafprozeßordnung[4]), soweit dieses Gesetz nichts anderes bestimmt.

## § 2 Grenzen der Rechts- und Amtshilfe

(1) Rechts- oder Amtshilfe[1]) ist zu leisten, wenn[2])

1. ihre Gewährung dem Zweck eines Bundesgesetzes nicht widerspricht[3]),
2. keine Bedenken gegen die Annahme bestehen, daß von der Rechts- oder Amtshilfe nur im Einklang mit rechtsstaatlichen Grundsätzen Gebrauch gemacht wird[4]), und

---

**Zu § 1:** 1) Damit ist der Rechtsverkehr mit dem Saargebiet und der Sowjetzone einschließlich Ostberlin umfaßt, nicht aber der mit den Gebieten jenseits der Oder-Neiße-Linie, da dort keine deutschen Gerichte und Behörden bestehen.

2) Rechtshilfe gewähren sich nur Gerichte einander, § 156 GVG. Die Amtshilfe umfaßt die Hilfeleistungen, die auf Ersuchen zwischen Gerichten und Staatsanwaltschaften sowie Verwaltungsbehörden,Finanz- und Wirtschaftsämtern, zwischen letzteren untereinander vorgenommen werden. Amtshilfehandlungen sind auch Beistandshandlungen der Gerichte untereinander, soweit sie keine richterliche Tätigkeit betreffen, z. B. Überlassung eines Dienstzimmers.

3) §§ 156, 158, 159 (Rechtshilfe), §§ 160 bis 163, 168 (Amtshilfe).

4) §§ 96, 161, 162 (Amtshilfe), §§ 185, 186 Abs. 3, 223.

**Zu § 2:** 1) S. Anm. 2 zu § 1.

2) Fehlt eine der drei Voraussetzungen, so darf kein Gericht und keine Behörde Rechts- und Amtshilfe leisten.

3) Z. B. darf sich das Ersuchen auf Zulieferung zur Vollstreckung der Todesstrafe nicht richten, da Art. 102 GG. die Todesstrafe abgeschafft hat; jedoch Abs. 2. Es kommt nur auf den Zweck des Gesetzes, nicht auf den Inhalt oder gar den Wortlaut der einzelnen Bestimmungen entscheidend an.

4) Es kommt nicht allein entscheidend darauf an, um was für eine Straftat es sich handelt. Auch wenn der Verfolgte ein kriminelles Verbrechen begangen hat, kann die Verfolgung oder die Art ihrer Durchführung im Einzelfall rechtsstaatlichen Grundsätzen widersprechen. Das gilt vornehmlich, wenn politische Ziele für die Strafverfolgung maßgebend sind oder mit einer ungerecht hohen oder grausamen Strafe zu rechnen ist. Im Widerspruch zu rechtsstaatlichen

3. nicht anzunehmen ist, daß dem Betroffenen[5]) aus der Gewährung der Rechts- oder Amtshilfe erhebliche Nachteile erwachsen[6]), die im Widerspruch zu rechtsstaatlichen Grundsätzen stehen[7]).

(2) Eine Zulieferung wegen einer Handlung, die im Gebiet der ersuchenden Stelle mit Todesstrafe bedroht ist, darf nur genehmigt werden, sofern die Gewähr gegeben ist[8]), daß die Todesstrafe nicht vollstreckt wird.

(3) Wird die Zulieferung eines Verfolgten nicht genehmigt, so darf der Verfolgte der ersuchenden Stelle auch nicht allein zu dem Zwecke zugeführt[9]) werden, um eine Hauptverhandlung oder eine andere Maßnahme gegen ihn durchzuführen[10]).

(4) Ein Zeuge darf, auch wenn er sich in Haft befindet, zum Zwecke der Vernehmung oder Gegenüberstellung nicht gegen seinen Widerspruch zugeführt werden[11]) [9]).

(5) Eine Strafe ist nur insoweit zu vollstrecken, als ihre Art und Höhe[12]) nach rechtsstaatlichen Grundsätzen[4]) angemessen sind und nicht dem Zweck eines Bundesgesetzes widersprechen[5]). Die Strafe kann in einer milderen Strafart vollstreckt werden[13]).

(6) Die Absätze 1 bis 5 gelten auch für Verfahren, die gegen Abwesende durchgeführt worden sind[14]).

---

Grundsätzen steht insbesondere ein nicht rechtsstaatlich geordnetes oder geführtes Verfahren oder die Verhängung einer grob ungerechten oder im Gesetz nicht vorgesehenen Strafen oder Maßnahme. Berliner Freiheitsschutzgesetz vom 14. 6. 1951 (GVBl. S. 417). Verfahrensverstöße sind sind Hinderungsgründe, wenn die angewandten Verfahrensgesetze selbst zu rechtsstaatlichen Bedenken Anlaß geben, z. B. Verstoß gegen den Grundsatz der Unmittelbarkeit, Ausschluß oder Behinderung der Verteidigung. Maßgebend muß sein nulla poena sine lege. Mit rechtstaatlichen Grundsätzen ist es auch nicht zu vereinbaren, einen politisch Andersdenkenden nur wegen seiner Gesinnung zu verfolgen, einen wirklich oder vermeintlichen Gegner des herrschenden Systems wegen einer abfälligen Äußerung oder seines Eintretens für Recht und Freiheit mit schweren Freiheitsstrafen zu belegen oder das Strafverfahren als Mittel für eine Enteignung zu benutzen. Neben rein politischen gehören demnach auch wirtschaftliche, kulturpolitische und gesellschaftliche Zwecke hierher, sofern sie der Anlaß für eine Verfolgung sind. Begr.

5) Betroffen ist nicht bloß die Person, auf die sich das Ersuchen unmittelbar richtet, sondern auch eine dritte Person, die durch die verlangte Vernehmung eines Zeugen oder durch den Inhalt der angeforderten Akten der Gefahr einer unrechtmäßigen Verfolgung ausgesetzt wird. Vgl. auch *Nüse* S. 457.

6) Erhebliche Nachteile liegen in jeder ungerechten und willkürlichen Verfolgung; sie gehen über das mit einem Strafverfahren notwendig verbundene Maß hinaus. So die Bestrafung mit hohen Zuchthausstrafen wegen „Sabotage" aus der WirtschaftstrafVO. v. 23. 9. 1948 (ZVOBl. S. 439) und der SpekulationsVO. v. 22. 6. 1949 (DDRGBl. S. 471).

7) Zulieferung ist die Überantwortung, Überstellung, die Überführung.

8) Eine Gewähr ist dann gegeben, wenn nach gewissenhafter Prüfung mit Sicherheit angenommen werden kann, daß die erfolgte Zusicherung eingehalten wird.

9) Zuführung ist die vorübergehende Zulieferung mit der Auflage der Zurückführung.

10) Das Verbot der bedingten Zuführung ist absolut; es besteht auch bei der Zusicherung der Rücküberstellung z. B. nach Gegenüberstellung.

11) Also nur mit ausdrückl. Einverständnis des Zeugen kann die Zuführung vorgenommen werden.

12) Die Art und Höhe der rechtskräftig erkannten Strafe ist nachzuprüfen und angemessen festzusetzen § 8 Abs. 2.

13) Die Zuchthausstrafe ist in Gefängnis umzuändern, meist unter Zugrundelegung des § 21 StGB.

14) Wenn auch die Urteile, die im Abwesenheitsverfahren in Art und Höhe dem § 276ff. StPO. widersprechen, können sie im Einklang mit rechtsstaatl. Grundsätzen stehen; dementsprechend kann Rechts- und Amtshilfe gewährt werden. Es muß aber umgehend geprüft werden, ob das Verfahren und die Verurteilung rechtlich einwandfrei ist. Gerade die Abwesenheitsverfahren dienen im sowjetischen Besatzungsgebiet häufig dazu, eine Enteignung und Diffamierung aus politischen oder wirtschaftlichen Gründen geflüchteter Personen zu ermöglichen. Im Hinblick auf die genannten Unterschiede wird es sich empfehlen, Abwesenheitsurteile im allgemeinen nur im Geltungsbereich des Grundgesetzes zu vollstrecken.

## § 3 Genehmigung

(1) Die Rechts- und Amtshilfe[1]) bedarf der Genehmigung[2]), wenn[3]) sich das Ersuchen richtet auf Zulieferung[4]), Verhaftung[5]), Vollstreckung einer gerichtlichen Entscheidung[6]), Zuführung[7]) oder Vernehmung eines Beschuldigten oder Zeugen[8]), Aktenübersendung oder Auskunft über einen Beschuldigten oder Zeugen[9]) mit Ausnahme von Auskünften aus dem Strafregister[10]).

(2) Die Genehmigung erteilt der Generalstaatsanwalt bei dem Oberlandesgericht, in dessen Bezirk die Rechts- oder Amtshilfe geleistet werden soll[11]). In den Fällen der Aktenübersendung kann die oberste Behörde der Landesjustizverwaltung die Befugnis zur Genehmigung auch anderen Stellen übertragen[12]).

(3) Auch abgesehen von den Fällen des Absatzes 1 ist ein Ersuchen dem Generalstaatsanwalt zur Entscheidung vorzulegen, wenn sich Bedenken gegen die Gewährung der Rechts- oder Amtshilfe ergeben[13]).

## § 4 Verfahren des Generalstaatsanwalts

(1) Vor Erteilung der Genehmigung ist[1]) der Betroffene zu hören, wenn um seine Zulieferung[2]) oder Zuführung[3]) oder um die Vollstreckung einer Strafe[4]), Maßregel der Sicherung und Besserung[5]), Nebenstrafe[6]) oder sonstigen Folge einer Verurteilung[6]) ersucht wird.

---

**Zu § 3:** 1) S. § 1 Anm. 2.

2) Genehmigung ist die von Amts wegen einzuholende Entschließung über die Gewährung der Rechts- und Amtshilfe.

3) Das sind Maßnahmen, die mit einer Gefährdung für den Betroffenen verbunden sind. Erweiterung der Entscheidungsfälle in Abs. 3.

4) S. Anm. 7 zu § 2.

5) Festnahme und Inhaftnahme zum Zwecke der Strafverfolgung und Strafvollstreckung.

6) Urteile, Beschlüsse und Verfügungen. S. auch Anm. 10. Über die Vollstreckung von Entscheidungen auswärtiger Gerichte in Zivilsachen s. das Berliner Gesetz v. 31. 5. 1950 (VOBl. I S. 179) i. d. F. v. 26. 2. 1953 (GVBl. S. 151).

7) S. Anm. 9 zu § 2.

8) § 2 Abs. 4. Es wird zweckmäßig sein, die Niederschrift über die Vernehmung an die ersuchende Stelle über die für die Entscheidung in Rechtshilfesachen zuständige Stelle zurückzuleiten. Nur so kann diese prüfen, ob etwa der Inhalt der Aussage die Gefahr einer Verfolgung im Widerspruch zu rechtsstaatlichen Grundsätzen hervorruft. Gegebenenfalls kann sie eine Weitergabe der Niederschrift verhindern. Das wird vor allem bedeutsam sein, wenn dritte Personen, die sich im Gebiet der ersuchenden Stelle aufhalten, durch die Aussage gefährdet werden können. (Begr.)

9) S. § 41 des Auslieferungsgesetzes, das im 2. Nachtrag S. 75 abgedruckt ist.

10) S. § 14. In der Erteilung von Auskünften aus dem Strafregister, wie bei Beschlagnahmen und Durchsuchungen, Einnahme des richterl. Augenscheines, werden keine nachteiligen Folgen für den Betroffenen zu befürchten sein. (Begr.)

11) Ist die Rechts- und Amtshilfe in mehreren Bezirken durchzuführen, so ist die Verfügung des zunächst entscheidenden GStA. maßgebend, vgl. § 16. (Begr.)

12) Von dieser Ermächtigung, die Genehmigung der Aktenübersendung auf andere Stellen zu übertragen, sollte wenig Gebrauch gemacht werden, da nach den Erfahrungen durch unüberlegte Aktenübersendung wiederholt Bewohner der Sowjetzone benachteiligt, zum mindesten in Gefahr gebracht sind. In Berlin ist die StA. ermächtigt.

13) Das sind Bedenken, die sich aus § 2 ergeben.

**Zu § 4:** 1) Die Anhörung des Betroffenen in den angeführten Fällen ist zwingend.

2) S. § 2 Abs. 2. Hier ist eine besonders sorgfältige Prüfung geboten, weil die Zulieferung nicht rückgängig gemacht werden kann.

3) S. § 2 Abs. 3 u. 4.

4) Freiheits- oder Geldstrafe.

5) §§ 42a ff. StGB.

6) S. Anm. 9 zu § 2 StrRVO. D 6 im Hauptwerk.

(2) In den übrigen Fällen[7]) soll der Betroffene gehört werden, wenn es zur Entscheidung über das Ersuchen oder zur Verhütung von Nachteilen geboten ist, die über die gewöhnlichen Folgen der Rechts- oder Amtshilfe hinausgehen.

(3) Ist der Betroffene zum Zwecke der Durchführung eines Ersuchens nach Absatz 1 verhaftet worden[8]), so ist die Anhörung alsbald nach der Verhaftung nachzuholen und über die Fortdauer der Haft zu entscheiden. Handelt es sich um Untersuchungshaft, so ist der Verhaftete außerdem unverzüglich, spätestens am Tage nach der Ergreifung, dem nächsten Amtsrichter vorzuführen[9]), § 114b Abs. 2 und 3 und § 114c Abs. 3 der Strafprozeßordnung gelten entsprechend.

(4) Der Betroffene kann sich eines Rechtsanwalts bedienen. Diesem ist Einsicht in die Akten zu gestatten, soweit der Betroffene[10]) ein berechtigtes Interesse daran hat und nicht durch die Einsicht der Zweck der Untersuchung oder der Prüfung gefährdet wird[11]). Ist der Betroffene[10]) ein Beschuldigter, so gilt § 147 der Strafprozeßordnung[12]).

(5) Die Verfügung des Generalstaatsanwalts soll dem Betroffenen schriftlich bekannt gemacht werden. Sie ist ihm zuzustellen, wenn in den Fällen des Absatzes 1 die Rechts- oder Amtshilfe genehmigt wird[13]). Ist ein Antrag auf gerichtliche Entscheidung (§ 5) zulässig, so ist der Betroffene[10]) in der Verfügung[14]) über sein Recht sowie über Frist und Form des Antrags zu belehren.

### § 5 Antrag auf gerichtliche Entscheidung

(1) Genehmigt der Generalstaatsanwalt in den Fällen des § 4 Abs. 1 die Rechts- oder Amtshilfe ganz oder teilweise[1]), so kann der Betroffene innerhalb einer Woche nach Zustellung der Verfügung gerichtliche Entscheidung[2]) beantragen.

(2) In dem Falle einer Verhaftung[3]) kann der Betroffene bis zur Entscheidung über die Gewährung der Rechts- oder Amtshilfe das Gericht[4]) anrufen, wenn der Generalstaatsanwalt die Entlassung ablehnt.

(3) § 115a der Strafprozeßordnung ist mit der Maßgabe entsprechend anzuwenden, daß das Gericht die erste Prüfung durchführt, wenn die Untersuchungshaft im Geltungsbereich dieses Gesetzes zwei Monate gedauert hat.

---

7) Für den Fall der Verhaftung gilt Abs. 3.

8) Anm. 3 zu § 3. Unberührt bleibt § 5 Abs. 2.

9) Entsprechend Art. 104 GG.

10) S. Anm. 5 zu § 2.

11) Durch diese Einschränkung kann verhindert werden, daß durch eine Akteneinsicht eines von einem gefährdeten Dritten beauftragten Rechtsanwalts möglicherweise wichtige Interessen des Beschuldigten oder anderer Personen verletzt werden. Weiter darf durch die Akteneinsicht nicht der Zweck der Untersuchung oder der Prüfung gefährdet werden.

12) Die Einschränkung gilt also nicht. Übrigens darf ein Rechtsanwalt auch als Verteidiger von dem Inhalt der Akten seinem Mandanten nur insoweit Kenntnis geben, als dies im Rahmen seines Auftrages liegt (Anwaltblatt 1952 S. 8 und *Lüttger* NJW 1951, 444).

13) Die Zustellung ist mit Rücksicht auf § 5 Abs. 1 notwendig.

14) Demnach schriftlich.

**Zu § 5:** 1) Hierher gehören die Zulieferung oder Zuführung des Betroffenen und die Vollstreckung einer gegen ihn verhängten Strafe.

2) Die gerichtlicheEntscheidung trifft das OLG. Abs. 4. S. Übergangsvorschrift § 20 Abs. 1.

3) S. Anm. 5 zu § 3.

4) Der Grund zur Anrufung entfällt mit der Entscheidung über die Genehmigung der Rechtshilfe. Entweder wird die Leistung der Rechtshilfe abgelehnt. Dann ist der Verhaftete ohnehin zu entlassen, falls nicht nach den §§ 10, 11 das Verfahren übernommen oder ein neues Verfahren eingeleitet wird. Oder die Rechtshilfe wird genehmigt. Dann läuft nunmehr die Frist nach Abs. 1. Die Nachprüfung der Verfügung des Generalstaatsanwalts umfaßt zugleich auch die der Inhaftnahme.

Daneben besteht die Prüfungspflicht des „nächsten Amtsrichters" nach § 114c StPO. Auch wird grundsätzlich die Zuständigkeit der Gerichte im Gebiet der ersuchenden Stelle für das Haftprüfungsverfahren und die Entscheidung über die Haftbeschwerde durch Abs. 2 nicht berührt. Vgl. weiter Abs. 3.

(4) Zuständig ist das Oberlandesgericht. Der Antrag ist zur Niederschrift der Geschäftsstelle des Oberlandesgerichts oder schriftlich bei diesem oder dem Generalstaatsanwalt zu stellen.

## § 6 Aufschub der Rechts- und Amtshilfe

(1) Durch die Anrufung des Gerichts wird der Vollzug einer vom Generalstaatsanwalt genehmigten Zulieferung[1]) oder Zuführung[2]) gehemmt[3]).

(2) Im übrigen[4]) kann das Gericht oder dessen Vorsitzender anordnen, daß die Rechts- oder Amtshilfe auszusetzen ist.

## § 7 Verfahren vor dem Oberlandesgericht

(1) Das Gericht oder in dringenden Fällen dessen Vorsitzender kann Ermittlungen anordnen und Beweiserhebungen selbst oder durch einen beauftragten oder ersuchten Richter vornehmen. Art und Umfang der Beweiserhebung bestimmt das Gericht. Es kann auch[1]) eine mündliche Verhandlung anberaumen; bei einem Ersuchen um Zulieferung ist auf Antrag des Betroffenen nach mündlicher Verhandlung zu entscheiden. Zeit und Ort der mündlichen Verhandlung sind dem Generalstaatsanwalt und dem Betroffenen bekanntzumachen[2]).

(2) Der Vorsitzende ordnet dem Betroffenen unter den Voraussetzungen des § 140 Abs. 2 der Strafprozeßordnung einen Rechtsanwalt bei[3]).

(3) Vor der Entscheidung ist dem Generalstaatsanwalt Gelegenheit zur Stellungnahme zu geben[4]).

## § 8 Entscheidung des Gerichts

(1) Das Gericht entscheidet über die Zulässigkeit der Rechts- oder Amtshilfe durch Beschluß. Der Beschluß ist nicht anfechtbar. Eine schriftliche Begründung erfolgt nicht[1]), jedoch sind die Gründe der Entscheidung aktenkundig zu machen[2]).

(2) In den Fällen des § 2 Abs. 5 setzt das Gericht Art und Dauer der zu vollstreckenden Strafe fest[3]).

---

**Zu § 6:** 1) S. Anm. 7 zu § 2.

2) S. Anm. 9 zu § 2.

3) Die Hemmung des Vollzugs tritt ein, weil sonst die Anrufung des OLG. ihre Bedeutung verliert.

4) Für den Fall der Verhaftung und der Strafvollstreckung.

**Zu § 7:** 1) Es steht in jedem Falle der Rechts- und Amtshilfe im Ermessen des Gerichts, mündl. Verhandlung anzuberaumen; im Falle des Ersuchens um Zulieferung ist die mündl. Verhandlung auf Antrag der Betroffenen durchzuführen.

2) Der Generalstaatsanwalt und der Betroffene haben das Recht, an einer mündlichen Verhandlung teilzunehmen und sich zu äußern.

3) Bestellung eines Offizialverteidigers. Wahlverteidiger § 4 Abs. 4.

4) Diese Stellungnahme ist wichtig, weil oft nur der Generalstaatsanwalt auf Grund der ihm zur Verfügung stehenden Möglichkeiten in der Lage sein wird, nicht nur die tatsächlichen Verhältnisse weitgehend aufzuklären, sondern auch die politischen und sonstigen Hintergründe eines Verfahrens richtig zu würdigen.

**Zu § 8:** 1) Die schriftl. Begründung könnte den Betroffenen bei der Ablehnung seines Antrags gefährden.

2) Das ist mit Rücksicht auf § 9 erforderlich.

Das OLG. bestätigt die Verfügung der GStA. und weist den Antrag des Betroffenen zurück oder erklärt unter Aufhebung der Verfügung der GStA. die Rechtshilfe für unzulässig.

3) Die Festsetzung ist nicht an den Antrag des Verurteilten oder an die vom GStA. bereits zu seinen Gunsten getroffene Verfügung gebunden.

### § 9 Erneute Entscheidung

(1) Werden nach der Entscheidung des Gerichts neue Tatsachen oder Beweismittel beigebracht, die allein oder in Verbindung mit den früher vorgebrachten Beweisen oder durchgeführten Ermittlungen eine wesentlich andere Entscheidung zu begründen geeignet sind, so hat das Gericht auf Antrag des Generalstaatsanwalts[1]) oder des Betroffenen erneut zu entscheiden.

(2) Hat der Generalstaatsanwalt abschließend entschieden, so hat er unter den Voraussetzungen des Absatzes 1 zu prüfen, ob Anlaß besteht, seine Verfügung aufzuheben oder zu ändern[2]).

### § 10 Übernahme des Verfahrens

(1) Das Verfahren ist im Geltungsbereich dieses Gesetzes nach den in diesem Gebiet geltenden Vorschriften durchzuführen[1]), wenn

1. die Zulieferung oder Zuführung zum Zweck der Strafverfolgung abgelehnt[2]) oder
2. ein Zulieferungsersuchen nicht gestellt wird[3]). Die Eröffnung der Untersuchung[4]) durch ein Gericht außerhalb des Geltungsbereichs dieses Gesetzes steht dem nicht entgegen.

(2) Wenn ein Gericht außerhalb des Geltungsbereichs dieses Gesetzes bereits die Untersuchung eröffnet hat[4]), darf die öffentliche Klage erst erhoben werden, nachdem das Oberlandesgericht[5]) auf Antrag des Generalstaatsanwalts die Durchführung des Verfahrens im Geltungsbereich dieses Gesetzes für zulässig erklärt hat. Hat das Oberlandesgericht bereits die Zulieferung oder Zuführung für unzulässig erklärt, so liegt hierin die Ermächtigung zur Durchführung des Verfahrens.

### § 11 Durchführung eines neuen Verfahrens nach Verurteilung

(1) Gegen einen Verurteilten ist im Geltungsbereich dieses Gesetzes nach den in diesem Gebiet geltenden Vorschriften wegen der strafbaren Handlung ein neues Verfahren durchzuführen, wenn

1. weder die Vollstreckung eines Urteils oder einer ihm in der Wirkung gleichstehenden richterlichen Entscheidung[1]) noch die zu diesem Zweck verlangte Zulieferung genehmigt oder
2. weder um Vollstreckung eines ergangenen Urteils noch um Zulieferung zu diesem Zweck ersucht wird.

---

**Zu § 9:** 1) Auf Antrag des GStA. kann zu Gunsten wie zu Ungunsten des Betroffenne entschieden werden.

2) Ergeht nunmehr eine dem Betroffenen ungünstige Verfügung, so steht diesem das Recht zu, nach § 5 das Gericht anzurufen. (Begr.). Ebenso *Zorn* GA. 1953, 184, anders *Celle* ebenda S. 182.

**Zu § 10:** 1) Voraussetzung ist, daß örtl. Zuständigkeit nach §§ 8, 9 StPO. besteht. Das hier eingeleitete Verfahren wird nach hiesigen Vorschriften durchgeführt. Das Verfahren kann nach Eröffnung der Untersuchung auch mit Einstellung nach §§ 153ff., 206a StPO. abgeschlossen werden.

2) Die Ablehung ist erfolgt, weil die von dem Gericht der Sowjetzone zu erwartende Strafe unangemessen hart ausfallen würde oder weitere Nachteile wie Internierung in Frage kommen.

3) Vom Ersuchen ist abgesehen, weil das Verfahren zugleich eine kriminelle Tat und eine Handlung betrifft, die zwar in dem anderen Gebiet, nicht aber im Geltungsbereich des Grundgesetzes als strafbares Unrecht angesehen wird.

4) § 151 StPO.

5) Anders als nach § 12 StPO.

**Zu § 11:** 1) Strafbefehl.

Die Rechtskraft der außerhalb des Geltungsbereichs dieses Gesetzes ergangenen Entscheidung steht dem nicht entgegen[2]).

(2) § 10 Abs. 2 ist entsprechend anzuwenden.

(3) Art und Höhe der Strafe dürfen in dem neuen Verfahren nicht zum Nachteil des Betroffenen geändert werden[3]). § 373 Abs. 2 Satz 2 der Strafprozeßordnung gilt entsprechend. Eine Strafverbüßung außerhalb des Geltungsbereichs dieses Gesetzes ist anzurechnen.

## § 12 Bildung einer Gesamtstrafe

Kommt es auf die Festsetzung einer Gesamtstrafe an (§ 460 StPO.), so steht die Entscheidung in den Fällen, in denen die Vollstreckung einer außerhalb des Geltungsbereichs dieses Gesetzes erkannten Strafe nach § 2 Abs. 1, 5 oder 6 ganz oder teilweise unzulässig ist, stets den Gerichten innerhalb des Geltungsbereichs dieses Gesetzes zu[1]).

## § 13 Strafregister

(1) Entscheidungen des Gerichts und abschließende Verfügungen des Generalstaatsanwalts, durch die die Genehmigung einer Vollstreckung oder einer Zulieferung zum Zwecke der Vollstreckung erteilt oder versagt oder die Beschränkung der Vollstreckung angeordnet worden ist, sind, wenn die zuständige Strafregisterbehörde[1]) ihren Sitz im Geltungsbereich dieses Gesetzes hat[2]), dem Strafregister mitzuteilen und in ihm zu vermerken.

(2) Die Fristen, nach deren Ablauf über eine in das Strafregister aufgenommene Verurteilung nur noch beschränkte Auskunft zu erteilen[3]) oder der Vermerk im Strafregister zu tilgen ist[4]), richten sich nach der Art und Höhe der Strafe, deren Vollstreckung für zulässig erklärt worden ist[5]). Der Vermerk über eine Strafe, deren Vollstreckung für unzulässig erklärt worden ist, ist zu tilgen.

## § 14 Eintragung in das Strafregister

Geht eine Strafnachricht über einen durch ein deutsches Gericht außerhalb des Geltungsbereichs dieses Gesetzes Verurteilten bei einer Strafregisterbehörde ein, so soll[1]) der Verurteilte, wenn er seinen Wohnsitz oder gewöhnlichen Aufenthalt im Geltungsbereich dieses Gesetzes hat, vor der Eintragung des Vermerks in das Strafregister gehört werden[2]). Ergeben sich aus den Gründen des § 2 Abs. 1, 5 und 6 Bedenken gegen die Eintragung oder widerspricht ihr der Verurteilte, so ist die

---

2) Der Grundsatz ne bis in idem (Verbot der doppelten Bestrafung) ist damit weggefallen.

3) Verbot der reformatio in peius (Schlechterstellung).

**Zu § 12:** 1) Die Bestimmung, die von § 462 Abs. 3 StPO. abweicht, ist getroffen, um die Schwierigkeiten zu vermeiden, die mit der Zuleitung von Akten verbunden sind. Sie gilt auch dann, wenn mehrere Entscheidungen außerhalb des Geltungsbereichs des Gesetzes ergangen sind, aber nur die Vollstreckung aus einem der ergangenen Urteile ganz oder teilweise unzulässig ist.

**Zu § 13:** 1) S. § 1 StRVO. unter D 6 im Hauptwerk.

2) S. dazu Anm. 2 zu § 1 StRVO.

3) S. § 6 des Straftilgungsges. unter D 5 im Hauptwerk.

4) S. § 7 des Straftilgungsges.

5) Auch wenn die Vollstreckung genehmigt worden ist, soll das Strafregister benachrichtigt werden. Auf diese Weise kann in einem neuen Strafverfahren z. B. die Behauptung des Betroffenen, die frühere Verurteilung sei im Widerspruch zu rechtsstaatlichen Grundsätzen ergangen, leicht widerlegt werden (Begr.).

**Zu § 14:** 1) Eine Verweisung des Betroffenen auf das vorzeitige Straftilgungsverfahren (nach § 8 des Straftilgungsges.) stellt keine befriedigende Wirkung dar.

2) Eine unmittelbare Pflicht zur Ermittlung des Wohnsitzes oder Aufenthalts des Betroffenen ergibt sich aus der Vorschrift nicht; die Strafregisterbehörde wird aber insoweit mögliche Anhaltspunkte zu beachten haben.

Entscheidung des Generalstaatsanwalts einzuholen[3]). Hierdurch wird das Antragsrecht nach § 15 nicht berührt.

### § 15 Selbständiges Antragsrecht des Verurteilten

(1) Ist außerhalb des Geltungsbereichs dieses Gesetzes durch ein deutsches Gericht[1]) auf eine Strafe erkannt worden, deren Vollstreckung nach § 2 ganz oder teilweise unzulässig wäre, so kann der Verurteilte ohne Rücksicht darauf, ob die Strafe bereits vollstreckt ist oder ein Vollstreckungsersuchen gestellt wird, beantragen, die Unzulässigkeit der Vollstreckung festzustellen[2]). Zuständig ist der Generalstaatsanwalt bei dem Oberlandesgericht, in dessen Bezirk der Verurteilte seinen Wohnsitz hat; fehlt ein solcher Wohnsitz im Geltungsbereich dieses Gesetzes, so ist der gewöhnliche Aufenthaltsort maßgebend.

(2) Das Recht nach Absatz 1 entfällt, wenn der Verurteilte nicht innerhalb einer Frist von sechs Monaten den Antrag stellt, nachdem er von der Entscheidung Kenntnis erlangt hat. Ist die Entscheidung vor der Verlegung des Wohnsitzes oder des gewöhnlichen Aufenthaltsortes des Verurteilten in den Geltungsbereich dieses Gesetzes ergangen, so beginnt die Frist erst mit diesem Zeitpunkt[3]).

(3) Die Verfügung des Generalstaatsanwalts ist dem Verurteilten schriftlich bekanntzumachen. Sie ist ihm zuzustellen, wenn der Antrag abgelehnt wird. § 5 und §§ 7 bis 9 sind entsprechend anzuwenden.

(4) Die Entscheidungen des Gerichts und die Verfügungen des Generalstaatsanwalts sind, wenn die zuständige Strafregisterbehörde ihren Sitz im Geltungsbereich dieses Gesetzes hat, dem Strafregister mitzuteilen und in ihm zu vermerken. § 13 Abs. 2 ist anzuwenden.

### § 16 Bindende Wirkung

Die Entscheidungen des Gerichts und die abschließenden Verfügungen des Generalstaatsanwalts binden alle Gerichte und Behörden im Geltungsbereich dieses Gesetzes[1]).

### § 17 Mitteilungspflicht

Alle auf Grund dieses Gesetzes ergangenen Entscheidungen des Gerichts und abschließenden Verfügungen des Generalstaatsanwalts, die sich auf ein Rechts- oder Amtshilfeersuchen um Strafverfolgung oder Strafvollstreckung beziehen oder sonst nach §§ 10, 11, 14, 15 getroffen sind, sind dem Oberbundesanwalt mitzuteilen[1]).

---

3) In diesem Falle ist es nicht erforderlich, daß das Betroffene im Geltungsbereich des Grundgesetzes seinen Wohnsitz oder Aufenthalt hat.

**Zu § 15:** 1) S. Anm. 1 zu § 1.

2) Zwar werden erfahrungsgemäß nicht immer Ersuchen um Vollstreckung gestellt, jedoch ist die Strafe in der Regel dem Strafregister mitgeteilt und darin eingetragen worden. Dadurch können dem Betroffenen Nachteile in beruflicher (Amtsunfähigkeit, Ehrenrechtsverlust) und wirtschaftl. Hinsicht entstehen; ihn trifft die diffamierende Wirkung des zu Unrecht ergangenen Urteils schwer.

3) Die Rechtssicherheit erfordert eine zeitliche Beschränkung des selbständigen Antragsrechtes. Hält der Betroffene die Frist nicht ein, so ist anzunehmen, daß er die Verurteilung nicht als ungerecht empfindet.

Für die Übergangszeit gilt § 20 Abs. 2.

**Zu § 16:** 1) Das bedeutet, daß keine Behörde aus einer Verurteilung nachteilige Folgen für den Betroffenen herleiten darf, wenn die Vollstreckung der Strafe nach § 2 Abs. 1 für unzulässig erklärt worden ist. Ist die Vollziehung eines Haftbefehls abgelehnt worden, so darf der Verfolgte nicht mehr auf Grund eines etwa noch laufenden Fahndungsersuchens festgenommen werden. Bei der Ausstellung polizeilicher Führungszeugnisse sind die Eintragungen im Strafregister nach § 13 zu berücksichtigen. (Begr.)

**Zu § 17:** 1) Die Vorschrift ist für die Fälle besonders bedeutsam, in denen das Strafregister für den Betroffenen nicht im Geltungsbereich des Gesetzes geführt wird. Denn insoweit ist die Regelung des § 13 nicht durchführbar.

### § 18 Ermächtigung

Die Bundesregierung wird ermächtigt, durch Verordnung mit Zustimmung des Bundesrates

1. die Mitteilungspflicht nach § 17 auch auf andere Entscheidungen und Verfügungen zu erstrecken, die sich auf den Rechts- und Amtshilfeverkehr mit deutschen Gerichten und Behörden außerhalb des Geltungsbereichs dieses Gesetzes beziehen,
2. die Sammlung und Verwertung der in § 17 genannten Mitteilungen zu regeln,
3. Bestimmungen über die Ausstellung von Führungszeugnissen für Personen zu erlassen, deren Strafregister außerhalb des Geltungsbereichs dieses Gesetzes geführt wird[1]).

### § 19 Kosten und Gebühren

(1) Gerichtskosten werden für die Entscheidungen, die auf Grund dieses Gesetzes ergehen, nicht erhoben.

(2) Für die Gebühren des Rechtsanwalts gelten die §§ 63ff. der Gebührenordnung für Rechtsanwälte entsprechend[1]).

### § 20 Übergangsvorschrift

(1) Eine gerichtliche Entscheidung nach § 5 Abs. 1 kann nur gegen Verfügungen des Generalstaatsanwalts beantragt werden, die nach Inkrafttreten dieses Gesetzes ergehen[1]).

(2) Die in § 15 Abs. 2 bestimmte Frist endet für Entscheidungen, die vor Inkrafttreten dieses Gesetzes ergangen sind, nicht vor Ablauf von sechs Monaten nach dessen Inkrafttreten[2]).

### § 21 Berlin

Dieses Gesetz gilt nach Maßgabe des § 13 Abs. 1 des Dritten Überleitungsgesetzes vom 4. Januar 1952 (Bundesgesetzbl. I S. 1) auch im Lande Berlin. Rechtsverordnungen, die auf Grund der in diesem Gesetz enthaltenen Ermächtigung erlassen werden, gelten im Lande Berlin nach § 14 des Dritten Überleitungsgesetzes[1]).

### § 22 Inkrafttreten

Dieses Gesetz tritt am Tage nach seiner Verkündung in Kraft[1]).

---

**Zu § 18:** 1) Bisher ist keine Verordnung ergangen.

**Zu § 19:** 1) Der StA. kann nach §§ 4 Abs. 4 und 7 Abs. 2 tätig werden.

**Zu § 20:** 1) S. Anm. 1 zu § 5. Die vor Inkrafttreten des Gesetzes ergangene Entscheidung des GSTA. kann unberücksichtigt bleiben. Ebenso *Zorn* GA. 1953, 183, anders *Celle* ebenda.

2) S. Anm. 3 zu § 15.

**Zu § 21:** 1) S. Vorbemerkung.

**Zu § 22:** 1) D. i. am 8. 5. 1953.

# 8. Gesetz über die Verbreitung jugendgefährdender Schriften

Vom 9. 6. 1953 (BGBl. I S. 377)

## Vorbemerkung

Wie nach dem ersten Weltkrieg, so wurden auch nach dem letzten Weltkrieg in großem Umfang Schriften vertrieben, die nach ihrem Inhalt eine ernstliche sittliche Gefahr für die heranwachsende Jugend darstellen. Die §§ 184, 184a StGB. reichten zur Bekämpfung dieser Mißstände nicht aus, und zwar einmal, weil eine Schrift jugendgefährdend sein kann, ohne die Tatbestandsmerkmale dieser Vorschriften zu erfüllen, im übrigen aber auch da, wo im Einzelfall die Schrift unter §§ 184, 184a fällt, deshalb nicht, weil die Händler sich vielfach — namentlich bei § 184a — unwiderlegbar darauf beriefen, sie hätten den strafbaren Charakter der Schrift nicht erkannt, da ihnen bei der Vielzahl von Zeitschriften und „Magazinen" eine Prüfung des Inhalts nicht möglich und nicht zumutbar gewesen sei. Um hier Abhilfe zu schaffen, war nach dem ersten Weltkrieg das Gesetz zur Bewahrung der Jugend vor Schund- und Schmutzschriften v. 18. 12. 1926 (RGBl. I S. 505) ergangen. Es sah vor, daß Prüfstellen die Aufnahme von „Schund- und Schmutzschriften" in eine Liste beschließen konnten und daß eine Schrift, nachdem die Aufnahme in die Liste öffentlich bekanntgemacht war, Beschränkungen beim Vertrieb unterworfen war, deren Nichtbeachtung unter Strafe gestellt war. Der Vorteil dieses Verfahrens besteht darin, daß es nicht darauf ankommt, ob der Täter, der die Vertriebsbeschränkungen mißachtet, den jugendgefährdenden Charakter der Schrift erkannt hat, sondern daß die Kenntnis oder das Kennenmüssen eines formalen Akts — der Bekanntmachung der Aufnahme in die Liste — zur inneren Tatseite ausreicht. Das Ges. v. 18. 12. 1926 wurde durch das Ges. v. 10. 4. 1935 (RGBl. I S. 541) aufgehoben, weil der damalige Gesetzgeber davon ausging, daß die Schrifttumskammern mit ihren Machtmitteln in der Lage seien, den Vertrieb von Schund- und Schmutzschriften im Buch- und Zeitschriftenhandel zu verhindern. Das vorliegende Gesetz nimmt den Grundgedanken des Ges. v. 1926 auf, weicht aber von seinem Vorbild nicht nur in Einzelheiten, sondern in grundsätzlicher Beziehung dadurch ab, daß es ausnahmsweise in § 6 nicht auf den Formalakt der Bekanntmachung der Aufnahme in die Liste, sondern auf den Charakter der Schrift selbst abstellt.

Nach Art. 5 Abs. 2 GG. findet das Grundrecht der Meinungs- und Pressefreiheit — abgesehen von weiteren, hier nicht in Betracht kommenden Ausnahmen — seine Schranken in den gesetzlichen Bestimmungen zum Schutze der Jugend. In diesem Rahmen halten sich die Vorschriften, die die Überlassung jugendgefährdender Schriften an Jugendliche ausschließen (§ 3). Vorschriften, die den Vertrieb jugendgefährdender Schriften an E r w a c h s e n e beschränken, sind dagegen nur insoweit zulässig, als dies im Interesse eines wirksamen Schutzes der Jugend erforderlich ist. Das vorliegende Gesetz schließt deshalb den Vertrieb jugendgefährdender Schriften an Erwachsene nicht aus, sondern beschränkt ihn auf Buchhandlungen („Geschäftsräume"), während es zum Schutz der Jugend den ambulanten Vertrieb und den Vertrieb von Kiosken sowie bestimmte Formen der Werbung ausschließt (§§ 4, 5).

Zum Werdegang des Gesetzes: Der von der Bundesreg. unter dem 28. 6. 1950 vorgelegte Entw. (BTDrucks. Nr. 1101) ist im Bundestagsausschuß umgestaltet (BTDrucks. Nr. 3666 v. 11. 7. 1952) und auf dieser Grundlage in seiner 230. Sitzung am 17. 9. 1952 vom Bundestag in 3. Lesung verabschiedet worden. Verfassungsrechtliche Bedenken des Bundesrats hinsichtlich des vorgesehenen Aufbaues und

Verfahrens der Prüfstellen (Landesprüfstellen und Bundesprüfstelle als Beschwerdeinstanz) führten zur Anrufung des Vermittlungsausschusses (BTDrucks. Nr. 3747 v. 10. 10. 1952). Dem Vorschlag des Vermittlungsausschusses, die Landesprüfstellen zugunsten einer Bundesprüfstelle (unter Wegfall eines Beschwerdeverfahrens) zu ersetzen (vgl. BTDrucks. Nr. 4158 v. 5. 3. 1953) schloß sich der Bundestag an. Das Ges. ist am 14. 7. 1953 in Kraft getreten.

Nachstehend sind nur die strafrechtlich bedeutsamen Vorschriften wiedergegeben und erläutert.

Schrifttum: *Schilling* Komm. 1953 (N. Stoytscheff Verlag); *Riedel*, Komm. 1953 (Verlag Reckinger & Co., Siegburg); *Potrykus* NJW. 1953, 970.

---

Zum Schutze der heranwachsenden Jugend werden die im Grundgesetz Art. 5 Abs. 1 genannten Grundrechte folgenden Beschränkungen unterworfen.

## I. ABSCHNITT

## Jugendgefährdende Schriften

### § 1

(1) Schriften[1]), die geeignet sind, Jugendliche sittlich zu gefährden, sind in eine Liste aufzunehmen. Dazu zählen vor allem unsittliche sowie Verbrechen, Krieg und Rassenhaß verherrlichende Schriften. Die Aufnahme ist bekanntzumachen[2]).

(2) Eine Schrift darf nicht in die Liste aufgenommen werden

1. allein wegen ihres politischen, sozialen, religiösen oder weltanschaulichen Inhalts;
2. wenn sie der Kunst oder der Wissenschaft, der Forschung oder der Lehre dient;
3. wenn sie im öffentlichen Interesse liegt, es sei denn, daß die Art der Darstellung zu beanstanden ist.

(3) Abbildungen[3]) sind Schriften im Sinne dieses Gesetzes gleichzustellen.

### § 2

(1) In Fällen von geringer Bedeutung kann davon abgesehen werden, die Schrift in die Liste aufzunehmen[1]).

(2) Ist eine Schrift inhaltlich ganz oder im wesentlichen eine Neuauflage einer bereits in die Liste aufgenommenen Schrift, so steht sie einer solchen gleich.

---

**Zu § 1:** 1) Der Begriff ist der gleiche wie in § 184 StGB.; vgl. Hauptwerk Anm. 2 zu § 41 StGB.

2) Im Bundesanzeiger (§ 19).

3) Vgl. Hauptwerk Anm. 3 zu § 41 StGB. „Darstellungen" i. S. der §§ 184, 184a StGB., also Plastiken fallen, nicht unter das Gesetz, da mit einer systematischen Verbreitung jugendgefährdender Plastiken im allgemeinen nicht zu rechnen ist.

**Zu § 2:** 1) Die geringe Bedeutung kann sowohl darin bestehen, daß von dem Inhalt einer Schrift (Abbildung) nur eine geringfügige sittliche Gefährdung Jugendlicher droht wie auch darin, daß eine Schrift nur in geringem Umfang aufgelegt ist oder verbreitet wird. Die Nichtaufnahme bewirkt, daß die §§ 3 bis 5 unanwendbar sind; auch § 6 ist regelmäßig unanwendbar, da bei offensichtlich schwer gefährdender Wirkung von einer geringen Bedeutung nicht gesprochen werden kann.

## § 3

Eine Schrift darf, sobald ihre Aufnahme in die Liste bekanntgemacht ist, einem Jugendlichen unter achtzehn Jahren nicht feilgeboten[1]) oder zugänglich gemacht werden[2]).

## § 4

(1) Eine Schrift, deren Aufnahme in die Liste bekanntgemacht ist, darf weder durch Händler außerhalb von Geschäftsräumen noch durch Reisende von Haus zu Haus vertrieben, verbreitet oder verliehen werden[1]). Eine Verkaufsstelle, die der Kunde nicht zu betreten pflegt, gilt nicht als Geschäftsraum im Sinne dieses Gesetzes.

(2) Verleger oder Zwischenhändler dürfen eine solche Schrift nicht an die in Abs. 1 bezeichneten Personen vertreiben.

## § 5

(1) Bei geschäftlicher Werbung darf nicht darauf hingewiesen werden, daß ein Verfahren zur Aufnahme einer Schrift in die Liste anhängig ist oder gewesen ist[1]).

(2) Nach Bekanntmachung ist eine geschäftliche Werbung durch Auslegen oder Aushängen der Schrift im Schaufenster, innerhalb eines Verkaufsraumes oder an anderen allgemein zugänglichen Orten, durch Reklame oder Anzeigen, Postwurfsendungen oder andersartige Übermittlung von Werbematerial untersagt. Anzeigen in Fachblättern des Buchhandels sind zulässig.[2])

---

**Zu § 3:** 1) Feilbieten (der Begriff ist der gleiche wie z. B. in § 55 Nr. 1 GewO.) liegt vor, wenn die Schrift dem Jugendlichen vorgezeigt und er, wenn auch nur durch Zeichen, zum entgeltlichen Erwerb aufgefordert wird (KG. JFG. Erg. 5, 134).

2) Zugänglich machen ist weiter als das in § 184 Abs. 1 Nr. 2, § 184a StGB. mit Strafe bedrohte Überlassen. Überlassen bedeutet: Einräumung der tatsächlichen Verfügungsgewalt, während zum Zugänglichmachen schon die (entgeltliche oder unentgeltliche) Ermöglichung der Wahrnehmung, also der Kenntnisnahme vom Inhalt der Schrift oder der Betrachtung der Abbildung genügt; ob der Jugendliche von der ihm gewährten Möglichkeit Gebrauch macht, ist ohne Bedeutung. Das Verbot des § 3 richtet sich gegen jedermann; die Strafbarkeit des Zugänglichmachens (nicht auch des Feilbietens) ist aber in § 21 Abs. 2 eingeschränkt.

**Zu § 4:** 1) Grundgedanke der Vorschrift: Schriften und Abbildungen, deren Aufnahme in die Liste bekannt gemacht ist, dürfen an Erwachsene nur in Geschäftsräumen vertrieben werden, um zu verhindern, daß der Vertrieb sich in der Öffentlichkeit unter den Augen Jugendlicher abspielt. Geschäftsräume (vgl. Hauptwerk Anm. 2 zu § 123 StGB.) sind abgeschlossene Räume, die hauptsächlich und für eine gewisse Dauer zum Betrieb von Geschäften bestimmt sind. E. 32, 371. Um einen festen mit dem Boden verbundenen Geschäftsraum braucht es sich nicht zu handeln; Geschäftsraum ist also z. B. auch ein Bücherwagen. Wesentlich ist nur, daß es sich um einen Raum handelt, den der Kunde zum Abschluß des Geschäfts mehr oder weniger regelmäßig betritt, auch wenn er es im Einzelfall nicht tut, sondern etwa von innen heraus durch eine Öffnung bedient wird. Verkaufsstellen, die der Kunde nicht zu betreten pflegt (Zeitungskioske), sind nach Abs. 1 Satz 2, auch wenn sie zum Betreten Raum lassen, keine Geschäftsräume, gleichviel ob sie sich im Freien, in einer Bahnhofshalle oder sonstwo befinden. Händler ist, wer Handel treibt, d. h. aus dem Geschäft ein Gewerbe macht. Der Vertrieb durch Reisende, die für andere Bestellungen aufsuchen (vgl. § 44 Abs. 1 GewO.), ist unbeschadet des § 56 GewO. nicht ausgeschlossen, aber nur für Händler zulässig, die von Geschäftsräumen aus vertreiben (vgl. § 5 Abs. 2), und nicht von Haus zu Haus. Vertrieb ist jede auf Absatz gerichtete Tätigkeit, also nicht nur die Überlassung, sondern auch die Entgegennahme von Bestellungen. Verbreiten: s. Hauptwerk Anm. 4 zu § 110. Verleihen: entgeltlich oder unentgeltlich.

**Zu § 5:** 1) Abs. 1 entspricht dem § 4 Abs. 4 des Ges. v. 1926. „Gewesen ist": gleichviel, ob das Verfahren zur Aufnahme in die Liste geführt hat oder nicht. Abs. 1 wird ergänzt durch § 21 Abs. 1, wonach Abdruck und Veröffentlichung der Liste zum Zwecke der geschäftlichen Werbung mit Strafe bedroht sind.

2) Abs. 2 beschränkt nach dem Vorbild des Ges. v. 1926 die Formen geschäftlicher Werbung, die erfahrungsgemäß gerade von Jugendlichen besonders aufmerksam studiert werden. Zulässig

## § 6

(1) Schriften, die Jugendliche offensichtlich sittlich schwer gefährden, unterliegen den Beschränkungen der §§ 3 bis 5, ohne daß es einer Aufnahme in die Liste und einer Bekanntmachung bedarf[1]).

(2) Das gleiche gilt für Schriften, die durch Bild für Nacktkultur werben[2]).

## § 7

Eine periodische Druckschrift kann auf die Dauer von drei bis zwölf Monaten in die Liste aufgenommen werden, wenn innerhalb von zwölf Monaten mehr als zwei ihrer Nummern in die Liste aufgenommen worden sind. Dies gilt nicht für Tageszeitungen und politische Zeitschriften.

### II. ABSCHNITT

### Bundesprüfstelle

(§§ 8 bis 10)

### III. ABSCHNITT

### Zuständigkeit

## § 11

(1) Die Bundesprüfstelle entscheidet über die Aufnahme in die Liste.

(2) .....

### IV. ABSCHNITT

### Verfahren

(§§ 12 bis 17)

---

bleiben 1. Anzeigen (von Verlegern oder Kommissionären) in Fachblättern des Buchhandels, d. h. in den Fachblättern, die sich, wie das Buchhändlerbörsenblatt, an die Händler (Sortimenter) richten, die nach § 4 erlaubterweise die Schrift vertreiben dürfen; 2. die mündliche Werbung gegenüber Erwachsenen (durch Anpreisung, Feilbieten, Aufsuchen von Bestellungen) durch Händler und Reisende, denen der Vertrieb nach § 4 erlaubt ist. Gegenüber Jugendlichen ist auch die mündliche Werbung gemäß § 3 verboten.

**Zu § 6:** 1) Der gegenüber dem Ges. v. 1926 neue Abs. 1 trägt dem Umstand Rechnung, daß von der Ausgabe einer Schrift bis zur Aufnahme in die Liste und zur Bekanntmachung mitunter verhältnismäßig viel Zeit vergeht. Offensichtlich ist objektiv zu verstehen: es muß für jeden Verständigen außer Zweifel stehen, daß die Schrift schwer gefährdend wirkt. Daß auch der Täter diesen Charakter erkannt hat, ist nicht erforderlich; zur Bestrafung nach § 21 genügt, daß er ihn bei zumutbarer Sorgfalt hätte erkennen können. Gedacht ist namentlich an die Fälle, in denen schon äußerlich der Charakter der Schrift erkennbar ist, z. B. wenn Zeitschriften oder Broschüren durch anreißerische erotische Bilder auf der Außenseite die Kauflustigen zu animieren suchen.

2) Abs. 2, der ebenfalls gegenüber dem Ges. v. 1926 neu ist, wendet sich im Interesse der Jugend im Anschluß an ausländische Rechtsvorbilder (vgl. die amtl. Begr. zu § 6 RegEntw.) gegen die Werbung für Nacktkultur durch Fotoaufnahmen nackter Männer oder Frauen; solche Schriften sind, ohne daß es einer weiteren Prüfung bedarf, den Jugendliche offensichtlich schwer gefährdenden Schriften gleichgestellt. Ob die Schrift durch Bild für Nacktkultur wirbt, muß nach dem Gesamtcharakter der Schrift beurteilt werden; der Unterhaltung dienende „Magazine", die häufig Nacktaufnahmen bringen, sind im allgemeinen keine Werbeschriften für Nacktkultur. Für den werbenden Charakter werden Titel und äußere Aufmachung der Schrift wichtige Anhaltspunkte geben.

## § 18

(1) Wird eine Schrift in der rechtskräftigen Entscheidung eines Gerichts für unzüchtig im Sinne des § 184 des Strafgesetzbuches oder für schamlos im Sinne des § 184a des Strafgesetzbuches erklärt, so ist sie unter Hinweis auf das gerichtliche Urteil in die Liste aufzunehmen.

(2) Werden widersprechende gerichtliche Entscheidungen über dieselbe Schrift bekannt, so hat der Vorsitzende die Entscheidung der Bundesprüfstelle herbeizuführen.

## § 19

(1) Wird eine Schrift in die Liste aufgenommen oder von ihr gestrichen, so ist dies unter Hinweis auf die zugrundeliegende Entscheidung oder auf die einstweilige Anordnung für das Bundesgebiet bekanntzumachen.

(2) Die Bekanntmachungen für das Bundesgebiet erfolgen im Bundesanzeiger.

# V. ABSCHNITT

## Rechtsweg

(§ 20)

# VI. ABSCHNITT

## Strafvorschriften

## § 21

(1)[1]) Wer vorsätzlich den §§ 3 bis 6 zuwiderhandelt oder die Liste zum Zwecke der geschäftlichen Werbung abdruckt oder veröffentlicht[2]), wird mit Gefängnis bis zu einem Jahr und mit Geldstrafe oder mit einer dieser Strafen bestraft. Wird die Tat fahrlässig begangen, so ist auf Geldstrafe zu erkennen.

(2) Macht der Erziehungsberechtigte, der gesetzliche Vertreter oder ein Jugendlicher eine Schrift, die den Beschränkungen der §§ 3 bis 6 unterliegt, einem Jugendlichen zugänglich, so bleibt die Tat straflos[3]). Das Gericht kann von einer Bestra-

---

**Zu § 21:** 1) Wegen der Zuständigkeit der Jugendgerichte neben den allgemeinen Gerichten vgl. § 26 GVG. i. d. F. des § 121 JGG. v. 4. 8. 1953. In diesem Nachtrag Nr. 4. Erfüllt eine Zuwiderhandl. gegen § 21 zugleich die Merkmale der §§ 184, 184a StGB., so kommt Tateinheit, nicht Gesetzeskonkurrenz in Betracht. *Riedel* DRiZ. 53, 203. Tateinheit mit § 176 Nr. 3 StGB. ist möglich.

2) Die Strafdrohung gegen Abdruck oder Veröffentlichung der Liste knüpft an § 6 des Ges. v. 1926 an; sie ergänzt den § 5 Abs. 1. „Zum Zwecke der geschäftlichen Werbung": Zur Werbung für die in die Liste aufgenommenen Schriften. Nach dem Zweck der Vorschrift genügt der Abdruck eines Teils der Liste, in dem die Schrift, für die geworben werden soll, enthalten ist (so ausdrücklich § 13 Abs. 1 des — aufgehobenen — Landesges. von Rheinl.-Pfalz zum Schutz der Jugend vor Schmutz und Schund v. 12. 10. 1949 — GVBl. I S. 505 —). Veröffentlicht: es genügt jede Form der Veröffentlichung, nicht nur die durch Abdruck.

3) Obwohl sich das Verbot der §§ 3, 6, jugendgefährdende Schriften einem Jugendlichen zugänglich zu machen, auch gegen sie richtet, enthält Abs. 2 Satz 1 einen persönlichen Strafausschließungsgrund zugunsten bestimmter Personen, nämlich a) des Erziehungsberechtigten (Erziehungsberechtigter ist hier wohl nur, wer nach den Vorschriften des bürgerlichen Rechts personensorgeberechtigt ist); die vom Erziehungsberechtigten mit Erziehungsaufgaben betrauten Personen gehören nicht hierher. Gegen den Erziehungsberechtigten genügen erforderlichenfalls die nach § 1666 BGB. zulässigen Maßnahmen. b) des vom Erziehungsberechtigten verschiedenen gesetzlichen Vertreters, c) Jugendlicher (§ 1 Abs. 2 JGG.). Für letztere enthält Abs. 4 eine dem § 12 des Jugendschutzges. v. 4. 12. 1951 (vgl. 3. Nachtrag — Januar 1952, S. 41 ff. —) nachgebildete Vorschrift; auf die Anm. 3, 4 zu § 12 JSchG. wird verwiesen. — Auf das Feilbieten jugendgefährdender Schriften beziehen sich Abs. 2, 4 nicht. Auch eine Strafbarkeit aus §§ 176 Nr. 3, 184 Nr. 2, 184a StGB. bleibt unberührt.

fung nach Absatz 1 absehen[4]), wenn der Täter, der die Schrift einem Jugendlichen zugänglich gemacht hat, dem in § 52 Abs. 1 der Strafprozeßordnung genannten Personenkreis angehört.

(3)[5]) Neben der Strafe ist bei vorsätzlicher Zuwiderhandlung auf Einziehung der zur Begehung der Tat gebrauchten oder bestimmten Schriften zu erkennen. Gehört die Schrift weder dem Täter noch einem Teilnehmer, so ist die Einziehung nur zulässig, wenn der Eigentümer die Tat kannte oder kennen mußte oder von ihr einen Vorteil gehabt hat, dessen Zusammenhang mit der Tat erkennbar war. Auf die Einziehung kann selbständig erkannt werden, wenn die Verfolgung oder Verurteilung einer bestimmten Person nicht ausführbar ist[6]).

(4)[3]) Hat ein Jugendlicher eine Schrift, die den Beschränkungen der §§ 3 bis 6 unterliegt, einem anderen Jugendlichen zugänglich gemacht, so leitet das Jugendamt die auf Grund der bestehenden Vorschriften zulässigen Maßnahmen ein. Der Vormundschaftsrichter kann auf Antrag des Jugendamtes oder von Amts wegen Weisungen erteilen.

## VII. ABSCHNITT

## Schlußvorschriften

(§§ 22 bis 25)

4) Vgl. § 153a StPO. i. d. F. des 1. Strafrechtsänderungsges. v. 30. 8. 1951 und § 260 Abs. 4 StPO. i. d. F. des 3. Strafrechtsänderungsges. v. 4. 8. 1953.

5) Abweichend von § 40 StGB. ist die Einziehung zwingend vorgeschrieben und kann ohne Rücksicht auf die Eigentumsverhältnisse erfolgen. Abs. 3 Satz 2 ist dem § 19 OWiG. nachgebildet; auf die Anm. zu dieser Vorschrift im 4. Nachtrag — Nov. 1952 — wird verwiesen.

6) Vgl. die Anm. zu § 42 StGB. im Hauptwerk. Da im subj. Verfahren die Einziehung nach Abs. 3 Satz 1, 2 erfolgen muß, besteht auch im obj. Verfahren keine Ermessensfreiheit.

# 9. Gesetz über Versammlungen und Aufzüge (Versammlungsgesetz)

Vom 24. Juli 1953 (BGBl. I S. 684).

**Bisher gelten für Versammlungen und Aufzüge die in § 30 Abs. 1 genannten Gesetze und Bestimmungen, die schon längst reformbedürftig waren. In das vorliegende Gesetz, dessen Entwurf dem BT. (Drucks. Nr. 1102.) bereits 1950 vorgelegt worden war, sind das Kontrollratsgesetz Nr. 8 und der durch § 38 Abs. 2 aufgehobene § 107a StGB. hineingearbeitet.**

**Schrifttum: *Füßlein-Gerb,* Versammlungsgesetz.**

Der Bundestag hat mit Zustimmung des Bundesrates das folgende Gesetz beschlossen:

ABSCHNITT I

## Allgemeines

### § 1 [Versammlungsfreiheit]

(1)[1]) Jedermann[2]) hat das Recht, öffentliche[3]) Versammlungen[4]) und Aufzüge[5]) zu veranstalten[6]) und an solchen Veranstaltungen teilzunehmen[7]).

(2) Dieses Recht hat nicht,

1. wer das Grundrecht der Versammlungsfreiheit gemäß Artikel 18 des Grundgesetzes verwirkt hat[8]),
2. wer mit der Durchführung[9]) oder Teilnahme[7]) an einer solchen Veranstaltung

---

**Zu § 1:** 1) Der Paragraph entspricht dem Art. 8 Abs. 1 GG. S. § 20. Dadurch ist das Versammlungsrecht vom Vereinsrecht gelöst, das in Art. 9 GG festgelegt ist. Neben der Versammlungsfreiheit besteht das Grundrecht der Meinungsfreiheit.

2) Auch Nichtdeutsche. Für Jugendliche besteht durch Gesetz zum Schutze der Jugend in der Öffentlichkeit v. 4. 12. 51. (BGBl I S. 930), das im 3. Nachtrag unter Nr. 4 abgedruckt ist, keine Schranke, jedoch § 6.

3) Öffentlich ist eine Versammlung, wenn der Personenkreis, der Zutritt hat, unbestimmt ist. S. ferner Anm. 1 zu § 2. Belanglos ist, ob der Versammlungsort öffentlich ist. — Das Gesetz bezieht sich in §§ 3, 4, 21, 23, 28 auch auf nichtöffentliche Versammlungen.

4) Versammlung ist ein geplantes, nicht nur zufälliges zeitweiliges Zusammenkommen einer Anzahl von Personen zu dem gemeinschaftlichen Zweck, eine ihnen gemeinsame Angelegenheit zu erörtern oder zu beraten oder zur Erreichung eines bestimmten Zieles beizutragen. KG. JF. Erg. 8, 340 (344), E. 21, 73 u. 256. Gleichgültig ist, ob es sich um private oder öffentliche politische oder unpolitische Angelegenheiten handelt, anders *Füßlein* S. 23 Anm. 3a. Die Befriedigung der persönlichen Interessen des einzelnen Teilnehmers genügt nicht. Daher fallen Theater, Konzerte, gesellschaftliche Veranstaltungen, wissenschaftliche Vorträge, Vorlesungen nicht unter den Begriff der Versammlung. LK. 6. Auflage S. 659 Anm. 4.

Für öffentliche Versammlungen braucht kein bestimmter Veranstalter (Spontanversammlung), wohl aber ein Leiter vorhanden zu sein.

5) Aufzug ist ein geschlossener geordneter, über öffentliche Straßen oder Plätze in einer Weise, daß die öffentliche Aufmerksamkeit erregt wird, sich hinbewegender Zug, ohne daß er die öffentliche Ordnung zu gefährden geeignet ist. KG. JR. 3 Nr. 782. E. 44, 372. Nach *Füßlein* S. 26 muß der Demonstrationszug, auch in Kraftwagen und aus Schiffen bestehend, die Einwirkung auf das Publikum in öffentl. Angelegenheiten bezwecken und braucht sich nicht auf öffentl. Straßen zu bewegen.

Aufzüge müssen einen Veranstalter (§ 14) und einen Leiter (§§ 7, 19) haben.

6) Versammlung oder Aufzug veranstaltet, wer dazu einlädt (§§ 2, 6) oder sie vorbereitet.

7) Teilnehmer ist jeder, der der Versammlung beiwohnt — nicht der bedienende Kellner — oder sich in dem Aufzug befindet, nicht der Straßenpassant.

8) Grund dazu ist, daß die Versammlungsfreiheit (Art. 8 GG.) zum Kampfe gegen die freiheitliche demokratische Grundordnung mißbraucht ist. Verfahren vor dem BVerfG. s. §§ 36ff. BVerfG.

9) Die Durchführung umfaßt die geplante Abhaltung, Veranstaltung und den Abschluß.

die Ziele einer nach Artikel 21 Abs. 2 des Grundgesetzes durch das Bundesverfassungsgericht für verfassungswidrig erklärten Partei oder Teil- oder Ersatzorganisation einer Partei fördern will[10]),

3. eine Partei, die nach Artikel 21 Abs. 2 des Grundgesetzes durch das Bundesverfassungsgericht für verfassungswidrig erklärt worden ist[10]), oder
4. eine Vereinigung, die nach Artikel 9 Abs. 2 desGrundgesetzes verboten ist[11]).

## § 2 [Einladung und Durchführung, Waffenverbot]

(1) Wer zu einer öffentlichen Versammlung[1]) oder zu einem Aufzug[2]) öffentlich[3]) einlädt[4]), muß als Veranstalter[5]) in der Einladung seinen Namen angeben[6]).

(2) Bei öffentlichen Versammlungen und Aufzügen hat jedermann[7]) Störungen[8]) zu unterlassen, die bezwecken, die ordnungsmäßigeDurchführung[9]) zu verhindern[10]).

(3) Niemand[7]) darf Waffen[11]) bei sich tragen[12]), es sei denn, daß er zum Erscheinen mit Waffen behördlich ermächtigt ist[13]).

---

10) Danach handelt es sich um solche Parteien, die nach ihren Zielen oder nach dem Verhalten ihrer Anhänger darauf ausgehen, die freiheitliche demokratische Grundordnung zu beeinträchtigen oder zu beseitigen oder den Bestand der Bundesrepublik Deutschland zu gefährden. Vgl. hierzu § 47 und 42 BVerfGG. Die Vorschrift darf jedoch nicht so ausgelegt werden, daß dem ehemaligen Mitglied einer verbotenen Partei die Teilnahme an politischen Versammlungen schlechthin verboten sei. *Füßlein* S 30, Anm. 8.

11) Das sindVereinigungen, deren Zwecke oder derenTätigkeit den Strafgesetzen zuwiderlaufen oder die sich gegen die verfassungsmäßige Ordnung oder gegen den Gedanken der Völkerverständigung richten. Hierzu muß noch nach §§ 5 Nr. 1 u. 13 Abs, 1 Nr.1 die Feststellung der „zuständigen Verwaltungsbehörde", d. h. die formelle Auflösung der Vereinigung kommen. *Füßlein* S. 30, Anm. 10.

**Zu § 2:** 1) S. Anm. 3 u. 4 zu § 1.

2) S. Anm. 5 zu § 1.

3) Öffentlich erfolgt die Einladung, wenn sie von unbestimmt welchen und wievielen Personen wahrgenommen werden könnte. E. 72, 67. So durch Zeitungen, Rundfunk, in Filmtheatern, Ausstellungen, durch Zettel, Anschlag an Litfaßsäulen und Zäunen. Einschränkung nach § 6.

4) Einladung ist Aufforderung zum Erscheinen.

5) Veranstalter ist die Person, die bewirkt, daß eine Versammlung stattfindet. Anm. 6 zu § 1.

6) Es muß der richtige Vor- und Zuname angegeben werden. Es genügt nicht das Pseudonym oder der Deckname, oder der „Einberufungsausschuß" oder die „Partei", a.M. *Füßlein* S. 31, Anm. 6. Bei schriftlichen Einladungen wird keine förmliche Unterschrift verlangt.

7) Nicht bloß die Teilnehmer, sondern auch Bedienungspersonal und Passanten.

8) Störung ist jede Beeinträchtigung des geordneten Ablaufs der Versammlung, insbes. jede Äußerung und Handlung, die darauf ausgeht, Unruhe hervorzurufen, die Ordnung zu gefährden, ja auf Unterbrechung der Durchführung der Versammlung abzielt. S. auch Anm. 1 zu § 11. Die Störung einer einzelnen Person genügt nicht. Strafbestimmung §§ 21, 29 Ziff. 2.

9) S. Anm. 9 zu § 1.

10) Siehe Anm. 5 zu § 21.

11) Waffen sind solche Gegenstände, die entweder schon bei ihrer Anfertigung von vornherein oder nach dem Willen des Trägers im Einzelfalle dazu bestimmt sind, sei es im Angriff, sei es in der Verteidigung, Verletzungen zuzufügen. E. 44, 140. KG. JW. 59 (1930), 3002, auch chemische Mittel (Tränengas). Die Gegenstände scheiden aus, die äußerlich wie eigentliche Waffen aussehen, in Wirklichkeit nur als Schaustück oder Übungsgerät dienen sollen und demgemäß zugerichtet sind, wie Ehrendegen, Rapiere, abgestumpfte Lanzen. OVG. E. 20, 440; auch Waffen, die nur zum Schmuck getragen werden, fallen nicht unter das Verbot. OTr. OR. 11, 221.

12) Der Träger muß sich bewußt sein, eine Waffe bei sich zu haben. Gleichgültig ist, ob die Waffe äußerlich sichtbar getragen wird. E. 44, 140. Der VersLeiter ist verpflichtet, gemäß § 13 Nr. 3 zu verfahren.

13) Die Ermächtigung wird durch die mit der Wahrnehmung der Versammlungspolizei überhaupt betraute Polizeibehörde. (OVG. 60, 3, 39). erteilt, und zwar für bestimmte Fälle und einzelne Personen — für Ordner (§ 9) ist Sonderermächtigung nicht zugelassen — auch allgemein für Veranstaltungen bestimmter Art oder sonst in gewissem allgemein bezeichneten Umfange. Sie ist widerruflich. Strafbestimmung § 27.

## § 3 [Uniformverbot]

(1) Es ist verboten, öffentlich[1]) oder in einer Versammlung[2]) Uniformen[3]), Uniformteile oder gleichartige Kleidungsstücke[4]) als Ausdruck einer gemeinsamen[5]) politischen Gesinnung[6]) zu tragen[7]).

(2) Das Verbot des Tragens gleichartiger Kleidungsstücke gilt nicht für Mitglieder von Jugendverbänden, die sich vorwiegend der Jugendpflege widmen[8]). Ob diese Voraussetzung vorliegt, entscheidet[9]) bei Jugendverbänden, die sich über das Gebiet eines Landes hinaus erstrecken, der Bundesminister des Innern, sonst die oberste Landesbehörde.

## § 4 [Verbot nationalsozialistischer Kennzeichen]

Es ist verboten, öffentlich[1]) oder in einer Versammlung[2]) Kennzeichen ehemaliger nationalsozialistischer Organisationen[3]) zu verwenden[4]).

ABSCHNITT II

# Öffentliche Versammlungen in geschlossenen Räumen

## § 5 [Abhaltungsverbot]

Die Abhaltung einer Versammlung[1]) kann nur im Einzelfall und nur dann verboten werden, wenn

1. der Veranstalter[2]) unter die Vorschriften des § 1 Abs. 2 Nr. 1 bis 4 fällt, und

---

**Zu § 3:** 1) D. h. in der Öffentlichkeit, so daß es von einem unbestimmten Personenkreis beobachtet werden könnte, z. B. Sportveranstaltungen, in Gaststätten, im Aufzug.

2) Hier kommt es nicht darauf an, ob die Versammlung verboten war oder nicht, auch nicht, ob sie öffentlich ist.

3) Uniformen sind die nach Farbe und Schnitt einheitliche Bekleidungsstücke. S. auch Anm. 7 zu § 132 a StGB. im Nachtrag S. 33.

4) z.B. Trachten, Klufte, auch genügt gleichartige Kopfbedeckung.

5) Gleichgültig ist, ob mehrere gleichartig Bekleidete gleichzeitig auftreten.

6) Politisch ist eine Angelegenheit, die den Staat, seine Verfassung, Gesetzgebung u. Verwaltung, insbesondere das staatsbürgerliche Verhältnis seiner Angehörigen oder seiner internationalen Beziehungen zu anderen Staaten unmittelbar berührt. E. 58, 414. Oldenburg JW. 61, 1932, S. 3780.

7) Die Träger wollen damit eine gleiche Auffassung in staatlichen und anderen öffentlichen Angelegenheiten zu erkennen geben.

8) z. B. evangelische Jugend, Bund der deutschen kathol. Jugend, Jugendwerk der evang. Freikirche, Sozialistische Jugend (Falken), Naturfreundejugend, DGB- u. DAG.-Jugend, Demokratischer Jugendverband, Bund der Pfadfinder. Strafbestimmung § 28.

9) Die Entscheidung wird auf Antrag des Jugendverbandes herbeigeführt.

**Zu § 4:** 1) S. Anm. 1 zu § 3.

2) S. Anm. 2 zu § 3.

3) Abzeichen der NS-Organisationen, insbes. solche, die ein Hakenkreuz enthalten oder darauf hindeuten. Strafbestimmung § 28.

4) Ein Verwenden ist nicht bloß Tragen, sondern jedes Zeigen, z.B. Ausschmückung.

**Zu § 5:** 1) Hier und in den folgenden Paragraphen handelt es sich um öffentliche Versammlungen, wenn auch in §§ 7 Abs. 1, 12 besonders von öffentl. Versammlungen die Rede ist. Geschlossener Raum (Überschrift) ist im Gegensatz zum Begriff „unter freiem Himmel" (§ 14) überdacht u. allseitig abgeschlossen. Ausnahmsweise genügt bei Gartenhallen eine Umschließung von 3 Seiten. *Füßlein*, S. 39.

2) S. Anm. 5 zu § 2.

im Falle der Nummer 4 das Verbot durch die zuständige Verwaltungsbehörde[3]) festgestellt worden ist[4]),

2. der Veranstalter[2]) oder Leiter der Versammlung[5]) entgegen § 2 Abs. 3 bewaffneten Teilnehmern[6]) Zutritt gewährt[7]),
3. Tatsachen festgestellt sind[8]), aus denen sich ergibt, daß der Veranstalter oder sein Anhang[9]) einen gewalttätigen oder aufrührerischen Verlauf[10]) der Versammlung anstreben,
4. Tatsachen festgestellt sind [8])[10], aus denen sich ergibt, daß der Veranstalter[2]) oder sein Anhang[9]) Ansichten vertreten oder Äußerungen dulden werden, die ein Verbrechen[11]) oder ein von Amts wegen zu verfolgendes Vergehen[12]) zum Gegenstand haben.

## § 6 [Ausschließung von der Teilnahme]

(1) Bestimmte Personen[1]) oder Personenkreise[2]) können in der Einladung[3]) von der Teilnahme an einer Versammlung ausgeschlossen werden[4]).

(2) Pressevertreter[5]) können nicht ausgeschlossen werden; sie haben sich dem Leiter der Versammlung gegenüber durch ihren Presseausweis ordnungsgemäß auszuweisen[6]).

## § 7 [Leiter]

(1) Jede öffentliche Versammlung[1]) muß einen Leiter[2]) haben.

(2) Leiter der Versammlung[3]) ist der Veranstalter. Wird die Versammlung von einer Vereinigung[4]) veranstaltet, so ist ihr Vorsitzender[4]) der Leiter.

---

3) Polizeibehörde, Landrat.

4) D. h. daß die Versammlung aufgelöst ist.

5) S. § 7.

6) S. Anm. 11 zu § 2.

7) Der Veranstalter kann den Zutritt frühestens in dem Zeitpunkt gewähren, wenn die Teilnehmer sich versammeln.

8) Vermutungen genügen nicht.

9) Anhang sind die Personen, die mit dem Veranstalter gleicher Gesinnung sind und ihm folgen. Nicht notwendig ist, daß sie zur gleichen Partei gehören.

10) Es müssen Tatsachen bekannt sein, wonach es sich um Elemente handelt, die zu Gewalttaten neigen und die es auf Widerstand gegen Staatsgewalt und Beamtennötigung abgesehen haben. Der angestrebte Verlauf muß gewalttätig und aufrührerisch sein.

11) Z. B. §§ 49a, 249 StGB.

12) Z. B. §§ 110, 114, 125, 126. Vgl. § 13 Abs. 1 Nr. 4.

**Zu § 6:** 1) Einzelne mit Namen bezeichnete Personen, die dem Veranstalter z. B. in wirtschaftlicher oder politischer Hinsicht nicht genehm sind und deren Anwesenheit in der Versammlung Unwillen erregen und sie stören kann.

2) Z. B. Jugendliche oder Männer in einer öffentlichen Frauenversammlung, Mieter in einer Hausbesitzerversammlung, sollen keinen Zutritt haben.

3) Anm. 4 zu § 2.

4) Wer nicht in der Einladung ausgeschlossen ist, kann nicht auf Grund des Hausrechts an der Teilnahme gehindert werden. Über Ausschluß aus der Versammlung § 11 Abs. 2.

5) Pressevertreter ist nur der Beauftragte einer periodisch erscheinenden Zeitschrift, diese darf nicht eine unangemessene Zahl von Vertretern entsenden. *Füßlein* S. 46, Anm. 6.

6) Soweit die bundes- oder landesrechtlichen Pressevorschriften über Ausweise nichts enthalten, genügt die schriftliche Bescheinigung des Auftrages.

**Zu § 7:** 1) S. Anm. 3 u. 4 zu § 1.

2) Leiter kann nur eine handlungsfähige natürliche Person sein. Aufgabenbereich § 8.

3) D. h. öffentlichen Versammlung. S. Anm. 1 zu § 5.

4) Vereine §§ 21 ff. BGB. und Gesellschaften, die einen Vorsitzenden haben. Fehlt ein satzungsmäßiger Vorsitzender, so tritt der sonst Handelsberechtigte ein.

(3) Der Veranstalter kann die Leitung einer anderen Person übertragen[5]).

(4) Der Leiter übt das Hausrecht aus[6]).

## § 8 [Rechte und Pflichten des Leiters]

Der Leiter bestimmt den Ablauf der Versammlung[1]). Er hat während der Versammlung für Ordnung zu sorgen[2]). Er kann die Versammlung jederzeit unterbrechen oder schließen[3]). Er bestimmt, wann eine unterbrochene Versammlung[4]) fortgesetzt wird.

## § 9 [Ordner]

(1) Der Leiter kann sich bei der Durchführung seiner Rechte aus § 8[1]) der Hilfe einer angemessenen Zahl[2]) ehrenamtlicher, unbewaffneter[3]) Ordner[4]) bedienen. Diese müssen volljährig sein und sind ausschließlich durch weiße Armbinden, die nur die Bezeichnung „Ordner" tragen dürfen, kenntlich zu machen[5]).

(2) Der Leiter ist verpflichtet, die Zahl der von ihm bestellten Ordner der Polizei auf Anfordern mitzuteilen[6]). Die Polizei kann die Zahl der Ordner angemessen beschränken[7])[8]).

## § 10 [Pflichten der Teilnehmer]

Alle Versammlungsteilnehmer[1]) sind verpflichtet[2]), die zur Aufrechterhaltung der Ordnung getroffenen Anweisungen[3]) des Leiters oder der von ihm bestellten Ordner[4]) zu befolgen[5]).

---

5) Durch die Übertragung wird die andere Person Leiter.

6) Hierdurch erhält er die Befugnisse aus §§ 8, 11. Das Hausrecht, soweit es dem Veranstalter übertragen ist, übt der Leiter selbst oder durch Ordner aus, § 9. Für ihn besteht strafrechtlicher Schutz in §§ 123ff. StGB. Bei Widersetzlichkeit Strafbestimmung § 22.

**Zu § 8:** 1) Ablauf ist der äußere Verlauf der Versammlung, nicht der Inhalt der Erörterungen, also Eröffnung, Erteilung und Entziehung des Wortes und Beendigung der Versammlung.

2) Der Leiter trägt die Verantwortung. Weitere Rechte: Ordnerbestellung § 9, Weisungserteilung § 10, Ausschließung § 11.

3) Der Schließung, auch vorzeitigen Beendigung steht die Auflösung durch Polizei gleich, § 13.

4) D. h. die vom Leiter unterbrochene Vers. Bei Unterbrechung durch die Polizei (§ 13 Abs. 1 S. 2) ist der Leiter an deren Anordnungen gebunden.

**Zu § 9:** 1) Dazu kommt das Recht aus § 11 Abs.1.

2) Die Zahl wird durch den Ordnungszweck bestimmt.

3) Der Ordner darf weder im Sinne des § 2 Abs. 3 bewaffnet sein noch Waffen im nichttechnischen Sinne wie Stöcke zur Verteidigung mit sich führen.

4) Sie sind nicht Hilfspersonen der Polizei, wie in § 113 Abs. 3. Schutzbestimmung § 22.

5) Die Ordner dürfen nicht uniformiert sein.

6) Nicht die Personalien . . .

7) Die Beschränkung erfolgt durch polizeiliche Verfügung, einen Verwaltungsakt, gegen den nach Landesrecht zulässige Rechtsbehelfe gegeben sind.

8) Bei Zuwiderhandlung § 29 Ziff. 5.

**Zu § 10:** 1) Nichtteilnehmer unterliegen nicht den Anweisungen des Leiters, sondern dem ihm übertragenen Hausrecht.

2) Es ist eine öffentlich-rechtliche Verpflichtung, die nicht auf dem Hausrecht beruht.

3) Die Weisungen betreffen die Beachtung des Versammlungsthemas, Unterlassung von Kundgebungen, sonstiges anständiges Verhalten, dagegen nicht den Inhalt der Erörterungen in der Diskussion noch Beteiligung an Ehrerbietungen. *Füßlein* S. 54, Anm. 3.

4) Die Befugnisse des Ordners bestehen nur soweit sie nicht den Anordnungen des Leiters zuwiderlaufen.

5) Bei wiederholter Nichtbefolgung Bestrafung nach § 29 Ziff. 2, s. auch § 22.

### § 11 [Ausschluß von Teilnehmern]

(1) Der Leiter kann Teilnehmer, welche die Ordnung gröblich stören[1]), von der Versammlung ausschließen[2]).

(2) Wer aus der Versammlung ausgeschlossen wird, hat sie[3]) sofort[4]) zu verlassen[5]).

### § 12 [Polizei in der Versammlung]

Werden Polizeibeamte[1]) in eine öffentliche Versammlung entsandt, so haben sie sich dem Leiter zu erkennen zu geben[2]). Es muß ihnen ein angemessener Platz[3]) eingeräumt werden.

### § 13 [Auflösung durch Polizei]

(1) Die Polizei (§ 12) kann die Versammlung nur dann und unter Angabe des Grundes[1]) auflösen, wenn

1. der Veranstalter unter die Vorschriften des § 1 Abs. 2 Nr. 1 bis 4 fällt, und im Falle der Nummer 4 das Verbot durch die zuständige Verwaltungsbehörde festgestellt worden ist[2]),
2. die Versammlung einen gewalttätigen oder aufrührerischen Verlauf[3]) nimmt oder unmittelbare Gefahr[4]) für Leben und Gesundheit der Teilnehmer besteht,
3. der Leiter Personen, die entgegen § 2 Abs. 3 Waffen mit sich führen[5]), nicht sofort ausschließt und für die Durchführung des Ausschlusses sorgt[6]),
4. durch den Verlauf der Versammlung[7]) gegen Strafgesetze verstoßen wird, die ein Verbrechen[8]) oder von Amts wegen zu verfolgendes Vergehen[9]) zum

---

**Zu § 11:** 1) Vgl. Anm. 8 zu § 2. Gröbliche (§ 21 grobe) Störungen (Anm. 5 zu § 2) sind solche, die über die üblichen Unterbrechungen, Zwischenrufe bei Bei- und Mißfallkundgebungen, hinausgehen und bes. Wirkkraft besitzen. LK. Anm. II zu § 170d, so wüste Ausschreitungen, Stinkbomben, Entfaltung v. Fahnen.

2) Der Ausschluß erfolgt für die Dauer der Versammlung. Er kann, da er im Ermessen des Leiters steht, zurückgenommen werden.

3) D. h. den Versammlungsraum.

4) „Sofort" bedeutet ohne Zögern, ohne jeden Aufenthalt. *Füßlein* S. 56, Anm. 5.

5) Strafbestimmung § 29 Ziff. 3.

**Zu § 12:** 1) Ordnungs- und Kriminalpolizei, also auch Bürgermeister als Leiter der Polizei.

2) Durch Uniform und Erkennungsmarke (Ausweis), hierdurch wenn er in Zivil auftritt.

3) Der Platz, der dem Polizeibeamten einzuräumen ist, muß dessen Stellung entsprechen und einen Überblick über die Versammlung gewähren. Im Falle der Verweigerung der Zulassung hat der Polizeibeamte das Recht, sich selbst Zutritt zu verschaffen.

**Zu § 13:** 1) Der Grund muß bekannt gegeben werden. Der Leiter kann von der entsendenden Behörde eine schriftlich begründete Bestätigung der Polizeiverfügung verlangen.

2) Die Verfügung ist zu verlesen.

3) S. Anm. 10 zu § 5.

4) Die Gefährdung, die sich aus dem Versammlungsablauf ergibt, muß klar ersichtlich und höchst bedrohlich sein. Ein allgemein polizeirechtlicher Tatbestand liegt vor, wenn die Räumung des Gebäudes von allen Personen infolge von Feuersbrunst oder Einsturzgefahr geboten ist.

5) S. Anm. 11 zu § 2.

6) Hierbei stützt sich der Leiter auf § 10 Abs. 2 sowie auf das ihm eingeräumte Hausrecht.

7) Es genügt, wenn der Leiter oder unter Duldung des Leiters Redner oder sonstige Teilnehmer solcher Versammlung ein Gepräge geben, das kriminelle Verstöße schweren Grades enthält. *Füßlein* S. 62, Anm. 12.

8) S. Anm. 11 zu § 5.

9) S. Anm. 12 zu § 5.

Gegenstand haben, oder wenn in der Versammlung[10]) zu solchen Straftaten aufgefordert[11]) oder angereizt[12]) wird und der Leiter dies nicht unverzüglich unterbindet[13]).

In den Fällen der Nummern 2 bis 4 ist die Auflösung nur zulässig, wenn andere polizeiliche Maßnahmen[14]), insbesondere eine Unterbrechung[15]) nicht ausreichen.

(2) Sobald eine Versammlung für aufgelöst erklärt ist, haben alle Teilnehmer[16]) sich sofort zu entfernen[17]).

ABSCHNITT III

## Öffentliche Versammlungen unter freiem Himmel und Aufzüge

### § 14 [Anmeldung]

(1) Wer die Absicht[1]) hat, eine öffentliche Versammlung[2]) unter freiem Himmel[3]) oder einen Aufzug[4]) zu veranstalten[5]), hat dies spätestens 48 Stunden vor Bekanntgabe[6]) der zuständigen Behörde[7]) anzumelden ).

(2) In der Anmeldung ist anzugeben, welche Person für die Leitung[9]) der Versammlung oder des Aufzuges verantwortlich sein soll.

### § 15 [Verbot und Auflösung durch Polizei]

(1) Die zuständige Behörde[1]) kann die Versammlung oder den Aufzug verbieten[2]) oder von bestimmten Auflagen[3]) abhängig machen, wenn nach den Umständen die öffentliche Ordnung oder Sicherheit unmittelbar gefährdet ist.[4])

---

10) Hier genügt, wenn ein einzelner Teilnehmer, also auch ein politischer Gegner des Veranstalters tätig wird. *Füßlein* S. 62, Anm. 14.

11) Anm. 3 zu § 49a StGB im Hauptwerk.

12) Durch Anreizen wird in dem andern ein Reiz zum Handeln aus eigenem Entschluß erweckt.

13) D. h. wenn der Leiter durch sein Einschreiten nach § 11 das strafbare Verhalten nicht unmöglich macht.

14) z. B. Warnung.

15) Die Unterbrechung der Versammlung ordnet auch die Polizei an.

16) Also auch der Leiter und die Ordner.

17) Strafbestimmung bei Zuwiderhandlung § 29 Ziff. 4.

**Zu § 14:** 1) Bedingter Vorsatz genügt nicht.

2) S. Anm. 3 u. 4 zu § 1.

3) Unter freiem Himmel findet eine Versammlung statt, wenn die Teilnehmer in einem nicht überdachten Raume versammelt sind (s. Anm. 1. zu § 5), so auch dann, wenn durch Lautsprecher der Inhalt der Versammlung an die vor dem Versammlungslokal befindlichen übertragen wird.

4) S. Anm. 5 zu § 1.

5) S. Anm. 5 zu § 2.

6) Die Bekanngabe braucht nicht öffentlich zu erfolgen. Eine Form ist nicht vorgeschrieben.

7) Die Zuständigkeit regelt das Landesrecht. Art. 83, 84 GG. Es ist meist die Ortspolizeibehörde.

8) Die Form regelt sich nach Landesrecht, Art. 84 GG.

9) § 7, jedoch ist der Leiter nicht auswechselbar.

**Zu § 15:** 1) S. Anm. 2 zu § 14.

2) In dieser Untersagung liegt eine Verfügung nach § 40 PVG. (E. I 5 des Hauptwerks). § 5 StVO. (B $VIII_2$ des Hauptwerks) findet keine Anwendung. *Füßlein* S. 67, Anm. 4.

3) Auflagen sind besondere Anforderungen neben der Zulassung. Sie können räumliche u. zeitliche Beschränkungen festlegen, auch den Ablauf u. Inhalt der Veranstaltung betreffen. Die Ortspolizeibehörde kann aber die Teilnahme einzelner Personen, die ihr staatsgefährlich erscheinen, nicht verbieten oder dem Veranstalter insoweit Auflagen machen.

4) S. Anm. 4 zu § 13. Außer den Tatbeständen des § 5 kommt die Generalklausel des § 14 PVG. (E, I 5 des Hauptwerks) in Betracht.

(2) Sie kann eine Versammlung oder einen Aufzug auflösen[5]), wenn sie nicht angemeldet sind[6]), wenn von den Angaben der Anmeldung abgewichen oder den Auflagen zuwidergehandelt wird oder wenn die Voraussetzungen zu einem Verbot nach Absatz 1 gegeben sind[4]).

(3) Eine verbotene[7]) Veranstaltung ist[8]) aufzulösen[9]).

## § 16 [Bannkreis]

(1) Öffentliche Versammlungen unter freiem Himmel und Aufzüge sind innerhalb[1]) des befriedeten Bannkreises der Gesetzgebungsorgane des Bundes[2]) oder der Länder[3]) sowie des Bundesverfassungsgerichts verboten[4]).

(2) Die befriedeten Bannkreise für die Gesetzgebungsorgane desBundes[2]) und für das Bundesverfassungsgericht werden durch Bundesgesetz, die befriedeten Bannkreise für die Gesetzgebungsorgane der Länder durch Landesgesetze bestimmt[5]).

(3) Das Weitere regeln die Bannmeilengesetze des Bundes und der Länder.

## § 17 [Besondere Veranstaltungen]

§§ 14 bis 16[1]) gelten nicht für Gottesdienste[2]) unter freiem Himmel[3]), kirchliche Prozessionen, Bittgänge und Wallfahrten[4]), gewöhnliche Leichenbegängnisse[5]), Züge von Hochzeitsgesellschaften und hergebrachte Volksfeste[6]).

## § 18 [Sondervorschrift für Versammlung unter freiem Himmel]

(1) Für Versammlungen unter freiem Himmel[1]) sind § 7 Abs. 1, §§ 8, 9 Abs. 1, §§ 10, 11 Abs. 2, §§ 12 und 13 Abs. 2 entsprechend anzuwenden[2]).

---

5) S. Anm. 2 zu § 13. Neben der Auflösung ist auch die Unterbrechung zulässig.

6) § 14.

7) D. h. die nach Abs. 1 verbotene Veranstaltung.

8) Zwingende Vorschrift.

9) Strafbestimmungen §§ 25, 26.

**Zu § 16:** 1) Außerhalb des Bannkreises bedarf es nur der Anmeldung § 14.

2) Bundestag und Bundesrat.

3) Landtag, Abgeordnetenhaus in Berlin, wenn das Gesetz nach § 31 angewandt wird, die Bürgerschaft in Hamburg u. Bremen. Nicht der Bayer. Senat (s. Art. 3, 4, 5 Abs. 1 der Bayer. Verf.)

4) Der Bannkreis umfaßt öffentliche Straßen, Plätze, auch Privatgrundstücke. Verletzungen sind nach § 106a StGB. i. Fass. des 3. StÄG. (Nachtrag S. 28) strafbar; außerdem haben sie die Auflösung des Aufzugs zur Folge.

5) Für Berlin gilt Ges. v. 15. 8. 1949 (VOBl. I S. 823) und Ges. z. Änderung des Ges. über Befriedung des Tagungsortes v. 30. 10. 1952 (GVBl. S. 993).

**Zu § 17:** 1) Es gelten aber abgesehen von allgemeinen verkehrs- u. baupolizeilichen und sonstigen nicht versammlungsrechtlichen Bestimmungen die übrigen verfassungsrechtl. Vorschriften wie Ordnungspflicht, Waffenverbot (§ 2) und § 18, 19.

2) Vgl. Anm. 2 zu 167 StGB. im Hauptwerk.

3) S. Anm. 3 zu § 14.

4) Prozessionen sind unter geistlicher Leitung veranstaltete feierliche Umgänge, Umund Aufzüge zu gottesdienstlichen Zwecken, besonders um Gott zu danken und seine Hilfe anzuflehen. Im letzteren Falle wird von Bittgang gesprochen, nämlich wenn der Umzug die Erbittung göttlicher Hilfe bezweckt, von den berufenen Organen der Kirche angeordnet ist, von Geistlichen geleitet wird und als Umgang innerhalb oder außerhalb der Kirche stattfindet. Eine Wallfahrt hat noch den besonderen Zweck der Aufsuchung eines auswärtigen Gotteshauses. Hierbei ist die Beteiligung des Klerus nicht erforderlich. E 46, 31.

5) Soweit mit dem Leichenbegängnis ein besonderer Zweck verfolgt wird, wie z. B. die Beisetzung eines Politikers, die zur politischen Propaganda mißbraucht wird, ist hierin ein verbotener Aufzug zu sehen.

6) Auf die Art der Volksfeste, Kirchweih-, Schützenfeste kommt es nicht an; wichtig ist, ob es in dem betr. Orte hergebracht ist.

**Zu § 18:** 1) Für Aufzüge gelten nur §§ 14—I16 u. 19.

2) Neben diesen Vorschriften des Abschn. II gelten auch die nach Abschn. I.

(2) Die Verwendung von Ordnern bedarf polizeilicher Genehmigung[3]). Sie ist bei der Anmeldung zu beantragen[4]).

(3) Die Polizei[5]) kann Teilnehmer, welche die Ordnung gröblich stören[6]), von der Versammlung ausschließen[7]).

## § 19 [Sondervorschrift für Aufzüge]

(1) Der Leiter des Aufzuges hat für den ordnungsmäßigen Ablauf zu sorgen[1]). Er kann sich der Hilfe ehrenamtlicher Ordner bedienen[2]), für welche § 9 Abs. 1 und § 18 gelten.

(2) Die Teilnehmer sind verpflichtet, die zur Aufrechterhaltung der Ordnung getroffenen Anordnungen des Leiters oder der von ihm bestellten Ordner zu befolgen[3]).

(3) Vermag der Leiter sich nicht durchzusetzen[4]), so ist er verpflichtet, den Aufzug für beendet zu erklären[5]).

(4) Die Polizei kann Teilnehmer, welche die Ordnung gröblich stören[6]), von dem Aufzug ausschließen[7]).

## § 20 [Einschränkung des Grundrechts]

Das Grundrecht des Artikels 8 des Grundgesetzes[1]) wird durch die Bestimmungen dieses Abschnitts eingeschränkt[2]).

ABSCHNITT IV

## Strafvorschriften

## § 21 [Versammlungssprengung]

[1])Wer in der Absicht[2]), nichtverbotene Versammlungen[3]) oder Aufzüge[4]) zu

---

3) Anders als nach § 9 Abs. 2. Die Polizei hat zu genehmigen, ob und wieviele Ordner verwendet werden dürfen.
4) Vom Veranstalter, § 14.
5) § 12.
6) S. Anm. 1 zu § 11.
7) Strafbestimmung § 29 Ziff. 4.

**Zu § 19:** 1) Wie nach § 8.
2) S. Anm. 4 zu § 9.
3) S. § 10. Strafbestimmung §§ 22 u. 29 Ziff. 2.
4) Das Unvermögen braucht nicht verschuldet zu sein.
5) Die Erklärung steht der Schließung (§ 8) S. 3 gleich.
6) S. Anm. 1 zu § 11.
7) Anm. 2 zu § 13. Strafbestimmung § 29 Ziff. 3.

**Zu § 20:** 1) Art. 8 GG. lautet:
I Alle Deutschen haben das Recht, sich ohne Anmeldung oder Erlaubnis friedlich und ohne Waffen zu versammeln.
II Für Versammlungen unter freiem Himmel kann dieses Recht durch Gesetz oder auf Grund eines Gesetzes beschränkt werden.
2) Solche Einschränkungen finden sich in §§ 14—16, §§ 18 Abs. 2, 19 Abs. 1 S. 2.

**Zu § 21:** 1) Der Paragraph entspricht dem durch § 30 Abs. 2 aufgehobenen § 107a StGB.
2) S. Anm. 6 zu § 107a StGB. im Hauptwerk.
3) Die Versammlungen brauchen nicht öffentlich zu sein. Verboten sind Versammlungen nach § 5.
4) Aufzüge s. Anm. 5 zu § 1.

verhindern[5]) oder zu sprengen[6]) oder sonst ihre Durchführung zu vereiteln[7]), Gewalttätigkeiten vornimmt[8]) oder androht[9]) oder grobe Störungen[10]) verursacht, wird mit Gefängnis bestraft. Daneben kann auf Geldstrafe erkannt werden.

### § 22 [Widerstand gegen Leiter und Ordner]

Wer[1]) bei[2]) einer öffentlichen Versammlung oder einem Aufzug dem Leiter[3]) oder einem Ordner[4]) in der rechtmäßigen Ausübung seiner Ordnungsbefugnisse[5]) durch Gewalt oder durch Bedrohung mit Gewalt Widerstand leistet[6]) oder ihn während der rechtmäßigen Ausübung seiner Ordnungsbefugnisse[5]) tätlich angreift[7]), wird mit Gefängnis bis zu einem Jahr oder mit Geldstrafe bestraft.

### § 23 [Aufforderung zur Teilnahme an verbotenen Veranstaltungen]

(1) Wer öffentlich[1]), in einer Versammlung[2]) oder durch Verbreiten[3]) von Schriften[4]), Schallaufnahmen[5]), Abbildungen[6]) oder Darstellungen[7]) zur Teilnahme an einer verbotenen öffentlichen Versammlung[8]) oder einem verbotenen Aufzug[9]) auffordert[10]), wird mit Gefängnis oder mit Geldstrafe bestraft.

---

5) Verhindert ist eine Versammlung, wenn sie nicht so stattfinden kann, wie sie geplant ist, und dadurch der Gebrauch der Versammlungsfreiheit unmöglich gemacht ist, z. B. auch Fernhalten des Redners.

6) Gesprengt ist die Versammlung, wenn die Teilnehmer gezwungen werden, den Versammlungsort zu verlassen. Anm. 5 zu § 107a StGB. im Hauptwerk.

7) Vereiteln heißt unmöglich machen. Es umfaßt auch die Erschwerung der Durchführung, z. B. durch Lärmsirenen, nicht ihre Verzögerung.

8) Gewalttätigkeiten sind Störungen der öffentl. Sicherheit und Ordnung unter Gefährdung von Personen oder Sachen durch Anwendung von Gewalt. E. 55, 190. Abgabe eines Schreckschusses. Seelischer Zwang genügt nicht. E. 55 S. 37.

9) Androhung ist Ankündigung von Gewalttätigkeit, um in dem andern Furcht zu erwecken. Nicht droht, wer warnt, d. h. nur auf eine vom Willen des Täters unabhängige Folge hinweist.

10) S. Anm. 1 zu § 11. Tateinheitl. Zusammentreffen ist möglich mit §§ 123—125, 211 ff., 223 ff., 240, 303 StGB.

**Zu § 22:** 1) Jedermann, gleich ob Teilnehmer oder Nichtteilnehmer, ob sich Maßnahme des Leiters oder Ordners gegen ihn richtet oder nicht.

2) Also wird auch schon vor Eröffnung der Veranstaltung, nicht erst während der Abhaltung der Strafschutz gewährt, der mit der Schließung (§ 8) oder Auflösung der Vers. (§ 13) endet.

3) S. §§ 7, 18.

4) §§ 9, 19.

5) Befugnisse des Leiters §§ 8, 9, 11, 19; wegen der Befugnisse des Ordners Anm. 4 zu § 10. Die Rechtmäßigkeit ist nicht Bedingung der Strafbarkeit, sondern wie in § 117 StGB. Tatbestandsmerkmal und muß vom Vorsatz umfaßt sein, ebenso *Füßlein* S. 89 Anm. 4 Abs. 4.

6) Siehe Anm. 4 zu § 113 StGB. im Hauptwerk, auch Anm. 8, 9 zu § 21.

7) Siehe Anm. 5 zu § 113 StGB. im Hauptwerk. Tateinheitl. Zusammentreffen wie bei § 21.

**Zu § 23:** 1) S. Anm. 1 zu § 3.

2) Auch in einer nicht öffentlichen Versammlung. Vgl. Anm. 2 zu § 3.

3) S. Anm. 4 zu § 110 StGB. im Hauptwerk.

4) Schriften sind nicht nur Preßerzeugnisse, sondern alle Zeichen, Symbole, die unmittelbar oder mittelbar die Vorstellung von Worten oder Gedanken auslösen, so Buchstaben, Zahlen, Noten, Stenogramm, Blindenschrift.

5) Schallaufnahmen (Platte, Tonband) sind Zeichen, die als Worte oder Töne die Vorstellung von Gedanken vermitteln.

6) Abbildung sind nachbildende Wiedergaben in Fläche und Raum. EZ. 27, 64, die durch Gesicht oder Tastsinn wahrgenommen, die Vorstellungen von Gedanken hervorrufen.

7) Darstellungen, die Schriften und Abbildungen umfassen, sind die Vergegenständlichung eines Hergangs oder Gedankens zur Übermittelung einer festen Vorstellung. E. 47, 408, z. B. Handstickereien, plastische Erzeugnisse.

8) Vgl. § 5.

9) Vgl. § 15.

10) Aufforderung ist jede Kundgebung mit der Absicht, auf den Willen anderer einzuwirken.

(2) Kannte der Täter das Verbot infolge von Fahrlässigkeit[11]) nicht, so ist auf Geldstrafe zu erkennen.

## § 24 [Verwendung bewaffneter Ordner]

Wer als Leiter[1]) einer öffentlichen Versammlung[2]) oder eines Aufzuges[3]) Ordner[4]) verwendet ), die bewaffnet sind[6]), wird mit Gefängnis bis zu einem Jahr bestraft[7]).

## § 25 [Anderweite Durchführung von Veranstaltungen, Nichtbefolgung von Auflagen]

Wer als Leiter einer öffentlichen Versammlung unter freiem Himmel oder eines Aufzuges

1. die Versammlung oder den Aufzug wesentlich[1]) anders durchführt, als die Veranstalter[2]) bei der Anmeldung angegeben haben[3]), oder
2. Auflagen nach § 15 Abs. 1 nicht nachkommt[4]),

wird mit Gefängnis bis zu sechs Monaten oder mit Geldstrafe bestraft.

## § 26 [Verbotene und nichtangemeldete Veranstaltungen]

(1) Wer als Veranstalter[1]) oder Leiter[2])

1. eine öffentliche Versammlung oder einen Aufzug trotz Verbots[3]) abhält[4]) oder trotz Auflösung oder Unterbrechung durch die Polizei fortsetzt ) oder
2. eine öffentliche Versammlung unter freiem Himmel oder einen Aufzug ohne Anmeldung[6]) (§ 14) durchführt,

wird mit Gefängnis bis zu sechs Monaten oder mit Geldstrafe bestraft.

---

E. 63, 173. Sie kann ausdrücklich oder durch schlüssige Handlung erfolgen, E. 47, 413, und sie braucht nicht zur Kenntnis des Aufgeforderten gelangt zu sein. E. 58, 198. Sie kann vorliegen, auch wenn zum Schein eine Aufforderung ausdrücklich abgelehnt wird. DJZ. 23, 175. Auffordern ist mehr als anreizen. E. 63, 170.

11) Unbewußte Fahrlässigkeit. Der Täter hat z. B. übersehen, daß die Versammlung verboten ist. Die Aufforderung muß vorsätzlich erfolgt sein. Idealkonkurrenz mit § 110 StGB. Mit § 111 StGB. besteht Gesetzeskonkurrenz.

**Zu § 24:** 1) § 7, der Ordner ist nach § 27 strafbar.
2) § 1 Anm. 3.
3) § 1 Anm. 4.
4) § 9.
5) Verwendet ist der Ordner, wenn er zur Unterstützung des Leiters oder Veranstalters tätig wird. Vorsatz ist erforderlich.
6) Entgegen §§ 9, 18 Abs. 1.
7) Einziehung der Waffen erfolgt nach § 40 StGB.

**Zu § 25:** 1) Wesentlich anders wird die Versammlung durchgeführt, wenn sie in der Art der Gestaltung (Versammeln und Auseinandergehen) und des Verhandlungsstoffs von der Anmeldung abweichen, so daß die polizeiliche Überwachung unmöglich gemacht oder doch wesentlich erschwert wird.
2) S. Anm. 5 zu § 2.
3) Verstoß gegen § 14. Vorsatz ist erforderlich.
4) S. Anm. 3 zu § 15. Der auch hier ausreichende Vorsatz braucht die Rechtsgültigkeit der Auflage, die lediglich Bedingung der Strafbarkeit ist, nicht zu umfassen.

**Zu § 26:** 1) S. Anm. 5 zu § 2.
2) §§ 7 u. 14, 19.
3) §§ 5, 15.
4) Abhalten liegt schon vor, wenn infolge der Tätigkeit des Veranstalters oder Leiters eine ausreichende Menschenmenge am Versammlungsort zusammengetreten ist.
5) §§ 8, 13, 18.
6) Verspätete Anmeldung gilt als Nichtanmeldung.

(2) Kannte der Täter das Verbot, die Auflösungsverfügung oder den Mangel der Anmeldung infolge von Fahrlässigkeit[7]) nicht, so ist auf Geldstrafe zu erkennen.

## § 27 [Unbefugte Waffenführung]

Wer[1]) bei[2]) öffentlichen Versammlungen oder Aufzügen Waffen bei sich führt[3]), ohne zum Erscheinen mit Waffen behördlich ermächtigt zu sein[4]), wird mit Gefängnis bis zu einem Jahr bestraft.

## § 28 [Unbefugtes Tragen von Uniformen und nationalsoz. Kennzeichen]

Wer den Vorschriften der §§ 3[1]) oder 4[2]) zuwiderhandelt[3]), wird mit Gefängnis bis zu zwei Jahren bestraft.

## § 29 [Verstöße gegen Versammlungsvorschriften]

Mit Haft oder mit Geldstrafe bis zu einhundertfünfzig Deutsche Mark wird bestraft, wer

1. an einer verbotenen öffentlichen Versammlung[1]) oder einem verbotenen Aufzug[2]) teilnimmt[3]),
2. trotz wiederholter Zurechtweisung[4]) durch den Leiter[5]) oder einen Ordner[5]) fortfährt, den Ablauf einer öffentlichen Versammlung[6]) oder eines Aufzuges zu stören,
3. sich nicht unverzüglich[7]) nach seiner Ausschließung aus einer öffentlichen Versammlung oder einem Aufzug entfernt[8]),
4. sich trotz Auflösung einer öffentlichen Versammlung oder eines Aufzuges durch die Polizei nicht unverzüglich ) entfernt[9]),
5. der Aufforderung der Polizei, die Zahl der von ihm bestellten Ordner mitzuteilen, nicht nachkommt[10]) oder wissentlich[11]) eine unrichtige Zahl mitteilt (§ 9 Abs. 2) oder
6. als Leiter oder Veranstalter einer öffentlichen Versammlung oder eines Aufzuges eine größere Zahl von Ordnern verwendet, als die Polizei zugelassen

---

7) S. Anm. 6 zu § 23. Der Veranstalter hat versehentlich infolge Arbeitsüberlastung nicht angemeldet oder der Leiter hat pflichtwidrig nicht nachgeprüft, ob die Veranstaltung rechtzeitig angemeldet war.

**Zu § 27:** 1) S. Anm. 1 zu § 22.
2) S. Anm. 2 zu § 22.
3) S. Anm. 11 u. 12 zu § 2.
4) S. Anm. 13 zu § 2.

**Zu § 28:** 1) S. Anmerkungen zu § 3.
2) S. Anmerkungen zu § 4.
3) Auch diese Zuwiderhandlungen müssen vorsätzlich begangen werden. Die Strafbarkeit fahrlässigen Handelns ist hier weder bestimmt noch sonstwie ersichtlich. E. 49, 118.

**Zu § 29:** 1) S. § 5.
2) S. §§ 15, 16.
3) S. § 1 Anm. 7. Da die Rechtmäßigkeit des Verbotes lediglich Bedingung der Strafbarkeit ist, braucht der hier erforderliche Vorsatz das Bewußtsein des Verbotes, sie nicht zu umfassen.
4) Zweimalige Zurechtweisung genügt, die dem Störer bekannt geworden sein muß.
5) Die Zurechtweisung durch andere Personen reicht nicht aus.
6) Siehe Anm. 1 zu § 8.
7) Unverzüglich bedeutet: umgehend, ohne schuldhaftes Zögern, s. Anm. 4 zu 11.
8) Verstoß gegen §§ 11, 18 Abs. 3, 19 Abs. 4.
9) Entgegen § 13 Abs. 2 u. § 18. Zum Vorsatz gehört Kenntnis der Auflösung. Die Strafbarkeit entfällt nicht, wenn die Versammlungsauflösung auf einem Ermessensfehler des Polizeibeamten beruht. Braunschweig JZ. 1953, 315.
10) Täter ist nur der Leiter. § 9 Abs. 2.
11) Es genügt Vorsatz.

oder genehmigt hat (§ 9 Abs. 2, § 18 Abs. 2), oder Ordner verwendet, die anders gekennzeichnet sind, als es nach § 9 Abs. 1 zulässig ist.

ABSCHNITT V

## Schlußbestimmungen

### § 30 [Aufhebung früherer Bestimmungen]

(1) Die Vorschriften über Versammlungen und Aufzüge[1])

1. des Vereinsgesetzes vom 19. April 1908 (Reichsgesetzbl. S. 151) und der Änderungsgesetze vom 26. Juni 1916 (Reichsgesetzbl. S. 635) und vom 19. April 1917 (Reichsgesetzbl. S. 361),
2. der Verordnung des Reichspräsidenten zur Erhaltung des inneren Friedens vom 19. Dezember 1932 (Reichsgesetzbl. I S. 548)[2]),
3. der Verordnung des Reichspräsidenten zum Schutze des deutschen Volkes vom 4. Februar 1933 (Reichsgesetzbl. I S. 35)

werden aufgehoben[2]).

(2) § 107a des Strafgesetzbuchs in der Fassung des Gesetzes zur Änderung des Strafgesetzbuchs vom 23. Mai 1923 (Reichsgesetzbl. I S. 296) wird aufgehoben[3]).

### § 31 [Geltung in Berlin]

Dieses Gesetz gilt nach Maßgabe des § 13 Abs. 1 des Dritten Überleitungsgesetzes vom 4. Januar 1952 (Bundesgesetzbl. I S. 1) auch im Land Berlin[1]). Rechtsverordnungen, die auf Grund der in diesem Gesetz enthaltenen Ermächtigung erlassen werden, gelten im Land Berlin nach § 14 des Dritten Überleitungsgesetzes.

### § 32 [Inkrafttreten]

Dieses Gesetz tritt 14 Tage nach seiner Verkündung in Kraft[1]).

---

**Zu § 30:** 1) Nicht die Bestimmungen über Vereine im Gesetz zu Nr. 1.

2) Über die Aufhebung der Ziffer 2 des Aufrufs des Rates der Volksbeauftragten v. 12. 11. 1918 RGBl. 1303 s. *Füßlein* S. 111 Anm. 2.

3) Siehe Anm. 1 zu § 21.

**Zu § 31:** 1) Das Gesetz ist von Berlin noch nicht übernommen. Es gilt das Gesetz über die Vereins- und Versammlungsfreiheit v. 29. 9. 1950 (GVBl. S. 442).

**Zu § 32:** 1) Das Gesetz ist am 10. 8. 1953 in Kraft getreten.

Satz, Druck- und Bindearbeiten. Dr. F. P. Datterer & Cie. - Inhaber Sellier - Freising

FSC
www.fsc.org
MIX
Papier | Fördert gute Waldnutzung
FSC® C083411

Kolibri 360 GmbH
Ferdinand-Jühlke-Straße 7
99095 Erfurt, Deutschland
produktsicherheit@kolibri360.de